*Josef Ponten*

# Alfred Rethel

*Des Meisters Werke in 300 Abbildungen*

Verlag
der
Wissenschaften

*Josef Ponten*

**Alfred Rethel**

*Des Meisters Werke in 300 Abbildungen*

*ISBN/EAN: 9783957004086*

*Auflage: 1*

*Erscheinungsjahr: 2015*

*Erscheinungsort: Norderstedt, Deutschland*

Hergestellt in Europa, USA, Kanada, Australien, Japan
Verlag der Wissenschaften in Hansebooks GmbH, Norderstedt

*Cover: Alfred Rethel "Bonifaz IV" (1835)*

# ALFRED RETHEL

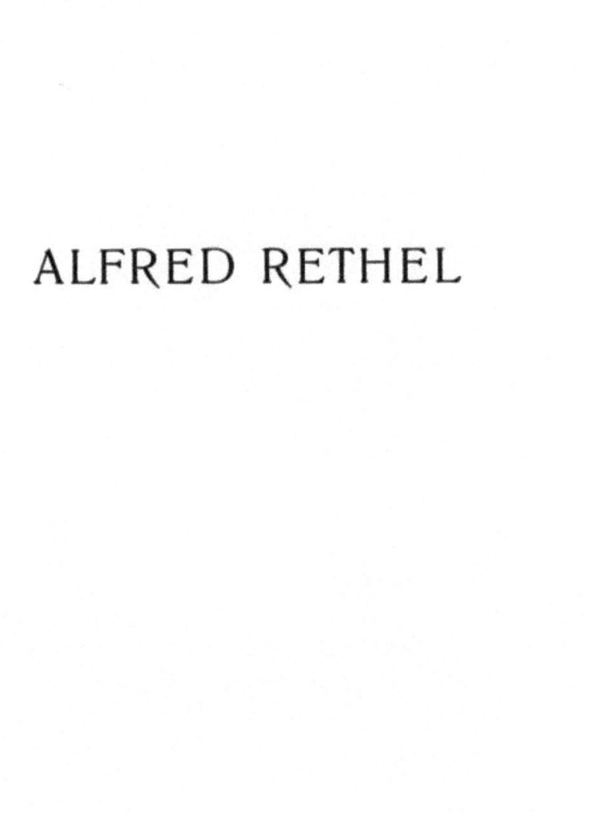

# Klassiker der Kunst

## in Gesamtausgaben

SIEBZEHNTER BAND

# Alfred Rethel

STUTTGART und LEIPZIG

DEUTSCHE VERLAGS-ANSTALT

1911

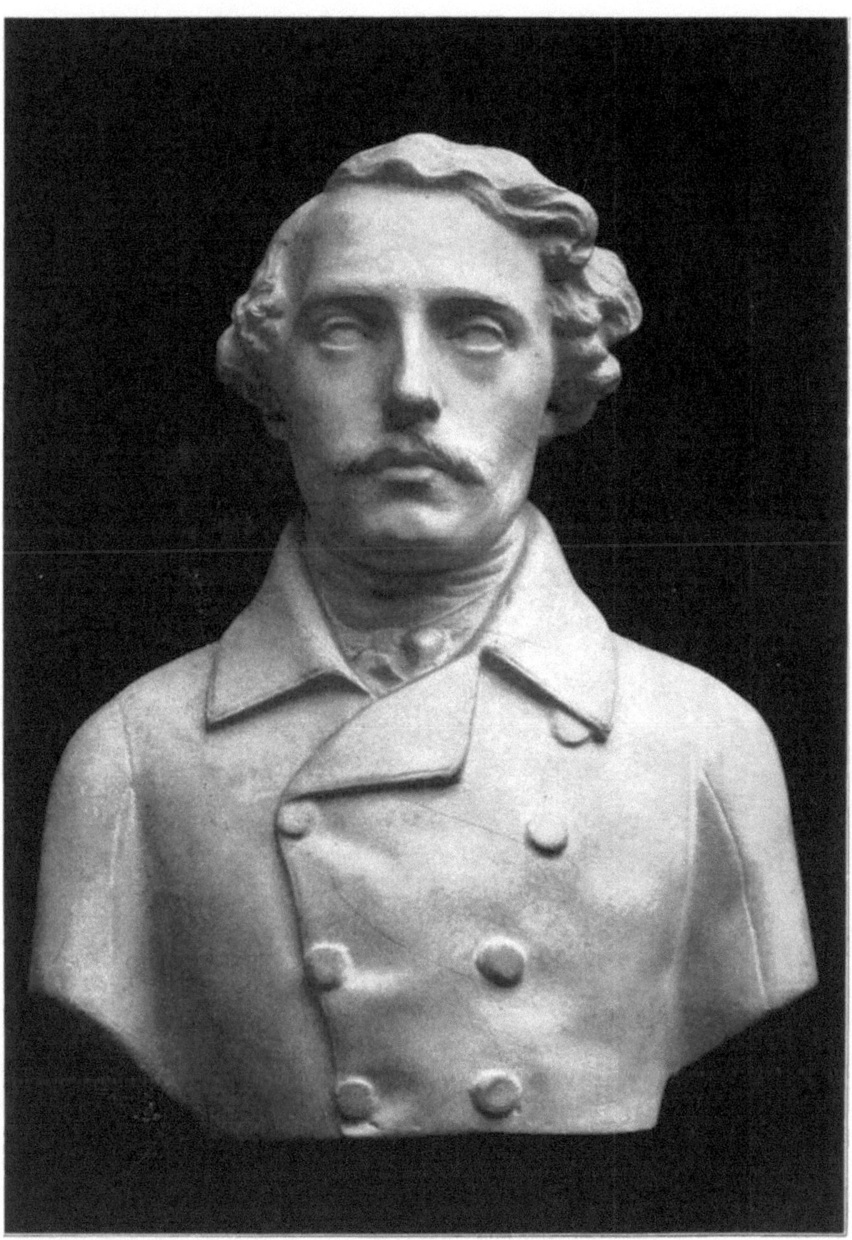

Alfred Rethel
Nach einer Büste des Bildhauers v. Nordheim
1839

# ALFRED RETHEL

## DES MEISTERS WERKE

### IN 300 ABBILDUNGEN

HERAUSGEGEBEN

VON

JOSEF PONTEN

STUTTGART UND LEIPZIG

DEUTSCHE VERLAGS-ANSTALT

1911

Aachen, das Rathaus und die Waldberge
Jugendskizze von Rethel (Skizzenbuch, Bes. Frau E. Sohn, Düsseldorf)

# ALFRED RETHEL
## SEIN LEBEN UND SEINE KUNST

Die Geschichte des Malers Alfred Rethel schreiben heißt zwei Tragödien berichten: die einer Kunstrichtung, welche Gewaltiges erstrebte und Klägliches erreichte, die eines Künstlers, der im zweiten Menschenalter der neuen Ideale mühsam, unfroh, ans Ziel kam, wo er, ein anderer Läufer von Marathon, zusammenbrach.

Das hat Rethel mit Wagner gemeinsam, daß ihre Werke, durchaus der Romantik entsprossen, für die Romantik ihrer Zeit nicht weichlich genug waren; nur ihre herbe realistische Beimischung hat sie, edle Konserven, die lange Zeit überstehen und auch heute genießbar bleiben lassen. Die Mitwelt aber rächte sich an ihnen, und auf beide paßt Wagners Klage, die er an seine Mathilde Wesendonk richtete: die Nachwelt wird sich wundern, daß gerade ich genötigt war, meine Werke zur Ware zu machen; als Nachwelt kommt die Welt nämlich immer erst etwas zu Verstande und vergißt dann mit kindischer Selbsttäuschung, daß ja auch sie die Mitwelt ist, als welche sie immer stumpf und gefühllos bleibt.

Rethels Geschichte ist, so merkwürdig es klingt, zum Teil Goethes Geschichte, gegensätzlich wirkende Folge aus Goethes Geschichte. Ein Riesenbild, ragt Goethe am Anfang der Kunstgeschichte des neunzehnten Jahrhunderts auf, ein Riese, gemessen an der Höhe seines Bildes — ein Riese, gemessen an der Länge seines Schattens. Wie eine Mondfinsternis lag seine Dunkelheit auf einer Zone der Erdgeschichte, welche deutsche bildende Kunst heißt. Als Künstler ewig, verfocht er als Kunsttheoretiker eine

Mode: Antike, insbesondere Plastik der Antike. Der Böswillige könnte aus seinen Worten und Taten folgern: die Kunst ist enthalten in der Kunstgeschichte; Kunstgeschichte kann man lernen, also auch die Kunst. Der denkende Künstler ist noch eins so viel wert, sagt Lessing. Lernen, lernen ist Goethes Ruf. Er gründet die Gesellschaft Weimarer Freunde zur Förderung der Kunst, — sehr lobenswert, wenn sie Geldmittel gesammelt, Malern Wände bereitet, Zeichnern Buchillustrationen verschafft, Brunnen und Denkmäler für die Märkte der Städte gestiftet hätte; aber es gab nur Preisausschreiben, und die eingegangenen Arbeiten wurden in seinen Propyläen besprochen, von ihm besprochen, worin er anscheinend die erste Förderung der Kunst sah. Dabei stieß er gerade die Tüchtigen, wie Cornelius, Gottfried Schadow, vor den Kopf und lobte Leute wie Hackert und Zahn, auf die auch die fleißigste, goethefrommste Kunstschreiberei nicht ein bißchen Licht zu sammeln vermag. Es gibt kein vernichtenderes Urteil der auch einem Gotte wie Goethe gegenüber unbeeinflußten, ewig gerechten Geschichte. Und wenn Gottfried Schadow in seinem Widerstande gegen Goethe nicht durchhielt und später, zum Beispiel 1819 bei seinem Blücherdenkmal für Rostock, dem manierierenden Klassizismus verfiel, so ist er ein Gegenstand des Gelächters geworden. Hat Philipp Otto Runge von Goethe gebührende Förderung erfahren? Es wird berichtet, daß Goethe von den Bildern Kaspar David Friedrichs, den wir wegen seines kosmisch großen Naturempfindens seit der deutschen Jahrhundertausstellung 1906 unter die Großen rechnen, behauptet habe, man könne sie auf dem Kopfe stehend ansehen, und er vergaß ihnen gegenüber so sehr seine Würde, daß er Abbildungen danach wütend an der Tischecke zerschlug. Gelegentlich freilich, während seiner naturwissenschaftlichen Bestrebungen, hat er sich bei Friedrich nach Wolkenstudien und deren verschiedenen Formen erkundigt (Brief Goethes an Luise Seidler, 10. Juli 1816), ein Gemälde Friedrichs wurde preisgekrönt, und Goethe selbst soll zwei Landschaftsstudien gekauft haben. Als Kunstwerke oder vielmehr als wissenschaftliche Leistungen? Es sei vorteilhaft für einen Maler, sich erst einem Bildhauer in die Lehre zu geben! Die deutschen Künstler sollten nicht mehr nach Rom gehen — das fühlt jeder Kenner der Geschichte freudig nach, aber — sie sollten sich eine Wallfahrt nach London zuschwören und mit Gefahr des Pilger- und Märtyrertums ausführen, weil in Rom nur römische Wiedergaben der griechischen Werke, in London die Originale selbst sind! Solche Ansichten nimmt man schmerzlich bewegt von einem Goethe zur Kenntnis und dankt vielleicht dem Geschick, das auch diesen ätherisch erhobenen Gott durch Belastung mit Allzumenschlichem, Allzumodischem verhindert hat, zu entrücken. Das Schicksal hat immer dafür gesorgt, daß die Bäume nicht in den Himmel wachsen. Wie sehen die Goethischen Ideen in der Praxis der damaligen Kunstschulen aus? Man lese die traurig-lieben Lebenserinnerungen eines deutschen Malers von Ludwig Richter. Der Maler saß in der Stube und schaffte nach dem Ideal, nur nicht draußen in Wind und Wetter vor dem Leinwandrahmen nach der häßlichen Natur, denn das hätte ja den verhaßten Realismus erzeugt. Gurlitt verrät das Rezept des Berliner Akademieprofessors Pöhlmann: der Maler hat 25 cm hohe Formen für einen nackten Mann, entsprechende für eine Frau und ein Kind, in die er Wachs laufen läßt; eingesteckte Hölzchen halten die Wachsmännchen in der gewünschten Bewegung, die „Modelle" werden mit nasser Leinwand im Geschmack der Alten und des Raffael bekleidet; Bäume werden durch Aeste, Wolken durch Baumwolle, die auf Draht gewickelt ist, vorgestellt; nun wird er sich sehr genau „an die Natur" halten.

Die Gegenwirkung gegen diesen Unsinn mußte natürlich eine gewaltige sein. Goethe begriff nicht, daß begabte junge Schriftsteller wie Wackenroder, Tieck, Görres seine wohlgemeinten Ansichten angreifen konnten. Ich will drei Sätze hierhinstellen, und wer sie nicht schon kennt, wird die Urheber nicht erraten: Das Werk muß der Künstler in sich antreffen, nicht erst mühsam draußen suchen. Der Künstler schafft als einer, der nicht Werke der Hände, sondern Offenbarungen seines innern Schauens von sich gibt. So fühl' ich denn in dem Augenblick, was den Dichter macht, ein volles, ganz von e i n e r Empfindung volles Herz. Der erste ist von Wackenroder, der zweite von Tieck, der dritte — von Goethe, freilich dem Dichter des Götz. Goethe selbst ist schuld durch die Größe seines Ansehens, durch den Fanatismus, mit dem er für seine ästhetische Richtung kämpft, daß die Gegenbewegung sich ins andre Extrem, in Kindischkeit, in Narrheit, verliert. Weil die jungen Leute Innerlichkeit und Empfindungsleben gegenüber Kunstgeschichte und -theorie verteidigen, müssen ausgerechnet Mönche und Einsiedler die Träger der erneuernden Gedanken sein, in Wackenroders Herzensergießungen eines kunstliebenden Klosterbruders, in Franz Sternbalds Wanderungen von Tieck; müssen die Künstler selbst Mönche werden wie die Gruppe der jungen deutschen Maler in Rom, über die sich Goethe mit Recht über die Maßen ärgert; tritt der Spottname Nazarener auf, wird das Sinnenleben geschmäht, und kommt es zu den Absonderlichkeiten eines Wilhelm Schadow, von denen dieses Buch noch berichten wird, eines Overbeck mit seiner faden Kunst und seinem weibischen Empfinden, das ihn zum Beispiel beim Tode seines einzigen neunzehnjährigen Sohnes Gott auf den Knien danken läßt, weil er ihn vor den Versuchungen dieser sündigen Welt bewahrt habe, so daß man sich nur fragt, warum Vater Overbeck das Kind denn erzeugt hat. An einen unter ihnen, Franz Pforr, den das Schicksal gütig-grausam davor bewahrt hat, in die Lächerlichkeiten seiner Sinnesbrüder zu verfallen, als es den Jüngling in den Albanerbergen ins Grab legte, will ich mich halten; in einer trefflichen kleinen Schrift berichtet er, nicht was die junge Gruppe leistete, sondern was sie erstrebte, stellt eine Art von Programm der großen Anti-Goethebewegung auf, welches erst Rethel erfüllen sollte.

Die neue Richtung, eine Art großer Sezession, entsteht 1808 in Wien, wo ihre Träger Pforr, Overbeck und Sutter Akademieschüler sind. Bei Wanderungen durch die kaiserliche Galerie stößt ihnen vor den späten Italienern die richtige Beobachtung auf, daß die Südländer jede Verrichtung, wenn sie auch noch so gewöhnlich ist, in einer übertriebenen, oft lächerlich affektierten Stellung zeigen. Sie finden es abgeschmackt, in der Art der Nur-Maler mit den Farben, die nur Mittel eines Ausdrucks, nicht die auszudrückende Vorstellung selbst sind, zu prahlen und einen Wert in die Kühnheit zu legen, mit welcher sie hingesetzt werden, was für einen großen Teil der Maler von heute ebenso gilt. Sie glauben entgegen aller Goetheschen Belehrungssucht, daß der bloß theoretische Maler ebensowenig sei als der praktische, sie meinen, daß der Künstler, welcher bloß die Natur in Uebung bringt, zu wenig tue, daß aber der, welcher nur nach einem Ideal arbeite, ohne sich an die Natur zu kehren, seine höhere Welt aller Reize entkleide und nur Kälte erzeuge; denn die Natur liege uns immer am nächsten und habe daher die größte Wirkung auf uns. Es will ihnen auch gar nicht zusammenpassen, daß ein Maler der heiligen Geschichten ein anstößiges Leben führe, daß der, welcher einen Sokrates oder einen weisen Salomo male, ein vorurteilsvoller und ungesitteter Mensch sei. So sehr das richtig ist, so sehr der Künstler nur e i n e zufällige Ausdrucksform für einen ganzen, vollen, reichen Menschen sein soll, so sehr auch Goethe recht hat mit dem Satz, daß der Mensch der höchste, ja eigentliche Gegenstand der Kunst sei, so wenig folgt daraus, daß man mönchisch leben müsse, so wenig auch, daß man mit Goethe die Plastik für die erste Kunst hält. An der Akademie wurden die jungen Leute mit diesen Ansichten natürlich bald ignoriert,

kaltgestellt, verhöhnt und fortgeekelt. 1808 schlossen sie einen Bund, das Vorbild für
die meisten Künstler-Vereinigungen des neunzehnten Jahrhunderts, die St. Lukasbrüder-
schaft, welche selbst ein auch den neuesten Franzosenfreunden so unverdächtiger
Maler wie van Gogh in einem seiner Briefe lobt und herbeiwünscht. Ihr Motto ist:
Die Wahrheit, in die Kunstsprache zu übersetzen mit: Realismus. Die Gruppe wird
bald nach Rom verpflanzt und fängt dort als Nazarenertum das bekannte merkwürdige
Treiben an. Bald wächst die Zahl der Mitglieder, und nach zwei Jahrzehnten, noch
zu Goethes Lebzeiten, sind die Sezessionisten an sämtliche deutschen Akademien
triumphierend zurückgekehrt und nehmen eine Umformung des ganzen deutschen
Kunstunterrichts und, von Ausnahmen wie Menzel abgesehen, der deutschen bildenden
Kunst vor. Goethe grollt abseits.

Jener Männer Schüler war Rethel; ob und inwieweit er der Erfüller ihrer
besten Gedanken wurde, soll sein Leben und Werk zeigen. Daß es nicht unerhört
ist, Rethel zu den Nazarenern zu rechnen, dafür ist Max Jordan ein Beispiel, der, als
er 1876 die erste große Rethelausstellung schuf, sie mit einer solchen von Overbecks
und Führichs Werken zusammenordnete.

Auch die äußeren Verhältnisse des deutschen Kunstlebens waren dem Kommen
eines vermögenslosen Künstlers günstig. Wie schwer es noch in seiner ersten Zeit
der 13 Jahre ältere Ludwig Richter hatte, kann man in seinen schon genannten Lebenserinnerungen nachlesen. Das nach den glorreichen Befreiungskriegen um die vor der
Erhebung versprochene Verfassung, um politische Bestätigung von seinen Fürsten
gebrachte deutsche Volk wandte sein Interesse dem Idealen zu. Seit den zwanziger Jahren
entstanden allerorten Kunstvereine mit dem Ziel, die bildende Kunst durch Ankäufe und
Aufträge zu fördern, nicht nur wie die Weimarer Freunde durch Kritik: der schlesische,
sächsische, hannoversche, böhmische, der Kunstverein für die Rheinlande und Westfalen,
der in der Rethelgeschichte gerne verwechselt wird mit dem Rheinischen Kunstverein,
welcher die oberrheinischen Städte Mannheim, Darmstadt, Karlsruhe, Straßburg
umschloß, ganz abgesehen von den zahlreichen, mit den Grenzen eines Gemeinwesens
zusammenfallenden Gesellschaften, deren jede größere deutsche Stadt eine besaß.
Sie schlossen sich zu großen Verbänden zusammen und ließen die auszustellenden
Kunstwerke der Reihe nach umlaufen, wobei sich jeder Verein verpflichtete, mindestens
ein großes Werk zu kaufen. Eine Ausstellungsjury gab es nicht, die Künstler
wurden höflichst eingeladen, und die Portokosten trugen meist die Ausstellungen. Ich
habe nachgerechnet, daß im Jahre 1838 auf dem Umlauf des westlichen preußischen
Zyklus, das ist die Vereinigung der Kunstvereine von Magdeburg, Halle, Halberstadt,
Braunschweig, Hannover, Kassel, Münster, unter rund 500 Katalognummern 250
Ankäufe, also 50 v. H. gemacht worden sind, auf dem des rheinischen Vereins 100
Ankäufe unter etwa 300 ausgestellten Werken, also 33 v. H. Dazu kam die Begeisterung,
die zahlende Begeisterung des Bürgertums für die Wiederherstellung vaterländischer
oder romantischer Bauwerke, der Rathäuser und Burgen, des Kölner Doms, des
Aachener Münsters und zahlreicher Kirchen, welche zum Beispiel Rethel seine an Raummaß
und Einnahme größten Arbeiten, die Kaiserbilder im Frankfurter Römer, die Karlsfresken
in Aachen, verschaffte. Insbesondere für einen Geschichtsmaler, der Rethel werden
sollte, war der Boden gut aufbereitet. Das deutsche Volk, in der jämmerlichsten
politischen Gegenwart lebend, die durch die bloße Erwähnung von Dingen wie dem
Aachener Kongreß und der Heiligen Allianz, den Karlsbader Beschlüssen und der
Zentraluntersuchungskommission von Mainz genügend gekennzeichnet ist, hielt seine
politische Begeisterung platonisch schadlos an vergangenen politischen Daten, der
Geschichte, und die Geschichtsmalerei galt als die erste, ward insbesondere als die

erste bezahlt. 1829 zum Beispiel erließ der Schlesische Kunstverein die Bekanntmachung, daß er 700 Taler zum Ankauf neuer Gemälde für die Breslauer Gemäldesammlung verwenden wolle und zwar 200—300 für ein Geschichtsbild, 150—200 für eine Landschaft, 80—150 für ein Genre, 30—50 für ein Stilleben. Im selben Jahre schrieb die Berliner königliche Akademie für die beiden preußischen Kunstanstalten in Berlin und Düsseldorf ein Stipendium von 500 Talern jährlich für eine zweijährige Reise nach Italien aus, welches jedes zweite Jahr einem Geschichtsmaler, dagegen nur jedes vierte einem Bildhauer und einem Architekten zufallen sollte. In diesen goldenen Gärten ist Rethels müheloses wirtschaftliches Auskommen kein Rätsel.

Wenn, wie feine Köpfe glauben, der Hauptreiz der Geschichte der ist, daß man von hinten her, von einem tatsächlich erreichten Ziele aus an Leben und Streben, Wollen und Wagen einer verflossenen wirrnisvollen Gegenwart ein bequemes Richteramt üben, diese Arbeit als richtig loben, jene Unternehmung als verfehlt beurteilen kann, so muß der Geschichtsdarsteller eine aus vielen einzelnen Wirklichkeiten zusammengetragene Vorstellung des gewählten Zeitausschnittes erwecken, dessen Einzelheiten so verwirrend zahlreich sein dürfen, daß man für Augenblicke glaubt, wieder in jener Gegenwart voll Not und Zielschwankung zu leben — der Leser wird nie sein Sicherheitsgefühl verlieren und seine Urteilsvollmacht gefährdet fühlen, denn all das w a r und er lebt im lieben Jetzt. Dann hat die Tatsache, die kleine, selbst banale Wirklichkeit einen merkwürdigen Reiz an sich auch neben der genialsten Erfindung, der geistreichsten Vermutung, der kühnsten Verbindung geschichtlicher Dinge. Zünftig nennt man das eine quellenmäßige Darstellung, wie dieses Buch sie versucht.

Gleichzeitig lasse ich bei Bruno Cassirer in Berlin eine Auswahl der wichtigsten Briefe Rethels erscheinen, auf welche dieses Buch sich oftmals bezieht, welche vorwiegend den Menschen schildern, während hier mehr der Künstler zur Behandlung steht. Das Büchlein ist illustriert durch zahlreiche Abbildungen nach Bleistiftstudien, die, rein a r t i s t i s c h betrachtet, die bedeutendsten Aeußerungen des Mannes sind, so daß die beiden Bücher sich ergänzen.

---

# Aachen 1816—1829

Das Unheimliche, dessen großer Gestalter Alfred Rethel wurde, stand an seiner Wiege: zu einem Verstehenden, dem Kritiker Friedrich Pecht, hat er einmal geäußert, daß er entfernt von der Stadt auf einem einsamen, von wilden Hunden bewachten großen Gehöfte aufgewachsen sei, dem oft in kalten Nächten die Wölfe genaht. Es war das Haus Diepenbend, am Nordabhange des großen Aachener Waldgebietes, wo er am 15. Mai 1816 geboren wurde. Wie so viele Güter verdankt Aachen und das Land umher auch seinen größten Künstler der französischen Herrschaft. Der Vater war als kaiserlicher Beamter aus Straßburg zugewandert, hatte die Tochter eines Aachener Fabrikanten geheiratet, auf Zureden des Schwiegervaters den französischen Staatsdienst aufgegeben und eine chemische Fabrik auf dem genannten Gute gegründet, die eines Tages ein Wirbelsturm hinwegführte. Die Sorge und das Ringen ums Dasein beschäftigten also früh den Knaben, der der größte deutsche Formgeber von Kampf und Schlachten werden sollte. Ringen, Kämpfen und Toben stellen die ersten kindlichen Uebungen des Knaben dar: Reiter-, Wagen- und Schiffskämpfe; die Griechen schlagen Trojaner vor den Altären der Götter; Turniere; die Kämpfe der Franzosen, Napoleon führt Soldaten zum Sturm; Griechenkämpfe. Daß es gerade die klassischen Gegenstände und Zeitgenössisches

wie Napoleon und der Griechen Schlachten sind, die das Museum zu Aachen als
Kinderwerke Rethels aufbewahrt, macht es wahrscheinlich, daß manches kopiert oder
doch angeregt ist von gleichzeitigen Bilderbogen und fliegenden Blättern. Aber auch
fraglos Eigenes, Erlebnisse der Straße und des Marktes, wieder mit Vorliebe Tollen
und Kämpfen: die wilde Schuljugend, das Einfangen entsprungener Ochsen schildert

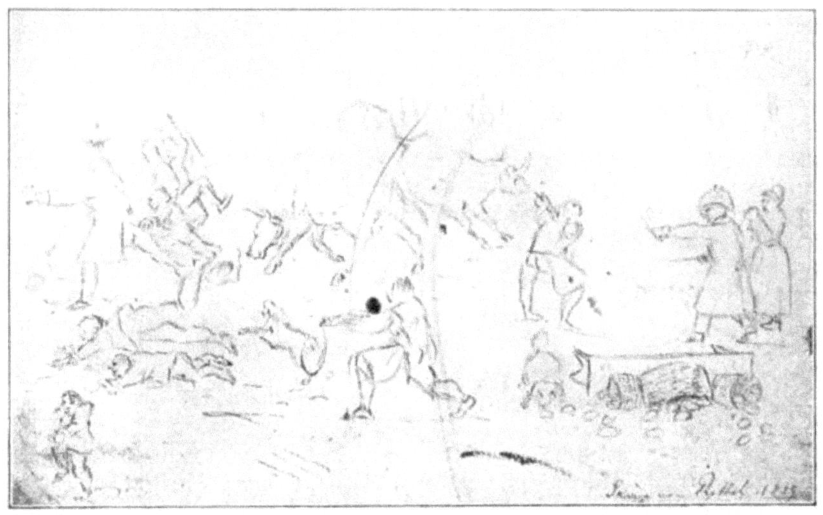

Einfangen von Ochsen
Skizze des Dreizehnjährigen (Frankfurt, Städelinstitut

der Knabe, der in derselben Stadt später das Rasen der scheu gewordenen Stiere
in der spanischen Schlacht so unvergänglich darstellen sollte. Die Neigung für das
Heroische steckt im Kinde: ein Besucher findet den Zehnjährigen bei der Uebung,
mit einem Strohkranz auf dem Kopfe sich von einer Tonne herabzuwerfen — Sappho,
die sich ins Meer stürzt, will er zeichnen. Des späteren großen Romantikers Knaben-
zeit ist voll romantischen Spieles und Spukes: er und sein Freund, der spätere Schriftsteller Hackländer, durchstreifen die Wälder und hausen in Schönforsts altem bewach-
senem Turm; sie geraten bis zur Emmaburg, wo die Sage von Emma und Einhard
beheimatet ist, und ihr beliebter Spielplatz ist die Frankenburg (S. XV), der Schauplatz der
Sage von Karl und Fastrada, die Rethel bald darstellen sollte (S. 27). Hackländer schreibt
ausdrücklich, daß die Knaben sich die Sage erzählten, und die Gestalt des großen Karl,
der er nächst dem großen Dürer in der deutschen Kunst Bild gab, wird dem Knaben
früh vorgeschwebt haben. In der Nähe der Stadt sind alte Güter wie Trimborn, wo
die beiden sich die Naturaliensammlung ansehen, aber auch knabenhafte Schauer fühlen
in der dunkeln, feuchten Grabhöhle, wo der gewaltige Steinsarg steht. Die Natur mit
ihren großen Fragen drängt sich früh auf: was rauscht in den Wäldern und warum
dampft da in Burtscheid fast in jedem Hauskeller die Quelle? Aus offenen Brunnen
raucht es auf dem Markt, und in den Hügeln außerhalb des Städtchens treten die warmen
Wasser zutage. Hackländer berichtet von ihren Schauern und ihrem Allotria. — Die
Schulbildung des Knaben ist mangelhaft. Lange Zeit wird sie ganz ausgesetzt, denn
ein Unfall bringt ihn zeitweise um das Gehör. Er zeichnet früh und viel, ein wenig

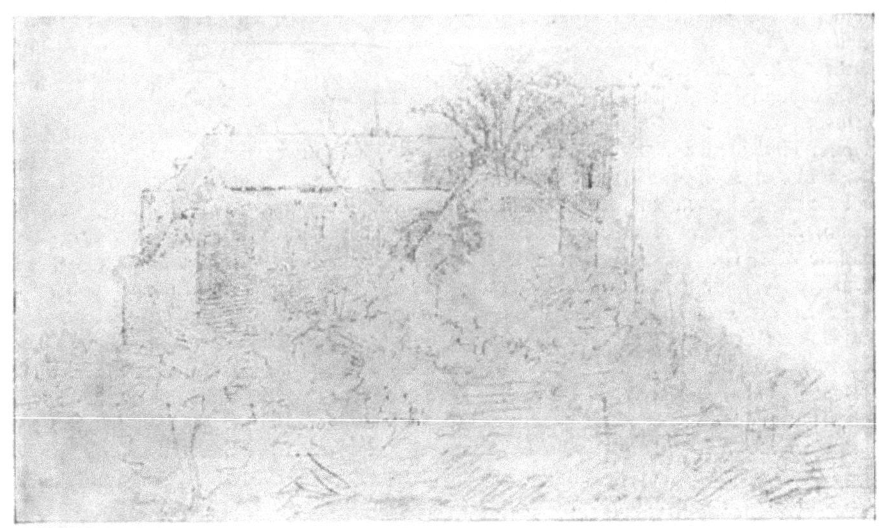

Frankenburg bei Aachen
Skizze des jugendlichen Rethel (Skizzenbuch, Bes. Frau E. Sohn, Düsseldorf)

Unterricht erhält er von einem Belgier aus der Davidschule. Die Nachbarn staunen, und der Knabe kommt 1829 zur Düsseldorfer Malerschule.

Zunächst, daß er schon als Dreizehnjähriger die Akademie bezog, ist durchaus kein reines Wunder, als was man es ausgegeben hat. Es war ermöglicht durch die damaligen Verhältnisse des öffentlichen Unterrichts, welcher heute einen dreizehnjährigen Knaben nicht einmal aus der Volksschule zu einer Kunstakademie entlassen würde. Dann weist die Geschichte der Düsseldorfer Schule Aehnliches auf: Arthur Kampf und der heute ganz vergessene Siegert wurden mit fünfzehn, die beiden Achenbach gar mit zwölf Jahren Akademiker. Wenn nun auch Unterricht wahrlich keinen Künstler macht und Wissen das Letzte ist, was er braucht, so würde doch eine gründlichere Kenntnis eines solch populären Gegenstandes wie die deutsche Sprache ist — wer Briefe Rethels in der Urschrift gelesen, weiß davon zu berichten — auch einem Rethel nicht geschadet haben.

## Düsseldorf 1829—1836

Warum ging er nach Düsseldorf, und was konnte Düsseldorf bieten? Zunächst mag die Nachbarschaft ein Grund gewesen sein, bei den ärmlichen Verhältnissen der Eltern gewiß kein geringer; dann stand die Düsseldorfer Malschule gerade damals auf dem Gipfel ihres Ruhmes. Nachdem 1824 Cornelius allerhöchst gnädig entlassen und glänzend und rauschend wie ein Fürst nach München gezogen war, wurde 1826 Wilhelm Schadow, der getaufte Jude, einer von den deutschen Römern, als königlich preußischer Raffael, sagt Cornelius, Direktor in Düsseldorf — ein neuer Erfolg der jungen Modeschule. Schon einige Jahre früher hatten, in Schadows Person, die Bestrebungen der Jungen eine sehr offizielle Anerkennung gefunden, indem ein preußisches Kultusministerium in Berlin unabhängig von der Akademie ein Meister-

XV

atelier gründete und wohldotiert Schadows Leitung unterstellte. Ein solches Meisteratelier, wo Lehrer und Schüler gewissermaßen als Kollegen, von denen einer nur
mehr konnte als die übrigen, arbeiteten, war ebenfalls ein erreichtes Ideal der damals Modernen: glaubten sie doch mit Recht, auf diese Weise das in dem damaligen
Kunstschulbetrieb verloren gegangene unmittelbare Verhältnis von Lehrer und Lerner
wieder einrichten zu können. In dieser Berliner Werkstatt hatte die neue Richtung der
Düsseldorfer Akademie gewissermaßen im voraus und zur Probe gewirtschaftet. Denn
mit Schadow kamen an den Rhein die Hübner, Hildebrandt, Sohn, Lessing, Bendemann, Plüddemann u. a., fast alle die Modegrößen der damaligen Kunstzeit. Wie
erfüllte diese Gruppe die Erwartungen! Nach zwei Jahren schon, 1828 auf der Berliner
Kunstausstellung, hatte die Schule ihren großen, vielleicht größten Erfolg. Die Kunstschriften der Zeit hallen wider von dem Gloria des Publikums, ein Paroxysmus des
Entzückens hatte nach dem Worte eines Zeitgenossen die Gebildeten Berlins vor den
Düsseldorfern befallen. Vor ihnen drängte sich die größte Zahl der Besucher, und
welche Mienen, welche Aeußerungen! Junge Berliner Künstler, wie Begas, hatten, aus
einer solchen Kunstausstellung kommend, nichts Eiligeres zu tun, als ihre Sachen zu
packen und in das neue gelobte Land zu ziehen. Die Zahl der Akademieschüler in
Düsseldorf schnellte in zwei Jahren um ein ganzes Drittel in die Höhe, und schon nach
vier Jahren wurde bekanntgemacht, daß der Raum weitere Schüler aufzunehmen nicht
gestatte. Welch ein Erfolg Schadows! Vor sechs Jahren, vor seiner Berufung, hatte
die nach dem Scheiden des Cornelius verödete Akademie nur noch als Sonntagsschule für Handwerker bestanden! Schadow und die Seinen hatten einen Treffer gemacht, hatten offenbar mit ihren trauernden Juden, trauernden Königspaaren und der
ganzen Trauermesse, welche zahlreiche Knappen und Fräulein tränend sangen, dem
politisch machtlosen, sentimentalen, gebildeten Publikum an die gleichgestimmte Seele
gerührt. Es wird berichtet, daß die Künstler beim Malen wirkliche Tränen vergossen,
und Schadow selbst führt 1828 in einem Aufsatz, in dem er im Berliner Kunstblatt
seine Gedanken über die folgerichtige Ausbildung des Malers veröffentlicht, als Entschuldigung für mißlungene Werke seiner Schule an, daß sie doch unter Tränen der
Rührung gemalt seien. Die Ruhmesdrommete schallte so laut durchs Land, daß 1834
Robert Reinick, der Maler-Dichter, einen Posaunenbläser, seinen Freund Franz Kugler,
den bekannten Kunstschriftsteller, vor allzu großem Herausstreichen der hiesigen Leute
warnte und ihn um Himmels willen beschwor, sparsam mit Vergleichen zu sein, welche
glauben ließen, daß Düsseldorfs Pflaster widerhalle von Schritten lauter werdender
Tiziane, Raffaele, Michelangelos. Also auch im stillen Aachen hatte der Ruhmesstern
der Düsseldorfer Kunst geglänzt, und der Knabe war seinem Scheine wundergläubig
nachgezogen, um bald zu fühlen, daß er — der einzige unmoderne, die Mode überragende, ewige Künstler unter all den Tagesberühmtheiten und Publikumsgöttern —
an die verkehrte Stelle gekommen war.

Zunächst freilich arbeitete der Knabe fleißig nach dem Lehrplan des — darin
stimmen alle Berichte überein — als Lehrer und Pädagoge begabten und ausgezeichneten Schadow. Im Gegensatz zu dem cornelianischen, genial-lüderlichen Betriebe
sah er auf einen Lehrplan, ein Schulprogramm, eine Methode, wie er sie in dem
obenbezeichneten Aufsatz selbst dargelegt hat: Elementarklasse, vorbereitende Klasse,
Malklasse. Aus der ersten Lehrzeit ist nichts im künstlerischen Werk Rethels anzuführen, seine Skizzenbücher sind mit kindlichen Zeichnungen gefüllt und nirgendwo
blinkt ein Schimmer des werdenden Genies auf. Wenn die Behauptung der Biographen, für die ich genügende Beweise nicht gefunden habe, daß er an der
Akademie als Wunderkind gegolten habe, richtig ist, so gibt die Akademie dadurch

nicht über Rethel, aber über sich selbst ein Urteil ab, ein übles. Wenn in der vorbereitenden Klasse, meint Schadow richtig, der Genius den werdenden Künstler nicht schon mit eignen Kompositionen versucht habe, stehe es mißlich mit dem Talente der Erfindung. Mit Rethels Phantasie stand es besser, als Schadow lieb sein konnte. Gleich sein erstes Werk, dort wo er sich frei von Schulmeisterei bewegen konnte, zeigt ahnungsvoll den ganzen späteren Meister: die Lust an kampfdurchtobten Bildern, die Kraft und Pracht der Szenenführung, die aus Reichtum und Leidenschaftlichkeit wirkende Neigung, einen Gedanken zu zerlegen und aus jedem Stücke ein Ganzes zu machen, das doch nur Teil eines größeren ist, den Zyklus. Seine drei größten Werke, die Karlsgeschichte, der Hannibalzug, der Totentanz, sind Zyklen. Und manche Einzelblätter weisen bei genauem Zusehen weitreichende Zusammenhänge untereinander auf und lassen sich zyklisch gruppieren; ich habe, soweit es der für dieses Werk festzuhaltende Charakter der chronologischen Anordnung zuließ, versucht, diese Bande der Blutsverwandtschaft neben denen der zeitlichen Zusammengehörigkeit in der Gruppierung des Bilderstoffes sichtbar zu machen. Die Hauptarbeit der Düsseldorfer Jahre ist der Bonifazzyklus. Nach einer sehr kindlichen ersten Zeich-

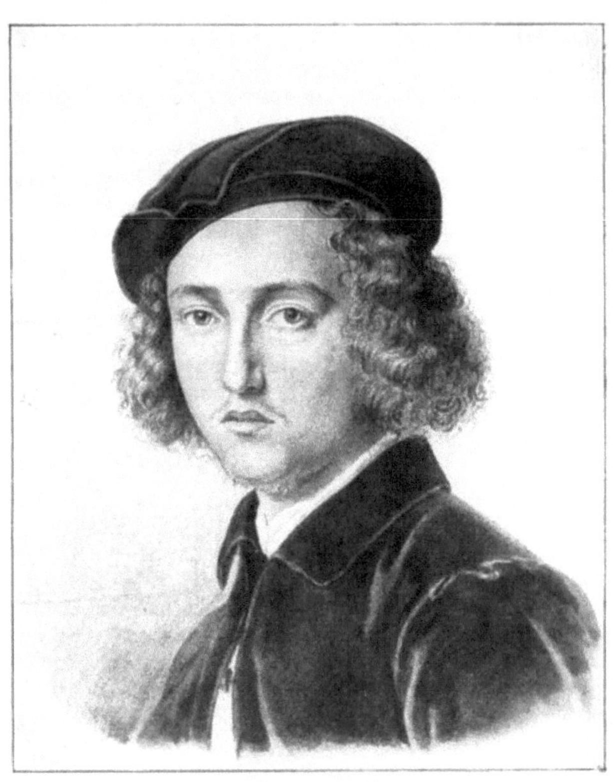

Jugendbildnis (Selbstbildnis ?)
Im Düsseldorfer Malkasten

nung treten jene beiden prächtigen Blätter auf, welche die zu gehäufte Szene des ersten Entwurfs in ihre zwei Hälften zerlegen: Ermordung des Bonifaz, Streit der Mörder um die Beute (S. 4, 5). In den andern Stücken des Zyklus, gerade in den Bildern (S. 6, 7, 8), bezeigt sich aber der Geist der Mäßigung, der bedächtigen Würde, der Friedsamkeit, welche Not, nicht Tugend ist — ohne Frage Schadows Geist, der den unmittelbar unter seiner Leitung arbeitenden Rethel auf das Innige und Zarte, die Seelenfülle — ungewollt die Geistesleerheit — der Düsseldorfer hinwies. Auch für das harte und bunte Kolorieren der Schule ist ein Beispiel gegeben (S. 7). Wenn nicht schon die Wahl des Gegenstandes ein Kompromiß zwischen Rethelscher naiv-primitiver Heldenverehrung und Schadows Glaubensschwärmerei bedeutet, indem im germanischen Urwald eines christlichen Helden Mühen gezeigt wird, so ist für die Weiterführung des Werkes gewiß des Lehrers Einfluß bestimmend gewesen, dem das Segnen, Predigen und Kapellenbauen sympathischer waren als das Rethelsche Rennen und Morden. Nachdem Schadow um 1830 wieder in Rom und bei Overbeck gewesen war, kam er nach den Worten seines Freundes Immermann in den Memorabilien zurück nicht als ein Halbverwandelter, sondern als ein Geblendeter — der typische Eifer des Proselyten wollte nun mit Gewalt eine kirchlich-katholische Malerschule am Niederrhein erblühen machen. Er, der 1842 in Straßburg in einer Rede über den Einfluß des Christentums auf die bildende Kunst mit einem Ausfall gegen die skeptischen Kunstkenner die bezeichnenden Worte sagte, daß zwar die christliche Kunst keine so vollkommenen Werke hervorgebracht habe als etwa die eines Phidias, daß aber die christliche Darstellung selbst in nicht genügender Form anziehender sei als die heidnische in der befriedigendsten Gestalt, wird dem jungen Schüler christliche Konzessionen abgepreßt haben. So sind denn auch die drei Oelbilder geringer als die beiden Zeichnungen, was nicht hinderte, daß sie mit großem Beifall ausgestellt und — für den Ehrgeiz und die Kasse des nicht zwanzigjährigen Kunstschülers ein bedeutender Erfolg — verkauft wurden: das Berliner Bild für 100, das Aachener für 700 Taler an den Kunstverein; der Kapellenbauer wurde von einem Halberstädter Kunstfreund für 400 Taler in Auftrag gegeben. Nebenher aber tobte sich die Phantasie des Knaben im Eignen, im Heroischen aus. Er, wie er später sagt, von Jugend auf zum Schlachtenmaler bestimmt, zeichnet Karl Martell bei Tours (S. 1), Rudolf im Raubritterkriege (S. 2), des Nassauers Tod im Getümmel (S. 3) und Winkelrieds Heldentat (S. 10). Daneben taucht ein friedlicher, noch kindlicher Entwurf auf, die Uebergabe der Krone an Ludwig das Kind (S. 2), ein Thema, das er später in der Krönung Ludwigs des Frommen (S. 118) soviel gewaltiger darstellen sollte. Er gibt für die Rheinsagen seines Landsmannes Reumont, der wunderschönen Sage von Karl und Fastrada, bescheidene Gestalt (S. 27). Als Illustrator wird er bald bekannt und gesucht: die Illustrationen zu den Liedern von Speier (S. 14, 202), zu den Rheinsagen Reumonts (S. 26, 27), zu den Liedern des Malers, Freundes und Ateliergenossen Reinick (S. 28), zum Rheinischen Sagenkreise der Stolterfoth (S. 15—25) liefern ein umfangreiches, nicht eben inhaltschweres Werk. In eben dem Hauptjahr der Illustrationen, 1834, tut der Achtzehnjährige seine erste Tat; sie läßt ahnen, daß ein Meister kommt, der über den Tag hinausschafft: über den vor Sempach knienden Schweizern (S. 9) liegt jene gebundene Kraft, jene Stimmung des Unheimlichen und Grausigen, die spätere Werke als die düstere Seele des Genies durchwaltet. Nur erst mit Augenblicken gelingt es ihm, den um ihn rauschenden Genius so kräftig zu fassen, daß er ihn nicht eher als gesegnet losläßt, das beweist Gottfried vor Jerusalem (S. 12), derselbe Versuch, die Stimmung vor dem Sturme zu fassen, aus demselben Jahre. Im nächsten Jahre ein neuer Wurf: der junge Moses, die Leiden seines Volkes rächend (S. 29); wer will es dem Achtzehnjährigen verdenken, daß Michelangelo mit seinem David dabei hilfreich war. 1836 die große Gestalt der Justitia oder Nemesis (S. 30—32). Ein durch reife Sachlichkeit ausgezeichnetes Bildnis der Mutter, der vielgeliebten (S. 35), steht an der Spitze einer Reihe von Bildern, welche, wenn auch meist in Frankfurt ausgeführt, doch noch in die Düsseldorfer Zeit gehören, weil sie entweder im Entwurfe aus Düsseldorf stammen oder sich als Kinder der Akademie am Niederrhein ausweisen durch ihre malerischen und technischen Eigenschaften, auf die Schadow so stolz war, daß er, ausgerechnet vor den Venezianern, sagte: wenn die erst unsre Technik gehabt hätten! Dazu rechnet insbesondere Martin in schneeleuchtender Winterlandschaft (S. 36, 37) mit der klirrend-täuschenden Rüstung, als habe Rethel Hildebrandts großen Ruhm mit dem so maßlos faden, seinerzeit so maßlos gefeierten

Krieger und sein Kind, jetzt in der Berliner Nationalgalerie, gesucht; die Szene von der Martinswand (S. 38) mit dem Lichte himmlischer Erscheinung, die Auffindung von Gustav Adolfs Leiche (S. 40), deren nächtliche Fackelbeleuchtung er handhaben gelernt für seinen späteren berühmten Besuch im Grabe Karls (S. 93), ein Bild, das ihm erst nach Jahren zu verkaufen gelang, als der Leichenhaufen schon zu riechen begann. Diese seine drastisch-ungeduldige Bemerkung zeigt, wie verwöhnt er bereits war und wie glücklich sich seine äußeren Verhältnisse geändert hatten. Seine Eltern waren bereits 1829 nach Wetter an der Ruhr gezogen, wo der Vater eine Stelle in einer Fabrik gefunden, spät ernach Köln, wo er bei einer Rheinschiffahrtgesellschaft unterkam. Schon vor dem Tode des Vaters, 1839, unterstützte Rethel die Seinen, eine Sorge, die nach 1839 ihm gänzlich oblag, die er aber mit Leichtigkeit aus dem Verdienst eines erfolgreichen Malers befriedigen gekonnt zu haben scheint. Bereits 1833 macht er von Düsseldorf aus eine Reise den schwärmerisch geliebten Rhein hinauf, dessen Straßen nach einer zeitgenössischen Notiz im Sommer mit Karawanen von Düsseldorfer Künstlern bedeckt waren. Ueber die Reise liegt ein Bericht vor, welcher, ähnlich den meisten Briefen seiner Jugend, in der persönlichen Lebendigkeit wie sachlichen Bündigkeit einen geborenen Schriftsteller vermuten läßt. Weil er später künstlerisch-aktiv in die politische Bewegung eingriff, in seinem Totentanz das bedeutendste durch die Deutsche Revolution erzeugte Werk schuf, ist es von geschichtlichem und psycho-logischem Interesse, festzustellen, daß er am Johannisberg im Rheingau singt: Fürsten zum Land hinaus!, daß er im Liberalen Kasino in Frankfurt die berühmten Demagogen hört und sein Herz voll Mitleid hängt an die gefangenen schwarz - rot - goldenen Studenten, denen die Exekution droht. Der Erfüller des Nazarenertums sieht in Frankfurt neben Arbeiten von Veit die Kartons der beiden besten Fresken der Casa Bartholdy, des Cornelius Traumdeutung Josefs und Overbecks Verkauf Josefs. Er gesteht, nie etwas Schöneres gesehen zu haben. In einigen Landschaften der Rheinsagen (S. 16, 17, 18, 20, 22, 24) legt er Zeugnis ab von den gesehenen Herrlichkeiten des Stromes. Im

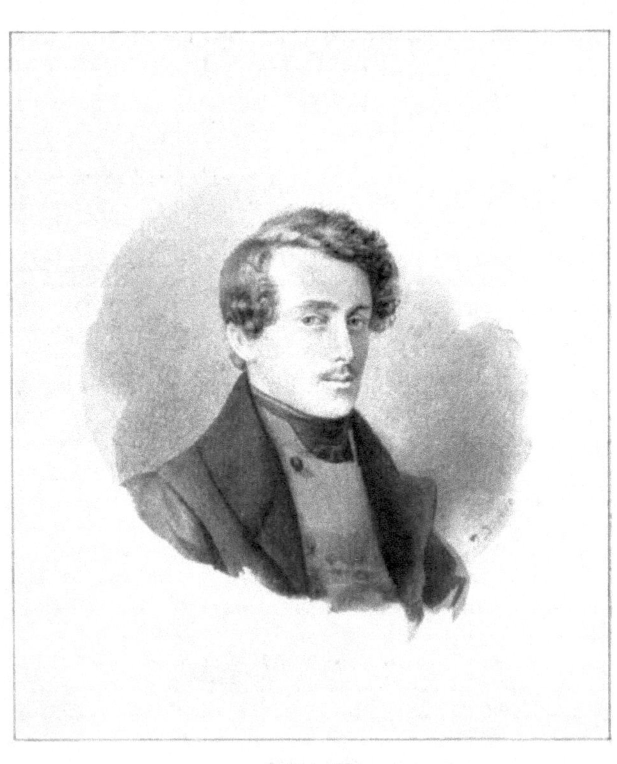

Rethel 1834
Aquarell von J. Becker (Bes. Frau E. Sohn, Düsseldorf)

nächsten Jahre kommt es zu einer Rhein-Ahr-Wanderung mit seinem Freunde und späteren
ersten Biographen Müller von Königswinter, im Jahre 1835 reicht es gar für eine Reise
nach Bayern und Tirol. In Nürnberg besucht er das Grab des großen Lehrers seiner
Jugendzeichnungen, der ihm mehr gegeben als Schadow, Dürers, und sieht in München
das Kunstgepränge des neuen Medizäers, des ersten Ludwig. Er, der deutscheste aus
der ganzen Gruppe der idealistischen Maler, bestaunt in Innsbruck des großen Peter
Vischer Werk, und die landschaftliche Majestät und leidenschaftliche Formenwelt der
Alpen schildert er packend in Briefen großen Stils und, was wichtiger, später im Karthagerzug. So hat er vieler Menschen und Künstler Art gesehen, aber seine eigne
Orientierung scheint er verloren zu haben. Sein erst in Frankfurt vollendeter Daniel in
der Löwengrube (S. 33), das $2^{1}/_{2}$ Meter große Bild, das er selbst für sein bislang bestes
erklärt, das ihm sofort für 2000 Gulden abgekauft, von der zeitgenössischen Kritik mit
Lob überhäuft und vom französischen Gesandten für die Ausstellung in Paris begehrt
wird, ist Zeuge, wie sehr er sich selbst verloren. Im allgemeinen, kann man sagen, wird
das Urteil von heute das tadeln, was jene Zeit gelobt hat; wie wäre es anders möglich, da der berühmteste Kunstschreiber jener Tage, E. D. Passavant, Goya als ein
Beispiel des Verfalles der Malerei am Ende des achtzehnten Jahrhunderts anführen
kann. Daß er sich künstlerisch nicht mehr zurechtzufinden wußte, bezeugt kein
Geringerer als er selbst in mehreren Briefen aus der ersten Frankfurter Zeit. In
drastischen Ausdrücken schildert er sein Gefühl der Kopflosigkeit und Gefangenschaft
in Düsseldorf und die nötig gewordene innere Revolution. Doch würde er, wie es
oft im Leben geschieht, der seelischen Notwendigkeit vielleicht weniger energisch
gefolgt sein, wenn nicht äußere Dringlichkeiten mitgewirkt hätten. Die Düsseldorfer
Verhältnisse waren unleidlich geworden: es ist eine lange Geschichte, die des Bürger-
krieges in dem so überraschend, fast ungesund schnell emporgeblühten Kunststaate,
welcher 1836 zur großen Sezession führte. Es soll versucht werden, den zehnjährigen
Kampf in wenig Linien zu zeichnen.

Anfänglich hatte es dem jungen Rethel in Düsseldorf wohlgefallen. Weniger glücklich
als er, berichtet der in Merkurs Dienst getretene Hackländer von seinem Neid auf das laute
burschikose Leben der Malschüler, bei dem es reichlich bunte Farben und Studentenulke
gab. Die Stadt, damals 25000 Einwohner stark, hallte wider von einem florentinischen
Treiben. Grabbe war da, Karl Schnaase der Kunsthistoriker, Felix Mendelssohn, dessen
Oratorium Paulus dort die Uraufführung erlebte, Karl Immermann, der seine literarischen
Fehden mit Platen eben ausfocht, der Künstlern in einem ausgeräumten Atelier Vorlesungen
über Shakespeare, Kleist, Sophokles u. a. hielt, Festspiele zum Dürerjubiläum und andern
Gelegenheiten dichtete und zuletzt das Theater zu dem umgestaltete, was man eine
Musterbühne nennt. Uechtritz führte die herzlich ungebildeten jungen Maler in das
Studium der Geschichte ein — es sei im Hinblick auf Rethels spätere, nach der
literarischen Quelle genau benannte Bilder des Karthagerzuges (S. 76—82) festgehalten,
daß Uechtritz den Feldzug Hannibals bis Cannä vorträgt — und dann gab's wieder
Literatur in der Verdauungsstunde nach dem Mittagessen! Die Maler arbeiteten eben meist
nach literarischen Gegenständen, Goethes Fischer, Tassos Gedichten usw., lebten in einer
das Literarische so ungeheuerlich überschätzenden Zeit, für die noch Lessings un-
begreifliches Wort gilt, daß eine nach der Schilderung eines Dichters gemalte Landschaft mehr wert sei als die, welche von der Natur — kopiert werde. Ein Malerleben
großen Stils: das Schulhaupt hat Leute vermocht, Wände in Schlössern, Kirchen und
Aulen zur Verfügung zu stellen, und seine Schüler malen heroische Geschichten, die
Lessing, Mücke und Plüddemann in Heltorf, ein Werk, dessen Einfluß auf Rethel sich in
späterer Zeit offenkundig macht (S. XLIII, LII, LXI). Schadow aber, dessen Lehrtalent nach

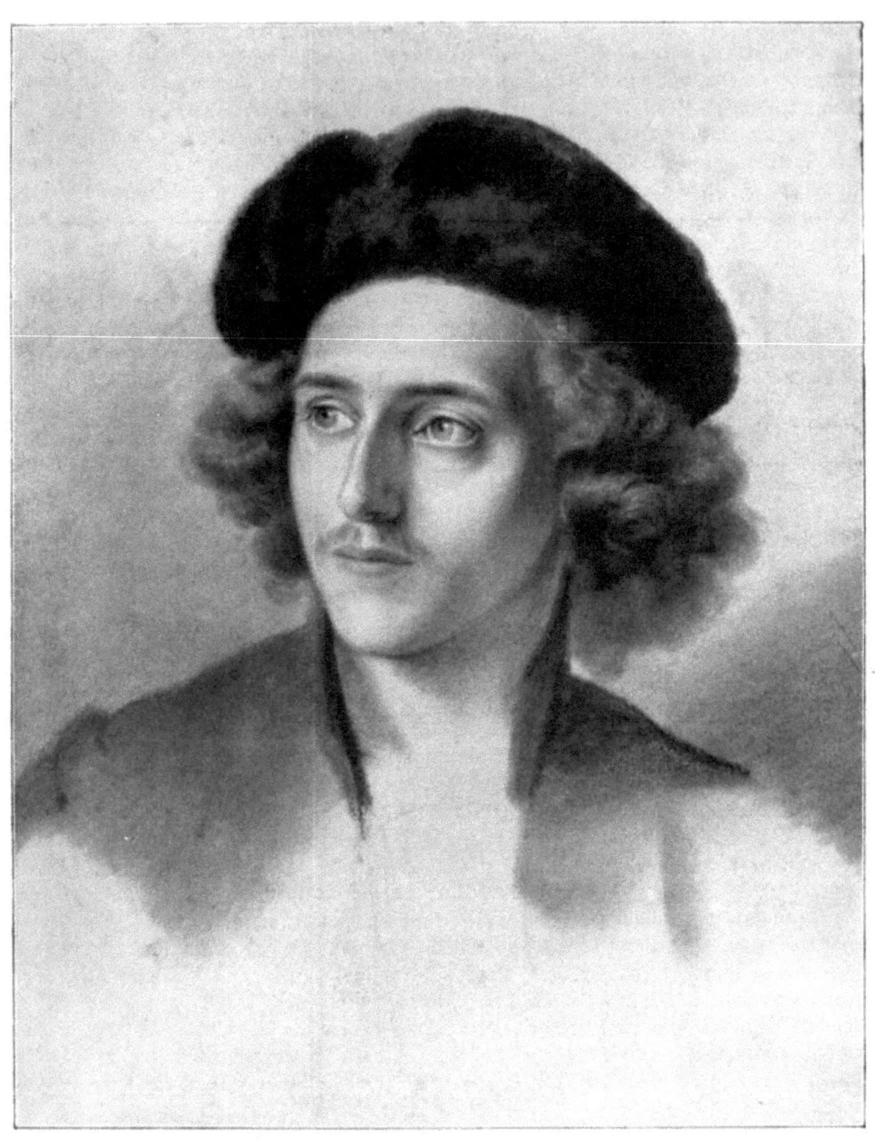

**Rethel in Düsseldorf**
Kreidezeichnung von Louis Blanc (Bes. Frau E. Sohn, Düsseldorf)

Uechtritz noch immer das Herz des ganzen Düsseldorfer Kunstlebens ist, wurde von einem wahren religiösen Wahn befallen: Lessings Werkstatt mag er nicht mehr betreten, nicht weil seines ersten Schülers Ruhm den seinigen zu überstrahlen beginnt — so weit ist er vorurteilsfrei —, sondern weil Lessing die Heldentaten von Ketzern, wie die Hussiten waren, zu berichten unternimmt. Er wird gallig, und nachdem seines Kopfes Wirkungskreis sich sichtlich verringert, erweitert sich der — seines Unterleibes; so schreibt nämlich Reinick an Kugler. Auch von Rethel steht ein derbes Wort zur Verfügung: als A. Feuerbach 1847 Düsseldorf verläßt, billigt Rethel den Schritt, denn der Alte hat manchmal Blähungen im Unterleib, die er für Gedanken hält. Des Direktors Lieblinge wurden mehr und mehr die Maler des Frommen, die Deger, Müller und Ittenbach, die er für große Dinge in der Apollinariskirche vorbereitet. Aber er hat noch andre Lieblinge: die Schüler, welche ihm in seinem künstlerischen Heerbann von Berlin an den Rhein gefolgt, diejenigen, welche beim preußischen Prinzen im Schlosse gesellschaftsfähig sind und sich bei den gelehrten Soireen durch Bescheidenheit und einen Frack auszeichnen. Die Rheinländer, jung, kühn, auch dreist, sind empört. Das ist doch i h r e rheinische Akademie! Die von drüben, die Ost- oder Elbländer sind doch nur Gäste! Und Ausländer sind da — z. B. aus Worms! Und wenn man, wie auch heute noch manchmal am Rhein, das Wort Preuße ausspricht, schießt man einen giftigen Pfeil ab. Als 1832 bekanntgemacht wird, daß der knappe Raum die Aufnahme weiterer Schüler verbiete, und die Zahl der Rheinländer von 157 auf 151 zurückgeht, steigt die der Ostländer von 17 auf 29. Als man im nächsten Jahr die Bekanntmachung wiederholt und der Rheinländer noch 14 weniger werden, vermehren sich die Elbländer um 19. Die Rheinländer sind sprachlos: man hat, als einige junge rheinische Akademiker den Urlaub überschritten haben, ihre Werkstatt ausgeräumt und sie mit Ostländern besetzt. Eine Schadow offenbar nahestehende Schrift nennt die unpünktlichen Rheinländer Lümmel; weil sie nicht die Gründe einer notwendigen Urlaubsverlängerung und die desfallsige Bitte dem Schulvorstand vorgetragen hätten, so sei ihnen Recht widerfahren, wenn sie auch auf ihren Plätzen europäische oder afrikanische Kunstschüler gefunden hätten. Die Rheinländer leisten sich ein Inserat im „Fremdenblatt“: daß wieder neue Berliner Pinsel angekommen sind, Vertreiber genannt, welche in allen Sorten vorrätig sind Burgplatz 283 (Nummer des Akademiegebäudes). Die Preußen sind hochmütig: das ist ein ganz gutes Bild — für einen Rheinländer! Unbewiesener Klatsch soll verschwiegen werden. Rethel scheint nach den Quellen ein Held und Häuptling der rheinischen Opposition gewesen zu sein, wenn auch eine spätere namenlose, von Schadow mindestens eingegebene Schrift von 1841 entgegen dem Vorwurf, daß die Akademie durch die Sezession gerade um bedeutende Talente gekommen sei, die Schuld am Verluste Rethels den beiden Lasinsky zuschreibt, unter deren verhetzenden Einfluß der junge, leicht reizbare Künstler geraten sei. Lange vergessend, was er dem Direktor der Akademie zu verdanken hat, kehrte er doch später, von Zeit zu Zeit in Düsseldorf anwesend, bei Schadow ein, erneuerte das frühere Freundschaftsverhältnis und beteuerte, an allen geschehenen Unbilden keine Schuld zu tragen; das ist ein Satz aus jener Schrift — nach Schadow gewißlich; in der Tat spricht aus späteren Briefen Rethels ein gewisses Schuldbewußtsein Schadow gegenüber. Ganz so harmlos also, wie es Rethels letzter Biograph Max Schmid mit Worten und Stillschweigen sagt, ist der Düsseldorfer Kunststreit nicht gewesen, um so weniger, als bald das Düsseldorfer Publikum, dann der Kunstverein für Rheinland und Westfalen, zuletzt das für moderne Kunst interessierte Deutschland daran Anteil nahmen. Die Rheinländer fanden eine gewandte Feder, welche in einem modernen Deutsch eine auch heute noch teilweise anzuerkennende Studie über die Düsseldorfer

Malerschule schrieb. Diese Schrift A. Fahnes rief eine im Stil von 1720 gehaltene
Gegenschrift von J. Scotti, vielmehr ein hündisches Gebelfer hervor, dessen Zartheiten
vorhin schon vernommen wurden. Dann wieder Schrift und Gegenschrift — das Ende
des literarischen Streites war eine moralische Niederlage der Schadowpartei, Stimmen
riefen zum Frieden, Immermann brachte sein Versöhnungsfestspiel „Ost und West" zur
Aufführung, aber noch 1841 untersuchte eine akademiefreundliche Schrift die Stellung
des Publikums gegenüber der Düsseldorfer Akademie und dem Kunstverein, um sich
die verlorene Gunst des mittlerweile zur neuen belgischen Malerei abgeschwenkten
wandelbaren Publikums wieder zu erwerben; umsonst, der Ruhm der Düsseldorfer hatte
sein Ende erreicht. Rethel war unterdessen längst verschwunden.

## Frankfurt 1836—1847

Wohin? Die Sezession, deren bedeutendste Köpfe Rethel und Andreas Achenbach waren, hatte sich 1836 (nicht 1837, wie Müller berichtet) nach München gewandt.
So berichtet A. Fahne 1836. Ein 1847, während Rethels Arbeit in Aachen, von offenbar gut unterrichteter Seite geschriebener Aufsatz sagt sogar, Rethel habe sich über
Frankfurt nach München begeben, wo er einige Wochen geschwankt habe, bis er sich
kurz entschlossen nach Frankfurt zurückwandte. Daß er sich sofort zielbewußt von
Düsseldorf nach Frankfurt begeben habe, ist also irrig. Aehnlich ging es A. Achenbach, der ein Jahr brauchte, sich zu entscheiden und 1837 ebenfalls nach Frankfurt
zog. Die Gründe? Die bayrische Akademie löste doch die niederrheinische im Glanze
ab, München war ein wahrer Lorbeerhain für Ruhm, eine riesige Werkstatt für Beschäftigung suchende Künstler. Seit 1825 saß auf dem Thron ein Mann, der, wenn
er nicht König gewesen wäre, nur noch Künstler hätte sein wollen, die Glyptothek-
fresken waren vollendet, an der Riesenwand der Ludwigskirche wirbelte Cornelius,
Rethels Bruder offenbar an Größe des Stils, wie sein Michael die Leiber der Auf-
erstandenen durcheinander, an der Walhalla klang Hammer und Kelle, im Königsbau
und im Festsaalbau malten Schnorr und Schwind, ja eine Bonifazbasilika war seit 1835
im Bau, in welcher der durch seine Bonifazbilder ein wenig bekannt gewordene Rethel
Aufträge großen Stiles erhoffen durfte, er, dessen jugendliches Bonifazwerk sogar das
durch Schraudolph an den Wänden der Kirche ausgeführte überragt. Immer ist der
Forschung der Auszug Rethels nach Frankfurt ein Rätsel gewesen; man hat gefragt,
warum er nicht, was doch damals einträglicher sein mußte, nach München ging; man
muß jetzt fragen, warum er nicht in München b l i e b, und das Rätsel wird noch
größer. War es gerade das geräuschvolle Münchener Treiben, das ihn nach der lauten
Düsseldorfer Zeit abschreckte, und gerade die Verwandtschaft mit Cornelius, welche
ihn den großen Kunstregisseur fliehen machte? War es ein ähnlich zwingendes,
seelisches Erlebnis wie das, welches ihm später in Rom begeisterte Worte über Raffael
an die Seinen eingibt, ihn aber über den um so gewaltigeren und ihm gemäßeren Michelangelo sich ausschweigen macht? 1835 auf seiner ersten süddeutschen Reise ist er
in München mit einem Boisserée umgerannt, um den vielgeschäftigen Cornelius zu
finden, anscheinend ohne Erfolg, und nirgendwo in seinen Briefen steht ein Urteil
über Cornelius. Lief er vor sich selbst davon, indem er seinen Verwandten floh, so-
lange er noch nicht Rethel, sondern ein lockenumwallter lauter rheinischer Malschüler
war? Ahnte er, der Erfüller des Programms der romantischen Jungdeutschen, daß die
Deutschromantik, deren größter Vertreter er wird, bei dem ehemaligen unverwandelten
Römer Veit besser behütet ist als bei dem gewesenen Nazarener Cornelius, der in die

eben überwundene Klassik zurückfällt? Glaubte er in der fast klösterlichen Stille des
Städelschen Instituts zur Besinnung zu kommen? Sobald er dort warm geworden,
segnet er den Augenblick, wo er Düsseldorf verlassen und sich unter die einfache,
bescheidene, aber echte Fahne des großen Philipp Veit gesellte. So schreibt er 1838,
denn ein heutiges Urteil würde anders ausfallen. Es ist heute, da der Mensch Veit
tot ist, schwer, ein Bild von seiner Bedeutung sich zu machen, denn der Künstler
Veit steht, ach, so arm da, woran Martin Spahns langweiliges Veitbuch — der Beschriebene ist an der Langeweile sicher ebenso Schuld als der Schreiber — nichts zu
ändern vermag. Doch muß seine menschliche Persönlichkeit merkwürdig gewesen
sein: wiederholt spricht Rethel von seinem glühendsten Dank gegen Veit, gerade
dann, wenn er vor gewaltigen Werken vergangener Zeiten die Bestätigung fühlt, auf
dem rechten Wege zu sein; die Mutter Dorothea Veit behauptet, daß die Schüler ihrem
Sohne auf Tod und Leben ergeben seien, was durch die Frankfurter Kunstgeschichte
bestätigt wird; Marianne von Willemer berichtet 1830 an Goethe, daß das Städelsche
Institut Veit unterstellt sei und seine Zeitrechnung mit ihm beginne. — Wenn Rethel
20 Jahre früher in Rom gewesen wäre, so ist kein Zweifel, daß er in S. Isidoro wie
jetzt in das Städelinstitut eingezogen wäre.

Diese Anstalt war nach dem Willen des Stifters Städel auf einer andern Grund-
lage aufgebaut als die Düsseldorfer Akademie. Weniger eine rechte Kunstschule mit
einem Schadowschen Lehrplan, war sie eine Gelegenheit für Künstler, in Verbindung
mit einer Galerie und bedeutenden lebenden Meistern zu arbeiten. Sie hatte, unsern
modernen Reformgymnasien ähnlich, einen gemeinsamen Unterbau für Handwerker
und Künstler, damit derjenige, welcher fühlte nicht zur Kunst berufen zu sein, bei-
zeiten abschwenken und als Kunsthandwerker noch den Anschluß an das Leben
erreichen könnte. Besonders sollte sie lebenden Künstlern von Ruf Gelegenheit geben,
in ihren Räumen als geschätzte Gäste zu leben und Frankfurts Kunstleben zu mehren.
So örtlich begrenzt und bestimmt konnte es nie Absicht sein, mit der Düsseldorfer
Akademie mit einer nach Hunderten zählenden Besucherzahl zu wetteifern; bevor
Rethel kam, malten zwölf Leute unter Veit.

In der reichbewegten Kaufmannsstadt, deren buntes Leben nach Goethe noch so
mancher Künstler gepriesen, in der man — Rethel lief die Gefahr —, wenn man zum
Fenster hinausspuckte, leicht irgendeiner renommierten Persönlichkeit Scheitel be-
fleckte, fand der Künstler volles Behagen. Frankfurt ist auch der Ort seiner eigent-
lichsten künstlerischen Arbeit, und das neue Buch über Frankfurter Kunst und Künstler
von Weizsäcker und Dessoff hat neben Lokalpatriotismus das historische Recht für
sich, wenn es energisch gegen die in den meisten Kunstgeschichten wiederholte Fabel
von der Angehörigkeit Rethels zur Düsseldorfer Schule auftritt und ihn für Frankfurt
in Anspruch nimmt. Freilich bedeutende Werke bringen die ersten Frankfurter Jahre,
in denen er auch die Düsseldorfer Reste aufarbeitet, nicht hervor, um so weniger, als
er wieder auf ein Gebiet gerät, das seinem Innersten nicht entspricht, auf dem er also
auch nichts Großes zu sagen hat, das religiöse. Ohne Frage trug die Schuld daran
der pietistische Geist im Städelinstitut, der Veit, Ihlée, Steinle, welches als die
echteste deutsche Filiale des römischen Nazarenertums durch das Aushängeschild der
Römer Frömmigkeit gekennzeichnet war. Insofern blieb der Protestant Rethel in diesem
Kreise katholisierender Künstler selbständig, als er, ähnlich den protestantischen Mit-
gliedern der Düsseldorfer Schule, Lessing, Bendemann usw., wenn es religiöse Stoffe
zu bearbeiten galt, sich an das Alte Testament hielt. Nur einzelnes, wie das statuarische
Josuablatt (S. 46) oder der Bericht vom Zorne des Moses (S. 45), trägt Rethelsche
Züge, während andres die Komik streift, wie der das Lamm schützende David (S. 42)

oder das traurige Blatt Hiob mit seinen trauernden Freunden (S. 41). Die Merse-
burger Hunnenschlacht aber (S. 48), die mitten in diesen sanftfrommen Jahren tobt,
kündet sich laut und wild als Rethels Geist an. Dann gerät er an die Illustration eines
Buches, dessen streitbare, reckenhafte Seele die seine brüderlicher ansprechen mußte
als die Bibel. Des Nibelungenliedes Aeußerungen werden prompter und energischer
in der derben Sprache des Holzschnittes beantwortet (S. 53—62): so ist meines Wissens
diese Wigandsche Ausgabe des Nibelungenliedes von 1840 die bestillustrierte. Die Ironie
der Zeiten hat es gefügt, daß Rethel an dieser Illustration nur, wie eine Fußnote des
Verlags sagt, aushilfsweise mit zehn Zeichnungen hat mitarbeiten dürfen, da die damaligen
großen Herren Bendemann und Hübner die begonnene Illustrierung arbeitsüberhäuft
nicht haben vollenden können. Ohne dieses dem Verlage damals zugestoßene Miß-
geschick würde heute höchstens noch ein zünftiger Kunsthistoriker nach dem Buche
suchen, und es ist durchaus folgerichtig, wenn neuerdings der Verlag von Heyder
in Berlin die Holzschnitte des Aushilfszeichners gesondert als Die Nibelungen herausgegeben hat.

Das Jahr 1840 war überhaupt des Malers erstes großes Jahr, von dem an er
Meister genannt werden darf. Das Jahr, in welchem er mit einem Schlage — übrigens
von außen her, durch das Anerbieten eines Verlages, durch die Aufforderung zu einem
Wettbewerb — auf sich selbst und sein Eigenstes gestellt und sich selbst in die Hand
gegeben wurde, indem er sich als Heldendarsteller entdeckte, er, dessen Seele der
Heldengesellschaft der Nibelungen, dem Frankenkarl, dem Römerschrecken Hannibal,
Saulus-Paulus dem Gewaltigen, und dem Helden Tod dauerndes Leben verleihen sollte.
17 imponierende Werke schaffte er in diesem gesegneten Jahr, die zehn Nibelungen-
blätter und die sieben ersten Entwürfe zum Karlskreise (S. 94, 97, 101, 113, 115, 118, 120),
mit denen er im Aachener Wettbewerbe siegte. Die Helden der germanischen Völker-
wanderung waren in diesem Jahre die Wesen, um die seine Gedanken gingen wie um
die Bilder lieber Menschen in der Ferne. Wie ein Umherirren vor dem großen
Marsch, wie ein Ausruhen und Kräftesammeln vor der Lebenstat, wie ein Niederducken
zum Sprung und Schwung aller Energien sind die unfruchtbaren vier ersten Frankfurter
Jahre. 24 Jahre und noch so wenig getan für die Unsterblichkeit — als wüßte er,
daß seine Zeit gemessen und er schnell arbeiten müsse, um sich vor dem ewigen
Tode eine zeitliche Unsterblichkeit zu erorbern, reiht er schnell die Taten; erst einige
Jahre später wird er sich dessen bewußt, er sagt, daß ihm ein derartiges Gefühl in
den Gliedern liege: arbeite mehr wie sonst, es gilt mit stürmender Hand eine neue
Bastion zu nehmen. Im Jahre 1840 begann er das Werk, mit dem verbunden sein
Name so lange leben wird wie die deutsche Kunst, mit dem verknüpft der Mensch
im frühen Mannesalter sterben sollte.

Ist es nicht ein großes zeitgeschichtliches Symbol, daß in eben dem Jahre, in
dem das Ideal der Wiener Lukasbrüder erfüllt, der Grund gelegt wurde zu dem
größten deutschen Monumentalwerke der ersten Hälfte des Jahrhunderts, die eigentlichen Nazarener abgetan waren und sich abgetan fühlten, so sehr, daß Overbeck an
Veit schrieb: oft schleiche ich einsam unter den römischen Ruinen herum und komme
mir vor, als ob auch ich schon zur Ruine geworden wäre. Daß in dem Jahre 1840,
in welchem einem Jünger der Nazarener unter allgemeinem Beifall ein großes Werk
in Auftrag gegeben wurde, die Arbeit des Vaters der Bewegung, Overbecks Triumph
der Religion in den Künsten, das vor zehn Jahren, da die Jungdeutschen das Herz
des deutschen Publikums gewonnen, vom Städelinstitut bestellte Werk, als es endlich
nach Frankfurt kam, teilweise nur erstaunte und ernüchterte Gesichter fand? Heute
steht man vor dem absonderlichen Bilde, mit einem kosmischen Lächeln zwar: doch

nur unfreiwillig erregt es den großen Gedanken, welch seltsamer Irrgänge und Schleifenwege sich die Weltgeschichte bedient, um zu ihrem Ziele zu kommen. Die große Revolution der deutschen Idealisten war eben nicht Sache eines Menschenalters: ihre Führer, die durch Uebereifer und konfessionelle Einseitigkeit gesündigt, sollten draußen auf dem Berge sterben und das gepriesene Land nur schauen, während Josua-Rethel, die neue Generation, die Bundeslade ihrer Ideale über den Fluß ans Ziel tragen sollte. Ist es ein Zufall, daß das vor einem Jahr gefertigte Blatt des Josuazuges (S. 46), das Thema des Hochgefühles, ein Ziel zu erreichen, das die Väter vergeblich erstrebt, das beste der religiösen Uebungen Rethels ist? Alle die Nazarener starben künstlerisch um diese Zeit draußen: Cornelius trat 1841 von seiner unhaltbar gewordenen Münchener Stellung zurück, Schnorr quälte sich, dem Könige, dem Publikum und sich selbst zu Undank, in den Kaisersälen des Festbaues ab, 1843 mußte Veit auf die Leitung der Frankfurter Anstalt verzichten, 1846 schrieb Schadow an Overbeck, daß er in Anbetracht der unheilvollen Zustände der Kunst nicht ohne Ernst an eine Uebersiedlung nach Italien denke. Die Zeit der Nazarener war vorüber, damals, als ihre Zeit erst recht begann; freilich, eine Dornenkrone ward auch der Kranz dessen, der ihr Ideal zum Siege führen sollte.

In mehrfacher Beziehung eine Ruine, haben die Aachener Fresken eine lange und wechselvolle Geschichte. Unter den Kunstvereinen, welche im Anfang des Jahrhunderts in üppiger Zahl entstanden, zeichnete sich der für die Rheinlande und Westfalen durch einen satzungsgemäß festgelegten großartigen Zug aus: ein großer Teil der Vereinsgelder sollte dem unmittelbaren Genusse der Mitglieder entzogen und der öffentlichen Kunstpflege, der Anlage monumentaler Werke dienen. Nur mit Mühe war diese Bestimmung 1829 in das Gründungsprogramm, und zwar auf Betreiben eines alten, an der Akademie verbliebenen Cornelianers, mit Schadows Einverständnis, aufgenommen worden, und der Verein hat bis heute nahezu eine Million Mark für Werke öffentlichen Charakters ausgegeben. In den westlichen Provinzen, aber auch im übrigen Deutschland bis nach Ostpreußen hin, sind zahlreiche Plätze mit Denkmälern, Kirchen mit Altarbildern, Theater mit Bühnenvorhängen, Schlösser mit Fresken geschmückt worden; im Stiftungsjahre der Aachener Fresken, 1840, zum Beispiel ließ er die heute verschwundenen Fresken im Rathause zu Elberfeld, in den letzten Jahren die A. Kampfs im Burtscheider Kreishause und die Klaus Meyers im Schloß Burg an der Wupper ausführen. So faßte denn im Jahre 1838 der Aachener Vertreter des Vereins, — sein Name verdient erhalten zu bleiben — Gustav Schwenger, den Plan, ihn für die Ausstattung des nach der Pfalzkapelle bedeutendsten Bauwerkes seiner Vaterstadt, des königlichen Saalbaues, des Schauplatzes von 37 Krönungen deutscher Könige, mehrerer Reichstage, der Friedensschlüsse von 1668 und 1748, des jetzigen Rathauses, zu interessieren. Seine Anregung fiel beim Vorstande des Kunstvereins, bei Schadow, den ersten Künstlern der Düsseldorfer Schule und bei der Aachener Stadtverwaltung auf offenen Grund. Bald war man sich darüber einig, in demjenigen Teile des nach der Verlegung der Krönungen nach Frankfurt umgebauten Krönungssaales, in welchem der Aachener Friede den Spanischen Erbfolgekrieg beschlossen hatte, im sog. Kongreßsaal, die sehr mittelmäßigen Gemälde aus dem Barock durch moderne der ruhmreichen Düsseldorfer Schule zu ersetzen. Daß die Motive der Geschichte Karls des Franken zu entnehmen seien, auf dessen Wohnplatz sich der königliche Saalbau erhob, dessen Mitbürger zu sein in jener Stadt auch die Kohlenträger sich rühmen, darüber war kein Zweifel. Daß der Gedanke hervortrat, ein Denkmal zu erstellen dem Ortshelden und Heiligen, den das eingeborene Kind und das kindliche Volk sich als unbezweifelten Urheber nennt, wenn es vor einem hundert Jahre alten romantischen Gemäuer steht,

war so natürlich, wie daß in Aachen im oberdevonischen Gestein die heißen Wasser
aussprudeln. Der Oberbürgermeister stellte nur die eine Bedingung, daß die Arbeiten
einem Künstler ersten Ranges, einem Hübner, Lessing, Mücke oder Plüddemann, an-
zuvertrauen seien. Noch um die Weihnacht des Jahres 1839 schrieb der Kunstverein
einen beschränkten Wettbewerb unter den Geschichtsmalern Stilke, Plüddemann, Haach
und Rethel aus mit dem Thema: Bedeutende Momente aus dem Leben Karls des
Großen in historischer und symbolischer Auffassung mit möglichster Beziehung sowohl
auf ihre allgemeingeschichtliche Bedeutung, als auch auf die Stadt Aachen als dessen
Lieblingsaufenthalt. Es war den Malern freigestellt, die zur Verfügung stehenden
Wandflächen aufzuteilen. Auf die in diesem ersten Projekt bereitgestellten Mauerfelder
schießen die ungefiederten Pfeile der Planskizze, welche ich nach den Quellen ge-

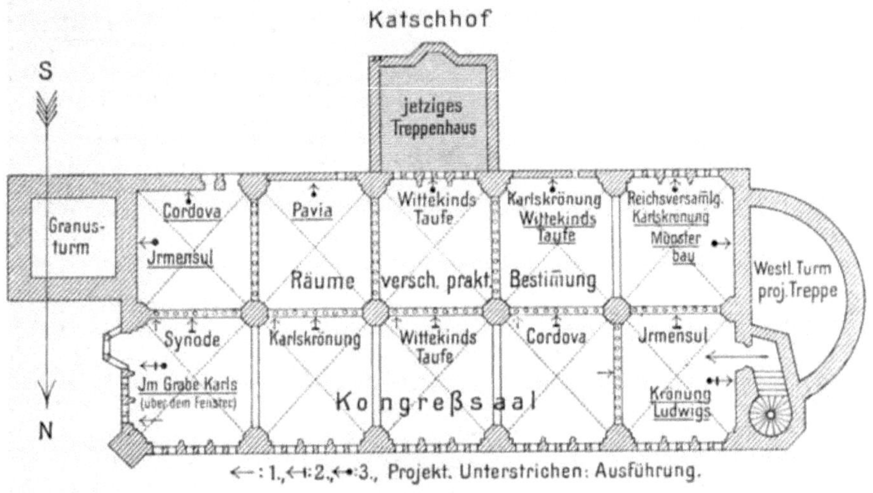


Planskizze des Aachener Krönungssaales im Jahre 1840 zur Veranschaulichung der vier Freskenprojekte
(Im 2. Projekt sind „Karlskrönung" und „Synode" umzustellen)

zeichnet habe und den Schilderungen beifüge; sie beansprucht Genauigkeit nur in
bezug auf die Anordnung der Bilder. Ursprünglich also sollte nur der damalige
Festsaal, Kongreßsaal, mit sechs Feldern, den vier auf der einen Langwand und zwei
auf den Stirnseiten, davon einem über dem östlichen Fenster, bemalt werden. Bald
aber zog man noch den westlichen, damals als Ratsarchiv dienenden Gewölbebogen
in den nunmehr galerieartig gewordenen Saal ein, in das Thema ein weiteres Fresko-
bild. Der Saalbau selbst, auch ein Teil der Fensterwand des Kongreßsaales ist zu
sehen auf Rethels Skizze (Abb. S. IX), welche der Knabe eines Tages seinem Taschen-
buch einverleibte, ohne zu ahnen, daß er seine Ruhmeshalle und sein Marterhaus
zeichnete.

Rethel lebte damals in Frankfurt in der bekömmlichsten Gesellschaft. Im Wirts-
haus zur Stadt Ulm in der Schäfergasse, wo man für 24 Kreuzer Rheinisch sich satt
essen konnte, trafen sie zusammen, alle die Leute, deren Kopf an Idealen voll, deren
Beutel an Geld entsprechend leer war: die Berthold Auerbach, der Dichter des Struwwel-
peter, Heinrich Hoffmann, Alfred Rethel, oder wie ihn die Maler mit Bezug auf sein

Handwerk riefen: Röthel, und der Gymnasiallehrer Dr. Hechtel; die beiden letzten waren so unzertrennlich, daß man, da man sie immer zusammen sah, auch ihre Namen in einer Formel zusammendachte und aussprach: Rethel und Hethel. Hechtel führte den Maler in das Studium der Geschichte ein, wie es ähnlich Uechtritz bei den Düsseldorfer Akademikern tat. Interessant ist die Klage Uechtritzens, daß die Düsseldorfer Geschichtsmaler, unter ihnen Lessing und Mücke, fleißig zuhören, doch nie ein Bedürfnis fühlen zu einem Gesamtüberblick, zu weltgeschichtlicher Totalanschauung; lediglich einzelne Perioden, die Kreuzzüge, die Hussitenkriege interessieren als anekdotenhafte Gelegenheiten zur Illustrierung. Wenn nicht schon der Vergleich der Heltorfer Barbarossareihe (Abb. S. LII, LXI) mit der Aachener Karlsfolge eine größere Auffassung Rethels lehrt, so tut es die den eingereichten Entwürfen beigegebene, in den Erläuterungen abgedruckte Erläuterungsschrift Rethels, aus welcher Ernst und Ehrfurcht auch des frei schaffenden Künstlers vor dem Geschichtlich-Gewissen spricht, Ergriffenheit von der Wucht des Tatsächlichen, von jenem Pathos der Weltbegebenheiten, welche das Geschehen erst zur Geschichte macht. Jetzt fühlt er sich als Geschichtsmaler großen Stils, der eine künstlerisch geschaute Situation in Rahmen und Gesetz des Weltganzen hineinzudenken vermag und seine persönlich-willkürliche Erfindung mit jener Notwendigkeit, mit jenem Riesenreiz der geschichtlichen Wahrheit zu begaben vermag, daß sein Gedicht dichter und fester selbst als die geschichtliche Tatsache vor der Seele der Nachlebenden steht und das Ereignis in der Form des Gedichtes weiterlebt, indem die ewig vergangene Geschichte durch die lebendige Wirkung der Kunst immer wieder neu geschieht. Aus diesem zwingenden Gefühle heraus hat er nur aus den Quellen exakter Geschichtsforschung geschöpft. Er führt selbst die monumentalen Monumenta von Pertz an, und bei dem Bilde der Cordovaschlacht entschuldigt er sich gewissermaßen, daß er abweichend von seinem Grundsatz einmal eine poetische Quelle, Turpins Chronik, benutzt habe. Jedenfalls hat er alle Sagen, zum Beispiel die liebevolle Geschichte von Emma und Eginhard, welche die Düsseldorfer Anekdotenmaler gewißlich in den Ring einbezogen hätten, vernachlässigt, auch die bereits von ihm illustrierte Fastradalegende hat von der Freiheit, die Wandflächen zerlegen zu dürfen, keinen Gebrauch gemacht, hat auf alles allegorische Beiwerk, Arabesken und Verzierungen verzichtet und die Abmessungen lebensgroß, womöglich überlebensgroß zu halten versucht. Die Sagen und Legenden, meint er, könnten in den Wandresten über den hohen Fenstern der Nordseite, welche das Preisausschreiben zu berücksichtigen empfahl, bescheidene Stellen finden, wenn man nicht lieber, um die Einheit des Totaleindruckes zu wahren, Bildnisse der Zeitgenossen Karls dort unterbringen wolle. Dieses interessante Aktenstück aus dem Aachener Rathausarchiv ist bereits vom 31. August 1840 datiert, ja schon Mitte April teilt er seiner Mutter brieflich mit, daß er mit seinen Wettbewerbsentwürfen ziemlich fertig sei, und Anfang Juli werden die Zeichnungen eingereicht, so daß er nicht einmal sechs Monate für die Arbeit gebraucht hat; in der Planskizze habe ich dieses zweite Projekt wiederhergestellt nach der Erläuterungsschrift, welche sagt, daß die im allgemeinen in der Datenfolge der Ereignisse aufgestellte Reihe auf der rechten Seite des Haupteinganges beginnen soll, wobei die beiden in Aachen spielenden Szenen den Stirnmauern zuzuwenden seien.

Rethels Sieg im Wettbewerb war glänzend, so ausgezeichnet und selten, daß seine Mitbewerber ihre Entwürfe zurückzogen, als sie die seinen sahen, und ihm neidlos die Palme reichten. Es besteht ein rührend-schöner Brief des Malers Steinbrück an Rethel, in welchem jenes merkwürdige Ereignis berichtet und unter Glückwünschen die Hoffnung geäußert wird, daß die Arbeit Rethel wieder nach Düsseldorf zurückführen werde, ein Verlangen, das damals in Düsseldorf so lebhaft empfunden

wurde, daß in dem ersten über die sieben Freskobilder des zweiten Projektes 1842
getätigten Vertrage der Wunsch des Kunstvereins aufgenommen wurde, Rethel solle
die Kartons ganz oder teilweise in Düsseldorf anfertigen, ohne ihm jedoch eine bestimmte Verpflichtung aufzuerlegen. Aber die Frankfurter Freunde, Veit an der Spitze,
waren ihm liebere Gesellschaft, und selig im Glück berichtet er seiner Mutter von dem
Fest, das die Freunde dem Vierundzwanzigjährigen zum Aachener Siege gaben, wobei
Veit aus einem mit Eichenlaub geschmückten, mit Champagner gefüllten Pokale sein
Wohl ausbrachte.

Da es noch sieben Jahre dauern soll, bis er in Aachen an die Wände heran-
gelassen wird, sei die Freskenangelegenheit verlassen und Umschau gehalten nach
den sonstigen Taten dieser Jahre. Im Vorstellungskreis des Franken Karl zeigt er Rolands
Tod auf einem schönen Blatte, eine der wenigen Radierungen seiner Hand (S. 63).
Die Deutsche Kaisergeschichte beschäftigt Kopf und Hände: Rudolf von Habsburg,
des Reiches Ordner und Säuberer, geleitet den Bischof Werner schützend durch die
Alpen (S. 50) auf einem Blatte, zu dem die erste Vorstellung sich schon in eines der
jugendlichen Skizzenbücher von 1834 hineingewagt hat (S. 13). Vier große Kaiserbilder
malt er von 1839 bis 1844 für jene Versammlung deutscher Könige im Römer zu Frankfurt, wo die Erlauchten Schulter an Schulter gedrängt in einem überfüllten Saale stehen
(S. 74, 75). Des Helden der Gegenreformation, des fünften Karl unheimliche Person wie
des großartigen, panzerklirrenden ersten Max pompöse Gestalt werden das Auge sofort
als die besten ansprechen in dieser glänzenden Schar, welche sowohl eine Galerie
deutscher Könige wie deutscher Künstler ist, denn fast alle damals in den West-
provinzen lebenden Geschichtsmaler haben sich an dem monumentalen Konterfei, nicht
eben ruhmvoll, beteiligt. An der Aufnahme des weltmüden Karl ins Kloster (S. 86)
nimmt man vielleicht Anteil, wenn Valentin recht hat mit der Beobachtung, daß im
Abte Veit, in den Brüdern Hechtel und Steinle, im Pförtner der Künstler selbst sich
dargestellt habe. Auch wenn man eingeladen wird, der fürstlichen Versöhnung Ottos
mit Heinrich beizuwohnen (S. 73), wird man nicht länger als schicklich verweilen.
Die Illustrationen zu Rottecks Weltgeschichte (S. 66—72) erheben sich durchgängig
nicht über ein gutes Mittelmaß; die Aufmerksamkeit wird jedoch aufgehalten durch die
Mosesszene (S. 67), die Rethel bereits 1835 so viel gewaltiger dargestellt hat, durch
die Taufe Wittekinds (S. 68), welche er schon im ersten Entwurfe zum gleichen Thema
der Aachener Freskenreihe besser inszeniert hat, und durch den Hannibal (S. 68), der bald
um so viel ungeheurer sich vorstellen soll (S. 81). In Vorbereitung der geplanten Rom-
reise studierte er den Raffael gar zu gut, wie die Heilung des Lahmen beweist (S. 84),
ein Werk, dessen hier mitgeteilter Aquarellentwurf immerhin besser ist als die vier
Quadratmeter Oelbild des Leipziger Museums, und ein so dürftiges Werkchen wie die
Anbetung Christi (S. 84) erhält nur einen Platz der Vollständigkeit wegen und als
Beweis menschlicher Unzulänglichkeit, die auch dem Genie gelegentlich eine arme
Schülerarbeit abzwingt.

Es war eine schmerzliche Verkettung der Dinge, daß aus den idealsten Beweg-
gründen ein heftiger und langer Kampf entbrennen, Unanständiges und Häßliches
entstehen und dem Maler unendliches Leid erwachsen sollte. Der Gedanke, den
Kongreßsaal des Rathauses würdig auszustatten, hatte in der Bürgerschaft so lebhaft
gezündet, daß die Flamme der Begeisterung übergriff auf den ganzen ehemaligen,
jetzt für städtische Ratszwecke unwürdig verbauten Krönungssaal als auf ein Palladium
deutscher Geschichte, und ganze Arbeit verlangt wurde. Noch waren Bürgerschaft und
Stadtverwaltung einig, und 1841 beschloß der Gemeinderat den veränderten und ver-
größerten Plan. Fünf von den sieben Rethel zur Verfügung stehenden Wandflächen

sollten also, wie aus der Planskizze ersichtlich ist, fallen und ersetzt werden durch die kurzerhand zu schließenden Fensteröffnungen der Südseite; da zwei weitere Stirnflächen hinzukamen, erhöhte sich die Zahl der auf Fresken wartenden Felder von sieben auf neun; im Juli erklärte Rethel sich bereit, der Veränderung sich anzupassen, indem der auf rund 20000 Taler für die sieben Fresken lautende Februarvertrag auf rund 25000 Taler geändert wurde. Die Wege trennen sich: in der Bürgerschaft erhebt eine aus den angesehensten Männern gebildete Opposition kräftig ihr Haupt, eine in der bisherigen Rethelgeschichte übel beleumundete Opposition; aber es wird Zerstörung eines geschichtlichen Vorurteils sein, wenn die Beweggründe jener Männer einmal nach den Quellen beider Parteien, nicht nur wie bisher nach der des Kunstvereins, dargelegt werden. Daß trotz der edelsten Absichten dieses literarischen und gemeindepolitischen Krieges der Kampfpreis nur eine Ruine werden sollte, ist die Tragik des Geschickes. Freilich, schon vor der Ablösung des Kongreßsaalplanes durch das Krönungssaalprojekt hatte der leidige konfessionelle Eifer gespielt. Rethel hatte in seinen ersten sieben Entwürfen das Thema: Karl als Diener, Schützer und Herr der Christenheit abgewandelt; die einzelnen Abschnitte waren: die Zerstörung der Sachsensäule (S. 97), die Schlacht von Cordova (S. 101), die Taufe Wittekinds (S. 112, 113), die Synode von Frankfurt (S. 120), die Krönung Karls durch den Papst (S. 115), die Krönung Ludwigs im Beisein Karls (S. 118) und — ein großes, weit in die fernere Geschichte hinausragendes Symbol — der Besuch Ottos III. im Grabe Karls (S. 94). Indem im allgemeinen die Entwürfe des Malers in der Bürgerschaft Anerkennung fanden, erhob sich ein anscheinend vom geistlichen Stifte ausgehender kräftiger Widerstand gegen die Frankfurter Kirchenversammlung. In seiner Erläuterungsschrift hatte Rethel dargelegt, daß diese Versammlung vom Jahre 794 Karl als den christlichen Vorkämpfer zeigen sollte, der, wie in den früheren Bildern des Kreises dargestellt, die äußeren so auch die inneren Feinde der Christenheit, in diesem Falle die Bilderverehrer, niederzwingt. Er entscheidet den Streit mit einem Hinweis auf seine eigene Schrift vom Jahre 790, Libri Carolini: Gott allein ist zu verehren, anzubeten und zu verherrlichen, von dem der Prophet sagt: einzig sein Name sei gepriesen! In diesem auf dem Flügel des Aachener Krieges, unabhängig von der um den Krönungssaal tobenden Hauptschlacht, ausgefochtenen kirchenrechtlichen Scharmützel hat sich Rethel lange gewehrt, ehe er die Waffen streckte. Der Gemeinderat, von der geistlichen Behörde beeinflußt, hatte sofort unter vollster Anerkennung der Leistung Rethels die Ersetzung der Frankfurter Versammlung durch eine auf Aachen bezügliche Darstellung, die Erbauung der Münsterkirche (S. 117), gefordert. Der Maler verteidigt sich in einem Schreiben gegen die geistlichen Vorwürfe, daß die Synode von jeher eine Fundgrube von Scheingründen zur Anfeindung des Katholizismus für die Protestanten gewesen und seine Darstellung ganz in protestantischem Sinne gehalten sei, unter Entwicklung trefflicher geschichtlicher Kenntnisse, bekundet auch das aufrichtige Bestreben, selbst den leisesten religiösen Anstoß zu vermeiden und schlägt vor, unter Beibehaltung des Wesentlichen der Komposition den anstößigen Text durch einen, wie ihm scheint, streng katholischen derselben Schrift Karls zu ersetzen: in den Kirchen sollen die Bilder der Heiligen nicht zur Anbetung, nur zur dauernden Erinnerung an ihre Taten und zum Schmucke der Wände geduldet sein. Die geistliche Opposition bleibt hartnäckig. Vergebens bemerkt der Kunstvereinsvertreter, daß dasselbe Konzil gegenwärtig in der Bonifazbasilika in München unter Heß' Leitung gemalt werde. Ein Vorschlag zum Frieden, wahrscheinlich von dem Rethel durchaus anhängenden Oberbürgermeister, geht dahin, die umstrittene Versammlung von Geistlichen in eine Laienberatung der Kapitularien zu verwandeln, eine Aenderung, welche Rethel aus inneren kompositionellen Gründen 1844 ablehnen muß; er beantragt den Ersatz des Konzils durch den bereits gelieferten Münsterbau und bemerkt — sehr bezeichnend für die Frankfurter Künstlergruppe —, daß Veit und Steinle den Entwurf den besten der Reihe nennen, der uns heute unbedingt als der schwächste erscheint; Antrag auf die acht schließlich auch zur Ausführung gekommenen Entwürfe; zuerst zieht hier Karl über die Longobarden triumphierend in den Kreis ein (S. 108). 1845 siegt die geistliche Opposition: Rethel zieht das Konzil zurück und fügt die Reichsversammlung zu Aachen dem Kreise bei, deren Entwurf er 1844 in Rom mit der ursprünglich selbständig gedachten Schilderung des Empfanges der persischen Gesandtschaft in sehr dramatischer Weise verschmolzen hat, indem die ungestümen Orientalen in die stille Sitzung weise deliberierender Staatsräte hereinbrausen (S. 121).

Aber zurück ins Haupttreffen, wo um herrlichere Ziele gestritten wird, wenn man es nicht als einen Gewinn betrachten will, daß die konfessionelle Haderei den einen ungewollten Erfolg hatte, daß die Nachwelt mit dem prächtigen Entwurf der Reichsversammlung bereichert worden ist, für den der Künstler kein Honorar erhielt. Seit jenem zum Beschluß erhobenen Antrage des Jahres 1841, die Zahl der Freskobilder von sieben auf neun auf Kosten der Fenster an der Südseite zu erhöhen, standen sich zwei Parteien gegenüber: die eine, die Rethelpartei, bestehend aus dem Maler, dem Rheinisch-westfälischen Kunstverein und dem Gemeinderat, insbesondere dem Oberbürgermeister, die andre, die aus den besten Bürgern der Stadt gebildete Opposition; der ersteren waren die Fresken Hauptsache, und sie opferte ihnen den Bau, die letztere verteidigte das Raumganze des alten Krönungssaales und verlangte Unterordnung der Malereien unter die Architektur. Die Rethelpartei hatte vor der Opposition die Kraft künstlerischer Gründe voraus; man wird unbedingt der Opposition widerstreiten, wenn sie vorschlägt, die Bilder der siebenunddreißig hier gekrönten deutschen Könige im Rahmen oder auf Sockeln nach dem Muster des Frankfurter Römersaales — dessen Ausstattung übrigens die Anregung zu der Arbeit am Aachener Saale gegeben haben soll — aufzurichten, oder gar die Wände mit den Schilderungen der sich wiederholenden Krönungen zu bedecken, welche, wie die Gegenpartei richtig betonte, den Zeremonienmeister mehr interessierten als den Künstler; man wird ohne Frage das sich über die Wände dramatisch entfaltende Thema eines Heldenlebens entgegen jenem Vorschlage für einzig darstellungsfähig halten, auch wenn eine kleinere als Rethels Riesenkraft auf die Wände losgelassen worden wäre; man wird mit der Rethelpartei der heute mehr und mehr erledigten antiquarischen Stilrechtgläubigkeit widerstreiten und dafür stimmen, daß man überhaupt nicht stilgerecht, wie man sagt, wiederherstellen kann und daß jede Zeit das lebendige Recht hat, in ihrem Stil und für ihr Bedürfnis überkommene Bauwerke umzugestalten, wie es alle kräftigen Zeitläufe, die Gotik und das Barock insbesondere, getan haben. Die Rethelpartei indes ließ diese ausgezeichnete Ansicht, welche sie für den verfehlten Plan, ein neues Treppenhaus anzubauen, aussprach, durch einen schlechten Redner verteidigen, den stürmischen Vereinssekretär Architekturprofessor Wiegmann, dessen Schneidigkeit gelegentlich zu Widerrufen und Entschuldigungen gezwungen war. Die Opposition aber sah architektonisch besser, und unzweifelhaft richtig ist ihr Satz, daß die Malerei sich der Architektur unterzuordnen habe. Wer wird es ihr verdenken, daß sie den Ruhm des Krönungssaales im königlichen Saalbau, der nicht einem einzigen Herrscher angehört, mochte es auch der große Karl sein, nicht einem Dynastengeschlecht, wie etwa der Goslarer Bau, sondern der ganzen tausendjährigen Reichsgeschichte, dem Ruf eines bis dahin fast unbekannten vierundzwanzigjährigen jungen Mannes namens Rethel vorzog? Dabei ist die in der bisherigen Rethelforschung unwidersprochen gebliebene

Behauptung der Rethelpartei, daß sich ein Verein gebildet habe mit dem Zwecke, den Protestanten Rethel von dem Werke abzuschneiden, aus den Quellen durch nichts zu beweisen; die Opposition, zu der auch protestantische Pfarrer gehörten, bekämpfte Rethel nur insofern, als seiner Freskenreihe die ihr teuern Fenster der Südseite geopfert werden sollten. Der Kampf um die Südfenster, der dem Ortsunkundigen belanglos erscheinen mag, war durchaus kein Streit um verglaste Oeffnungen und nicht Zeichen eines antiquarischen Zelotentums, wie die Rethelpartei behauptete. Denn nicht so sehr war es wichtig zu entscheiden, ob die Südseite ursprünglich Fenster gehabt habe, was die Opposition zu beweisen sich große Mühe gab und schließlich bewiesen hat, sondern daß sie augenblicklich, wie die Planskizze zeigt, zum Teile geöffnet war und einen Ausblick von großer Art freigab auf die unvergleichliche Silhouette des Pfalzmünsters und die fernen Waldberge, welcher den königlichen Saalbau in das große rhythmische Ganze der alten karolingischen Pfalzanlage einbezog und eine seltene optische und geschichtliche Perspektive ergab. Daß die Aussicht Dürer auf seiner niederländischen Reise gereizt hat, sein Skizzenbuch zu

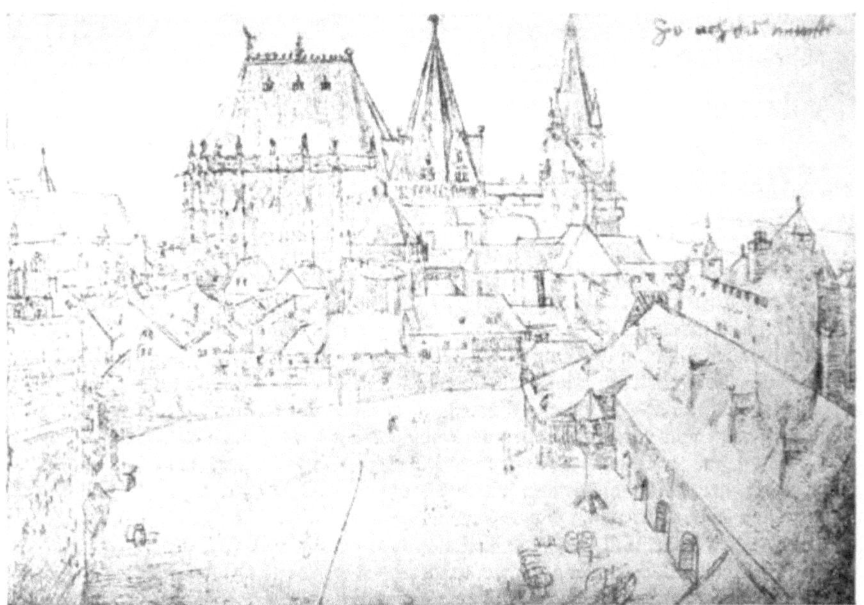


Albrecht Dürer: Zw ach das munstr. 1520

ziehen, wird in jenem oft recht gelehrten Federkriege nirgendwo erwähnt und scheint unbekannt gewesen zu sein. Die Südseite sollte nicht, wie Max Schmid in seinem Rethelbuche, durchaus auf seiten der Rethelpartei stehend und den ganzen großen Streit mit wenig Worten behandelnd, sagt, Fenster e r halten, sondern b e halten. Mittlerweile war ganz vergessen worden, daß die Rethelfresken ja für die Pfeilerwand in der Saalmitte, der nördlichen Fensterreihe nahe, gedacht waren und durch Abrückung nach Süden unter den hohen Gewölben in einem verhältnismäßig niedrigen Raum zu wenig Licht erhielten, eine heute oft peinlich zu lernende Ueberzeugung (Abb. S. LXIV); auch herrscht durch den Ausschluß des Sonnenlichtes aus dem wie ein Riesenatelier nach Norden geöffneten, aus dicken Mauern und Gewölben gebildeten Saale eine oft fatale Kälte, über die sich kein geringerer als Rethel selbst bei der Malarbeit beklagte. Es muß auch mit dem Irrtum aufgeräumt werden, als ob die Opposition Rethel um seine Fresken überhaupt habe bringen wollen, denn es blieben noch vier Gewölbescheiben der Stirnseiten übrig, auch schlug man eine Ersatzarbeit im Münster für den Maler vor. Auch darin bewährte die Opposition ein richtigeres Gesicht für Baulichkeiten: obgleich die Krönungsfeierlichkeiten des Mittelalters und die höfischen Feste sich mit der engen gotischen Wendeltreppe der Westseite zufrieden gegeben hatten, mochte einem durch den Barock verwöhnten Geschlecht der Aufgang nicht monumental genug erscheinen; die Opposition schlug vor, in dem großen Raume des Westturmes statt der Wendelstiege eine geräumige Treppe zu bauen, um auf jeden Fall die kostbare und architektonisch wahrhaft gewaltige Wirkung zu erhalten, welche der Eintritt von der Schmalseite her in die Doppelflucht von fünf mächtigen Gewölben erzeugte. Ungeachtet des Gefühls der Verlorenheit, welche der Eintritt in der Mitte der Südwand gegenüber einer hellen Fensterflucht erwecken würde und heute erweckt, wurde ein nach der Weise der späten Renaissance mit doppelläufiger Treppe, aber mit gotischen Stilmotiven ausgestattetes mächtiges Treppenhaus unorganisch vor die Südseite zu setzen beabsichtigt, das mehr kosten sollte als die gesamten Rethelfresken. Der Opposition wurde ein kleines Zugeständnis gemacht durch einen winzigen Erker, der von einem Treppenabsatz aus einen Blick auf das Münster gestattete.

Der Kampf wurde mit jener Erbitterung ausgefochten, welche ein idealer Gegenstand zu erzeugen pflegt. Außer den üblichen Gehässigkeiten jeder Streiterei und manchen lächerlichen Beweisgründen erzeugte er technische und baugeschichtliche Untersuchungen des Gebäudes und mehrere wertvolle Schriften, in denen Rethels Name von der feindlichen Partei mit Achtung, auch mit vaterstädtischem Stolz genannt wird. Aber endlos dehnte der Streit sich aus. Für den Maler muß er eine schlimme Pein gewesen sein. Er hoffte und harrte von Jahr zu Jahr; in den Akten des Rathauses finden sich zahlreiche Briefe von seiner Hand mit der Frage, wann es denn nun endlich losgehen werde; immer wieder vertröstet ihn das Stadtoberhaupt und nennt die Opposition unbegründet. Das Jahr des Arbeitsbeginnes wird von 42 auf 43, auf 44 hinaufgesetzt. Beide Parteien ziehen den preußischen König, der erklärt hatte, für das Rathaus zu schwärmen, der bereits 1840 die ihm vom Oberbürgermeister vorgelegten Rethelschen Entwürfe gesehen und gelobt hat, in den Streit und legen seine Erlasse sich zu Nutzen aus. Die Opposition, verzweifelnd, versucht es mit mehreren Immediatgesuchen, damit durch ein königliches Machtwort den inzwischen unternommenen baulichen Aenderungen Einhalt geboten werde. Der König schickt Bauräte und Oberbauräte, von denen die bekanntesten, Stüler und der Kölner Dombaumeister Zwirner, vorsichtige technische Gutachten abfassen, die durchaus nicht zwingend lauten und in der Tat von beiden Parteien zu ihren Gunsten gelesen werden. Vergebens bietet die Opposition an, die in ihrem baulichen Zustande gefährdete Südmauer, die durch die geplante Erweiterung der bereits vorhandenen Fenster noch weiter beansprucht werden soll, neu aufführen zu lassen — der Kampf geht hin und her, und der König vermag sich nicht zu entscheiden.

Bei dem Punkte der Untersuchung des Gebäudes in archäologischer und technischer Hinsicht, der baulichen Gutachten, der Immediateingaben, Kabinettorders, Berichte und Gegenberichte, die zwischen Stadt- und Polizeiverwaltung, Oberbürgermeister und Minister, König und Parteien — nicht mit wendender Post — hin und her gehen, sei der Streit verlassen und der bedauernswerte Meister in seinem lieben Frankfurt, wie er die Stadt nennt, aufgesucht, um zu sehen, ob das Harren und die Ungewißheit

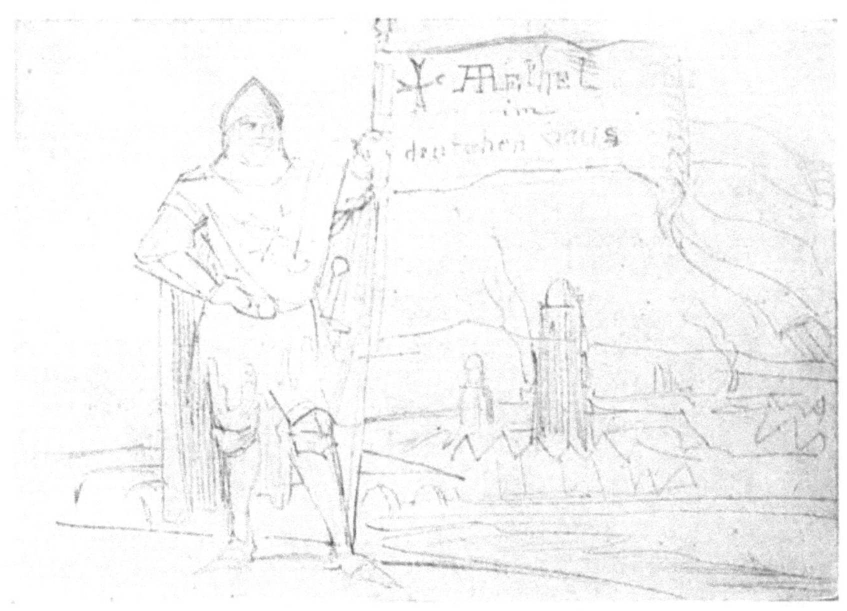



Zeichnung von Rethel. Aus Schillings Skizzenbuch im Aachener Museum

dem Menschen und Künstler zuzusetzen vermögen. Mit nichten! Obgleich er 1842
erklärt, daß durch die lange Dauer der Aachener Unterhandlungen seine Begeisterung
sich gewaltig abgekühlt habe, vergleicht er doch die Unannehmlichkeiten mit Floh-
stichen, beruhigt die Mutter über das Kolossale dieser Arbeit, dankt dem Schicksal
für seine außerordentlichen Gunstbezeugungen und ermahnt die Seinen, die Heiterkeit
des Geistes zu bewahren, denn wahrhaftig, die ganze prachtvolle Ausschmückung der
Erde deute auf ein frohes, wenn auch vielfach geprüftes Leben der Menschen hin —
eine Weltanschauung, welche ein moderner Mensch aus Naturbeobachtung und der
Naturwissenschaft schöpft: daß ein harter Kampf ums Dasein schöne und starke
Lebensformen schafft. Freilich, im allgemeinen ist die Gesinnung Rethels nicht derart,
daß man viele moderne Parallelen aufdecken könnte: im Bannkreise der Frankfurter
Nazarener wird er gelegentlich weichlich, und nur mit Befremden liest man einen Brief
an den leidenden Bruder Otto, wo ein großer Mann wie Rethel den menschlichen
Hilfsmitteln, der medizinischen Wissenschaft, sein Mißtrauen bekundet und das meiste
vom Segen des Himmels erwartet. 1843 nahm er Gelegenheit, seine Anhänglichkeit
an Veit wie auch seine Uebereinstimmung mit dem Geiste des Kreises derer um Veit
öffentlich zu bezeugen. Das eigentliche Nazarenertum hatte schon lange die Fühlung
mit der Zeit verloren und wurde mehr und mehr auf eine abseitige Bahn, in eine
Sackgasse geschoben, wie es Veits Geschichte, auch die Schadows, der Deger, Müller
und Jttenbach beweist. So vorsichtig und kühl die beiden Römer, Rivalen am Rhein,
sich gegeneinander verhielten, einig waren sie in der Ablehnung dessen, was damals
moderne Malerei war, was Sinnenfreudigkeit und ein gewisses pathetisches, lebens-
frohes Gestaltenwollen erzeugte, einig insbesondere in ihrer Unduldsamkeit. Es haben
wohl religiöse und künstlerische Gründe zusammengespielt, als 1843, nachdem der

Verwaltungsrat des Städelinstitutes, dem Zug der Zeit folgend, das Bild des modeberühmten
Lessing, Huß vor dem Konzil, erworben, Veit seine Entlassung einreichte und das vom
Deutschen Orden gemachte Anerbieten annahm, über den Main ins Deutsche Haus nach
Sachsenhausen überzusiedeln. Wie ein Knappe begleitete ihn Rethel, als ein Deutschritter
fühlte er sich, indem er sich schützend vor Veit hinstellte und Veits Ideale stolz und trotzig
auf seine Fahne schrieb (Abbildung nebenstehend). Veits Schüler machten eine Eingabe
an die Verwaltung, Veit zur Zurücknahme seines Entlassungsgesuches zu bewegen.
Umsonst, die Zeit Veits, dem es nicht gelungen war, seinen Geist und seine Ideale über
die Mode des Nazarenertums zu erheben zu dem, was in der Kunst das Ewige heißt,
war abgelaufen. Im nächsten Jahre, 1844, malte Rethel mit Ihlée seine Anhänglichkeit,
ein Doppelbildnis des Veitschen Ehepaares (S. 85). Das Leben im Deutschen Hause, in
einer gewissen offenkundigen Weise gegenüber der Anstalt drüben über den Main geführt, ist ergötzlich karikiert auf dem zum Abschiede Schwinds von Frankfurt 1847 her-
gestellten Transparent von Josef Schall, wo die bleichen, die Welt und ihre Süßigkeiten

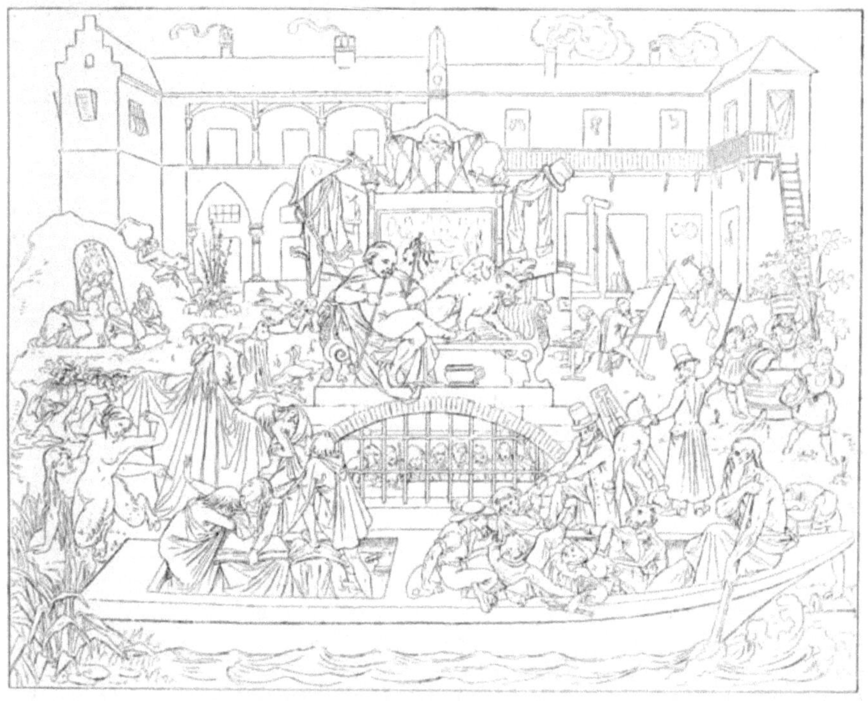

Transparent von Josef Scholl: Rethel als Sisyphus dargestellt

verschmähenden Nazarener die eine, die derben, gesunden Realisten des Institutes die
andre Hälfte der von dem saugroben Kerl Schwind, wie Rethel ihn nennt, als Pluto
mit der Kugelpeitsche regierten Kunstunterwelt bilden. Sowie die Darstellung auf
Rethel kommt, erhebt sie sich aus dem Satirischen in das Tragische: er ist der Sisyphus, der, den Stein ewig wälzend, ihn nie zum Ziele schiebt; er will das Unmögliche,
sagen seine Freunde, wenn er Ideales und klassische Größe des Stiles mit der Wirklich-

keitsfreude, der Naturbeschreibung zu vereinigen strebt — das Nazarenerprogramm, das alte Kleistproblem, die Rethelberufung.

Ist es die Spannung, in welcher ihn die unerledigte Aachener Angelegenheit hielt, die Möglichkeit, daß jede Post die Botschaft bringen kann: du magst beginnen, du magst hintreten vor die Wände, die der Schauplatz deiner Ruhmesschlachten werden sollen, die du mit dem Pinsel schlägst wie dein Held Karl mit dem Schwert, die ihn plötzlich, anscheinend ganz unvermittelt, ohne Auftrag, ohne Wettbewerb, ohne Kunstverein und Baukommissionen sein reifstes und vollendetstes Werk, sein bestes Ich, einen wirklichen Rethel gebären läßt? Nicht nach Begründung und Erklärung eines Wunders soll gesucht sein, nur nach Veranlassung. Wenn sich sein Jugendfreund und Biograph Müller nicht durch gelegentliche Ungenauigkeiten in Mißkredit brächte, so würde man mit ihm und Schmid glauben, daß Dr. Hechtel ihn auf den Livius hingewiesen hätte; doch erinnere ich an die Düsseldorfer Vorlesungen von Uechtritz. Der äußere Anlaß war eine Erkältung, wo, wie er sagt, ein echt Rethelscher Schnupfen die Hauptrolle spielte, der ihn mehrere Tage zu Hause hielt und ihn frei dichten ließ wie der Dichter arbeitet. Nicht mit Worten kann man der erhabenen Dichtung vom Karthagerzug über die Alpen nahe kommen, musikalische Begriffe mögen verwandte Vorstellungen erwecken. Ja ein Tonverständiger könnte den Beweis antreten, daß rein musikalische Schöpfungstriebe hier sich offenbaren. In der Tat, Rethel war zum mindesten ein Musikfreund, wenn nicht dies Werk beweist, daß er ein Musikverständiger war. Mit dem Musiker Steifensand und sangeskundigen Genossen, die zufällig ein Quartett zusammen bilden, dessen Stimmen der Musiker im Wandern aufschreibt, ist er vor Jahren den Rhein hinaufgezogen; eine Beethovensonate soll seinen Geist mit der Nemesis befruchtet haben; er korrespondiert mit dem Musikschriftsteller Schindler über den Tiefstand der Musik in Deutschland; aus Dresden schildert er die Genüsse in den von dem Kapellmeister Richard Wagner geleiteten Konzerten, er zeichnet ein Symbol auf die Eroica (S. 171); im Karthagerzug (S. 76—81) schafft er selbst ein sechssätziges musikalisches Drama: der erste Satz ein dunkles, wie eine ferne Erinnerung klingendes Andante — die Motive des Entsetzens gedämpft, stückweis, gebrochen. Ein kühnes Allegro von gutem Tempo bildet den zweiten Satz — in den letzten Takten ganz fern, ganz schauervoll, bläst furchtzitternd eine Trompete. Dritter Satz: presto, prestissimo, allegro con brio — Heulen, Sausen, Zischen, dumpfer Fall. Largo — Todesschritt, largo e mesto — Angst, die Haare werden weiß wie der Schnee, und die Schweißtropfen gefrieren im Nacken; in einem Piano, so schwer, als ob ein Heer marschierte, so leise, als träten die Schuhe in Wolle oder Schnee, erstirbt der vierte Satz. — Zuckten die Geigen? Krachte die Pauke? Fermata — — will sie nicht enden? Will sie nicht tönen? Schweigen und Ewigkeit, es war der Tod, fünfter Satz. Sechster Satz: Finale; ein kurzes Presto, ein Aufschwung, die Posaunen blasen — d a steht ja das Motiv, das immer da war, nur niemals s o, in allen verhüllt, durch alle wehend, zum erstenmal frei, ganz selbst, ein Held, ein Gott: Hannibal! Da liegt ja auch Italien! Ist's möglich, daß das Ziel so furchtbar bewehrt war? So selbstverständlich sicher liegt es da. Die Posaunen wollen nicht schweigen, der Takt ist gelöst, und alles scheint seinen eignen Rhythmus suchen zu wollen, während die Geigen auf der E-Saite, Triangel und leise gerührtes Schlagzeug etwas von rauchigen Osterien mit olympischem Wein tief unten in der Ebene, von Mädchen in Lust und Hirten am Berghang leise erzählen. —

War es nicht ein Musiker, der das hier beigefügte, als fünfter Satz gedachte treffliche Blatt des Zeichners wegließ (S. 82), da das Largo in jene schauervolle Todespause ohne Laut hinabsank? —

So kühn und groß wie Napoleons und Suwarows Züge, wie Hannibals erste Alpenüberschreitung selbst möchte die Tat erscheinen, in der Rethel mit seinem Genius die ungeheure Barre überstieg, welche das Land der Banalitäten von der Zone eines großen Kunstwerkes scheidet.

Im Dezember 1842 berichtet er zuerst von dem Werk, 1844 ist es vollendet worden. Man möchte das langsame Arbeiten der Aachener Kommissionen, Ausschüsse und Gutachter segnen, denn wäre er an den Bericht von Karls Kriegszügen durch sein weites Imperium gekommen, wer weiß, ob die beiden Helden Hannibal und Karl beim Wegkreuzen sich als Freunde betrachtet und einander nicht beschädigt haben würden!

Das Original ist Aquarell, doch ist die Farbe entschieden verfehlt und schadet dem gewaltigen Ernst der Stimmung. Das Größenverhältnis aber ist günstig. Das Werk ist nicht für den Holzschnitt, in dem die Gesellschaft für vervielfältigende Kunst in Wien es später erscheinen ließ, gedacht, offenbar, weil der Künstler in dieser Zeit den Holzschnittgedanken, die ihn später so lange und ernst beschäftigen sollen, noch nicht nahe getreten ist. Stellenweis auftretende Zeichnungen des Grundes beweisen, daß er nicht immer den ersten Entwurf festgehalten hat. Besonders gilt das von dem zweiten Thema; es dürfte nach dem Zustande des Blattes nicht ausgemacht sein, ob die Ver- bildlichung des Gebirges nicht von ihm getilgt sein sollte. Eine unglückselige Kritik des damals hochberühmten Wilhelm Kaulbach (dessen Brief in den Erläuterungen ab- gedruckt ist) veranlaßte ihn, den Hannibal, der ein einäugiger Schakal, ein roher, ge- walttätiger Mensch gewesen sei, zu verändern — der Schwerkranke ist es, der bei- nahe ein Jahrzehnt später diese Verstümmelung seines Werkes mit eignen Händen unternimmt.

Mit wieviel Ideen aber sein Geist in dieser Wartezeit sich abgab, immer schwebte er mit Sehnsucht um die Aachener Sache als um die eigentliche Arbeit wie ein Mann, dem man sein ihm bestimmtes Weib vorenthält, in den Frauen, die er umarmt, nur die eine sieht und untreu eine großartige Treue übt. Sogleich, nachdem er den ersten Vertrag in Händen hat, welcher ihm freie Hand in der Auswahl seiner Gehilfen läßt, macht er sich auf die Suche: er schreibt an seinen Instituts- und Gesinnungsgenossen Ihlée, der gerade in Kassel weilt, und erhält eine freudige Zusage; er reist 1842 nach Dresden, wo eine Reihe ehemaliger Düsseldorfer Maler, eine Art Filiale der Rheinischen Akademie, Bendemann, Hübner, Ehrhart u. a., sich niedergelassen haben, in der aus- drücklichen Absicht, geeignete Helfer zu suchen. Der nach Art der Jugendbriefe noch herbe und derbfrische Bericht über die durch die Jugendheimat des Protestantismus gehende Reise zeigt, daß er trotz aller Frömmelei, die er mit Veit und Steinle teilt, von dem süßlichen, weibischen Katholizismus der Frankfurter Romantiker nichts an- genommen hat. Schon im Anfang der Reise empfindet er sich als Protestanten, wenn er die Stadt an der Fulda das alte, fettgemästete Pfaffenfulda nennt, der Thüringer- wald, die Wartburg mit ihren reformatorischen Erinnerungen, das liebliche Eisenach — er fühlt sich im innersten Deutschland; Lützen und die Stelle, wo der protestan- tische Held, der große Gustav Adolf, fiel, die seine Gedanken seit jenem Düsseldorfer Bilde schon oft umkreisten, erregen ihn seltsam; dann nimmt ihn Dresden auf, das ihm von Anfang an so teuer wird, daß er später ihm zuliebe Berlin, ja sein liebes Frankfurt, das er gelegentlich begeistert das Stadttor Deutschlands tauft, aber auch einmal greulich kaufmännisch nennt, aufgibt. Die Galerie preßt ihm Rufe des Entzückens ab, von denen einer, obwohl schon verschiedentlich zitiert, hier noch einmal zu hören sein soll, weil er sich durch einen der typischen saftvollen Ausdrücke des jungen Rethel aus- zeichnet, dann weil er wie eine bewußte Antwort des abtrünnigen Düsseldorfers auf

jenen früher genannten kühnfrechen Ausspruch Schadows wie eine kleine typisierte
Geschichtsformel klingt: „Ein wahres Gaudium war mir der Anblick der venezianischen
Bilder. Das ist eine Pracht der Farbe; auch komponiert haben diese Herren, ebenso
gezeichnet. Ich wollte den stillfrommen und duldenden Tränenkünstlern, die da meinen,
ein gen Himmel geschlagenes Auge und eine recht einfältige Silhouette der Figur
sei der Ausdruck eines echt christlichen Künstlergemütes, ich wollte, denen könnte
ich die große Anbetung der drei Könige von Paul Veronese vorführen, und wenn
sie dann nicht diese Fülle von Poesie vereint mit einer etwas derben aber herz-
erwärmenden christlichen Auffassung erkännten, dieses Hurra, dieser Triumph der Farbe,

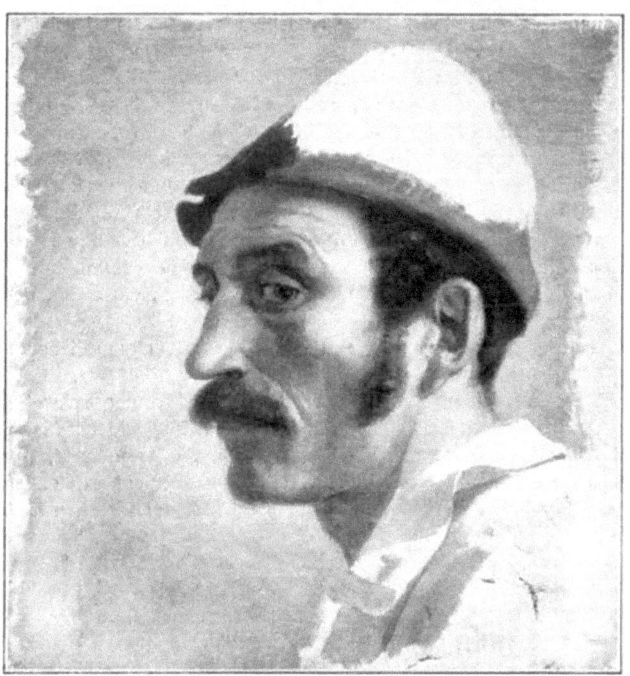

Porträtstudie in Oel (Aachen, Museum)

nicht das Blut in ihre blau gewordenen Finger zurückführen würde, dann sollte man sie dörren und als kopflose Fastenfische einem Dominikanerkloster zuschicken. Das waren Maler!“ -- Ob er den Zweck seiner Reise erfüllt hat, ist unbekannt, doch unwahrscheinlich, denn er hat sich später an den Maler Ballenberger gewandt, von dem ein derb-ergötzlicher klobiger Antwortbrief eines die Welt, ihre Sprache und Rechtschreibung verhöhnenden Frankfurter Künstlers erhalten ist, und schließlich Gehilfen aus der Düsseldorfer Schule gebraucht.

Wenn er die Kartons und Studien zu den Aachener Fresken vollendet hat, meint er
zwei Drittel der Arbeit geleistet zu haben. Während der Aachener Kampf hin und her
schwankt, arbeitet er unbeirrt an der sorgfältigen Grundlegung und Aufrichtung des
Werkes. Zu jeder Figur macht er Studien; so selbstverständlich das heute erscheinen
mag, so bemerkenswert ist es in einer Zeit und Kunstrichtung, in der ein Cornelius
seinen Schülern raten konnte, das Modell soviel als möglich auswendig zu lernen,
um die Gestalten bald aus dem Gedächtnis holen zu können. Eines Tages bemerkt
Rethel in Frankfurt einen Arbeiter, dessen Kopf unbedingt in sein Bild muß. Er folgt
dem Manne von Straße zu Straße, von Gasse zu Gäßchen — verwundert dreht sich der
Arbeiter nach dem ihn verfolgenden Herrn um — er steigt ihm nach bis in das oberste
Stockwerk, bis an die Zimmertür, wo er dem Mann sein Anliegen entdeckt. Die Er-
zählung, harmlos, nicht neu, berichtet dasselbe wie seine Feder an seinen jüngeren

Bruder Otto schreibt, der sich mittlerweile auch der Malerei zugewandt hat. Besonders tiefsinnige und gelehrte Aeußerungen, wie sie sich zum Beispiel in den Briefen eines Feuerbach oder gar eines Richard Wagner finden, sind selten in seiner Korrespondenz; die meisten Briefe sind einfach in Form und Gedanken, tragen ein gewisses biedermännisches Gepräge und sind gefüllt mit Sorgen um den Umzug der Mutter, um die Sommerreise und die Begleitung, um den Zahnschmerz der Schwester — kurz, verraten mehr den guten Sohn als den großen Mann. Fast allein in den Briefen an Otto spricht er sich über sich selbst

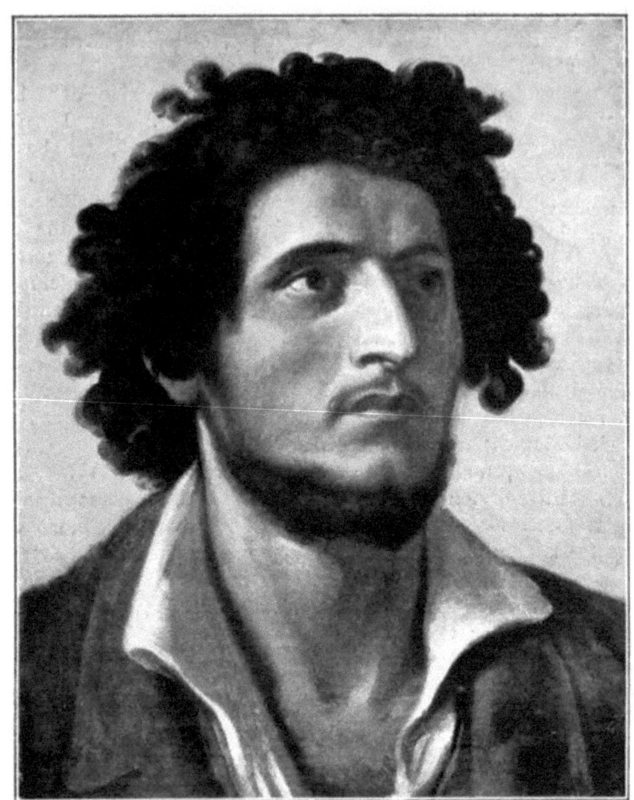

Porträtstudie in Oel (Aachen, Museum)

als Künstler, auch da nur bescheiden und einfach, aus. Das erste Gesetz des Künstlers scheint ihm das entschiedene Beibehalten des ersten Ergusses zu sein, die Zurückführung des Affektes beim Skizzieren und Uebermalen auf die erste Empfindung. Als er vor Raffaels Sixtinischer Madonna steht, preist er das Visionenhafte des Werkes, denn das Ganze sei glühendwarm aus der Seele ohne Abkühlung durch Vorstudien und bei gänzlichem Vergessen der Außenwelt hingemalt; bei Tizian stellt er freudig das Fehlen eines Systems fest, vielmehr ein Sichgehenlassen, dabei aber ein unerbittliches glühendes Verlangen, sein Seelenbild treu auf die Leinwand zu bringen. Die Erhaltung und körperliche Gestaltung des seelisch Geschauten, die Betonung des eigentümlichen künstlerischen Mysteriums, dem entgegen allem Artistentum die Seele mehr als der Leib ist, bekundet auch die künstlerische Geschichte seiner Werke. In den meisten Fällen stimmt die Skizze mit der Ausführung im wesentlichen überein. Daher auch die leidenschaftliche Notwendigkeit, die wie Schmelzguß feste Einheit der großen Arbeiten. Wer, der den 1842 begonnenen Karthagerzug kennt, ist nicht erstaunt, im Jahre 1844 in einem Briefe zu lesen, daß es mit den Hannibalkompositionen sehr langsam gehe? Sind sie nicht wie in einer einzigen entzückten Nacht hingebaut? So wirken auch die großen Geschichtsbilder trotz allen Komponierens, das nun einmal ursächlich zur Monumentalmalerei gehört, zwingend und echt, weil sie Erlebnisse und Bekenntnisse einer leidenschaftlichen Seele sind, welche die Welt zerschlagend, sie aus sich selbst wieder kraftwütig errichtet.

In den Bleistiftstudien, von denen ich eine beträchliche Zahl in der Briefausgabe veröffentlichte, finden sich Schätze. Die Demut vor der Formengröße der Natur, deren fleißiges Bekenntnis sie sind, tut besonders wohl bei einem Meister, der einem kleinen Gotte gleich in Riesenbildern die Menschen kühn zusammenbaut. Leider ließ sich die für dieses Buch und seinen Charakter festgesetzte Grenze nicht mit diesen Graphitarbeiten überschreiten, die auch dem rein artistisch Interessierten, dem die idealistische Malerei eines Gedanken und Empfindungen gestaltenden Künstlers fremd ist, Reize genug bieten würden. Ein Preis der weiblichen Schönheit ist die Bleistiftstudie der Berliner Nationalgalerie zur Königin der Longobarden im Paviafresko. Außer der künstlerischen Kraft beweist dergleichen eine moralische Freiheit in dem Kreise, in welchem Rethel lebte, und so selbstverständlich der Gebrauch des weiblichen Modells erscheint, so gibt es auch heute noch viele, die ihn nur zu beschönigen, nicht zu verteidigen wagen. Der Nazarenerkreis aber betrug sich lächerlich; wenn in Rom das weibliche Modell sich entkleidete, verließ Overbeck den Aktsaal, und die ganze Gesellschaft rief von Verrat, als einer der ihrigen es gewagt hatte, eine Studie nach dem weiblichen Akt zu verkaufen. Wenn auch Schadow in Düsseldorf solche bubenhafte Unreife nicht bezeigte, so wurde es doch in seinem Kreise notiert, daß Sohn der erste war, der ein unbekleidetes Weib in seinen Bildern sehen ließ. Auch in solchen Aeußerlichkeiten bewährte sich Rethel als der Erfüller des Nazarenerprogramms, überwindender Erfüller, der den Lächerlichkeiten und Ueberspanntheiten ins Gesicht schlug. — Wie er das Törichte ablehnte, so hing er dem Verständigen an, insbesondere jener seit den deutschen Römern blühenden Sitte, daß Künstler einander Aufgaben stellen, die in regelmäßigen Zusammenkünften freundschaftlich kritisiert werden; mehrere treffliche Blätter enstammen seinem lebhaften Eifer für den dreiwöchentlich tagenden Kompositionsverein. Entsprechend dem idealistischen Geiste der Zeit und besonders der Frankfurter Romantiker, werden nicht sinnfällige, sondern gedankliche Themen gestellt, eine allgemeine Handlung, z. B. ein Akt der Demut. In dem Thema Verwunderung (S. 148) kam er zum drittenmal auf eine alte, ihn seit den ersten Düsseldorfer Jahren beschäftigende Gestalt zurück, Heinrich den Vogler, zu dem ein erster Entwurf sich in den kindlichen Skizzenbüchern findet (S. 11), dessen zweite Gestaltung in die Mitte der Düsseldorfer Jahre gesetzt werden mag (S. 11). Und als er die Faulheit schilderte (S. 149), bewies er etwas seinem Wesen ganz Fremdes, Humor. Aus einem Briefe an Otto könnte hervorgehen, daß auch der Karthagerzug dem Kompositionsverein sein Entstehen verdankt, denn er spricht von den Hannibalkompositionen und seinen übrigen Arbeiten für den Verein.

Darin aber war er ganz Romantiker, Kind seiner Zeit und seiner Schule, echter Nazarener, daß er meinte, nach Rom gehen zu müssen. Schon lange denkt er daran; als er 1838 den Daniel für 2000 Gulden verkauft, schickt er der Mutter 300 Taler, das übrige aber gibt er dem Springsfeld, in dessen Hause er wie ein bewunderter Sohn verkehrt, in Verwahr, denn es soll ihm dereinst den Weg über die Alpen bahnen. Zwar waren die schlimmen Zeiten der Italienpilgerei und Romwütigkeit der deutschen Künstler vorüber, die Zeiten, da ein Ludwig Richter, der wie einer nach Deutschland hingehörte, nach Rom ging und von zwei Dresdenern, Lindau und Berthold, erzählt, die mit wenigen Talern in der Tasche sich nach Rom durchhungerten, wo denn auch der eine von den Strapazen der Reise auszuruhen sich gleich draußen an der Pyramide des Cestius niederlegte; aber von den Düsseldorfern Köhler und Lessing bemerken doch die Quellen, daß sie nicht einmal in Italien gewesen seien. Zwar hatte ein andrer Nazarener, Cornelius, sich kräftig ausgelassen, er sage und bleibe dabei, ein deutscher Künstler dürfe nicht aus seinem Vaterlande gehen, ein Gedanke, der, treu durchgeführt, aus Cornelius einen Künstler, nicht nur ein Künstlerproblem, aus seinen Werken lebendige Kunst, nicht nur Kunstgeschichte gemacht hätte. Und wenn auch heute noch deutsche Stipendiaten in Rom ihren kärglichen Akademiesold, auf herrliche Weise jedoch, durchbringen, so mag auch Rethels Romsehnsucht berechtigt erscheinen, um so mehr jetzt, da ihm Freskoarbeit bevorstand, ja ihm, dem Unerfahrenen, drohte, denn von drüben war ja diese Frisch- und Feuchtmalerei gekommen.

In Rom 1844 45 erregen also auch sein Interesse vorneweg Raffaels Fresken in den Stanzen. Daß ihm, wie er sagt, die Kompositionen längst bekannt waren, wird man ihm gerne glauben, wenn man das 1839 entworfene Theodosiusblatt (S. 169) ansieht, bei dessen Ausweisung aus der Kirche genau wie bei Heliodors Vertreibung im Vatikan zwei Riegenvorturner überflüssigerweise sich auf das Sockelsims hinaufgeturnt haben, wo die Pilgerin links vorn dieselbe Formel für Entsetzen ist wie bei Raffael; wird wahrscheinlich gemacht, wenn man die Doppelbühne, auf der Wittekinds Taufe (S. 112), die Krönung Ludwigs (S. 118, 119) spielt, vergleicht mit der Messe von Bolsena oder dem Parnaß; wird man überhaupt besonders an den vier letzten Aachener Fresken an dem erkennen, was Komposition ist, ein Gegenstand der Bewunderung des großen Freskanten für jene, ein Grund zur Verkleinerung des Urbinaten für unsre Zeit. Aber, sagt er, so ein Originalfresko vor der Nase zu haben, darin herumzuschwelgen je länger je mehr, das sind nachhaltig wirkende Kapitalaugenblicke im Leben eines Künstlers und im höchsten Grade wichtig für ihn, wenn seine Gedanken aus dem Vatikan in den königlichen Saalbau schweifen, denn eine solche Farbenwirkung und Stimmung bekennt er nicht erwartet zu haben. Daß ihm Sankt Peter, Riesenbild und Triumphbau der lateinischen Gegenreformation, die steingewordene leere Theatralik, nicht gefällt, während er in den ernsten römischen Basiliken leise auftritt, das kennzeichnet und auszeichnet den Nordländer und Deutschen in ihm, der nicht gleich seinem bedauernswerten Geistesvetter Cornelius an die Römlinge, die Phrase und Geste des Südens, verloren geht. — Und von Michelangelo in vier mir bekannt gewordenen Briefen aus seinem dreivierteljährigen römischen Aufenthalt, wie schon erwähnt, kein Wort. — Ueberhaupt fühlt er sich in Rom als Nordländer und Kulturmensch; gleich Cornelius äußert er sich bitter über die ideale Barbarei des italienischen Volkes. Wenn ihn beim Uebergang über die Alpen, als er am Südabfall des Gotthard zum erstenmal italienische Laute hört, Wehmut überkommt, so verrät das nur den weltungewohnten Kleinstädter; wenn er aber nach einem halben Jahre in Rom, nachdem er in den Osterien am Tiber gezecht (Abb. S. XLII), die kolossalen Trümmer des Altertums sein Lieblingsaufenthalt geworden, die Campagna und die Albanerberge durchstreift sind, der wüste römische Karneval durchtollt und der Frühlingsulk der Künstler in Cervara mitgemacht ist, ohne Sehnsucht und Sentimentalität, aber mit Ruhe seinem Abschied entgegensieht und ein großes Verlangen hat, die Heimat wiederzusehen, so ist das sein Instinkt und die Weihe des Schicksals, welches glaubt, daß es nun genug der Opfer an Italien sei und diesen letzten der idealistischen Romantiker für Taten in Deutschland und für deutsche Taten aufspart. Es ist der gesunde Trieb, der dem Cornelius schon das vielberühmte, angeführte Wort diktierte und ihn noch 1821, als die große Stunde der Nazarener gekommen, Overbeck, den er für die Akademiedirektorstelle in Düsseldorf aussersehen, aus dem elenden Scirocco, dem Scirocaccio, herauslocken ließ, denn der Boreas sei kein so übler Bursch, und man setze schon Winterhaare an. Daß auch für Rethel diese, künstlerisch gesprochen, ultramontane Gefahr groß war, läßt die Frank-

furter Auferstehung Christi, die wahrscheinlich in Rom entstand, vermuten (S. 88, 89).
Es waltet darin schon jenes Uebermaß an Geste, welche, nicht bis in die Fingerspitzen
und Saumgewänder von leidenschaftlicher Seele durchweht, zur Pose wird, jene Fixig-
keit und Eleganz des Ausdruckes, welche die Rede zur Phrase macht, eine Schnellig-

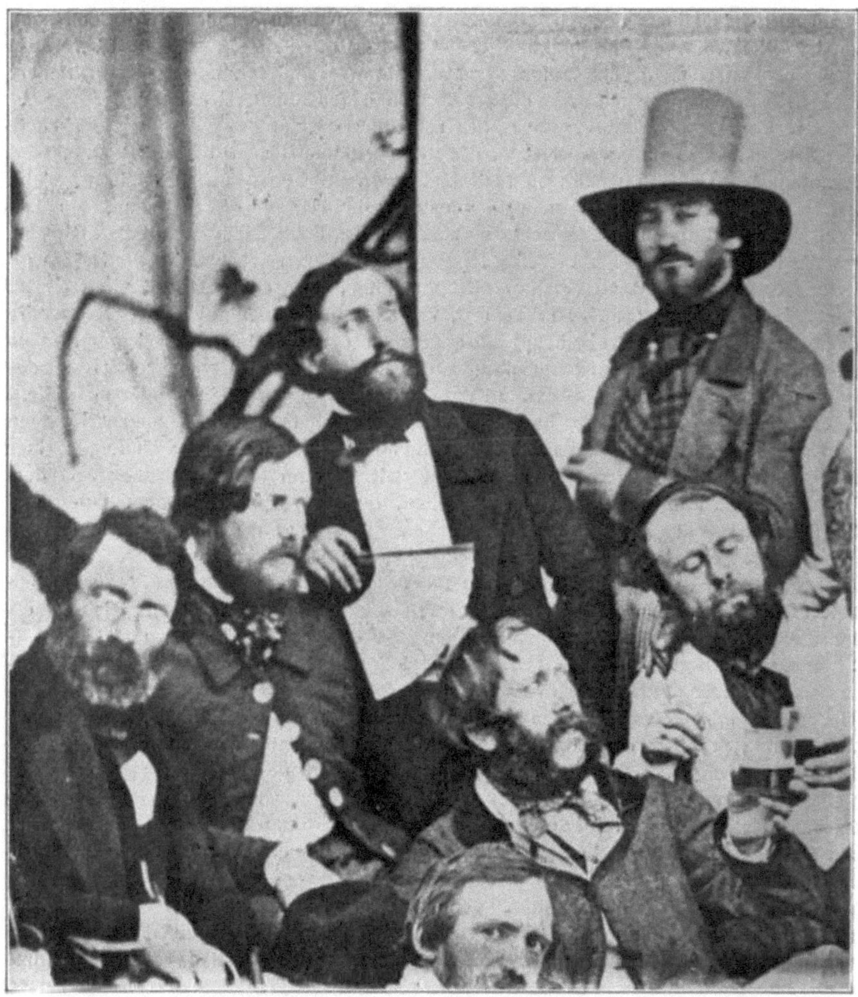

Rethel (mit dem Fächer) im Kreise deutscher Künstler in Rom 1844/1845.  Photographie

keit und sichere Handhabung aller Bewegungen, welche Gelenkigkeit, doch nicht Ge-
fühlstiefe bekundet.  Ein wenig Theater im edeln Sinn, ein etwas von Gesehensein-
wollen, von Effekt und Bluff liegt in der südlichen Kunst, und es dürfte kein Zufall,
auch mehr als ein witziger Einfall sein, daß eine ihrer größten Offenbarungen, die
Sixtinische Madonna, hinter einem eben gelüfteten Vorhang erscheint.  Ein Thema

des wunderlichen Gedankens, des entsetzten Gefühls, wie es die Auferstehung ist, das man in die moderne Rede vielleicht mit: kosmischer Schrecken übersetzen kann, wird nicht mit äußerlichen Gebärden erschöpft. Anders liegen die Dinge, wenn irgendeine königliche Staatshandlung, der immer eine imponierende Theaterei anhaftet, darzustellen ist, wie etwa die Reichsversammlung von Aachen (S. 121); für solche Akte ist südliche Kunst geboren, und der Deutsche, der sich ihrer bedient, führt sich als kenntnis-

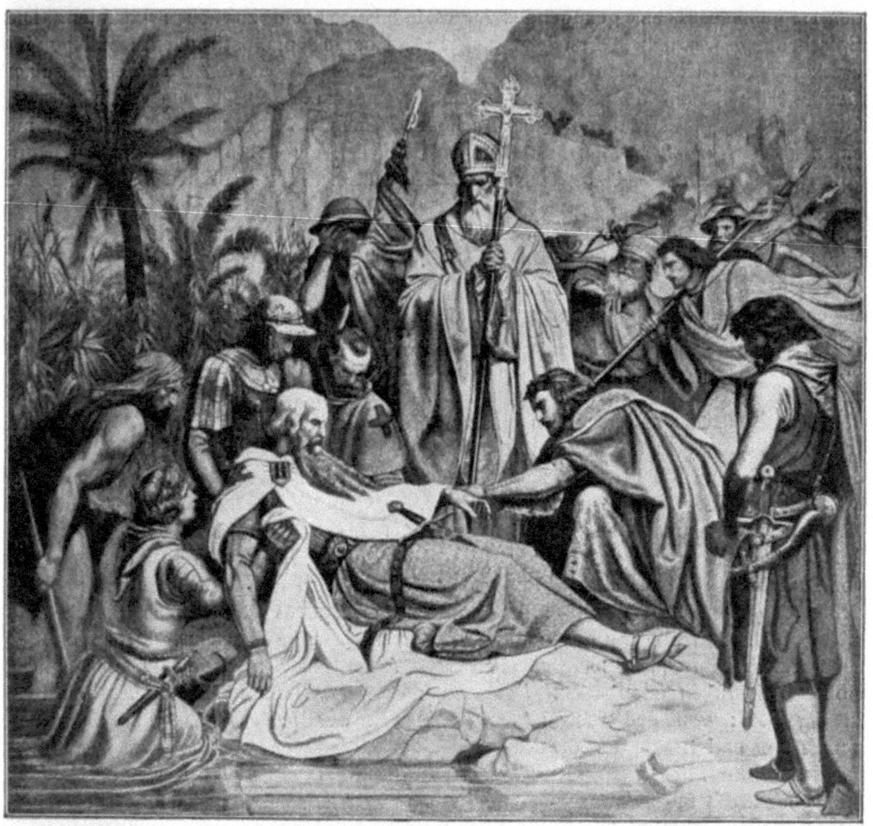

Plüddemann: Auffindung der Leiche Barbarossas. 1841
Fresko im Schloß Heltorf bei Düsseldorf
Zum Vergleich mit Rethels gleichem Thema. 1844

reich und gewandt ein. Wie theaterhaft spielt sich aber die Auffindung der Leiche Barbarossas vom Jahre 1844 ab (S. 87), eine Arbeit, die verglichen mit dem 1841 in Heltorf bei Düsseldorf vollendeten Fresko Plüddemanns (Abb. vorstehend) nicht einmal als eigne erscheinen darf, obgleich Rethel selbst im Begleitschreiben an die Bestellerin der Zeichnung einen womöglich noch nicht bearbeiteten Gegenstand hat darstellen wollen.

Die Aachener Angelegenheit war in das Stadium gelehrter archäologischer Untersuchungen eingetreten. Zufolge einer erneuten Eingabe des Oppositionsvereins, in welcher behauptet war, daß der Krönungssaal auch früher, und zwar von allem Anfang an, Fenster nach der Südseite gehabt habe, hatte der König, der keiner von beiden Parteien zuleid entscheiden wollte, dem Verein den Antritt des archäologischen Beweises überlassen. Kunstverein und Stadtverwaltung aber, letztere vielleicht nicht zum mindesten darum, weil die Opposition aus der künstlerischen auch eine gemeindepolitische Angelegenheit gemacht und die Abschaffung der französischen Kommunalverfassung, die den Bürger nur regierte, nicht hörte, verlangt hatte, blieben beharrlich bei der Vermauerung der Südfenster, nachdem sie der Opposition mit dem Erkerchen des Treppenhauses ein genügendes Zugeständnis gemacht zu haben glaubten. Die Entscheidung war nahe. Erst jetzt ging Rethel daran, praktisch die Ausbildung für Freskomalerei zu betreiben und zwar — indem er eine Figur (S. 92) aus einem seiner Gemälde (S. 38) auf den Kalk seiner Atelierwand malte, eine Fläche von nicht zwei Quadratmeter zur Vorübung für das Aachener Riesenwerk bedeckte, er, der bisher nie einen Freskostrich im nassen Mörtel getan! Zeichen der Zeit und der uns heute unverständlichen Unterschätzung des handwerklichen Könnens in der Kunst; bitter sollte es sich rächen!

Wie der Aachener Oppositionsverein, so wandte sich jetzt die Rethelpartei unmittelbar an den König und zwar in Gestalt Rethels selbst. 1846 ist er in Berlin, dessen große Anlage mit den breiten, ebenen Straßen seinen Beifall findet, um so mehr als es an Ehren nicht mangelt für ihn, der von dem Generaldirektor der Museen mit seinen Aachener Entwürfen bei Ministern und Künstlern, bei Alexander von Humboldt, Stüler, bei Rauch, Drake, beim alten Bildhauer Gottfried Schadow, beim Kunstschriftsteller Kugler eingeführt wird. Der ältere Künstlerverein läßt ihn sich eine Handzeichnung Chodowieckis aussuchen. Dann zum König: Friedrich Wilhelm lobt, lacht, macht Witze, das Wetter, ist herrlich, und die Audienz dauert eine Stunde. Der König kennt die meisten Entwürfe seit 1840; damals hat er die Krönung Karls, der von dem überdies blinden Leo mit der Krone wie mit einem Geburtstagsgeschenk überrascht wird (S. 115), als zu einfach bemängelt, jetzt läßt er das treffende bekannte Wort fallen: Solche Ueberraschungen kennt man! Den König, damaligen Kronprinzen, hat er schon vor 13 Jahren als Düsseldorfer Malschüler gesehen und gesprochen; huldreichst, berichtet er damals, sei er mehreres gefragt worden, und es ist für seine höfische und meist übertrieben höfliche Gesinnung und Ausdrucksweise bezeichnend, daß er 1833 ausdrücklich anmerkt, er habe seinen kurzen Antworten niemals ein Eure Königliche Hoheit beizufügen unterlassen. Das Wesentliche des Berliner Jubelbriefes von 1846 ist der Satz: von der Aachener Angelegenheit war natürlich als von etwas Abgemachtem und Erledigtem die Rede.

Er hatte fürchterlich recht: der Aachener Streit war beendet, nicht vollendet, indem nicht die beste Sache, sondern die stärkste Kraft, das Gewicht des Königs, gesiegt hatte, und die Sonne wurde für immer aus dem Saale ausgeschlossen.

## Aachen—Dresden – Rom 1847—1853

1846! Endlich! Mit welchem Gefühle mag der Meister die Feder aus der Hand gelegt haben, als er seinen schulmäßig sauberen, exakten Namenszug: Alfr. Rethel unter den Vertrag gesetzt! Endlich! 1847! Mit welchem Drange bräutlicher Ungeduld mag er vor die Wand getreten sein, als er sich anschickte, Ottos III. Besuch im Grabe Karls (S. 93—95) über dem nordöstlichen Fenster der östlichen Stirnwand zu malen.

Aber! Verwegen, verlegen! Sogleich wurde der Eifer gekühlt, und technische Schwierigkeiten stellten sich ein, die handwerklichen Fertigkeiten fehlten. Gurlitt macht

darauf aufmerksam, daß, als die römischen Klosterbrüder 1816 die Josefsfresken in der Casa
Bartholdy mit Hilfe eines alten Maurers ohne jede Kenntnis der Technik auf gut Glück
begannen, der letzte große Freskant Tiepolo 40, sein Sohn und Gehilfe erst 20 Jahre
tot war. Die Freskotechnik war in dem unglückseligen klassischen Schönheitsrummel
verachtet und vergessen worden. Schon im Herbst 1847 schreibt Rethel an Steinle,
der um 1840 die Bergpredigt und ihre Seligkeiten auf der Burg Rheineck für Beth-
mann Hollweg 1843—1845 die neun Chöre der Engel im Kölner Domchor gemalt, ihm
aus seinen Erfahrungen technische Ratschläge zu geben. Das Fresko ist ihm im
wesentlichen geraten, aber die in Temperaretuschen aufzusetzenden Helligkeiten,
mit Essig und Eigelb auf das Fresko aufgetragen, ziehen durch die Verwesung der
organischen Bestandteile Schimmel. Auch die Antwort Steinles ist erhalten, die für
Rethel und die Aachener Fresken geschichtlich wichtig ist, weil er danach in der
Folge gearbeitet zu haben scheint. Steinle rät im wesentlichen, beim Uebermalen des
Freskos nicht in Massen, welche schnell durcheinander laufen, sondern nur in Strichen
zu arbeiten (wie man es zum Beispiel an den Hintervierteln der Stiere auf dem Ausschnitt aus der Spanischen Schlacht auch in der Abbildung [S. 104] sehen kann); er
schlägt auch ein andres Bindemittel vor, Fischblase in Knoblauchsaft, welches zusammen
eine äußerst haltbare Gallerte geben soll (wenn ich hier auf das rein Maltechnische über-
mäßig vielleicht eingehe, so sei es durch den Hinweis auf die spätere Geschichte der
Fresken erklärt, wo all dies unheilvoll wichtig wird); dabei liefert der Brief Steinles
wiederum ein Beispiel für die rätselhafte Anhänglichkeit Rethels an Veit: um Sie besser
zu beruhigen, kann ich in allem Veits Uebereinstimmung beifügen. — Die Stimmung,
in welcher Rethel in seiner Vaterstadt in diesem ersten Freskenjahre arbeitet, ist eine
mutige Entschlossenheit; er spricht von einem starken Heimweh nach Frankfurt, das
er durch scharfes Arbeiten betäubt; als Maler ganz allein stehend, zwischen all die
Färber und Nadelfabrikanten geworfen, in einer Stadt, in welcher außer der wahrhaft
schönen Umgebung nichts künstlerisch Anregendes sei, muß er sich hüten, nicht eine
Stimmung zu verraten, die nicht zu seinem Barte paßt. Indessen scheint das Werk
dieses Sommers (S. 93), auch noch das des nächsten (S. 96), sich des Beifalles der
Aachener Bürger erfreut zu haben. Nach Vollendung des ersten Freskos eilt er nach
Düsseldorf, wo er den Winter 1847—1848 verbringt. Müller berichtet, er habe dort
einen Bonifaz für die katholische Kirche in Wiesbaden gemalt, den deutschen
Evangelisten in Pontifikalkleidung, den Heiligenschein ums Haupt, das vom Schwerte
des Märtyrertums durchstoßene Evangelienbuch auf der Hand tragend, auf dem
Stumpfe der gefällten Wodanseiche wie auf einem Betschemel niederkniend und
das Antlitz fürbittend gegen den Himmel gerichtet. Schon die süßliche, schwulstige
Beschreibung erregt Zweifel, um so mehr, als der Künstler sich in einer wirtschaftlichen
Lage befand, welche ihn unabhängig von geschmacklosen Wünschen irgendeines
Auftraggebers machte. Obgleich zu Lebzeiten Rethels aus einer anscheinend gut
unterrichteten Quelle dieselbe Behauptung fließt, obgleich auch die Ausstellung der
Berliner Nationalgalerie von 1876 eine Studie zu diesem Bonifaz aufführt, habe ich
mich, nachdem ich das Bild gesehen, nicht entschließen können, es als echt in das
Rethelwerk aufzunehmen.
    Sobald der Sommer 1848 kommt, zieht er nach Aachen, wo das Freskobild Karls
Sieg über die Sachsen und die Zerstörung der Irmensäule (S. 96—100) auf die Wand
gebracht wird, das formal wie inhaltlich schwächste der von seiner Hand ausgeführten
Werke der Karlsreihe. Er fühlt sich wohl und läßt sich in seinem Einsamkeitsgefühl in
eine Herzensgeschichte mit einer Schankdame des Aachener Brunnens ein. Die intime,
nicht glücklich verlaufende Angelegenheit würde geschichtlich nicht von Interesse sein,

wenn sie nicht eine eigenartige, von Müller genau beschriebene Liebeserklärung in vier Zeichnungen veranlaßt hätte, über deren Verbleib die Forschung heute nichts zu sagen weiß. Im Herbst 1848 kehrt er nicht wieder nach Düsseldorf zurück, wendet sich aber auch nicht nach Frankfurt, zu dem er so oft Anhänglichkeit bekundet hat, sondern erinnert sich seines Besuches in Dresden im Jahre 1842, wo die aus Protestanten gebildete Düsseldorfer Filiale durch weitere Künstlerzuzüge, u. a. durch Robert Reinick, Rethels Studienfreund und Werkstattgenossen, der den Pinsel mittlerweile mit dem Gänsekiel vertauscht hat, verstärkt worden ist. Daß für Rethel Gründe geistig-religiöser Verwandtschaft bei dem Ortswechsel vorgelegen haben, beweist er selbst in einem Briefe: daß er am Rhein unter seinem inneren Wesen feindlichen Einwirkungen gestanden, während er in Dresden als protestantischer Künstler unter protestantischen tüchtigen Einflüssen sich selbständiger ausbilden könne. In München hatte Schnorr von Carolsfeld, auch ein Protestant, sein Bündel geschnürt und war in Dresden Galeriedirektor geworden. So hatten sich aus dem Nazarenerkreis die protestantischen Mitglieder ausgeschieden, was bei der immer schärferen Betonung des religiösen Elements durch die katholischen nicht anders möglich war, und in Dresden sich wie von selbst zusammengefunden.

1849. Es ist unmöglich, die Aachener Arbeit als selbständige Geschichte geschlossen zu behandeln; sie greift zu tief in des Künstlers Leben ein, und ihre Fäden schlingen sich um sein Intimstes und Persönlichstes. Man darf sagen, daß er mit seinem innersten und innigsten Sinn bei dieser Sache, wörtlich: bei der Sache, war, und wenn auch die Essigbrühe und der Knoblauchsaft ein schlechtes Bindemittel für die Malereien waren, sein Herzblut, das er in seine Farben hineinmischte, war ein innigerer Kitt und das persönliche Feuer ein lebendigerer, auch heute noch von den Ruinen ausstrahlender Hauch. Auch Schnorr hat von 1835 ab einen Karlskreis in München gemalt, und es ist nicht ausgeschlossen, daß Rethel, als er 1840 sein Thema aufstellte und abwandelte, von der Schnorrschen Weise Kenntnis gehabt hat, denn die Besiegung der Sachsen, die Taufe Wittekinds, die Krönung Karls durch Leo, der Sieg über den Langobardenkönig kommen auch im Schnorrschen Werke vor, untermischt allerdings von Anekdoten und Merkwürdigkeiten, wie dem ersten Auftreten des Prinzen Karl, der Bundesgenossenschaft eines Riesen in Karls Heer, der Erschlagung des Räubers Eberhard. Indem Rethel sich an große verbürgte geschichtliche Taten hält und Gewaltiges von seinem Helden erzählt, wieviel mehr berichtet er zugleich von sich selbst, von den drängenden Nöten und Leidenschaften seines Ich, und macht dadurch die Arbeit aus einem gemalten Geschichtsbuch zu einem Kunstwerk! Den Schauer und die Majestät des Todes, verbunden mit dem Siege und Glücke der Unsterblichkeit, welche die Geschichte bewirkt, was läßt sie tiefer empfinden als ein Besuch mit Otto im Grabe (S. 93), obgleich Rethel selbst seiner Mutter in einem Beileidsbriefe zum Tode ihrer Schwester ausdrücklich seinen Glauben an die persönliche Unsterblichkeit beteuert. Noch reinere, fast kosmisch-große Wirkungen erlebt man vor dem herrlichen Aquarell, dem tot-lebendigen Kopfe Karls, der neben dem sehr mitgenommenen Fresko abgebildet ist (S. 95). Aber auch die künstlerische Schwäche des zweiten Freskos, die unangenehme Rechthaberei von Karls stummer Rede: „da seht euern machtlosen Götzen", mag man liebend entschuldigen, wenn man sie als ein persönliches Bekenntnis des im Kreise des Deutschen Hauses allzu befangenen Malers betrachtet.

Um diese Zeit werden seine Briefe schwermütig und schwerfällig, die blitzenden Feuer der Jugendzeilen erlöschen, Kraft und Saft des Ausdruckes versiegt und oft beteuertes Gottvertrauen will für die sinnliche Frische und sachliche Treffsicherheit entschädigen. Eine matte, oft weinerliche Stimmung herrscht, und die Frömmelei und

Loyalität seiner ganzen Korrespondenz steigert sich zu einer Familienbiederkeit unangenehmer Art. Einen Gratulationsbrief zum Beispiel, den er zur Verlobung seines Bruders Otto an dessen künftigen Schwiegervater richtet, in seiner Biederkeit und Sentimentalität die Schrift des simpelsten Bürgers, nicht eines großen Mannes, würde man für gefälscht halten, wenn man nicht das Original vor Augen hätte, die saubere korrekte Hand auf dem feinen blauen Papier wiedererkännte. In altjüngferlicher Sittenstrenge hält er besondere Ermahnungen für nötig, als Otto durch Teilnahme an einem Künstlerabend einmal wöchentlich erst um Mitternacht nach Hause kommt. Der Stil wird schlechter, als er schon war, die Spur von Geist ist dürftig, und langweilig würden die Briefe dieser Zeit sich lesen, wenn man nur die kleinen, auch kleinlichen Sorgen seiner Person, nicht die schreckliche Sprache seines Schicksals vernähme. Heftigkeit, unbegründete maßlose Zornausbrüche auf dem Gerüst gegen seine Gehilfen — der Mensch Rethel wird kleiner, und das in den Jahren 1847—1850, wo der Künstler noch einen bedeutenden Schuß tut. Noch steht die Tat aus, welche seine Popularität bewirkte, wenn auch die Gruppe der Dichtungen vom Tode trotz ihrer Popularität eine Tat genannt werden darf.

Von jeher war Rethel der Heldensänger des Todes gewesen. Der Tod war der eigentliche Held, dem er diente, wenn er vorgab, den Moses, den Hannibal, den Franken Karl zu verehren. Bonifaz', Winkelrieds, Adolfs von Nassau, Gustav Adolfs, Barbarossas und Rolands, Heinrichs und Sebastians, des Stephanus' und Manfreds Tod hat er dargestellt, Tod in allen Gestalten, Todesfurcht der Schweizer vor Sempach, der Karthager in den Alpen, des Kaisers Max und Christi am Oelberg, das Wüten des Todes in den zahlreichen Schlachtenbildern, aber auch den Sieg über den Tod durch die Todesverachtung des Bonifaz', der Schweizer, Moses', Karls und Hannibals; er preist auch die Vollendung durch den Tod in dem schönen, dreimal, 1835, 1840, 1852, behandelten, jedesmal vertieften, verfeinerten Schauspiel von Frauenlobs Begräbnis: nachdem so oft vom Tode wie von einer unsichtbaren Person hinter der Szene die Rede war, wird er nicht zum Schluß selbst wie Hannibal im Karthagerdrama erscheinen? Jetzt tritt er auf — nicht nur in einer Gestalt, er verkleidet sich in den erbarmungslosen Würger, in die verhetzende Leidenschaft, in den ersehnten Friedensbringer, in den sanften Engel, der es doch zuletzt am besten mit den Menschen meint, und der Tod in erster Linie, durch den jugendlichen Meister unsterblich gepriesen und lebendig geworden, macht, da er ihn tötet, seinen Sänger unsterblich.

Das schon genannte Buch über Frankfurter Kunst, das sich bemüht, Rethel für die Mainstadt in Anspruch zu nehmen, behauptet, daß nach den Mitteilungen eines zuverlässigen Augenzeugen, des Malers Hasselhorst, Rethel schon in Frankfurt mit den Totenbildern sich beschäftigt habe. Die Idee war in jener Zeit der Seuchen und Revolutionen weit verbreitet, wie auch Holbeins Totenwerke in der Sturmzeit der Bauernkriege und der Reformationsbewegungen entstanden sind. Ein 1832 nach dem Siegeszuge der asiatischen Cholera erscheinendes Buch über Holbeins Totentanz erhebt die Frage: ob unsre Cholerazeit noch gleichen Sinn für ein solches Werk hat? Sie hatte dafür Sinn. In den dreißiger Jahren erschienen mehrere kritische und dichterische Arbeiten mit dem Totentanzthema und in den neun Jahren von 1841 bis 1850 nicht weniger als vierzehn mehr oder weniger künstlerische Werke, mehr oder minder wissenschaftliche Abhandlungen, Ausgaben der schweizerischen und französischen Totentänze, Abergläubisches und Hoheitsvolles — das gewaltigste Totenwerk war Rethel vorbehalten.

Es ist mir öfter in gebildeter Gesellschaft vorgekommen, daß, wenn ich von Rethel sprach, niemand sich vernehmen ließ, daß aber, wenn ich den Tod als Freund oder den Totentanz aus dem Jahre 1848 nannte, alle riefen: das kennen wir ja längst — und sich beinahe verwunderten, daß diese Blätter überhaupt jemand, und zwar ein

bestimmter Alfred Rethel, gemacht hätte, so sehr sind sie Stücke der Volksseele ge-
worden wie die Volkslieder, bei denen man keinen Verfasser sucht. Nun sollte man
beim Durchblättern der Todesdarstellungen glauben, daß die Zeichnung Der Tod als
Diener (S. 134) die erste der Reihe sei, weil die künstlerische Konzentration eine
geringere ist und weil der mitgeteilte erste Entwurf (S. 133) sich stark anlehnt an
Holbeins Totenbild Der König, wo der Diener Tod genau so von hinten her an den
König herantritt wie hier an den Vorleser, und ihn vielleicht für das halten, was
Hasselhorst bei Rethel in Frankfurt gesehen haben will, wenn nicht berichtet würde,
daß Rethel in Dresden im Hause eines Dr. Carus Zeuge des Schlaganfalles eines
Vorlesers war. Daß aber jene schaurige Darstellung des Gräßlichen ohne Grund
(S. 135), der brutalen Todesgewalt im üppigsten Leben ohne jede mildernde Beigabe
von moralischer Absicht wie im politischen Totentanz, schon im Winter 1847 auf 1848
in Düsseldorf entstanden und dann das erste Bild der Reihe sein muß, wird glaub-
würdig berichtet; ein Beweis dafür, daß er aus dem Schaurigen der Todesvorstellung
die Anregung zum Gestalten nahm, daß er sie später in große Gedanken ver-
allgemeinern, in die Ruhe der endlichen Vollendung befrieden zu müssen glaubte.
Obgleich erst 1851, in den glücklichen Tagen einer erwachten Liebe, entstanden, sei
der Tod als Freund (S. 136) schon hier genannt, denn er ist ursächlich ein Widerspruch
und eine Erfüllung des Würgers, auch damit innig vereinigt von Rethel selbst gedacht, der
sie beide 1851 zusammen auf den Holzstock zeichnete, und als ein Ganzes in die Seele
des deutschen Volkes übergegangen. Ist nicht der Freund Tod deutscheste Herzinnigkeit
mit einem Hauch von klassischer Urbanität, von philosophischer Freiheit und körper-
licher Losgebundenheit von allem, was feine Kultur eines alten Volkes einem Sterbenden
zum Troste darbieten könnte? Daß er bei dem Erwürger an das Auftreten der Cholera in
Paris 1831 gedacht hat, ist gewiß, denn das Blatt wird im Untertitel Die Cholera in Paris
genannt; daß er die Anregung nach Valentins Vermutung aus Heines Schilderung des
Ereignisses in der „Augsburger Allgemeinen" erhalten, ist wahrscheinlich und verlockend
zu glauben, wenn man die in den Erläuterungen abgedruckte Stelle nach Heine
mit der Ausführung vergleicht. Die Blätter beschreiben, die ungeheure Wucht ihrer
Zeichensprache durch Worte wiedergeben zu wollen, wie man es getan, wäre über-
flüssig und eine Verkleinerung der Werke, denn echte Kunst ist wie wahre Religion,
wie alles wahrhaft Große und Bedeutende einfach, deutlich, eine unmittelbare Wirkung,
keine Sammlung von Beschreibungen, Erklärungen und Begriffen. So ist auch der
politische Totentanz (S. 124—129) künstlerisch ohne weiteres verständlich und wirksam,
wenn man sich auch bedenkt, ihn mit Schmid und andern für Rethels bestes
Werk zu erklären, denn es haftet ihm nun einmal das Fatale des politischen Liedes
an; geschichtlich aber ist noch mancherlei festzustellen hier, wo es sich darum
handelt, sichere Daten zur Fixierung Rethels in der deutschen Kunstgeschichte beizutragen. Zunächst ist die Holzschnittfolge „Auch ein Totentanz" nicht unter dem
Eindruck der Dresdener Mairevolution 1849 entstanden, wie schon Max Schmid be-
streitet, aber auch nicht, wie dieser, nach den ihm vorliegenden Daten richtig,
schließt, bereits 1848, sondern 1849, jedenfalls auch und in der Hauptsache 1849;
eine soeben aus dem Nachlaß von Robert Reinick erschienene Briefsammlung bringt
interessante Daten zu Rethels Aufenthalt in Dresden 1848/49 und besonders zu seinem
politischen Totentanz, zu dem Reinick die begleitenden Verse gedichtet hat. Im
März 1849 schreibt der Maler von Oer an den in seine Vaterstadt Danzig verreisten
Reinick im Auftrage Rethels, er solle sich dazu halten, um nicht durch den Text die
Vollendung des Werkes zu verzögern, denn Rethel sei mit allen Zeichnungen fertig;
Ende März derselbe Schreiber an denselben Empfänger, daß Rethel und sein Holz-

schneider Bürkner mit Schmerzen auf den Text warten, denn die Platten seien alle in
Arbeit; Mitte April der Schneider Bürkner an den Dichter, daß er den wirklich be-
drängten Rethel entschuldigen müsse, der Holzschnitt sei bis jetzt zu Rethels größter
Zufriedenheit ausgefallen, denn er besitze im Charakter der Zeichnungen eine überzeugende Grobheit. Das Drängen und die Eile beweisen, daß das Werk erst vor
kurzem begonnen wurde. Ende April, nachdem die sehnlichst erwarteten Verse eingetroffen sind, schreibt Rethel selbst an seinen Mitarbeiter einen interessanten Brief, in
dem er ihm seine Freude über die schöne Dichtung, besonders über das herrliche
Schlußwort, das durchaus notwendig sei, ausdrückt; man werde zum Schlusse recht im
Innersten warm und gepackt und zu einem bessern Hoffen und Erwarten geführt.
Wie sich das heutige Empfinden dazu verhält, mag man erproben, wenn man die in
den Erläuterungen mitgeteilten Verse Reinicks neben die Blätter Rethels hält. Rethel
hat dann noch einige Wünsche: in der Aufführung der Laster habe der Dichter die
Blutgier mit der Sense vergessen. Bei der Szene vor der Schnapskneipe spricht
Reinick von Wein und Bier und versetzt die Szene ins Innere; wenn letzteres un-
wesentlich ist, so wünscht der Zeichner doch den Fusel, den Schnaps hervorgehoben
zu sehen, der mehr das Element der Anarchie ist. — Die genauen Erörterungen sind
kein müßiges Streiten um das an sich ziemlich gleichgültige Datum der Entstehung;
denn abgesehen davon, daß sie des Künstlers eignes Verhältnis zu seinem Werk
beleuchten und daß sie zeigen, wie die Kürze der Zeit der fesselnden, massigen Ge-
schlossenheit des Werkes gewiß von Nutzen gewesen ist, lassen sie einen Schluß zu
auf die Gesinnung des Künstlers bei der Totentanzschöpfung, eine Bemühung, die
bei einem so erzreaktionären Werk, wenn man den Künstler liebt, am Platze ist. Denn
man darf billig erwarten, daß große Männer aus jener Zeit sich um das damals größte
politische Ziel, die Reichseinheit und die zeitgemäße Freiheit eines mündig gewordenen
Volkes besorgen, daß nicht Rethel einem Ideal in den Rücken fällt, für das Männer
wie Gottfried Semper, Fritz Reuter, Richard Wagner bluteten, wenn man von ihm auch
nicht die Hingabe verlangt, welche den mindestens menschlich als Rethel so viel
bedeutenderen Wagner seinen Kopf riskieren ließ. Wenn der Totentanz 1848 entstand,
ist anzunehmen, daß Rethel auf die Berliner Märzrevolution und das überall stürmisch
bekundete Verlangen der Anerkennung der Reichsverfassung durch die Bundes-
regierungen gezielt hat; entstand er 1849 oder im Winter 1848 auf 1849, dann hat
er die badische Demagogie eines Herwegh, Hecker, Simon und Zitz gemeint, in deren
Folge es September 1848 zu den Frankfurter Barrikadenkämpfen kam und die Abgeordneten der gemäßigten Mehrheit, Lichnowsky und Auerswald, durch das vom Rumpf-
parlament aufgehetzte Volk ermordet wurden. Für letztere Annahme liegen noch
mehrere Daten vor: der Tod ist in einer Weise kostümiert, die man das Heckerhabit
nannte, nach dem badischen Abgeordneten Friedrich Hecker, der für die geträumte Rolle
eines Freischarenführers hohe Wasserstiefel angezogen, Pistolen in den Gürtel gesteckt
und den grauen Kalabreserhut mit der Hahnenfeder aufgesetzt hatte. Mit der Annahme
rühmlicheren Denkens stimmt auch Rethels schmerzerfüllter, nach Ablauf der blutigen
Maitage in Dresden geschriebener Brief, als der die Anerkennung der Reichsverfassung
hartnäckig verweigernde König unter dem Beistande der Preußen gesiegt hatte, den
Max Schmid seiner Datierung entsprechend natürlich als auffallend bezeichnen muß:
ein großes, herrliches Werk zur Ehre Deutschlands ist unter der kaltblütig berechnenden
Militärgewalt unter den Säbel gesunken! Ich sah der Entstehung dieser Bewegung
mit Mißtrauen zu und erwartete rote Republik, Kommunismus mit allen seinen Kon-
sequenzen — allein es war wahrhaft allgemeine Volksbegeisterung im edelsten Sinne
zur Herstellung eines großen, edeln Deutschlands, eine Mission, die ihnen Gott in die

Brust gelegt. — In dem schon erwähnten Brief an Reinick vom 22. April 1849 sagt er, daß ihm die Aussicht, ja Gewißheit eines preußischen Kaisers mehr und mehr gefalle — am nächsten Tage lehnt Friedrich Wilhelm die vom Volke angebotene Kaiserkrone ab. Im allgemeinen freilich war Rethels innere Teilnahme an den Bewegungen jener Tage gering. Das einzige Mal, da er die Politik erwähnt, nennt er sie leidig, und es dürfte auch dauernd für ihn gegolten haben, was Uechtritz 1830 in der Zeit, da Rethel in Düsseldorf studierte, berichtet, daß die Künstler sich fast gar nicht um die großen Fragen der Gegenwart kümmern, daß ihr Hauptverhältnis zu den Welthändeln von 1830 und den folgenden Jahren die Sorge gewesen sei, es werde zum Kriege kommen und ihr idyllisches phäakisches Dasein unterbrochen werden. Sie waren so sehr Künstler, Maler, Anhänger einer ästhetischen Mode, daß sie den ganzen Mann, den Bürger, den Menschen, dem die Kunst nur ein zufälliges Ausdrucksmittel seiner Seelenkräfte und -nöte ist, vernachlässigten.

Verlegt wird die Arbeit bei Georg Wigand in Leipzig und erscheint Ende Mai, das Exemplar kostet 15 Silbergroschen. Bereits Mitte Juni ist man mit dem Drucke der dritten Auflage beschäftigt, die drei Auflagen fassen zusammen 4500 Stück; in München und Potsdam kaufen Vereine Mengen von Exemplaren auf, um sie unter das Volk und die Soldaten zu verteilen. Konservative und gemäßigte Blätter preisen das Werk in lauten Tönen; eines von ihnen macht die interessante Mitteilung, daß Rethel beim Frankfurter Septemberaufruhr 1848 Barrikadenstudien gemacht habe, die, wenn richtig, die Annahme stützt, daß der Künstler nur die Ausschreitungen der Revolution, nicht die Revolution selbst hat treffen wollen. Hat er eine Vorstellung von diesen Studien seinem Freunde Schillings in Aachen in der 1848 bezeichneten Straßenkampfszene (S. 131) machen wollen? „Auch ein Totentanz" ruft unmittelbar ein Echo wach: „Noch ein Totentanz" erscheint bei Emil Roller in München, ein Werk aus gegnerischem Geiste, dem leider nur die dichterische Größe des Rethelschen mangelt, um als künstlerischer Gewinn der sturmbewegten Jahre neben dem Rethels gelten zu können. Vier Wochen schon nach dem Erscheinen plant der Verleger eine Volksausgabe, den gesamten Totentanz auf einem Riesenblatte von fast einem Quadratmeter Größe herauszugeben, die denn auch zum Preise von 5 Silbergroschen in einer Auflage von 10000 Stück unter dem Titel: „Ein Totentanz aus dem Jahre 1848" erscheint (S. 130); bald genug sei das Werk ein echtes fliegendes Blatt geworden, in volkstümlicher Weise an Stubentüren zu befestigen, wie man es sonst in Deutschland und Italien mit großen Flugblättern getan hätte. — Aus der schon erwähnten Korrespondenz Reinicks mit Freund und Verleger darf die an sich schon interessante Mitteilung nicht vergessen werden, daß Reinick die Grundidee des Totentanzes für sich in Anspruch nimmt, was auch für die Datierung 1849 spricht, denn Anfang Dezember 1848 schreibt Rethel, vor kurzem erst in Dresden eingetroffen, an seine Mutter, daß er mit der Wohnungseinrichtung beschäftigt und jetzt erst ein wirklicher Beginn seiner Arbeiten möglich sei. Der Anspruch Reinicks bleibt vorläufig in den Quellen unwidersprochen, wenn man es nicht als eine Rethelsche Meinungsäußerung betrachten will, daß er das ganze Honorar, 4 Louisdor, in die Tasche gesteckt hat, ohne seinem Mitarbeiter für die Verse etwas davon zu gönnen. — Mit Max Schmid an der Zuverlässigkeit des Berichtes von Rethels Witwe: der Künstler habe, als die Insurgenten auch in seine Wohnung eindrangen, die reaktionäre Tendenz des Totentanzes fürchtend die umherliegenden Probedrucke schnell verdeckt und französische Kupferstiche mit Verherrlichungen der Revolution hervorgeholt, zu zweifeln liegt heute kein Grund mehr vor, denn aus derselben Korrespondenz berichtet ein Brief von Oer an Reinick, daß auch Rethel manche Fährlichkeiten bestanden, da die Rebellen neben seinem Hause einen Durchbruch verbarrikadiert hätten, und der Maler, mit den Aufständischen Gutfreund geworden, über die Barrikaden zum Mittagstisch habe klettern dürfen — wenn auch eine Verwechslung der Oertlichkeiten nicht ausgeschlossen ist. Nicht unerwähnt bleiben darf eine weitere Episode, welche nach einem ganz neuen Buche der Schriftsteller Wolfgang Kirchbach an Fr. Th. Vischer aus den Erzählungen seines Vaters berichtet: der Rethelsche Totentanz war in einem Schaufenster in Dresden ausgestellt, die revolutionäre Partei eben geschlagen. Rethel mit seinem Freunde Kirchbach kommt an dem Schaufenster vorbei, wo eine Rotte wütender Arbeiter sich über die Bilder entrüstet, den Zeichner verflucht, den man totschlagen sollte, den Hund! Rethel, unbekannt, stellt sich mitten unter sie, und die Bilder und den Zeichner wie eine dritte Person verteidigend, gerät er in immer größere Aufregung, die mit neuen Schmähungen der Arbeiter erwidert wird, bis Kirchbach in Furcht um den Freund ihn mit Gewalt aus dem Haufen herauszieht und wegführt, unbekannt wie er gekommen.

Während die Kartätschen in der Hauptstadt an der Elbe krachen und Bürgerblut fließt, arbeitet der Meister am Karton der Spanischen Schlacht (S. 101—104). Man sollte es nicht für wunderbar halten, wenn man die wildrauschende Wucht des Werkes betrachtet, daß es auch bei Kanonengedröhn den Geist des Künstlers gefesselt halten konnte. Gleichzeitig schrieb auch Robert Schumann an seinen Waldliedern in einem Dresdener Vorort, unbekümmert um das Kriegsgeräusch und Sturmgeläute. Als ein eignes Geschick bezeichnet es Rethel selbst, daß er bei allen diesen öffentlichen ernsten Ereignissen der Gegenwart mit aller Gewalt gezwungen werde, seinen Geist, sein Wirken einer ganz andern Richtung zuzuwenden. Für die Vorarbeiten zur Spanischen Schlacht ist ihm der ganze Königliche Marstall zur Verfügung gestellt worden, und prächtige andalusische Hengste werden ihm auf Verlangen vorgeritten. Auch die Königliche Rüstkammer und das Antikenkabinett sind ihm zu Studien für die Ausrüstung der sarazenischen Krieger und Schlachtwagen zugänglich gemacht. Von Freunden leiht er merkwürdiges Mordzeug in seine Werkstatt, und nach dem scharfen Waffenverbot, das der siegreiche Einzug der Preußen im Gefolge hat, muß der Gestalter des ungeheuern Karl, der die Waffe so gewaltig und herrlich durch die Luft führt, mit dem geliehenen Schwerte zum Hofmaler von Oer laufen, damit es aufs Rathaus geschickt werde. Als sein Totentanz und sein Name Anfang Sommers in alle Welt gehen, zieht er sich in seine Aachener Einsamkeit und in den kühlen Riesensaal zurück.

Alleinsein, gänzliches Alleinsein, so sehr, daß ihm auch der Gehilfe vom vergangenen Jahre untreu geworden ist, er jetzt allein auf dem Gerüst sitzt und alle, auch die Handlangerarbeit tun muß, das ist die Stimmung, in welcher er sich im Sommer in Aachen befindet. Gedrückt und trist. Auch bei seinen Aachener Verwandten, einer bunten Gesellschaft von deutschen und französischen Elementen, fühlt er sich fremd, überall empfindet er Disharmonie und Mißverständnis. Ein großes Heimverlangen kommt über ihn nach Dresden und den Freundesfamilien, in deren Schoße er sich warm gebettet fühlte, eine fast knabenhafte Sehnsucht nach Heimat und Zuhausesein scheint ihn in dieser Zeit zu beseelen. Ein Heimverlangen auch nach dem Tode: wenn er mit David Hansemann, dem Politiker, mit dem Schriftsteller und Diplomaten Reumont bei seiner Cousine, der geistreichen Frau Iven, brütend sitzt, hört man zuweilen den Seufzer von ihm: ich möchte in Diepenbend sterben! — Nur ganz schwach tönt sie einmal aus einem Briefe heraus, die Selbstaufmunterung, er sehe die Wirkung seines angestrengten Arbeitens und könne damit zufrieden sein — wahrlich! wenn nicht bei der Cordovaschlacht, wo noch anders? Wenn das nicht Größe ohne Maß, nicht Sturm ohne Ermüdung ist, nicht hoher Gedanke zugleich mit scharfer Naturbeobachtung, nicht Gefühl eines Heros und Mitempfinden mit dem kleinen Mute eines

bangen, unter seinen Mantel sich verkriechenden Kriegers, wo in der deutschen
Kunst wird der Sieg der Spanischen Schlacht übersiegt? Das ist die Größe und Freiheit der Geste, die der Deutsche aus der italienischen Kunst lernen mag, dieser Schwert-
hieb Karls durch die Luft, verbunden mit germanischer Glut des körperlichen, des
seelischen Sturmes! Das ist die Erfüllung des Nazarenerprogramms, ideales Deutsch-
tum und Latinität in eins zu verschmelzen, wie Overbeck 1829 zu König Ludwig sich
bekennt, der begeisterten Erwartung, die der Kritiker Vischer 1841 vor Rethels Entwürfen in Frankfurt ausspricht, die Rethel selbst sich als Ziel gesetzt. Es ist wie eine

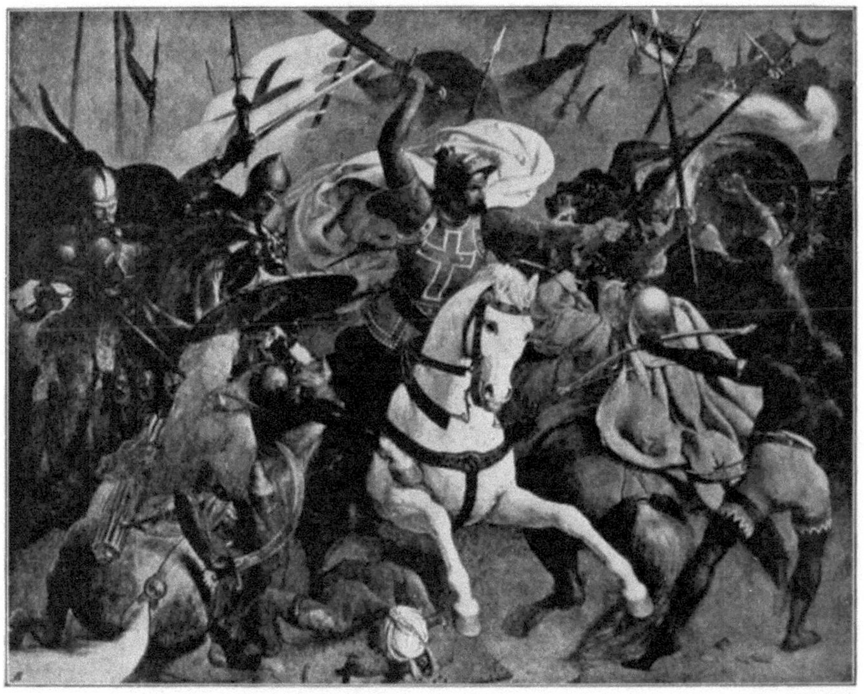

C. F. Lessing: Schlacht von Ikonium
Fresko im Schloß Heltorf bei Düsseldorf. 1830
Zum Vergleich mit Rethels Schlacht von Cordova. 1840

Meinungsäußerung der Natur, daß eine so heftige Gegenbewegung, wie sie in den
Nazarenern gegen den bleichen Klassizismus einsetzte, nicht in e i n e m Menschenalter
durchdringen und sich bewähren könne, wenn man neben die Schlacht von Cordova
die von Ikonium hält, welche Lessing in den hohen Jahren der Düsseldorferei, in
den Zeiten des Schwarmes und ungemessener Begeisterung, 1830 in Schloß Heltorf bei
Düsseldorf malte, als Rethel der Akademie Malschüler war. Es ist nicht zweifelhaft,
daß der Maler die damals hochberühmten Fresken, auf die die ganze Schule mit Stolz
schaute, gekannt hat. Dort wie hier stürmen die Christen von links her durch die
Bildtiefe auf die nach rechts vorn fliehenden Sarazenen; dort wie hier im Hintergrunde
rechts Minarette und Kuppeln der islamitischen Stadt; dort wie hier in der Mitte der

abendländische Held, der mit der Linken das feindliche, den Halbmond tragende Banner
ergreift und mit der Rechten zum Schlage ausholt; aber dort eine kostümierte Szene
und keine innere dichterische Wahrheit trotz fleißiger archäologischer Studien, hier ein
für das Gefühl wahres, weil packendes Geschehnis trotz der im Wesen der abkürzenden
stilisierenden Kunst liegenden äußeren Unwahrscheinlichkeiten, dort eine ansprechende
Regieführung, hier eine bildgewordene Notwendigkeit, ein Urtyp des Rassenkampfes —
dort eine gute Wanddekoration, hier ein unsterbliches Werk. Es ist sonderbar,
daß auf die Zusammenhänge zwischen Heltorf und Aachen nie hingewiesen worden
ist, obgleich beide Freskenwerke neuerdings noch in einem umfänglichen Werk von
Schaarschmidt über Düsseldorfer Kunst behandelt und abgebildet worden sind. — Und
nun? Der Maler scheint die Stunden zu rechnen, bis er das Fresko über die Hälfte
gebracht hat, um für dieses Jahr abbrechen zu können, und er erfreut sich an der
Aussicht auf den Winter im schönen Dresden.

Da wird er nun recht gepflegt. In den Familien der Dresdener Freunde geht
er Abend für Abend abwechselnd um, wobei er ein besonderes Genüge zu finden
scheint im Hause Schnorrs von Carolsfeld, mit dem ihn bald eine feste Freundschaft
verbindet, an dessen für einen Maler furchtbarem Schicksal — drohende Erblindung —
er bewegten Anteil nimmt, dessen belebende Nähe, wie er sich ausdrückt, künstlerisch auf ihn wirkt, während er in dessen Werkstatt auf der Brühlschen Terrasse
seinen Einzug Karls in Pavia ändert und auf den Karton bringt. Er beteiligt sich an
einem Wettbewerb für Christiania in Norwegen, und man ist mit ihm im Zweifel über
die Tüchtigkeit seiner Arbeit, des Christus am Oelberg (S. 144), die, wie er sagt, ihm
größere Sorgen und anhaltendere Anstrengungen verursacht habe als je eine andre. Im
ganzen aber befindet er sich in diesem Dresdener Winter 1849 auf 1850 heiterer als im
Aachener Sommer, die Gemütsseite läßt nichts zu wünschen übrig — er erlebt einen
Erfolg seines Totentanzes, der ihm, dem so heftig nach Heim und Stille Verlangenden,

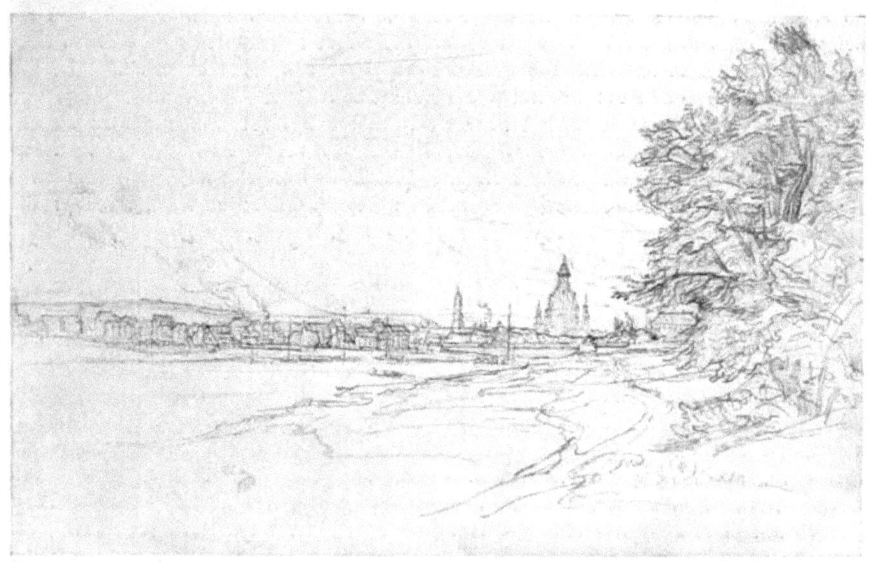

Rethel: Ansicht von Dresden um 1850 (Bes. Frau E. Sohn, Düsseldorf)

der behauptet, seit dem Auszug aus dem Elternhause vor 20 Jahren nie eine gute Stütze zur Seite gehabt zu haben, der manches in seinem Leben für dunkel hält, der trotz seiner Frömmigkeit an einer liebevollen Führung des Allmächtigen zu zweifeln beginnt, teurer gewesen sein mag als der Lärm und der rauschende Ruhm. Eines Tages bringt der Maler Grahl, Schwiegersohn des Bankiers Oppenheim, mit seiner schwiegerelterlichen Familie in einem von Gottfried Semper erbauten prächtigen Hause in Dresden wohnend, ein Heft eines unbekannten Künstlers, über den man plötzlich an allen Straßenecken spricht, den Totentanz, nach Hause mit und zeigt ihn seiner erstaunten Familie; seine siebzehnjährige Tochter Marie ist von der Wahrheit und Größe des Stiles gepackt, und der Name des Unbekannten prägt tief sich ihr ein. Als sie im nächsten Winter zum erstenmal in das gesellschaftliche Leben geführt wird, hört sie in einer Abendgesellschaft bei Bendemann den Dichter Berthold Auerbach ausrufen: da ist ja der Rethel! Und alle Augen wenden sich einem kleinen eintretenden Manne mit wohlgepflegtem Bart und tadellosem Gesellschaftsanzug zu, der eintritt, grüßt und spricht wie jeder andre wohldressierte Gesellschaftsmensch und in nichts den unheimlichen Gestalter des blutigen Totentanzes verrät. Durchaus bürgerlich, sehr korrekt, auf seine Kleidung bedacht und nach einem Stäubchen auf dem Aermel schlagend, ein Federchensucher, wie ihn Otto Ludwig in seinem Roman Zwischen Himmel und Erde schildert, von untadeligen Manieren, überzeugter Anhänger aller Gesellschaftsgesetze, nichts von Genialisch-Freiem, Selbständig-Großem, nichts von der Kraftnatur seiner Gestalten, kein eigensinniger Mensch wie Menzel, kein Trutzkerl wie Leibl, keine Faustnatur an Gehirn und Herz wie Richard Wagner, der Mensch so ganz anders als der Künstler — so findet der Maler Alfred Rethel Eingang in das reiche Haus, macht Besuch, wird eingeladen, wird täglicher Gast, tanzt tadellos, ein Lieblingsvergnügen, dessentwegen er schon in Frankfurt bekannt war, ist gern gesehen — und die Liebenden haben sich bald gefunden. Wohl besitzen wir ein schönes Zeugnis, die Erinnerungen an Alfred Rethel von Marie Rethel, das die so schnell unglücklich gewordene junge Frau 40 Jahre nachher im Gedenken an die selig-unseligen Jahre um 1850 niederschrieb, die liebedurchzitterten zarten Zeilen einer stillen Frau, in dem auch aus der großen Perspektive von Jahrzehnten alltägliche Begebenheiten ins Große umgedeutet und tiefere den Künstler bezeichnende Züge mitgeteilt werden — aber diese bräutliche Geschichte will nicht immer passen zu den persönlichen Daten, die von und über Rethel aus dieser Zeit vorliegen. Interessieren wird, weil es eine frühere Notiz bestätigt, daß er jetzt mit Pietät vom alten Direktor Schadow spricht, bei dem er m a l e n gelernt habe; er hofft, wenn er die Aachener Fresken vollendet habe, der Welt zu zeigen, daß er noch ein ordentliches Oelbild machen kann, eine Erwartung, die er auch in seinen Briefen einmal niederschreibt, als er von der Tyrannin Freskomalerei ausruht und erst wieder ganz froh und glücklich zu werden meint, wenn er wieder seine Oelpalette schwingen kann — auch von Schnorr, der Arbeit in den Nibelungen- und Kaisersälen zu München überdrüssig, haben wir die Zeile: Erhält mich Gott mit Aug und Hand, so will ich nachher noch ein Oelmaler werden — ein Beweis, wie wenig die neue, traditionslos entstandene importierte Technik dem Empfinden und Können der Maler entsprach. Rethel hat nun schneller die Bereitwilligkeit der Tochter als die des Vaters — der Maler Grahl, ein Menschenkenner, weist ihn ab. Sicherlich nicht aus gesellschaftlichen und finanziellen Gründen, denn Grahl war reich, und die Verhältnisse des jungen Malers, der durch 500 Taler jährlich Mutter und Schwester mit Leichtigkeit unterhielt, waren wohlgegründet, sein Name bei den Kennern schon lange, neuerdings auch bei der Masse bekannt; aber aus den traurigen Briefen, traurig nicht allein von Rethel aus gesprochen, die der

Künstler bald darauf aus Aachen an Grahl richtet, scheint hervorzugehen, daß der Brautvater seine Gesundheit beanstandet und die Gemütskrankheit gefürchtet, wenn nicht schon beobachtet hat. Die demütige Wendung Rethels von vergangenem Leichtsinn, der eines edeln Weibes Frieden zu stören geeignet sei, ist kaum auf geschlechtliche Ausschweifungen und Krankheiten zu deuten, denn nach allem scheint des jungen Meisters Lebensführung eine ganz bürgerlich-sittsame gewesen zu sein. Nur mit Schmerz kann man die devoten Briefe an Grahl lesen, und es tut weh, einen Künstler, der Großes der Welt geschenkt, um sein menschlich-bürgerliches Behagen so unterwürfig bitten, fast betteln zu hören. Der Aachener Sommer von 1850 ist demnach wieder ein dunkler, trauriger: er hatte gehofft, den Sommer über in Dresden bleiben und sich pflegen zu können, aber es war ihm vom Rheinisch-westfälischen Kunstverein mitgeteilt worden, daß kein Jahr ungünstiger für eine Unterbrechung der Arbeit sei, denn die Spielbank in den Bädern von Aachen sollte aufgehoben werden, wodurch der Zuschuß in Frage gestellt wurde, welchen der König aus dem Gewinne der Bank der Stadt Aachen zu dem auf sie entfallenden Teil an den Kosten der Fresken gegönnt hatte. Nachdem er sich also noch in Düsseldorf mit Mühe einen Gehilfen gesichert hat, arbeitet er nach seinen eignen Worten wie ein Verzweifelter, trotz aller Rücksichten und Bedenklichkeiten, daran, nach Aachen zu kommen. Josef Kehren, aus der Düsseldorfer Schule, fast gleichaltrig mit dem Meister, der in den vierziger Jahren schon Stilkes Gehilfe bei der Ausmalung der Burg Stolzenfels am Rhein gewesen, erwartet ihn am 1. Juni auf dem Gerüst, und mit einem wilden Entschlusse stürzt sich Rethel wieder in die Spanische Schlacht, deren eine Hälfte es noch auszukämpfen gilt. Aber er klagt sehr: der obgleich tüchtige Mitarbeiter ist ihm keine Hilfe, jeden Tag vor Feierabend muß er dessen Arbeit mit der seinen zusammenstimmen, die örtlichen Unannehmlichkeiten und Störungen, die aus dem gleichzeitig betriebenen Umbau des Saales entstehen, fangen im vierten Jahre an, ihm zu toll zu werden; bei aḷem freudigen Anteil, den er an der bevorstehenden Verheiratung seines Bruders nimmt, leidet er, wenn er, der Aeltere, Bedeutendere, keine Hoffnung auf ein ähnliches Bürgerglück sieht; Schwind besucht ihn, auch Delaroche, der bayrische König Max, der übrigens nicht Papa Ludwig sei, sagt ihm Artigkeiten auf seinem Gerüst. Dann bemächtigt sich seiner eine Wut gegen die Aachener Bürgerschaft: es scheint in der Tat, als ob die Aachener Opposition, nachdem die Rethelpartei leider gesiegt hatte, ihren Zorn an dem Maler ausgelassen und die Niederlage schmählicherweise an ihm zu rächen gesucht habe. Freilich Rethel selbst, dessen Arbeiten die Opposition in Frage gestellt hatte, ist ein bestochener Zeuge. Auch ist er, den schon die Düsseldorfer akademischen Bewegungen als streitbaren Menschen gekennzeichnet, durch die vielen Hindernisse und Widerwärtigkeiten immer reizbareren Gemütes geworden, aber überaus hart hat er sich später zu Friedrich Pecht geäußert, wenn er von unwürdigen Schikanen in Aachen spricht. Sicher ist, daß auch die Stadtverwaltung, die ja seine Partei nahm, es an manchem hat fehlen lassen: die Belästigungen durch den Staub und Lärm der Bauerei, insbesondere aber durch das Publikum, dem der Saal während der Malarbeiten nach wie vor zugänglich blieb, über dessen Geschwätz der Künstler sich ärgert, dessen oft boshafte Bemerkungen und vernehmlich ausgesprochene plumpe Kritik er sich sehr zu Herzen nimmt. Unverdächtig dürfte das Zeugnis des Mitarbeiters Kehren sein, der Meister habe, wenn sich der Abend geneigt, zusammengesunken vor seiner großen Schöpfung gesessen, weinend, laut und leidenschaftlich schluchzend in den großen, hallenden Räumen. Gelegentlich kam es zu Wutausbrüchen und Ekstasen: er trat gegen Gott und Menschen auf und rief, wie er, der treue Sohn, der gute Bruder,

der freundliche Mensch, sein Elend verdiene! Sein Werk ist ihm gleichgültig geworden, nur noch für das nackte Leben behauptet er zu arbeiten, seine Vaterstadt wird ihm verhaßt, und er freut sich der Niederlage, welche die Bürger von der bayrischen Majestät erleiden: Inkognito in den Bädern gilt der König bei der katholischen Bürgerschaft als der frömmste Fürst, weil man der Hoffnung, ja Gewißheit lebt, er werde für eines der großen Domfenster die Glasmalereien auf seine Tasche nehmen; darum betrogen, wird nun ebenso leidenschaftlich geschimpft wie früher gelobt, das ist der hiesige Juchhei — so Rethel! Es ist nicht leicht, heute das wirkliche Schuldverhältnis der Bürger festzustellen, aber ich glaube, man wird der Wahrheit nahekommen, wenn man, wie ich, einen Teil der Anschuldigungen Rethels herabmindert oder unterdrückt, denn es liegen keine Aeußerungen der Gegenpartei vor. Trotzdem ist ein großes Schuldmaß der Bürger nicht zu bestreiten, das, wenn die Zeugnisse Kehrens, Rethels und der Rethelpartei anfechtbar sind, sich aus der weiteren Geschichte der Fresken erweisen wird, nachdem der Meister schon das Malgerüst und das Gerüst dieser Weltbühne verlassen. Als er gegen Ende Sommers die Spanische Schlacht vollendet, sagt er in Erinnerung an seine ersten künstlerischen Versuche zu seinem Bruder: von Jugend auf zum Schlachtenmaler bestimmt, ist dies die erste Schlacht, die ich wirklich ausführe. Nachdem noch der Einzug in Pavia vorbereitet ist, verläßt er im Herbst die Stadt und eilt von dannen. Nach Berlin. Da seine Herzensangelegenheit sich nicht weiter geklärt und entwickelt hat, ist das geliebte Dresden für ihn verschlossen. Auch hat Berlin ihm 1846 sehr gefallen, die Kreise der Interessierten haben sich ihm mit Bereitwilligkeit, mit Herzlichkeit geöffnet, sein Leben war damals eine große Hoffnung, es war in ihm und um ihn Licht; auch sein allmählich zum rein Protestantischen drängendes Herz mag ihn schon länger für die norddeutsche Hauptstadt bestimmt haben, denn schon früher sagt ein Brief, daß Berlin für ihn von großer Bedeutung werden würde. Der allgemeine Eindruck der Stadt ist der alte großartige, die Aufnahme die gleich herzliche — aber Rethel ist nicht mehr derselbe. Er fürchtet für sein Gemütsleben dem düsteren Winter entgegen. Die Welt ist ihm dort erdrückend groß und weit, denn — damals schon in der nicht eine halbe Million starken Stadt — wohnen die Bekannten stundenweit auseinander, er vermißt, ein echter Nachfolger der Lukasbrüder, ein geschlossenes künstlerisches Zusammenleben, auch die politische Reaktion lastet schwer auf den Gemütern — wie er die nach Sachsen reisenden Schadowlieblinge und Heiligenmaler Deger und Müller aus Düsseldorf trifft, schließt er sich ihnen kurzentschlossen an und ist bald wieder mit einem recht behaglichen Gefühl im schönen Dresden. Einmal in der Elbstadt, sieht er, daß er sich vor einem Gespenst gefürchtet, er bezeichnet sein letztes Unbehagen in Dresden als verwischt und nennt stoisch seine Herzensgeschichte Viel Lärm um nichts. Jetzt meint er, daß seine Zukunft sich in einer süddeutschen Stadt entwickeln müsse, und — ein neues sehr wichtiges Moment in seiner Geschichte: er spricht zum ersten Male von geplanten Holzschnittunternehmungen, für die natürlich Dresden der geeignete Ort ist, wo seit kurzem an der Akademie eine Werkstatt für Holzschneidekunst errichtet ist und Männer wirken wie Bürkner, sein Mitarbeiter am Totentanz, und Gaber, der die Zeichnungen Ludwig Richters schneidet und seine Tochter heiratet. In diesem Winter hat er keinen Karton zu machen, denn der Einzug in Pavia ging in Schwarzweiß schon vor sich, und wie zeitweilig von der Oelmalerei so erhofft er jetzt von der Holzschneidekunst Erlösung vom Joche der Freskomühen. Er scheint vom Holzschnitt jetzt sein Bestes zu erwarten — und der Nachgeborene mit ihm; denn ein wichtiger Akt, der Hauptakt seiner Bestimmung steht bevor, ein tragisch kurzer Akt, den zu Ende zu spielen das Schicksal, ihm und der Nachwelt zu Schaden, ihn verhinderte.

Indem er sich dem alten Holzschnitt zuwandte, bewährte er sich als moderner Künstler, denn in jenen Jahren erlebte der Holzschnitt seine Auferstehung, dessen Ueberlieferung ähnlich der der Freskotechnik, der Glasmalerei, durch den schlimmen Klassizismus unterbunden worden war. In England hatte um 1810 durch Thomas Bewick diese Kunst, die lange zugunsten des Kupferstiches hatte zurückstehen müssen, besonders durch die Bekanntschaft mit japanischen Holzschnitten eine neue Wertung und zugleich eine technische Verbesserung erfahren. Die alten Meister hatten das Holz in der Faserrichtung, Langholz, geschnitten, der Engländer bearbeitete die Platten quer zur Faser, Hirnholz, wodurch das Messer unabhängiger und seine Arbeit bestimmter wurde. Freilich traf auch hier die Bewegung nicht in einem Menschenalter ihr Ziel, denn der Wettbewerb des Kupferstiches, der in dem gleichmäßigen und festen Metall Feinheiten, insbesondere die Wirkungen von Licht und Schatten abgestuft nachahmen konnte, zwang zu ähnlichen Versuchen in der verbesserten Holztechnik. Derart hergestellt ist zum Beispiel das große Werk von Menzel, der, als Künstler groß und als Handwerker bieder, sich nicht zu gut für den verachteten Holzschnitt gedünkt, die Illustrationen zur Geschichte Friedrichs des Großen vom Jahre 1840. Es war Rethel vorbehalten, den Holzschnitt zu dem zu erheben, was er gewesen, zu einem beweglichen Ausdrucksmittel für volkstümliche und wie lange Linien groß und hart gedachte Gedanken, technisch verbessert durch moderne Erfindungen. Nach Bürkners, des Totentanzschneiders, überzeugend grobem Wort galt es in Rethels Stil eine überzeugende Grobheit zu entwickeln. Schon 1840 hatte Unzelmann, der erste bei der Ausführung der Menzelschen Holzschnitte, ihm prächtig derb die Nibelungen geschnitten. Sogar an den dürftigen, ohne Rethels Mitwirkung und Kontrolle erschienenen Holzschnitten nach den Schweizern vor Sempach, der Wiener Ausgabe des Karthagerzuges aus den sechziger Jahren und der Düsseldorfer Veröffentlichung der Karlsreihe von 1870 kann man sehen, wie sehr sich auch andre Entwürfe für diese Form der Wiedergabe eigneten: nicht das Aquarell des Hannibalzuges, nicht das Fresko, nicht das Oelbild waren die besten Ausdrucksmittel für die Vorstellungen des Künstlers, denn Rethel war nun einmal wie Schwind kein Maler. Ihrer beider, dieser echt deutschen Meister, Dichtungen sind nicht in Farben, sondern in Linien gedacht. Daß die Künstler es selbst nicht empfanden und mit dem ungeeigneten Mittel sich quälten, kann man einer in der Kunstgeschichte oft zu beobachtenden, allzu menschlichen Tatsache zuschreiben, wie auch jener Zeit selbst, der das eigentlich Malerische fernlag, wenn sie sich auch auf das besondere Malen der niederrheinischen, der belgischen Schule viel zugute tat. Wir, die wir in den modernen französischen und französierenden Gruppen die Steigerung der eigentlichen Malkunst zum Künstlichen, zum Gekünstelten erlebt haben, an eine unerhörte Feinheit, oft ein Raffinement des farbigen Vortrags von Empfindungen gewöhnt worden sind, können die meisten Malereien der beiden Meister nur mit gutem Willen und historischen Entschuldigungen genießen. In Rethels allmählich immer mehr verdämmerndem Geist scheint eine ähnliche Vorstellung, unbewußt vielleicht, hell gestanden zu haben. Dem Holzstock vertraut er den früheren Entwurf der Cholera an und scheint unmittelbar für den Holzschnitt den Tod als Freund (S. 136 u. 137) zu erfinden, dies süße Lied des Heimverlangens, der Ruhesehnsucht des schon greisenhaften 34jährigen jungen Mannes. So sehr will er sich dem Holzschnitt widmen, daß er eine eigne Werkstatt dafür, und zwar an Ottos Wohnort, in Aachen, einrichten zu wollen scheint, wobei Otto Rethel, mit dessen Auskommen es schlecht steht, beteiligt sein soll. Anfang 1852 wendet sich das Bibliographische Institut an Rethel mit der Einladung, die Bibel in 200 Holzschnitten zu illustrieren. Mit Freuden nimmt er das Anerbieten an und will nach kurzer Zeit vier Arbeiten dafür geliefert haben. Es ist nicht sicher festzustellen, was für Stücke es sind, denn die Hochzeit von Kana (S. 143), Jesus in der Wüste (S. 142), zwei Entwürfe aus der Saulus-Paulus-Reihe, Paulus im Gefängnis (S. 142) und Pauli Bekehrung IV (S. 140) erschienen als Holzschnitte für Cottas Bilderbibel. Leider bemühte ich mich vergeblich beim Bibliographischen Institut um einen Einblick in die Geschäftsbücher aus damaliger Zeit, um Genaueres über die Holzschnittpläne zu erfahren. Welche Hoffnung hätte man an dieses Unternehmen knüpfen können? Hätte es nicht dem deutschen Volk mehr gegeben als die illustrierte Bibel von Rethels Freund Schnorr, die dieser für Wigand um dieselbe Zeit allzu glatt und richtig-unpersönlich herstellte? Man denke sich, Rethel hätte den Karthagerzug, die Karlsreihe, die bedeutendsten Blätter aus seiner Jugend unter seiner eigenen Leitung schneiden lassen, welch ein Gewinn für das Gesamtgut der deutschen Kunst! Das Lutherbild (S. 153—155), die drei kräftig-derben Blätter, so derb wie Luther, so kräftig wie die Zeilen des Liedes, kann einen Vorgeschmack davon geben. Aus Rethels letzter Zeit besteht ein Entwurf, mit kräftigen Federstrichen unmittelbar auf den Holzstock gezeichnet, ein merkwürdig gelehrtes, unbefriedigendes Stück nach des Aristophanes „Fröschen" (S. 172) — er scheint damals ein Uebriges für seine Bildung getan zu haben und schreibt an Otto, daß er sich viel mit Literatur beschäftige. Ueber Aristophanes hatte seinerzeit auch Uechtritz in Düsseldorf in seinen Bildungsvorlesungen für Maler gesprochen. — Im ganzen ist es eine dürftige Planskizze und gering die Zahl wirklich versetzter Bausteine, aus denen man im Geiste eine Herstellung des Gebäudes, das Rethelsche Holzschneidekunst hätte errichten können, versuchen mag.

Ende 1850 nennt er sein Gemütsleben noch kastriert und spricht er von der gedrückten Stimmung in sich und in der Stadt, wo die Reaktion es mit der Furcht bekommen und des Königs Habe und die Kostbarkeiten der Galerie wieder einmal eingepackt und verladen stehen. Aber Professor Grahl hat ihn einmal freundlich gegrüßt — er hofft, er lebt auf, er schreibt an ihn mit erneuten Bitten, bald darauf wird er aufgefordert, seine Mappe mit den Kompositionen vorzulegen, in den ersten Tagen des Februar 1851 ist der Künstler Bräutigam. Wie guter Bürger Abkömmling und freudig als ein Ueberzeugter und Befriedeter nimmt er gemütlichen und tätigen Anteil an allen Forderungen der Etikette, die eine reiche angesehene Familie der Stadt an den Schwiegersohn stellen darf. Die Briefe an die Braut, an Mutter und Bruder über die Braut, sind wie die jedes anderen seligen Biedermeiers, und man würde keine große Veranlassung haben, sich mit ihnen zu beschäftigen, wenn sie nicht einige wichtige Daten enthielten, wenn nicht der glückliche Bräutigam auch einigemale den unglücklichen Künstler zu Wort kommen ließ. Wie anders als aus den eignen Briefen fließen die Nachrichten aus der süßen Quelle jenes Erinnerungsschriftchens, die, bräutlich getrübt, von der Krisis und allen Schwierigkeiten nichts enthält. Feststellungen der Art sind von Bedeutung für die Kunstgeschichte und das Künstlerproblem, denn nicht alle Künstler haben zwischen sich und ihre Begabung eine scharfe Linie ziehen, einen leeren Raum legen können. Welch eine Kluft zwischen der titanisch wilden Seele, welche, durchweht von allen Schauern der Skeptik, der Weltverachtung, über dem Block atmet, auf den der Erwürger gebannt wird, und dem seligen Kavalier im Frack, der nie so wie jetzt getanzt zu haben bekennt!

Die künstlerische Ernte der Bräutigamszeit ist also auch verhältnismäßig gering, denn einige bedeutende Blätter aus der Zeit um 1850 wie Saulus-Paulus III (S. 139), die große Kunde von den gestaltungskräftigen Einbildungen eines stürmischen Geistes, Die Bändigung der Kraft (S. 150) und Der Fahnenträger (S. 145), das hohe Beispiel ständischen Ehrgefühles und äußerster Folgerichtigkeit, sind nicht genau zu datieren und gehören eher der Zeit des trauernden Harrens als des tanzenden Glückes an.

Ja von Manfred an der Brücke von Benevent (S. 146), der Verherrlichung der Tüchtigkeit und Ehre eines Mannes auch trotz der Aechtung durch die Offiziösen, in diesem Falle durch den Papst, ein Blatt, das mir wert erschien, um einer kleinen Variante willen (S. 147) zweimal vorgeführt zu werden, ist es gewiß, daß es im Jahre 1850, wenn nicht schon Ende 1849, für das Album des Prinzen Johann von Sachsen gezeichnet ist, der, ein Danteforscher, ein kostspieliges und kunstgeschichtlich wertvolles Exemplar des Dante von fast sämtlichen damals in Ruhm lebenden deutschen Künstlern

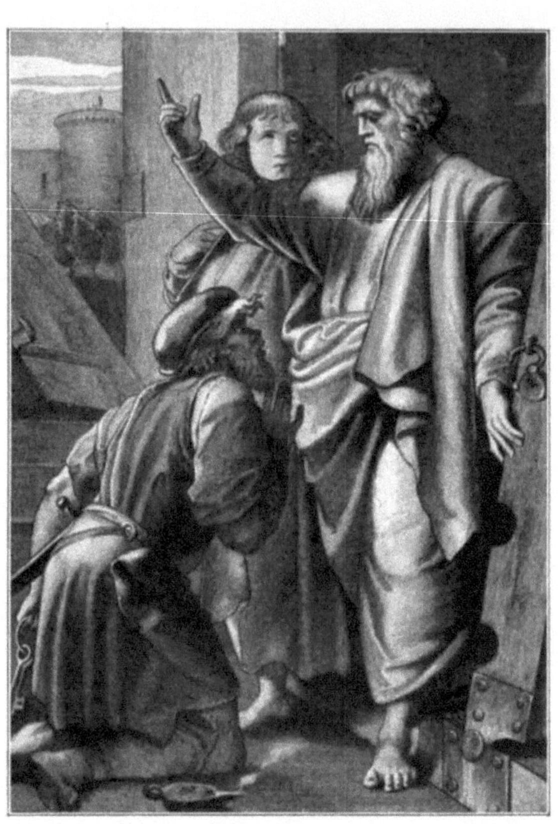

Paulus bekehrt den Kerkermeister

in Originalen illustriert besitzen wollte; und gewiß ist, daß Rethels Beitrag alles übertrifft, was die Begas, Lessing, Hübner, Ehrhardt, Heß, Bendemann, Führich, Schraudolph, Koch u. a. geliefert haben, wovon man sich beim Durchblättern des seltsamen Werkes im Hause auf der Brühlschen Terrasse überzeugen kann.

Ein Stück der Saulus-Paulus-Reihe, das sich in einem schlechten Kupferstich im Frankfurter Städelschen Institut befindet, ohne daß ich über die Bestimmung desselben etwas sagen könnte, vermag ich nicht recht in die Bildersammlung einzuordnen und bilde es beistehend im Texte ab.

Unmittelbar der Brautzeit, dem Wunsche zu gefallen, Gefälligkeiten zu erweisen, Braut und den Schwiegern Freude zu machen, als Vielliebchengeschenk und anderes entstammen die Kalenderbilder (S. 163 u. 164), die Illustrationen zu den Gedichten der selbst-bescheidenen, bräutigam-stolzen Braut (S. 160—162), von denen vielleicht nur der Mäher Tod und der Grimm der Zeichnung zum Gedicht Die Menschen interessieren, Der Ritter an der Mauer (S. 156), Die Erinnerung (S. 159), eine Modellskizze zu einer Aufführung am Polterabend, Dinge, die natürlich die Nachwelt, die nur das Echte und Große nicht verloren gibt, anders beurteilt als das liebende Weib, das sie und ihre Geschichte schön beschreibt. Der Künstler selbst nennt später seine Kunst dieser Zeit etwas abständig. — Er wird Ehrenmitglied der Münchener Akademie und ist deswegen sehr froh. —

Wichtiger als all sein Glück ist, daß er mit dem Frühjahr 1851 wieder in Aachen auf dem Gerüst steht, denn es gilt, schnell noch ein Bild der Reihe für die Welt fertigzustellen, bevor die Nacht kommt; daß seine Fresken ihn ernst und entschlossen ansehen und ihn wieder in die alte Kunststimmung bringen zu wollen scheinen, daß er sich wieder fühlt und bekennt, eine bessere Ueberzeugung habe ihm weder Berlin noch München, wo er zum zweitenmal 1850 auf kurze Zeit war, beigebracht; er spricht seine Bilder als seine Kinder an und will jetzt vom geringsten Rechenschaft geben; als er wieder vor die Wände tritt, ruft ihm eine gewaltigere Macht — er meint Gott — ernst und fest zu, fortzufahren, wie er begonnen, er fühlt sich stark und fest! Es gilt, Karl den Sieger in das brennende Pavia einziehen zu lassen — sein letztes Monumentalwerk, ein Zeichen für ihn selbst, dem nunmehr der Eintritt in die Unsterblichkeit gewiß ist (S. 108, 109, 110). Wohl ist es ein jüngerer, stärkerer Rethel, dem hier von dem älteren, schwächeren zur äußeren Gestalt verholfen wird, aber — ist es die seelisch-sinnliche Spannung auf die nahe Hochzeit, von der die Brautbriefe glühende Zeugen sind, welche seine zerrissenen Nerven noch einmal anspannt? Zum letztenmal enthüllt sich die Persönlichkeit ganz frei und ganz groß, auch in dieser Zeit fügt er noch manches vom Eigenen in der Farbe, in der Frische der Darstellung zum Entwurf und Karton hinzu — wer von heldenhaft stürmender Unaufhaltsamkeit und Todesverachtung die größte Wirkung erfährt, wird die Spanische Schlacht für das größte Bild der Karlsreihe halten, wem das Fühlen der Menschenseele und ihre Gestaltung das Höchste ist, wird seine Liebe beim Einzug in Pavia beteiligen. Noch einmal ein echter Rethel ist das gewaltige Fresko. Der Meister war nie ein Meisterer der subtilen Empfindungen, verwickelter seelischer Zustände, des Traumhaften und all dessen, was die Seelenkunde das Unterbewußtsein nennt, wie ein Rossetti, ein Moreau; von neueren Künstlern hat er dort, wo er sich über ein modernes Empfinden, die Verhöhnung der Masse, ausspricht wie in seinem aktuellsten Werk, dem Totentanz, die meiste Aehnlichkeit mit Daumier: die Fratzen vor der Schenke, die sturmbewegte Masse vor der Tribüne, sind sie nicht ähnlich auf dem „Drama" von Daumier der Pariser Sammlung Viau, der „Volksbewegung auf der Straße" der Sammlung Rouart zu sehen? Etwas Urtümliches ist ihm eigenartig, dessentwegen er der Gestalter der Heldensage wurde, der Dichtungen einer Zeit, wo die Nervenstränge mehr Drahtgewinde waren und die Seelen nach der feinen lateinischen Unterscheidung von animus und anima sich mehr in letzter Bedeutung als Atem und lebendiger Hauch, denn als modernes Bewußtseinsempfinden betätigten. Ursprünglichkeit, Erstanfänglichkeit wie bei Millet, nur statt des Naturkosmischen das Menschlichheroische. Eine gewisse Brutalität auch, Nacktheit der ersten Empfindung: so betritt Karl Pavia, ein roher Held, die Mauerkrone fest auf der Faust und sie dem geschlagenen, gefangenen, gefesselten Langobardenkönig entgegenhaltend — sieh, wie machtlos du bist! Die Königin, die Dame, wird für nichts erachtet, kaum daß man ihr über das elende Los ihres Mannes und Volkes zu weinen erlaubt (S. 110). Als ziemlich genau tausend Jahre später unter einem deutschen Fürsten ein französischer bei Sedan besiegt und gefangen wird, behandelt man den Geschlagenen mit der Schonung und Ehrfurcht, die dem Unglück gebührt, und stellt ihm ein großes Schloß als Gefängnis zur Verfügung. Eine solche Kulturszene darzustellen wäre Rethel wohl kaum möglich gewesen. Er empfand nicht viel und nicht fein, eine gewisse Einfachheit haftet seinen Erfindungen, wie seiner Lebensführung, wie seiner Korrespondenz an; er fühlte nur wenig, dies aber gewaltig — genügend, um ein großer Mann zu sein.

Die Dejotarusgruppe wird man auf dem Heltorfer Fresko von 1833, dem Triumph Barbarossas über die Mailänder, wiedererkennen und auch bemerken, wieviel vorteilhafter im künstlerischen Sinne es ist, wieviel mehr Leben und Zug es in das Bild trägt, wenn der Sieger, der sich die Bewegung erlauben darf, nicht der

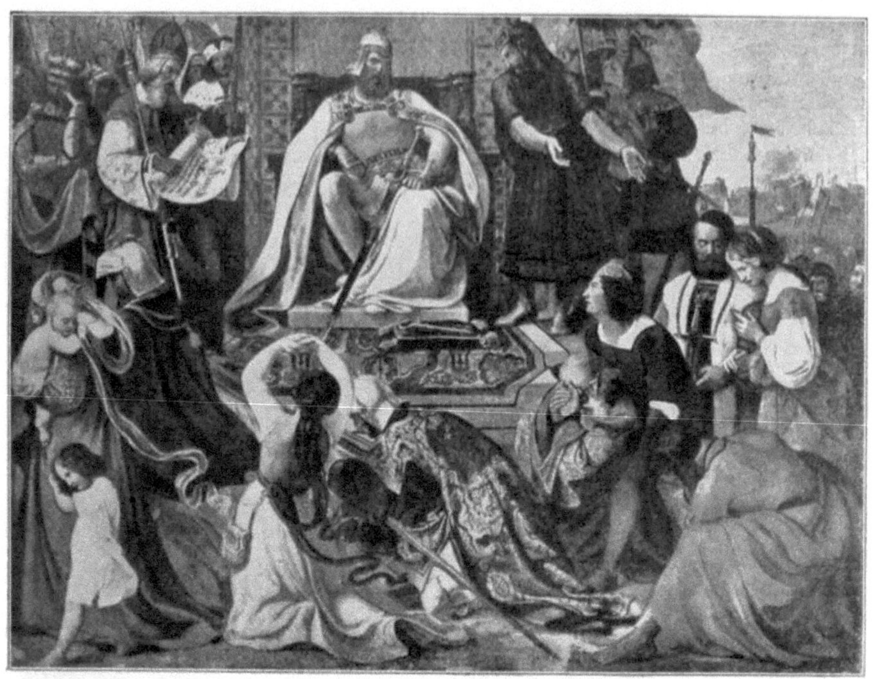

Mücke: Triumph Barbarossas über Mailand
Fresko im Schloß Heltorf bei Düsseldorf. 1833
Zum Vergleich mit Rethels: Einzug in Pavia. 1844

demütig schleichende Gefangene, auf dem Wege ist. Und wie man bei Rethel sieht,
daß er Mücke kennt und ihn verbessert, so kann man bei Schwind (S. LXII) feststellen,
daß er 1856 von Rethel weiß und ihn verschlechtert. — Aus den reichlich zu den
Karlsfresken beigegebenen Abbildungen wird man, fast ohne sich mit dem Texte be-
kanntzumachen, die künstlerische Geschichte der Werke ablesen können.

Er fängt mit einem neuen Gehilfen, Molitor aus Koblenz, frisch zu malen an —
aber bald kommen die alten Klagen wieder, stürmischer als zuvor, leidenschaftlicher
als jemals. Betäubend ist ihm die Arbeit, rauh und unfreundlich, und er verlangt,
ach sehr, davon erlöst zu sein. Er schafft an diesem in allen seinen Folgen freud-
losen Unternehmen mit Wut, die einzige Freude an der Arbeit ist die Hoffnung auf
baldiges Ende. In Eile soll das vierte Bild fertig werden, damit er nicht sobald
wieder, erst im Frühjahr 1853, zurückzukehren braucht und mittlerweile die baulichen
Aenderungen im Saale vollendet werden. Er erlebt es dann, daß dieses vierte Bild
das beste zu werden verspricht. Seine Briefe an die Braut, die aus dieser Zeit
anscheinend vollzählig vorliegen, sind Sturm und Glut, ein Gemisch von Tief-
sinnigkeit, Ruhesehnsucht, Sinnenverlangen, Qualen und Klagen. Die Trennung zu
kürzen kommt die Braut mit den Eltern zum Musikfest nach Aachen und bekennt,
staunend aufgesehen zu haben zu den geschaffenen Riesengestalten — ehrfürchtig
scheu an dem Schöpfer empor. Auch der alten verehrten Mutter kann er zum erstenn-
mal seine Werke zeigen und glaubt, sie dadurch für sich eingeweiht zu haben.

Er fängt an zu freveln: seltsame Gedanken steigen in ihm auf, diesen Auftrag
in seiner andern Hälfte für sich unschädlich zu machen, er, der in dem verflossenen
Streite nicht genug der Wände haben konnte und nur mit Schmerz die neunte Gewölbescheibe der Opposition geopfert hat ... Jetzt meint er zu empfinden, daß der Himmel
nicht helfend bei dem Werke sei, und es ist ihm wie eine Mahnung, daß er dieses
scheinbare Glück habe meiden müssen ... Jetzt scheint Gott ihm auszusprechen und
zu wollen, daß dieses Bild das letzte sei, das er persönlich hier male ...

Meine Kraft ist erloschen! Ich kann nicht mehr! Die Fortführung der Arbeit
will ich Ihnen übergeben ... (Müller läßt merkwürdigerweise diese Worte zu Kehren,
nicht zu Molitor gesprochen sein.)

Aus dem Grunde der Zeit und der Kunstgeschichte tönen die Klagen eines

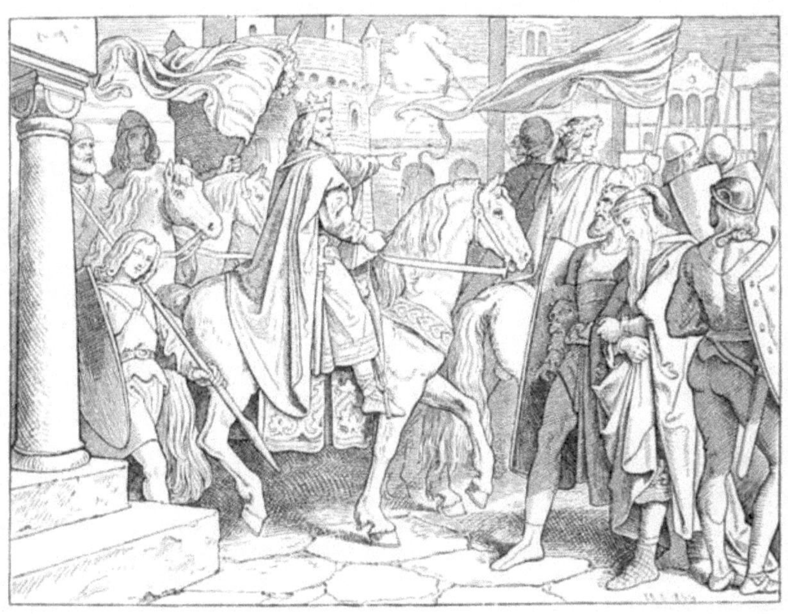

Schwind: Karls des Großen Einzug in Pavia. 1856.

Feuerbach, eines Marées herauf, Seufzer und bräutliches Liebesverlangen nach einer
Wand, in die sie die Fruchtbarkeit ihrer Seele ausmünden lassen könnten. Man gab
sie ihnen nicht — und Rethel will von den vier noch leeren Feldern davonlaufen ...

Das Schicksal, ungefragt, gab sein Gutachten in der Aachener Rathaus-
angelegenheit ab: nachdem vier der Gewölbescheiben von des Meisters Hand gefüllt
waren — die Zahl der anfänglich an den beiden Stirnseiten zur Verfügung stehenden Felder, welche auch die Opposition ihm gegönnt hatte —
nahm es ihm den Freskopinsel für immer aus der Hand; das Schicksal stellte sich
auf die Seite der Opposition: daß es besser gewesen wäre, die Südwand nicht zu
schließen, die Bürger nicht zu entzweien, den Maler nicht weiter mit einer Arbeit
zu quälen, der er nicht mehr gewachsen war; denn die übrigen Fresken werden das
angerichtete Unheil nicht wert sein. —

Von der Hauptecke des Saales, dem eigentlichen Arbeitsfelde Rethels, vom Raume und dem Größenverhältnis der jede etwa zwanzig Quadratmeter bedeckenden Fresken will die Nachbildung nach einem Aquarell (S. LXIV) eine Vorstellung vermitteln, welche auch noch in Schwarz-Weiß etwas von dem mächtigen Akkord architektonischer und zeichnerischer Linien, von dem farbigen Zusammenklang und der bunt-ernsten Weihe des Raumes ahnen läßt. —

Von diesem Augenblicke an ist die Geschichte Rethels nicht mehr die seines monumentalsten Werkes. In Rom 1852 auf 1853 fertigte er noch eine Skizze für die Umrahmung der Bilder an, in karolingischem Stile; der Entwurf scheint leider verloren, aber man fragt sich, ob nicht die neue Dekoration des Saales von Schaper, indem sie sich in gotischer Manier dem Baustil des Saales, der Architektur statt den Bildern, anpaßt, das Richtigere getroffen hat. Ebenfalls entsteht eine rein malerisch übrigens zu Rethels besten Werken zählende Farbenskizze von Wittekinds Taufe in Rom, nach welcher als einem wenn auch nur kleinen Original ich die Hauptabbildung des Werkes gegeben (S. 112), obgleich diese ohne Frage glückliche Arbeit für das Fresko Kehrens nicht benutzt worden ist, denn die Kommission hatte manches an Rethes Originalentwürfen zur Taufe auszusetzen.

1854. Man war sich darüber klar, daß in absehbarer Zeit an eine Wiederaufnahme der Arbeit durch Rethel nicht zu denken sei, und ging an die Erfüllung der im Vertrage vorgesehenen Bestimmung, daß im Falle des Todes oder dauernder Erkrankung des verpflichteten Malers einem andern tüchtigen Künstler die Beendigung des Werkes zu übertragen sei. Man einigte sich auf Rethels Gehilfen Josef Kehren. Eine in diesem Jahre abgehaltene Konferenz, in welcher Schadow das große Wort führte, kam zu dem Schlusse, daß die Rethelschen Bilder durch Temperaretusche, die bis jetzt zum Teil noch ganz fehlte, zum Teil nicht genügend angewandt worden sei, in sich und untereinander in größere Harmonie zu bringen seien. In das interessante Schriftstück, das diese Erkenntnis berichtet, hat der damalige Oberbürgermeister von Aachen handschriftlich eine wichtige Notiz eingetragen: er erinnere sich ganz genau der von Schadow gebrauchten Ausdrücke, die im mündlichen Vortrage viel schroffer und tadelnder gewesen seien als in diesem schriftlichen Bericht; die Kompositionen seien großartig zu nennen, aber das Kolorit sei in dem Grade mangelhaft, daß selbst wenn Professor Deger und der Maler Kehren die Gemälde retuschieren wollten, es dennoch nimmermehr zu einem vollendeten Zustande kommen würde. — Sind die Rethelfresken auch nicht, rein malerisch genommen, an den Werken einer Zeit zu messen, in der gute und üble Erfahrungen sich vom Meister zum Gesellen forterbten, auch nicht, immer und ausschließlich im malerischen Sinne, an den neuesten Wandgemälden Erlers im Wiesbadener Kurhause, so sind sie doch in jedem Falle eine viel größere malerische Tat, als was der schulgerechte Kehren nachher im selben Saale geschaffen hat, und Schadow und die Düsseldorfer Herren waren trotz amtlicher Berufung und Kommissionstüchtigkeit gewiß die letzten, denen ein Urteil über malerische Unzulänglichkeit zustand. Sie hatten kein Empfinden für das Eigentümliche des Fresko, der eingeborenen Mauerdekoration, in welcher Wand und Auftrag eine innige Verbindung eingehen und aus beiden ein, wörtlich, ortseingesessenes Ganze wird — die Farbe verliert etwas von ihrer Leuchtkraft und wird im Kalk gebleicht, der Kalkmörtel schaut aus der Farbe und ihren Teilchen als Wandbewurf, als erste Mauerbedeckung hervor; für sie war die Wand nur eine andre Gelegenheit als die Staffelei und der bespannte Leinwandrahmen für Oelmalerei, die der Wand selbst nicht die geringste Gelegenheit gibt, sich als Wand, als Mauer zu erkennen zu geben, so daß zwar eine Mauerdekoration, aber eben nicht d i e eigenartige Mauerdekoration

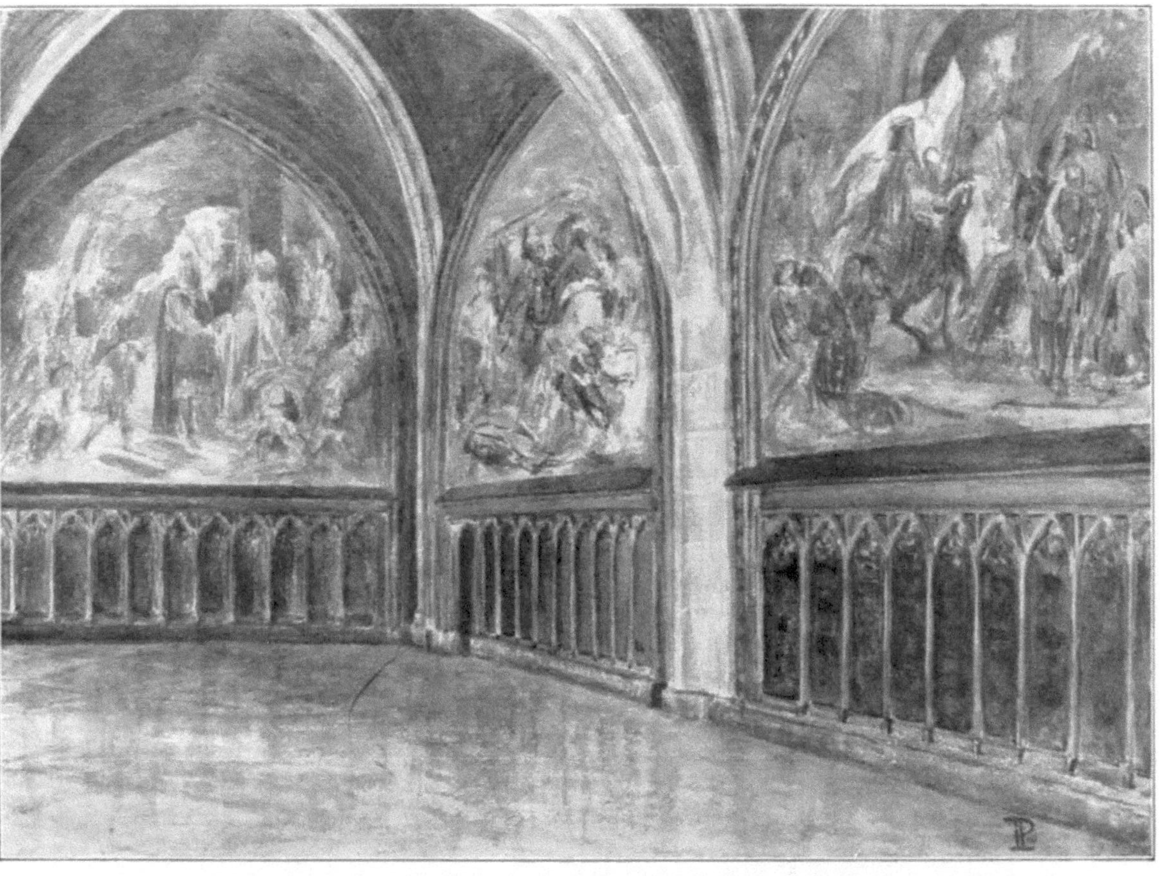

Ecke des Rathaussaales in Aachen mit den Fresken: Sturz der Irmensul, Schlacht von Cordova, Einzug in Pavia
Nach einem Aquarell von Julia Ponten

entsteht. Die Freskogründe in Oelmanier, die aufgesetzten Retusche in Oel-
material, so sind die vier noch ausstehenden Rethelschen Entwürfe ausgeführt
worden (S. 114, 116, 119), eine dunkle, speckige Oelmalerei auf der Wand. Das
Gefühl einer Notwendigkeit am Orte, auf der Mauer, erwecken sie nicht, und zur
Weihe des Raumes tragen sie nichts bei. Weil sie Oelbilder sind, möchte man sie
wie schlechte Oelgemälde vom Nagel nehmen und hinaustragen. Die geplante
Uebermalung der Originale Rethels im Kehren-Düsseldorfer Sinne unterblieb indes,
denn eine heftige Entrüstung machte sich in den damals angesehensten deutschen
Organen, der „Kölnischen Zeitung“ und der „Augsburger Allgemeinen“, laut; ins
Ausland klangen sie hinüber, wozu die in den Erläuterungen mitgeteilte Stimme der
Brüsseler „Indépendance Belge“ Beweis sein mag. Hermann Hettner, Rethels an-
geheirateter Verwandter, sagt 1859, er wisse aus sicherer Quelle, daß der Künstler
selbst beabsichtigte, nach Vollendung des Ganzen einzelnes zu retuschieren; daraus
folge aber nicht, daß es jetzt ein andrer tun dürfe.

Bis zum Jahre 1862 arbeitete Kehren in einer gewissen selbstlosen Weise daran,
die Gedanken seines Vorgängers auf die Wand zu bringen. Seine Arbeit, ihre bunte
süßliche Farbengebung scheint denn auch im Gegensatz zu den herben, wandgerechten,
mörtelrauhen Rethelschen Fresken großes Wohlgefallen der Bürger ausgelöst zu haben,
und noch heute erlebt man es im Saale, daß ein von keiner Kunstgeschichte beschwertes
Publikum, dem die Namen Rethel und Kehren gleich unbekannt sind, der gefälligen
Sprache des Spießbürgers Kehren lieber und verständnisinniger lauscht als dem Brausen
des so fremden, so unheimlichen Genies Alfred Rethel. Freilich verdient auch Rethels
Anteil an den letzten Fresken eine geringere Wertung: soweit die Entwürfe seinem
ersten Plane angehören, wie Die Taufe Wittekinds (S. 113), Die Krönung Karls (S. 115)
und die Ludwigs (S. 118), ist er zu tadeln, daß er, seine eigentümliche Begabung
mißachtend, undramatische Aufgaben wählte; nur dem letzten Bilde, der Krönung
Ludwigs (S. 119), wohnt trotz der Ruinenhaftigkeit der äußeren Gestalt ein großer
Zug, eine gebundene Dramatik inne. Der Münsterbau (S. 116, 117) aber ist ihm von
religiösem Uebereifer, der Karl lieber als kirchenbauenden Diener der Papstkirche, denn
als leitenden Herrn einer Landeskirche dargestellt sehen wollte, abgepreßt und natür-
licherweise und verdientermaßen das unbedeutendste, ein beinahe schwächlich-komisches
Bild geworden: Karl, der eigenhändig wie ein Maurerpolier mit dem Lote prüft, ob
die Steinhauer den Schlag winkelrecht um den Block herumgeführt haben, und die
roten Kardinäle, die mit dem päpstlichen Geschenke der berühmten ravennatischen
Säulen so unvermutet auf dem Bauplatze eintreffen, wie es nicht einmal ein Händler
mit Baumaterialien tun würde! Obgleich Rethel selbst in seiner Wut gegen seine
Vaterstadt, schon halb umdunkelt, in einem seiner letzten Briefe aus Rom vom Aachener
stinkenden Dreck spricht, so scheint er doch einen großen Respekt vor der geistlichen
Opposition gehabt zu haben, denn er verspricht sich von der Taufe Wittekinds (S. 112)
bei der Ausarbeitung des Kartons einen besonderen Eindruck auf die Aachener Katho-
liken wegen des taufenden Bischofs und des Kreuzträgers, der ein alter Mönch mit
weißem Barte sei und ein goldenes Kreuz auf der Brust trage. Was eine etwaige
Anlehnung an ein Vorbild für die Krönung Karls in Rom (S. 114, 115) angelt, wie sie
für das Cordova- und Paviafresko dargetan wurde, so machte mich Max Schmid auf
einen französischen Kupferstich des Reiffmuseums in Aachen aufmerksam, auf dem der
Ort, die Baulichkeiten und die perspektivische Flucht der Petersbasilika allerdings eine
überraschende Aehnlichkeit mit dem Fresko hat; da aber die Wahrscheinlichkeit, daß
Rethel den Stich gekannt habe, nicht so einleuchtend ist wie seine Bekanntschaft mit
dem während seiner Akademiejahre entstandenen Düsseldorfer Freskenwerke in Heltorf,

wie auch, da er in der Erläuterungsschrift zu den Fresken ausdrücklich seine architek-
tonischen Quellen nennt und in Rom in den bewunderten Basiliken Ortsstudien
gemacht haben will, so muß es unentschieden bleiben, ob nicht eine auch in der Natur-
kunde bekannte Herausbildung zweier unabhängiger gleicher Formen an getrennten
Orten vorliegt.

Aeußerlich und innerlich also, an Leib und Seele gewissermaßen eine Ruine,
gehen die Fresken noch schlimmeren Geschicken entgegen, die man nicht vergessen
darf, wenn man aus den Wandbildern einen Maßstab für das Urteil über den
Meister herstellen will. Die technischen Mängel und Kalamitäten, die schon den
Besuch Ottos im Grabe unter dem Pinsel des Meisters ruinierten, sind genannt worden.
Schon in den sechziger Jahren mußte etwas Neues zur Erhaltung des Bildes getan
werden, und Andreas Müller wurde mit Oelwachs auf das Fresko losgelassen, so daß
es heute mit Ausnahme der von Müller verschonten Fackel wie eins der Kehrenschen
Oelwandbilder aussieht, für die auch Kehren sich des Oelwachses bedient hat (S. 93).
Das von Rethel nicht in der rechten Mischung gebrauchte Bindemittel für die Retusche,
war es nun Eigelb, Eiklar oder die von Steinle empfohlene Hausenblase, erfuhr eine
Verwesung des organischen Teiles, die Farbschüppchen blätterten ab oder rollten sich,
vielleicht durch die Zusammenziehung der von Steinle gerühmten hornigen Gallerte,
unter Beschädigung des Freskogrundes auf und wurden in der bei schadhaften Oel-
bildern üblichen Art mit einem heißen Eisen, ohne Erfolg natürlich, angedrückt.
Heftige Witterungswechsel, der Kohlenstaub der Industrie, der große Brand des Aachener
Rathauses von 1883 mit seinen Mauerbewegungen und aufgepumpten Wassermassen
schienen einen Auftrag vom erzürnten Geschick zur vollkommenen Ausrottung der
Fresken zu haben. Was die Väter am Maler gesündigt, machten die Söhne an den
Malereien wieder gut: eine ernste Sorge und Opferwilligkeit wurde für die Erhaltung
der Fresken bekundet, die sich denn doch, wie alles Große und Wahre, im Laufe der
Zeit trotz Schadow und Kaulbach, trotz Düsseldorferei und Philistersentimentalität
behauptet und durchgesetzt haben; ein mühseliges Festigungsverfahren durch die Düsseldorfer Fritz und Paul Gerhardt wurde angewandt, wobei kein Farbtopf gesehen und kein
Pinsel bewegt wurde, und bis heute, seit 13 Jahren, ist der Erfolg dieser Unternehmung
günstig gewesen; es scheint, als ob nunmehr die wechselvolle Geschichte der Fresken
zum Stillstand gekommen sei, die in aller Ruinenhaftigkeit in ihnen tätigen Werte in
das Bewußtsein der Nachwelt eingehen und dort lebendig wirkend ihre künstlerische
Ewigkeitsruhe finden. —

Vorher aber sollten sie noch ein Opfer verlangen, es hieß — Alfred Rethel. Es
war, als ob die ungebärdigen Riesenkinder des Vatermords mit seinen Aufregungen
und Schrecknissen bedurft hätten, ehe sie sich in Ruhe bescheiden konnten. Durch das
jahrelange Warten erregt, durch die Aachener Widerstände gereizt, durch die Freskoarbeit, die selbst ein Michelangelo ermüdet als eine Malerei für Männer bezeichnet,
erschöpft, durch die bevorstehende Heirat gespannt, suchen die armen Nerven des
Künstlers Erholung ausgerechnet im kräftigen Wellenschlage der Nordsee. Rethel eilt
nach Vollendung des Paviafreskos Herbst 1851 nach Blankenberghe bei Ostende, einem
Ort, der auch heute noch das sommerliche Seebad der Aachener Bürger ist. 14 Tage,
eine überspannte Kur von zwei Bädern täglich, zuerst in seines Bruders Otto Gesellschaft, nachher in gänzlicher Einsamkeit — so vertraut er, wie er sagt, dem rauhen und
noch neuen Freunde seinen kranken Leib und sein glühendes Herz an und glaubt, daß
der kalte Ozean die Glut seiner Leidenschaft eher anblase als kühle. Nicht an sich zu
halten vermag er, von der Pflicht erlöst, den Jubel über sein bräutliches Glück, rennt
morgens hinaus an den Strand und redet laut von Marie Grahl. Er brennt wie ein Feuer

hier draußen fast am Rande der ihm bekannten Welt, und in dem glühenden Schwall seiner Briefe blitzt da und dort noch einmal der Geist auf und zeitigt einige der bildstarken Wendungen aus der Jugendzeit. Der sie schreibt ist ein Geist in Auflösung, über jede Fessel der Mäßigung und der Grammatik brechen die leidenschaftlichen Worte aus — ein Haus stürzt mit Krachen zur Erde. Wenn er aber mit Ruhe denken kann, kommt eignéres Gefühl zum Vorschein: die alte Mutter erhält eine Klage von seiner Trauer und Mutlosigkeit; er ist voller Melancholie und kann sich im Himmel und auf Erden nicht mehr zurechtfinden. Einige Blätter (S. 157, 158), besonders die Boote auf der Reede in dem typischen zeichnerischen Stil dieser Jahre, zeugen künstlerisch vom Aufenthalt an der See. Die neué Freundschaft der Weltwasser, glaubt er, ist ihm gut bekommen, und vor Ende des Monats reist er ab. Brügge mit seinen Memlings hält ihn auf, Aachen nur so lange, um den Koffer zu packen, und über Düsseldorf eilt er zur Braut, in deren hochzeitlich geöffneten Armen er am 17. Oktober die Ruhe findet.

Nur Ruhe verlangt er. Nach Heim und Frieden hat er sich so sehr gesehnt und schon früher bekannt, daß ihm sein abenteuerliches Umherirren in der Welt ohne festen Wohnsitz zuwider sei, daß die Vermählten nicht reisen; im oberen Stockwerk des weiten großelterlichen Hauses haben sie sich ein behagliches Quartier eingerichtet. Er nennt es den dritten Himmel.

Aber das Schicksal scheint ihn bis zur Erschöpfung hetzen zu wollen. War es gereizt durch seinen Frevel vor den Fresken? Wollte es ihm bedeuten, daß ein Künstler nur Erzeuger geistiger Werte, nicht auch Mensch mit leiblichen Ansprüchen sei? Denn von Nietzsches starker Art, die nur mit Blut Geschriebenes liebt, ist Rethel nicht. Wenige Tage nach der Hochzeit streckt sich die junge Frau aufs Krankenbett, Typhus und Nervenfieber, der Tod naht, ohne sich entscheiden zu können, Besserung und dann mehrmalige Rückfälle — so geht es durch den ganzen Winter; er glaubt, nie eine so strenge Kälte erlebt zu haben, Menschen kommen um in den Schneestürmen, in die er vom Fenster seines einsamen Zimmers sehen kann; denn man hat ihn von der Frau getrennt, sie kann seinen Anblick nicht ertragen und nur auf eine Viertelstunde darf er den Tag das Krankenzimmer betreten. Er fühlt sich auf die Straße gesetzt, die notwendigen Unzuträglichkeiten des gemeinsamen Lebens mit den Schwiegereltern stellen sich ein, er hat zu der damals im Schwange stehenden Homöopathie, mit der die Kranke behandelt wird, kein Vertrauen, er fürchtet für die feineren geistigen Beziehungen zu seiner Frau, wenn sie aus den lieben und bequemen Verhältnissen des Vaterhauses entführt werde, denn er ist entschlossen, sich unabhängig von den Schwiegereltern zu machen und bei Otto in Aachen, offenbar im Zusammenhange mit dem geplanten Holzschnittunternehmen, sich niederzulassen. Dazwischen zweifelt er bald an einer gerechten Weltordnung, bald ist er pietistisch, läuft umher, den passenden Kanzelredner zu finden, bringt alles und jedes in Beziehung zu Christo und einer Vergeltung, macht sich Gewissensvorwürfe, braucht für kleine Sünden große Worte, nach denen man ihn, wenn man ihn nicht kännte, für einen Tunichtgut und Totschläger halten könnte, und all sein Jammer sei verdient, seine Qual gerecht. Der schon lange fassungslose Stil seiner Briefe wird stolpernd, fast torkelnd, keinen Satzbau gibt es mehr und keine sinngemäßen Zeichen, und alles fällt durcheinander. Die erschreckte Mutter schreibt an den Rand eines Briefes die Hoffnung nieder, daß doch Alfreds Gemütsleiden nicht wiederkehre! Wichtig ist, daß er in der Arbeit Zerstreuung findet; er behauptet wie ein Kapuziner zu leben und stark zu schaffen. Die religiösen Entwürfe wie das Lutherbild (S. 113—115) und bedenklich allegorisch gehaltene Ideen mögen dieser Zeit angehören. Vielleicht auch die besten

Blätter aus dem Saulus-Paulus-Kreis, der Gestaltung eines echt Rethelschen Helden wie Saulus gewidmet. Bei der Steinigung des Stephanus (S. 140) sind dumme Pfahl-bürger aus dem Totentanz und Eiferer der Rechtgläubigkeit zugegen; als habe er sich rächen wollen für geistliche Unbilden, so zeichnet er diese fanatischen Fratzen, und in dem Streit der Künste und Wissenschaften (S. 151) ist die Theologie am dreistesten. Saulus wie Paulus aber ist ein Dämon, und unheimliche, fremdirdische Wesen sind auch die Pferde, das, von dem Saulus gestürzt (S. 139), von dem der Fahnenträger sich geschwungen (S. 145).

Im Frühjahr 1852 genest die Frau, er feiert das Ereignis in einem allegorischen Blatte (S. 166) — nun gibt er sich in ärztliche Behandlung. Er selbst nennt jetzt sein Gemüt reizbar, sucht einen Nervenarzt in Köln auf, reist auch nach Aachen, um seine Bilder noch einmal zu sehen, als ahne er, daß er Abschied von ihnen nehmen müsse, denkt jedoch auch an Wiederaufnahme der Arbeit — und berichtet von alledem in einem Briefe, der nur mehr ein erbarmungswürdiges geschriebenes Gestammel ist. Im Sommer in Dresden auf dem großelterlichen Landsitz vor der Stadt erholt sich sein Geist ein wenig, und von neuem strengt er ihn durch Arbeit für Aachen an, vollendet den Karton zur Taufe Wittekinds, den letzten der fünf, die in der Berliner Nationalgalerie von ihm zeugen. Auch die Verhandlungen mit dem Bibliographischen Institut fallen in diese Zeit. Das junge Paar soll zur Erholung für den Winter nach Rom.

Wie zwei Kinder reisen die beiden, glücklich, ahnungslos und von geriebenen Italienern betrogen über den Splügen, Mailand, Spezia, Pisa. Schön berichtet das Schriftchen von Marie Rethel über die kleinen Abenteuer der Reise, aber von Rethels Krankheit scheint sie nichts zu wissen. Dafür sei ein unbestochener und erfahrenerer Zeuge gehört, Friedrich Pecht, der das Paar in Florenz trifft. Rethel ist in sich gekehrt, oft total geistesabwesend. Manchmal, mitten in der traulichsten Unterhaltung, senkt es sich plötzlich wie ein unsichtbarer Vorhang vor sein Bewußtsein, das Wort bleibt halb gesprochen im Munde stecken und vollkommen stumpf starrt er ins Leere. Und Klagen über Aachen. — In Rom wohnen sie in den deutschen Gebäulichkeiten auf dem Kapitol, dann im heutigen Fremdenviertel oberhalb der Piazza del Tritone. Sie leben hier wie man nur in Rom leben kann, wie vor und nach ihnen viele in Rom lebten: zwei Fenster hat das Zimmer, vor dem einen ist die Künstlerwerkstatt, ein Stuhl die Staffelei, der Ofenschirm das Malbrett, vor dem andern ist der Raum der Hausfrau, bestehend aus Schreibtisch und Sofaecke (S. 165), denn die andre Hälfte des Sofas gehört bereits zum Wohnzimmer, der Kamin zwischen den beiden Fenstern ist die Küche; Makkaroni, patate alla podella, broccoli, ein halbes Huhn ... schön hält sich im strohumflochtenen Fiasko mit Oel bedeckt der rote Chianti, der weiße Wein von Monte rotondo ... ein Kind kommt im Frühjahr zur Welt ... auch künstlerisch wird etwas geschafft: die Farbskizze zur Taufe Wittekinds (S. 112), der Entwurf zur Umrahmung der Fresken, und der Hannibal auf Grund des mitgeteilten elenden Briefes von Kaulbach verdorben (S. 81, 83); auch kleine Sächelchen von persönlichem Reiz: die schreibende Frau (S. 165), die das Haar durch die Krankheit verloren hat, wovon schon eine in Dresden gefertigte Zeichnung berichtet (S. 165), worauf der Künstler sich, die Frau und Schwiegermutter zeichnet; für letztere wird das Drama von Marie Rethel: Alfred der Große — war die Ueberschrift eine Galanterie der jungen Frau? — mit Zeichnungen wertvoll gemacht (S. 168) und für den Großvater Oppenheim auf Visitenkarten das hohe und gemeine Volk des Kartenspieles aquarelliert (S. 173, 174), die romantische Gesellschaft der Kreuzer, die konventionellen hohen Herrschaften der Rauten, die He zen mit ihrer kleinen Liebesgeschichte und das traurige Geschick des

drolligdicken Pickkönigs, der natürlich von seiner mageren Frau und dem frechen
Schalksnarren entsprechend betrogen wird. Auch zu dem schönen Blatt voll edler
Größe, Frauenlobs Tod, entsteht die dritte, beste Fassung (S. 170); die erste (S. 16)
zeigt ein verwirrendes Durcheinander von Figuren, die zweite (S. 65) bildet weise die
Ruhe in Bewegung um, die dritte erhöht die schönen Frauen, veredelt die Haltung ihres
Körpers und ihres Schmerzes. Auch für die Kenntnis von Rethels mit den Jahren
sich entwickelndem zeichnerischem Stil ist die Vergleichung der drei Blätter von Wert.

Wenn man aufmerksam
den Bilderteil durch-
blättert und die Zeich-
nungen Jahr für Jahr ver-
folgt, beobachtet man,
wie der zage, peinliche
Schulstrich der Düssel-
dorfer Jahre sich erst in
der Frankfurter Zeit in
bestimmtere markigere
Linien verwandelt. Be-
sonders an den Studien
und Kartons zu den
Aachener Fresken von
der Mitte der vierziger
bis in den Anfang der
fünfziger Jahre ent-
wickelt sich allmählich
eine ebenso einfache
wie großartige zeich-
nerische Art, parallele
Strichlagen voll Leben
und Plastik. Eine Art
Formel für die Stil-
wandlung während der
zwölf Jahre zwischen
1830 und 1852 bilde
ich auf S. 113 ab. Man
wird darum auch nicht
der Witwe des Künstlers
beistimmen, welche be-
dauert, daß Rethel dort
in Rom mit einem japa-
nischen Tuschepinsel,

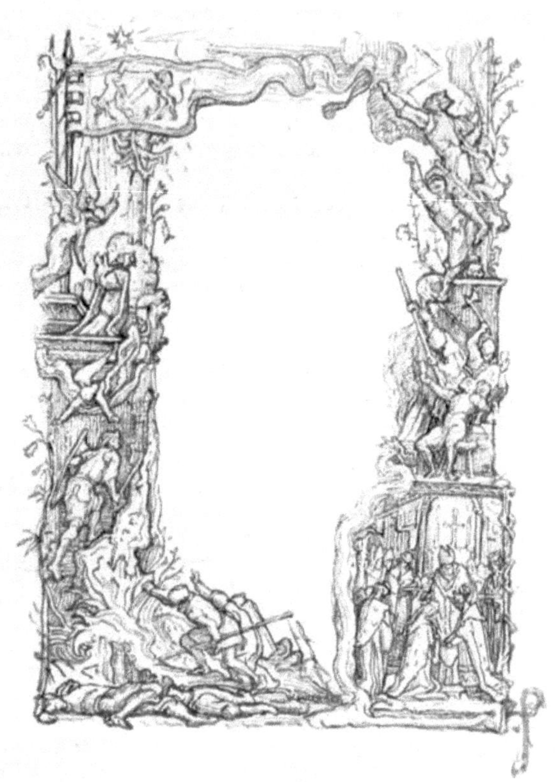

Symbolische Umrahmung
Um 1852

der ihm sehr gerecht schien, das Theodosiusblatt verdorben habe (S. 169). So
wichtig schien mir die stilistische Aenderung, daß ich das Blatt nicht beim Jahre 1839,
wo es entstand, sondern erst beim Jahre 1852, wo es verändert wurde, abgebildet habe.
Denn dieser knorrige Stil, diese wuchtige, modellierende Art der Linienführung, ist nicht
das Werk des zufällig ergriffenen Tuschepinsels, sondern der echte Ausdruck seines persönlichen, weltabgewandten, menschenverachtenden Fühlens in dieser Zeit. Die edle
Linie der Kartons zu den Fresken, ihre ruhige und doch bestimmte Bewußtheit gibt's
nicht mehr, aber wenn sie im landläufigen Sinne nicht mehr schön genannt wird, so ist

sie um nichts häßlich oder verdorben, weil sie wahr ist und einem seelischen Zustand entspricht. Was ist Stil anders als wahre, entsprechende, sichtbare Zeichen inneren ungewöhnlichen Lebens der Auserwählten. Man kann nicht sagen, daß der gotische plastische Stil in seiner Entwicklung von den aristokratisch schlanken, von edeln Kleidern umgebenen Damen etwa des Straßburger Münsters bis zu den derb-barocken, pastosen Madonnen-Bürgersfrauen eines Veit Stoß unschön wurde, denn wenn anders er Stil war, war er schön; und Stil war er, denn er war der Ausdruck einer Zeit, in welcher die Bürger die Bedeutung gewannen, welche die Burgen verloren. Sind nicht die wie gemeißelt aussehenden Fratzen etwa des Jahreswechsels (S. 176) unmittelbar so in Rethels zorniger Seele gedacht, wie sein Stift sie verhöhnt, die Plebs seit den Sturmjahren, die guten Bürger seit der Aachener Misere? Die innere Wahrheit ist so sehr eins mit der Schönheit, daß die Kunst, deren schöner Schein äußerlich soviel trügt, aufhört Kunst zu sein, sobald sie nicht mehr innere Wahrheit ist. Der echte Künstler kann nicht ohne den Schein, aber er kann auch nicht lügen; indem er die Wirklichkeit in persönlich gemalten Trugbildern zeigt, spricht er eine höhere, erschütterndere, allgemeinere Wahrheit der Menschen aus als die grobe, sinnliche von Ort und Augenblick.

Von der Zeit an, wo Rethel er selbst ist, gegen Ende der dreißiger Jahre, ist sein zeichnerischer Stil im allgemeinen so bestimmt, daß danach ein geübtes Auge mit ziemlicher Wahrscheinlichkeit die oft schwierige Datierung der Zeichnungen vornehmen kann und sofort zum Beispiel die irrige Zuweisung der Mantelstudie Nr. 16 des Katalogs der Handzeichnungen in der Berliner Nationalgalerie zu Maximilian II. statt zu Karl im Grabe bemerken wird.


# Die Nacht 1853—1859

Rethels in Rom sind nicht wohlbestellt. Zwar fühlen sie sich sehr behaglich in der Gesellschaft der Künstler, die ebensolche Zigeuner sind wie sie, aber das Klima, die weiche Luft, der Scirocco, schlechte Wahl der Ärzte, alles ist der Krankheit des Mannes nicht zuträglich. Im Frühjahr holt der Schwiegervater das wunderliche Paar ab, denn der Künstler ist beinahe so hilflos geworden wie das Kind, das ihm eben geboren ist. Noch immer weiß die Schrift der Witwe nichts Entsprechendes von der Krankheit, aber als ob das Schicksal, das dem Meister so unhold war, selbst Wert auf Beschaffung einer genaueren geschichtlichen Quelle für die Zukunft legte, schickt es den Rethelschen wieder den Friedrich Pecht entgegen, diesmal in Venedig. Fast immer geistesabwesend, wild phantasierend, stumpfsinnig brütend lebt Rethel; doch als ihm Pecht an einem stürmischen Apriltag auf dem Markusplatz entgegentritt, erkennt er den Schriftsteller noch und streckt ihm die Hand entgegen; aber der andre sieht, daß der Geist und die hohe Leidenschaft Rethels für immer erloschen sind. Man läßt die junge Mutter mit dem Kinde nicht bei dem irren Vater, er wird nach Düsseldorf in die Pflege seiner Mutter und Schwester gebracht. Das ist 1853. Dort lebt der zum Kinde unnatürlich zurückgebildete Mann noch sechs Jahre. Eine liebe Beschäftigung ist ihm, der das größte, ein Riesenbilderbuch deutscher Geschichte gemalt, in Bilderbüchern für Kinder zu blättern. Am 1. Dezember 1859 ist alles zu Ende.

Als die Nacht 1853 auf den Sechsunddreißigjährigen herabzusinken begann, war das früher Abend oder vollendeter Tag? Hat man Grund zu klagen über das blinde, törichte Geschick und zu berechnen, was er bei längerem Leben hätte leisten können? War Alfred Rethel denn schon Rethel? Fünfunddreißigjährig, 1850 erst malte Menzel

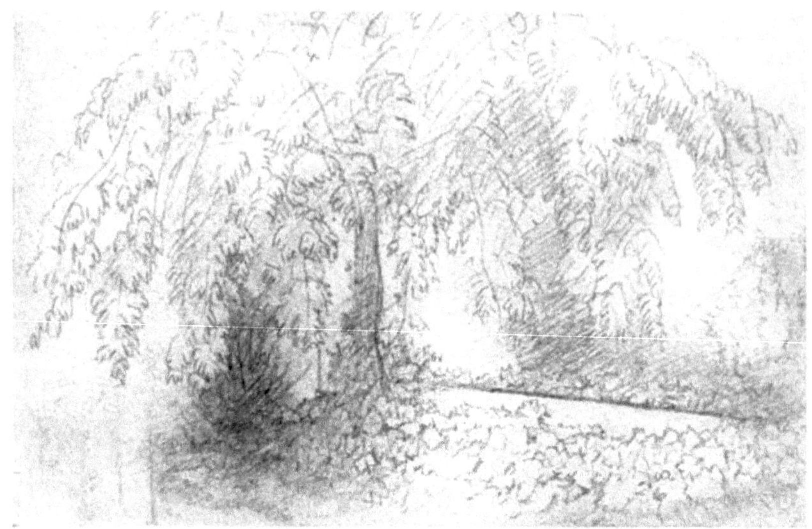

Rethels Grab in Düsseldorf.  Zeichner unbekannt

Friedrichs Tafelrunde, siebenunddreißigjährig Arnold Böcklin den ersten eigentlichen „Böcklin", die Villa am Meer von 1864, vierunddreißigjährig Leibl sein erstes ganz persönliches Werk, die Dorfpolitiker. Erst nach Rethels Tode wurde, um einen Kleineren zu nennen, sein Jugend- und Studiengenosse Andreas Achenbach der eigentliche Seemaler, als den man ihn kennt. Der fünfunddreißigjährige Ibsen erst schrieb den ersten „Ibsen", die Kronprätendenten. Wer war 1852 der ein Jahr als Rethel ältere Bismarck? Gesandtschaftssekretär in Frankfurt, ein begabter feuriger Mann, keineswegs „Bismarck". Freilich, Mozart hinterließ fünfunddreißigjährig seine ganze klingende Botschaft der Welt. Es ist zwecklos, hinter der Tatsache nach Möglichkeiten zu suchen; die Wucht des Geschehenen siegt, und wenn es tot noch da ist und Spätergeborenen lebendig bleibt, so nennt man das Geschehene mit einem Ehrennamen, Majestätsbegriff: Geschichte. —

Rethels Geschichte ist nicht die seines Ruhmes. Fast gesondert von jener muß man diese schreiben, jedenfalls nach jener. Durch seine einzelnen Erfolge auf Ausstellungen war er einzelnen näher bekannt geworden, und eine günstige Zeitungskritik hat wenig zu sagen. Durch den Aachener Wettbewerb wurde er ein rheinischer, durch den Totentanz ein deutscher Künstler. Aber der Tageserfolg von 1849 mag nicht lange vorgehalten haben. Der Karthagerzug zum Beispiel, den er nicht veröffentlicht hat, ist bei Lebzeiten seines Geistes nur bewundernden Freunden bekannt geworden. In den Nachrichten des Städelschen Instituts, dessen Angehöriger er gewesen, wird bis 1879 nur der Ankauf einer einzigen seiner Zeichnungen erwähnt, während zahlreiche der Veit und Steinle erworben werden. Bei der Uebersiedlung des Instituts in den Neubau 1877 muß sein Probefresko Der Schutzengel (S. 92) als Versuchsstück für die Uebertragung der Veitschen Einführung des Christentums dienen. 1857, während er noch, wenn auch als kranker Mann, lebt, ist der Allerberufenste nicht vertreten auf der Ausstellung historischer Kartons in Meiningen, wo neben bekannten Namen wie Cornelius, Kaulbach, Schnorr, Deger, Schwind auch Schraudolph, Folz, Stilke, Hauschild zu finden sind. Ja im selben Jahre muß Wilhelm Lübke an einem Buche des jungen, später so bekannten Kunstschriftstellers Springer über die Kunst der Gegenwart rügen, daß er Rethel vergessen hat. Im Jahre 1858 findet die Deutsche Allgemeine und Historische Kunstausstellung in München statt, auf der der Karthagerzug und einige der Kartons zu den Fresken weiteren Kreisen bekannt werden und erstaunte Gesichter machen. Bald darauf geschieht dasselbe in Brüssel.

Rethels Tod 1859 rief eine Reihe von Aeußerungen hervor, darunter den ausgezeichneten Aufsatz von Hermann Hettner, dann 1860 einen 1882 nochmals in einem Buche erschienenen Artikel von F. Th. Vischer, der vielleicht zuerst, schon 1841, Rethels große Bedeutung erkannt hat. 1861 auf der Kunstausstellung in Köln war eine Reihe bis dahin ungesehener Blätter ausgestellt — man sieht, daß man sich die Daten für Rethels Berühmtheit mühsam genug zusammenholen muß. In den nächsten Jahrzehnten wird es in den Kunstgeschichten lebendiger von ihm, doch wenn auch nicht mehr der grobe Springersche Verstoß vorkommt, so hat er doch noch immer entweder unter dem Vorrang eines Lessing oder auch nur durch den Vergleich mit einem Bendemann, Hübner u. a. zu leiden. Mehr und mehr aber erlöschen die Modefeuer neben dem sieghaften Glanze des Echten, wofür ein sprechender Beweis Rebers Kunstgeschichte ist, deren erste Auflage 1876 Rethel neben Lessing nennt, deren

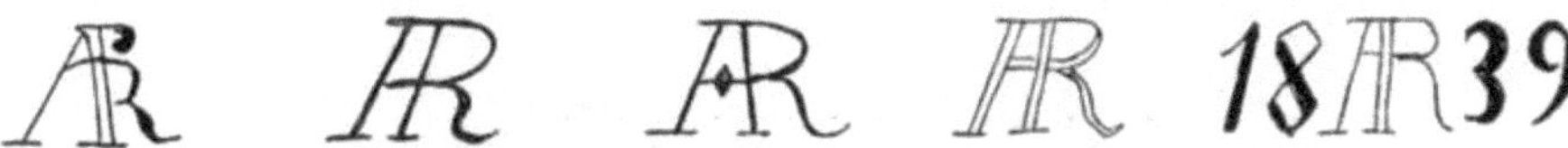

Rethels Monogramme (zum Teil nach Nagler: Monogrammisten)

zweite von 1884 bereits richtigere Maßstäbe findet. Friedrich Pecht schreibt 1879 treffend über den Meister. 1876 veranstaltet Max Jordan in der Berliner Nationalgalerie eine breit angelegte, 1888 das Freie Hochstift in Frankfurt eine ziemlich umfassende Ausstellung Rethelscher Werke; infolge der Berliner Ausstellung erscheint das große teure Tafelwerk der Photographischen Gesellschaft in Berlin: der Nachlaß Alfred Rethels. Mittlerweile war auch der Karthagerzug von der Gesellschaft für vervielfältigende Kunst in Wien in Holzschnitten aus der Werkstatt von Brückner herausgegeben worden. 1861 hat Müller von Königswinter ein unkritisches, durch persönliche Daten interessantes Büchlein über den verstorbenen Freund geschrieben, 1892 Valentin ein im ganzen unbrauchbares Werkchen. In den neueren Kunstgeschichten wird mehr und mehr der Rethel gebührende Raum durch Schmälerung des den Cornelius, Kaulbach, Lessing u. a. zugedachten gewonnen. Ein Muther etwa, der mit der Düsseldorferei scharf ins Gericht geht, flicht ihm einen Lorbeerkranz. Das Beste und Tiefste über Rethel schrieb nach meiner Meinung Cornelius Gurlitt 1907. Die erste gründlichere Einzeldarstellung Rethels gab 1898 Max Schmid heraus, ein frischgeschriebenes, populär gehaltenes Buch, das nicht wenig zur Verbreitung des Wissens von dem auch heute noch in weiten Kreisen zugunsten der geringeren Cornelius und Kaulbach wenig bekannten Rethel beigetragen hat. Den Hauptmangel des Buches, der in den unzulänglichen Abbildungen liegt, den man heute besonders stark empfindet, wo richtiger Sinn den Schwerpunkt des Kunstunterrichtes in die lebendige Anschauung verlegt, will das vorliegende Werk abstellen. Es ist zugleich die erste zusammenfassende und kritische Darstellung des genialen jungen Meisters, der, vor mehr als einem halben

Jahrhundert den Achillestod gestorben, heute erst anfängt, im deutschen Volke lebendig,
trotz aller Aesthetiken und Moden im guten, ewigen Sinn m o d e r n zu werden. Viele
seiner Schöpfungen sind allzu zeitlich bedingt und verfehlt und hängen schwach oder
gar tot in seinem Werk. Wenn auch sie angeführt werden in diesem Buche, das
einen Ueberblick über das Rethelsche Schaffen, über Geniales und Verunglücktes, geben
und die Gesamtsumme aus seinen Taten ziehen will, so heißt das nicht Leichen mit-
schleppen oder toten Körpern künstlich Leben machen, sondern das erdschwere und
himmelnahe G a n z e von Zeit und Künstler, Mensch und Werk mit Schuld und Größe,
Sünden, Gebrechen und Heldentaten schildern. I m a l l g e m e i n e n ist versucht worden,
durch das Größenverhältnis der Abbildungen ein Werturteil über die Werke auszu-
drücken, der Zukunft zugleich ein Zeugnis dafür, wie unsrer Gegenwart diese Vergangenheit erschienen ist.

---

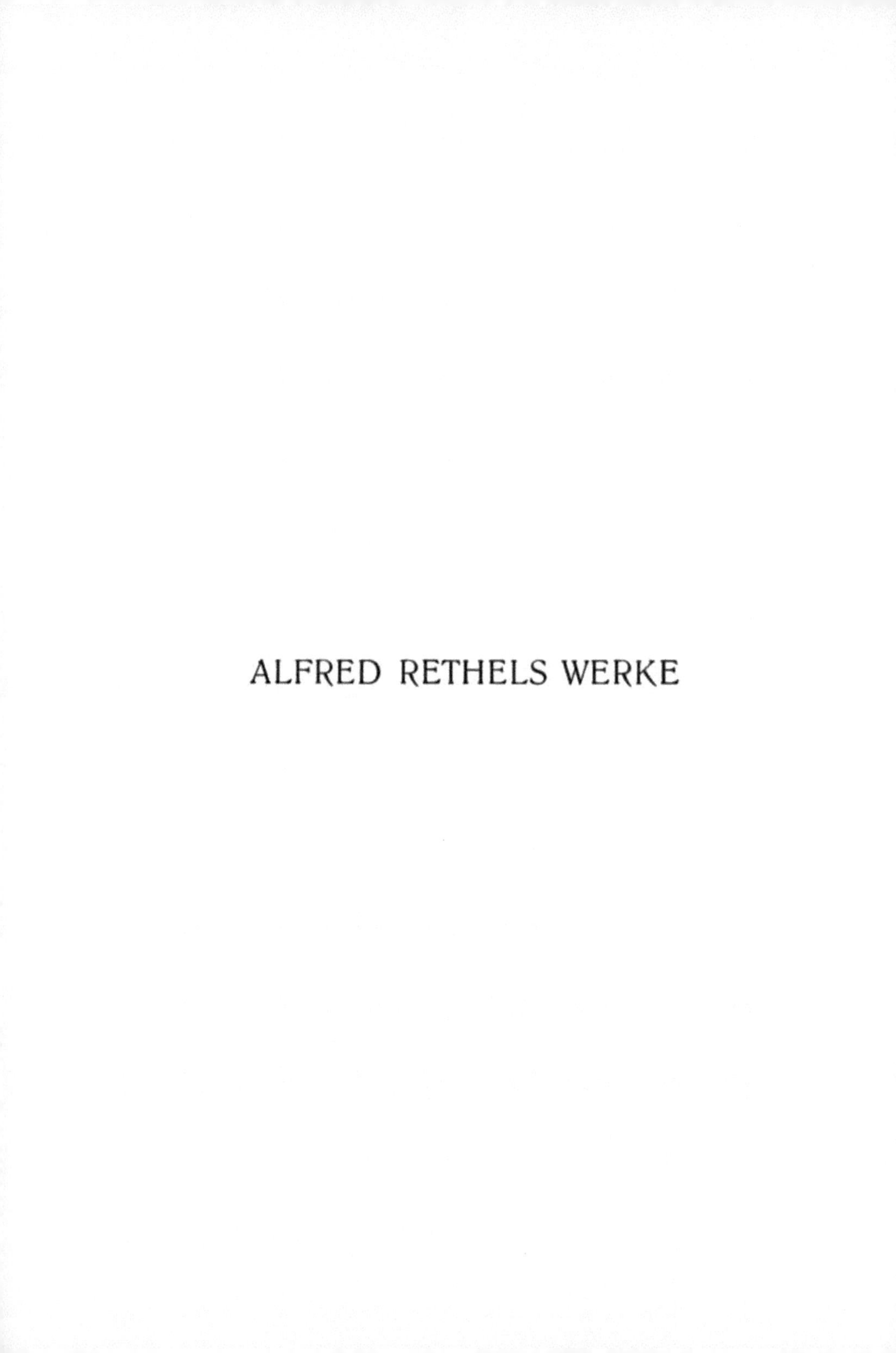

ALFRED RETHELS WERKE

# Abkürzungen – Abbreviations – Abréviations

H. = Höhe = Height = Hauteur
B. = Breite = Width = Largeur

---

Die Maße sind in Metern angegeben
Measures are noted in meters
Les mesures sont indiquées en mètres

---

* = vergleiche die Erläuterungen (S. 247)
= see the „Erläuterungen" (p. 247)
= voyez les „Erläuterungen" (p. 247)

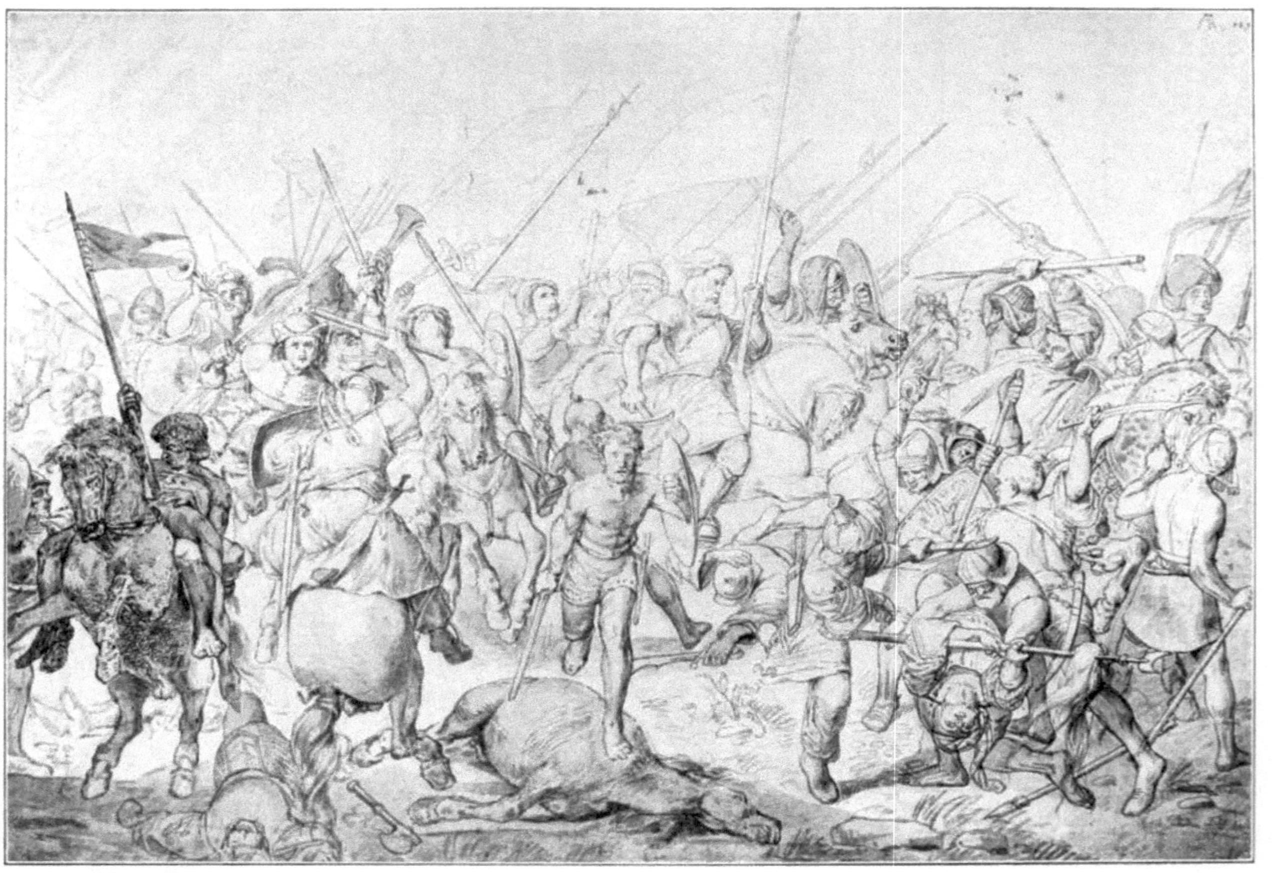

Dresden, Kgl. Kupferstichkabinett

Zeichnung, H. 0,39, B. 0,58

## Karl Martell in der Schlacht bei Tours
Um 1832

Charles Martell in the battle of Tours

Charles Martel à la bataille de Tours

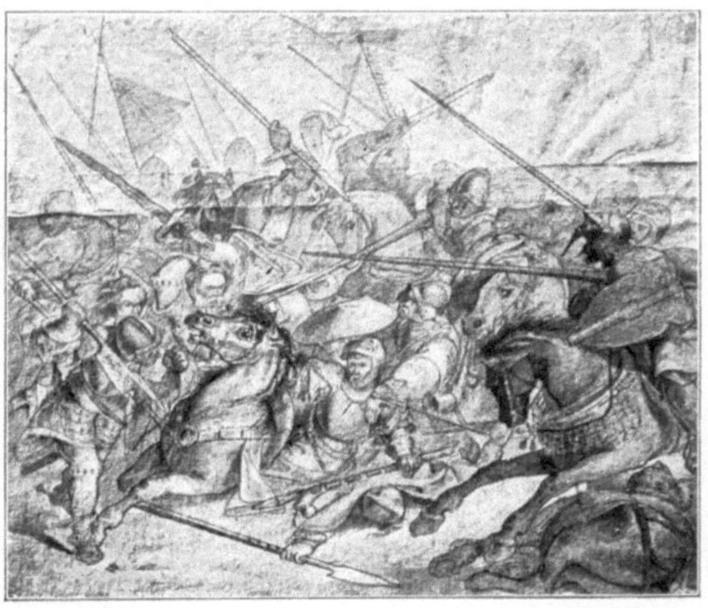



**Rudolf von Habsburg im Kampfe gegen die Raubritter in der Schweiz**

| Rudolf of Habsburg in the fight against the robber-knights | Um 1832 | Rodolphe de Habsbourg combattant les chevaliers pillards |
|---|---|---|

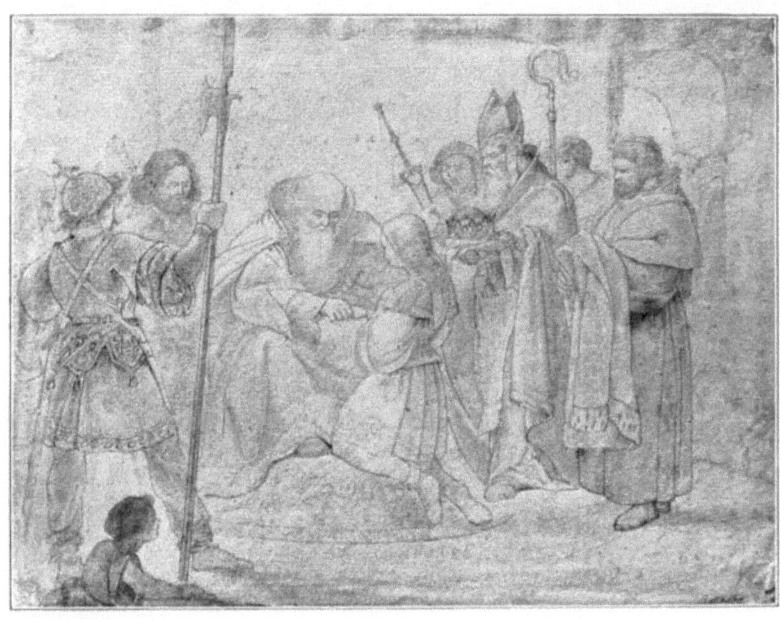



**Ludwig das Kind empfängt die Krone**

| Lewis the Child receives the crown | Um 1832 | Louis l'Enfant reçoit la couronne |
|---|---|---|

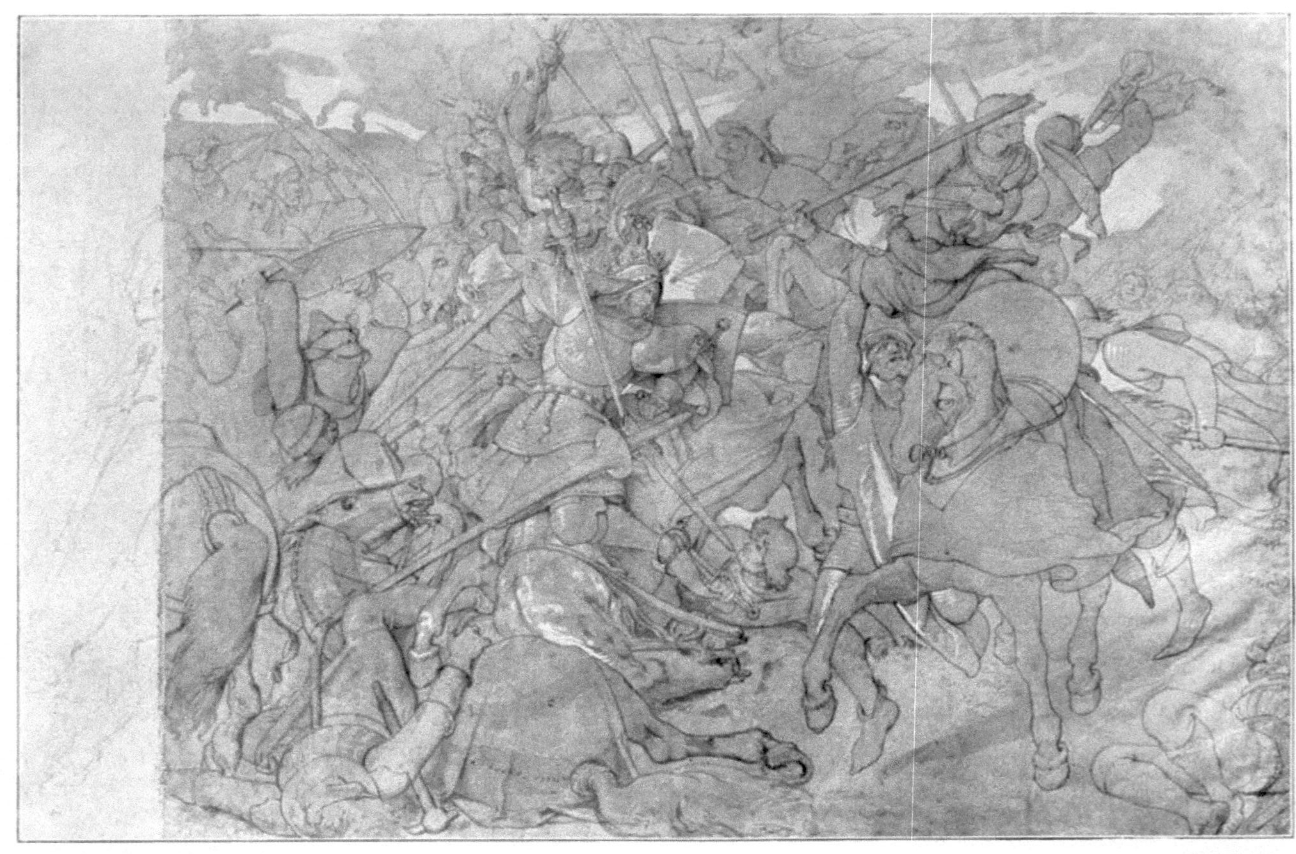

Dresden, Kgl. Kupferstichkabinett

Zeichnung, H. 0,43, B. 0,64

Tod Adolfs von Nassau durch Ueberfall

Death of Adolphus of Nassau during an assault  Um 1834  Mort d'Adolphe de Nassau, tué dans un guet-apens

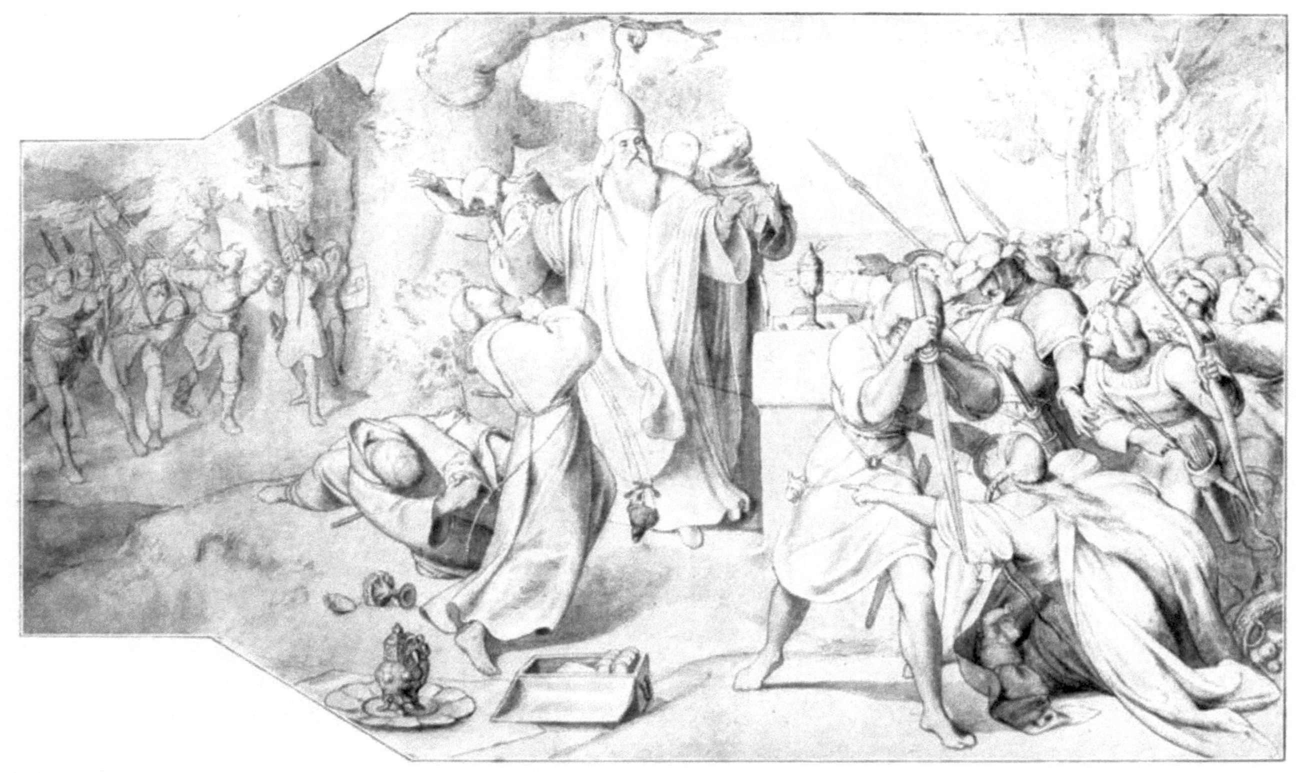

* Dresden, Kgl. Kupferstichkabinett

Zeichnung, H. 0,353, B. 0,578

**Bonifaz (I)**
(Bonifaz verwehrt den Seinen den Kampf)

Um 1833

**Bonifaz (I)**
(Boniface keeping his partisans from the fight)

**Boniface (I)**
(Boniface défend aux siens de combattre)

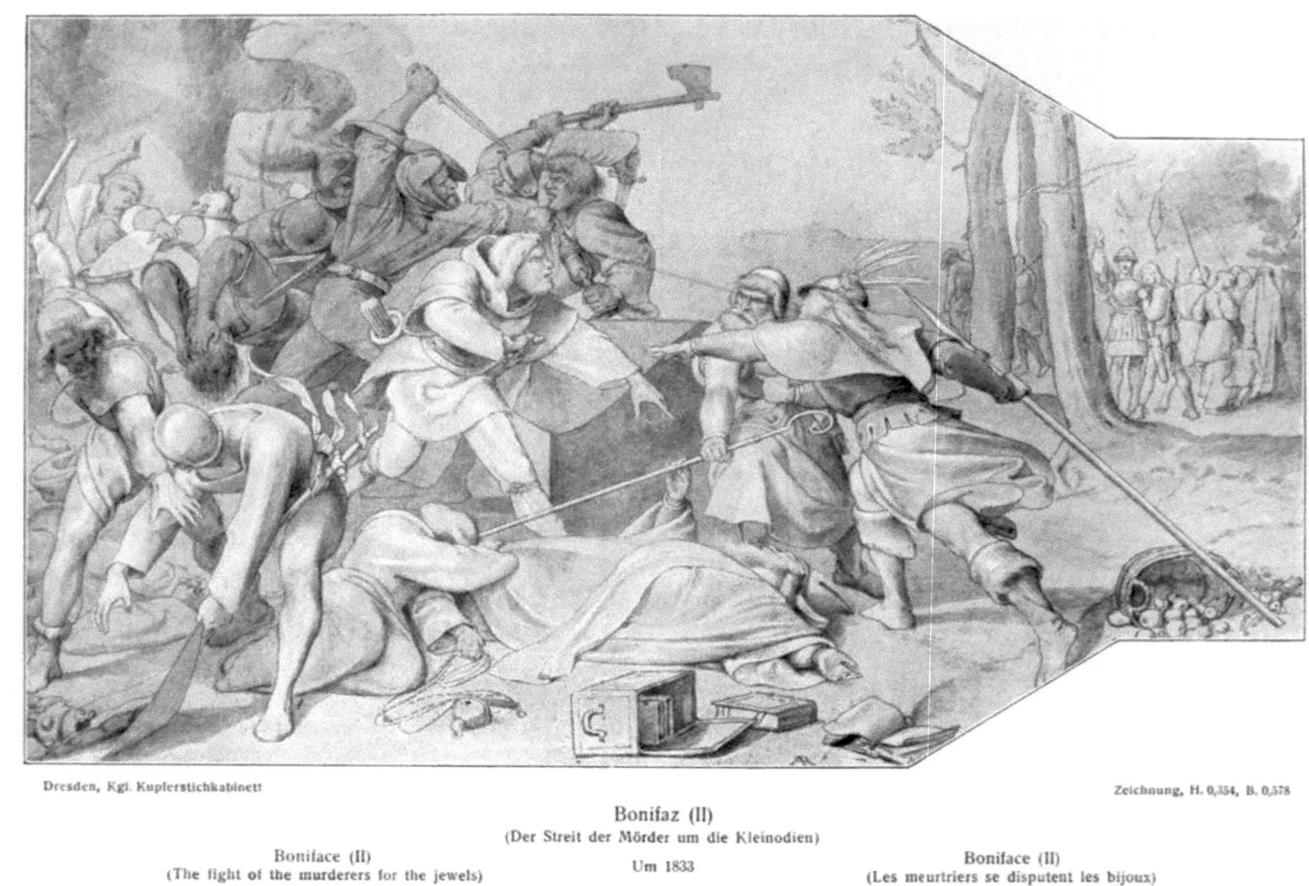

Dresden, Kgl. Kupferstichkabinett

Zeichnung, H. 0,354, B. 0,578

Bonifaz (II)
(Der Streit der Mörder um die Kleinodien)

Boniface (II)
(The fight of the murderers for the jewels)

Um 1833

Boniface (II)
(Les meurtriers se disputent les bijoux)

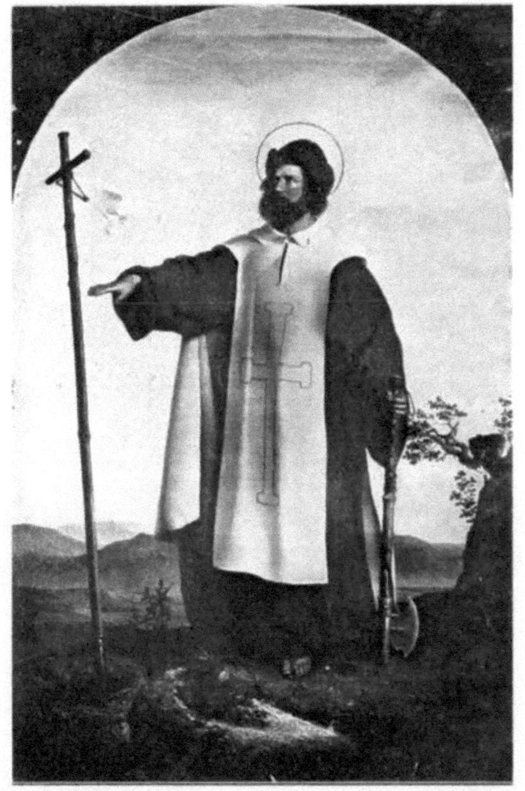



Bonifaz (III)

Boniface (III)     1833     Boniface (III)

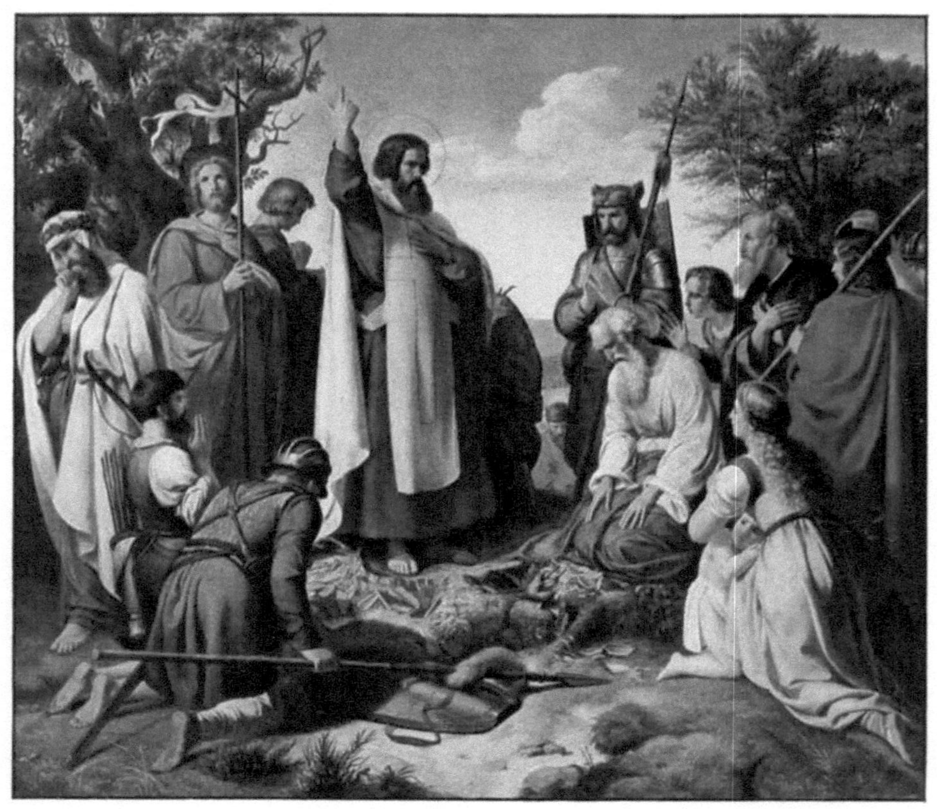

Aachen, Städtisches Museum

Oelbild, H. 1,82, B. 2,13

Bonifaz (IV)

Boniface (IV)

1835

Boniface (IV)

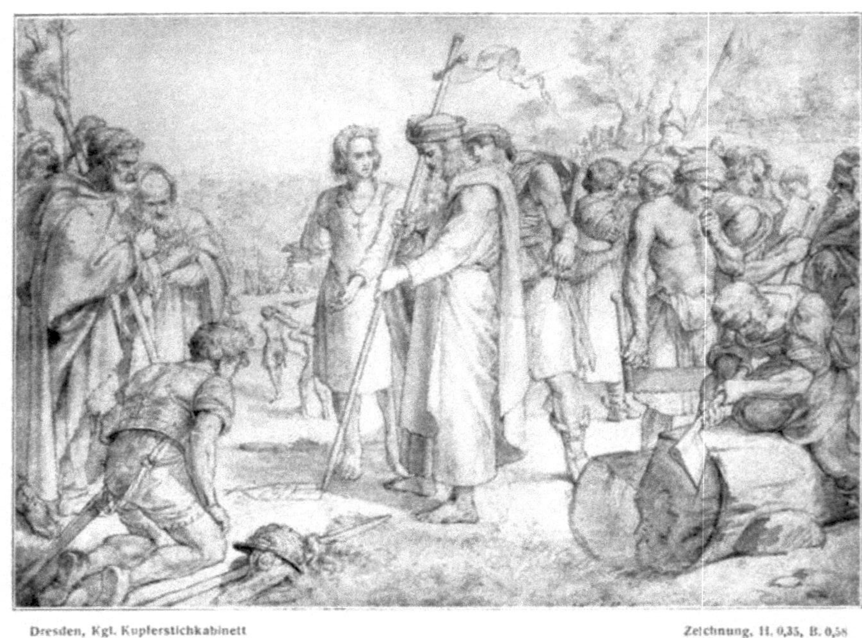

Dresden, Kgl. Kupferstichkabinett

Zeichnung, H. 0,35, B. 0,58

Bonifaz (V)

Boniface (V)

1833—1836

Boniface (V)

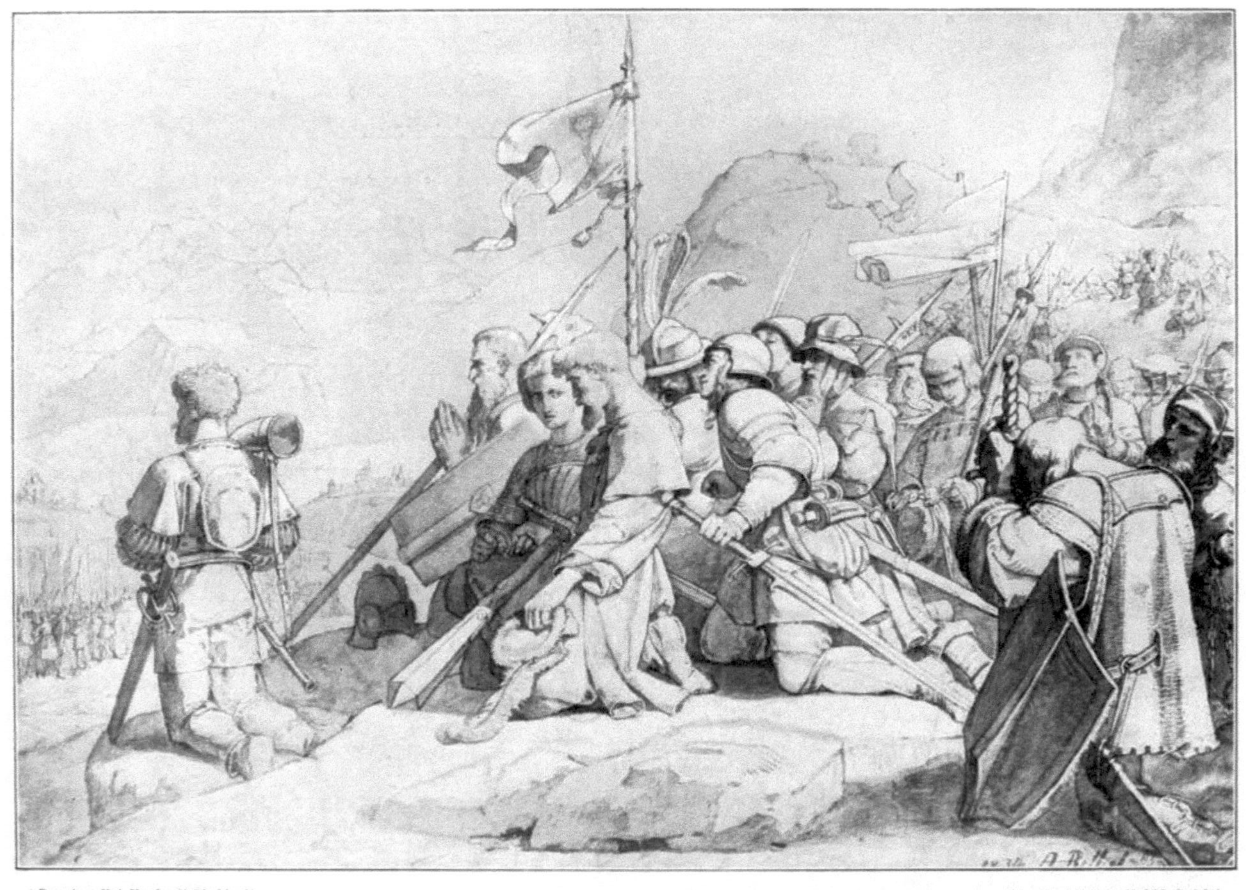



'Tuschzeichnung, H. 0,37, B. 0,542

Prayer before the battle of Sempach

Gebet vor der Schlacht bei Sempach
1834

Prière avant la bataille de Sempach

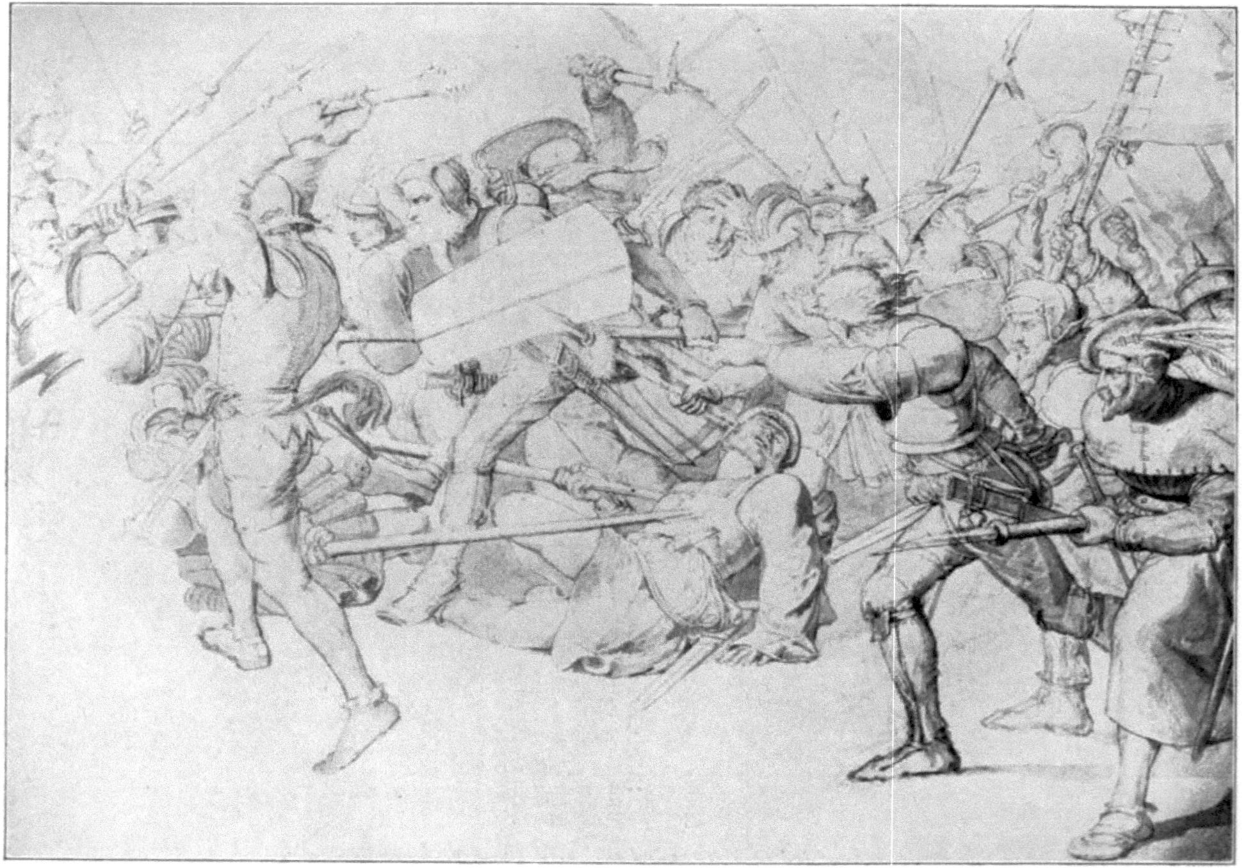

Tod Arnolds von Winkelried

Um 1834



Death of Arnold von Winkelried

Mort d'Arnold de Winkelried

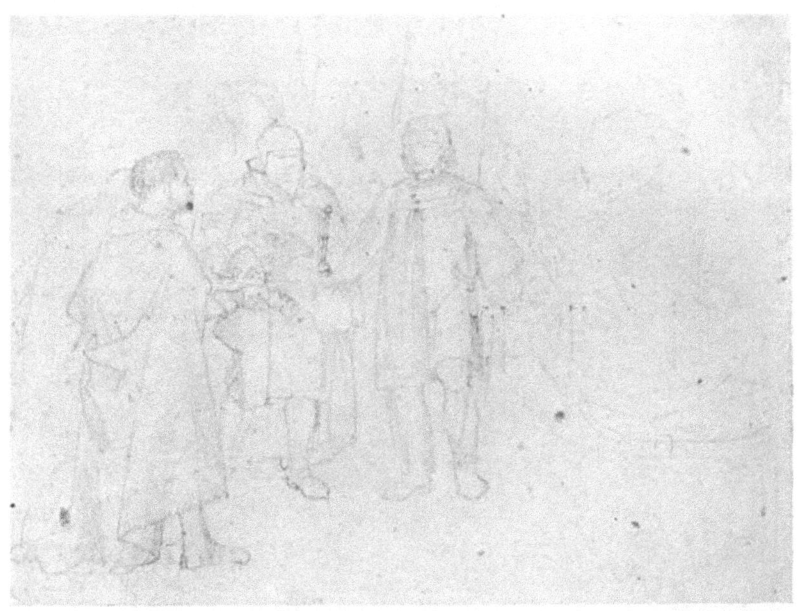





Heinrich der Finkler (I)
(Erste Idee im Skizzenbuch)
Um 1832

Henry the Fowler (I)
(First idea in the sketch-book)

Henri l'Oiseleur (I)
(Première idée dans le cahier des esquisses)

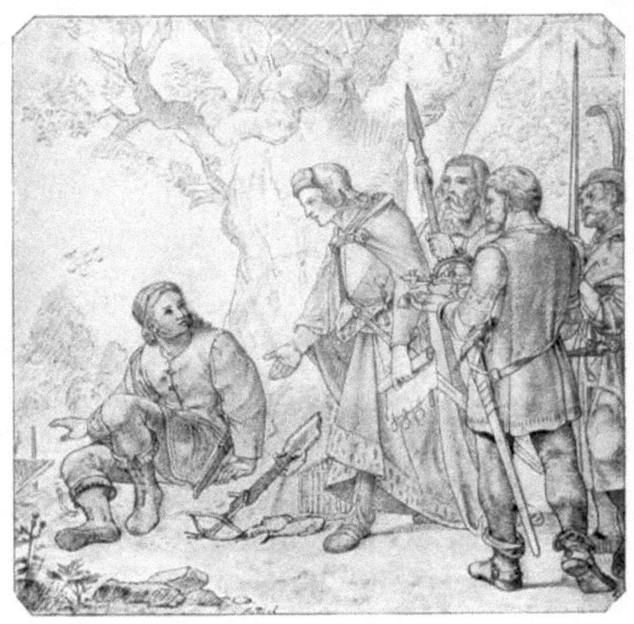



* Heinrich der Finkler (II)
Henry the Fowler (II)      Vor 1834      Henri l'Oiseleur (I)

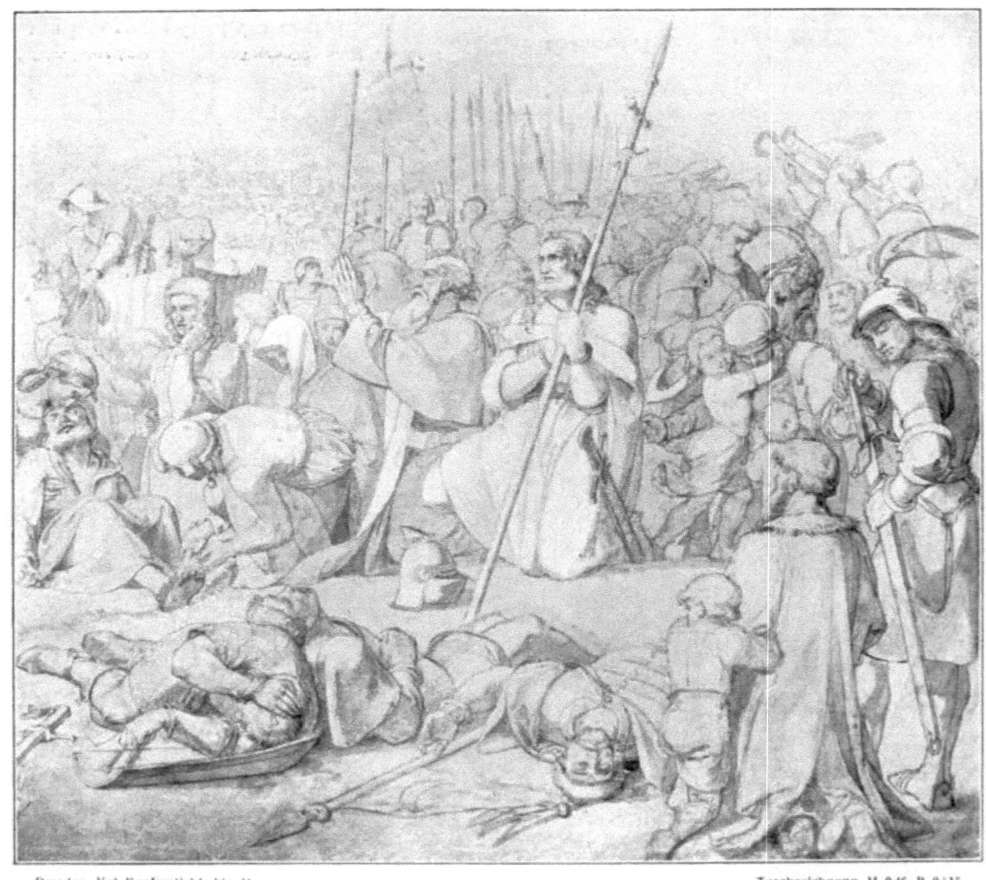

Dresden, Kgl. Kupferstichkabinett

Tuschzeichnung, H. 0,46, B. 0,515

### Die Kreuzfahrer erblicken Jerusalem

The Crusaders get sight of Jerusalem     Um 1834     Les Croisés aperçoivent Jérusalem

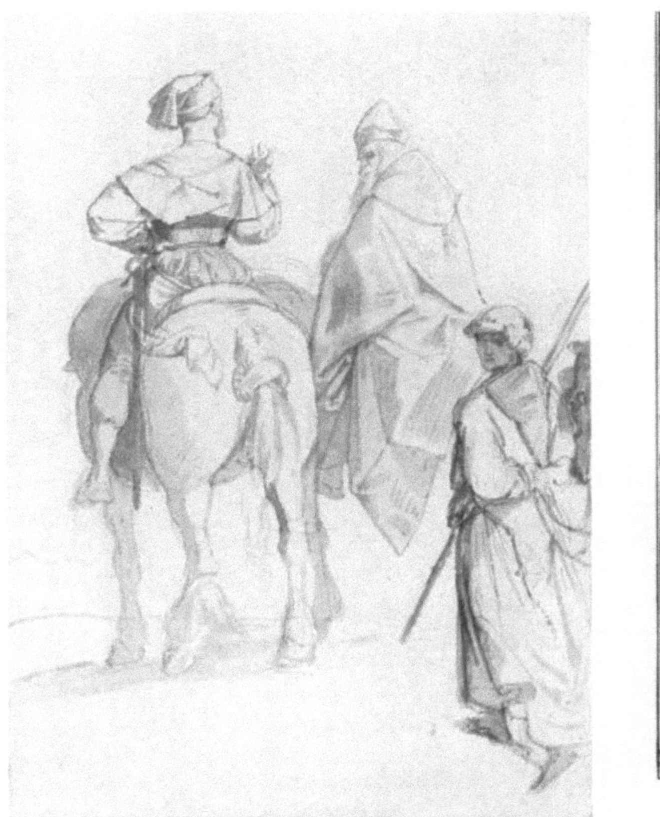



* Düsseldorf, Frau E. Sohn, Skizzenbuch     Tuschzeichnung, H. 0,22, B. 0,14

**Rudolf von Habsburg geleitet den Bischof (I)**

Rudolf von Habsburg    (Erste Idee)    Rodolphe de Habsbourg
accompanies the bishop    1834    accompagne l'évêque

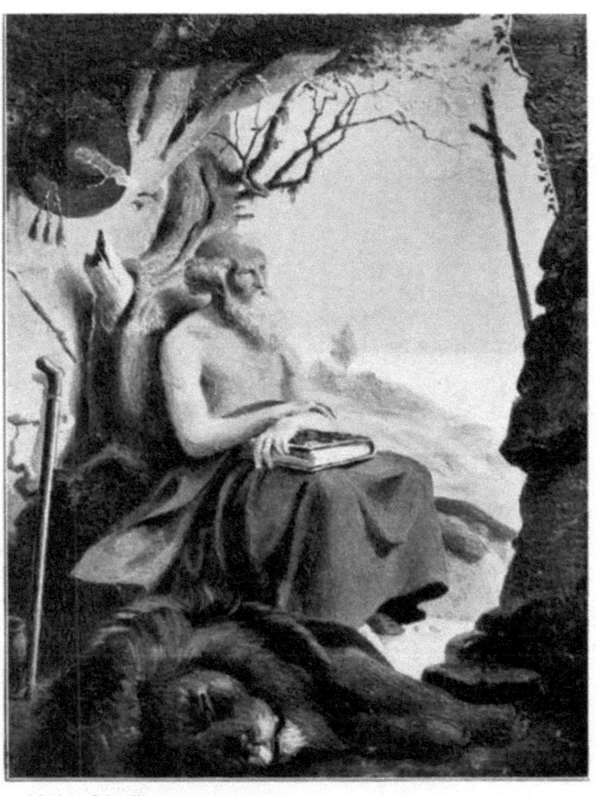

* Aachen, Städt. Museum     Oel auf Holz, H. 0,20, B. 0,16

Hieronymus in der Höhle

St. Jerome in the grotto    Vor 1835    Saint Jérôme dans la grotte

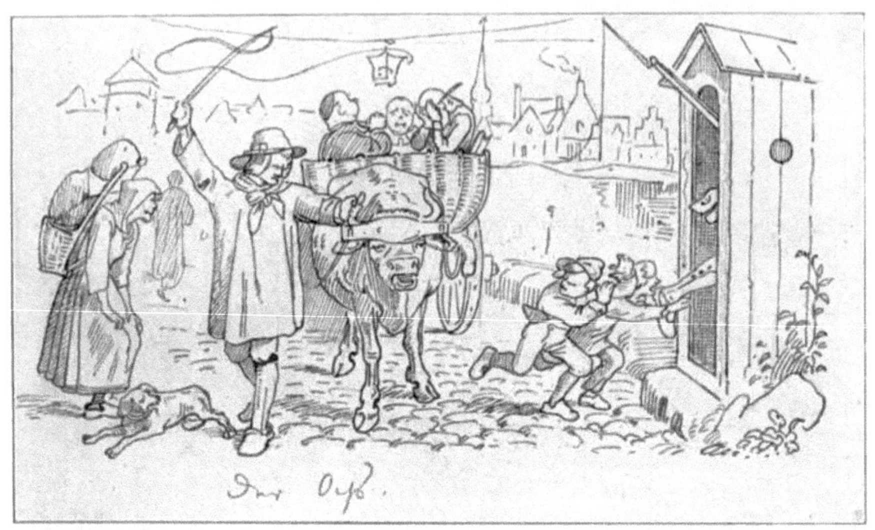



Illustration zu dem Liede „Der Ochs" von Fein

Illustration for the song „The ox"      1834      Illustration de la chanson „Le bœuf"

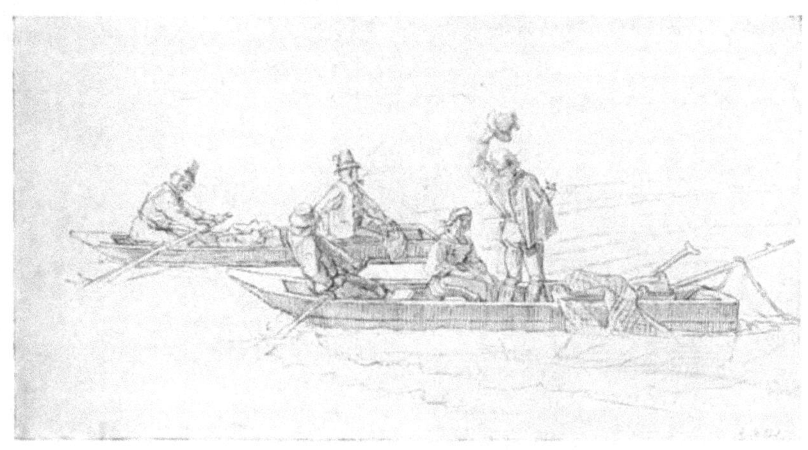

Frankfurt a. M., Bildhauer K. Rumpf         Bleizeichnung mit Sepia, H. 0,18, B 0,35

Tiroler, in Kähnen fahrend

Tyrolese in boats      1835 (?)      Tyroliens en bateau

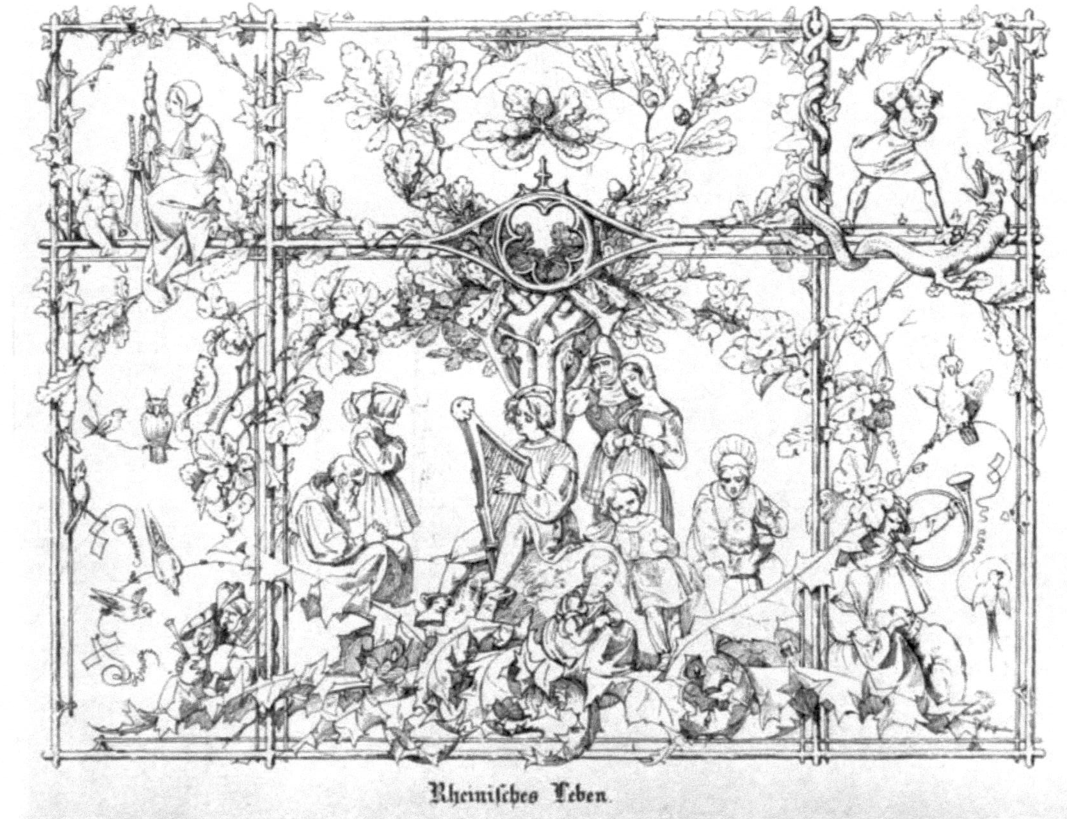


Dresden, Kgl. Kupferstichkabinett

Lithographie

Vorsatzblatt im „Rheinischen Sagenkreis" von A. von Stolterfoth, Frankfurt, bei Hügel 1835

Title-page for the „Legends from the Rhine"    1834    Feuille d'introduction de l'ouvrage „Légendes du Rhin"

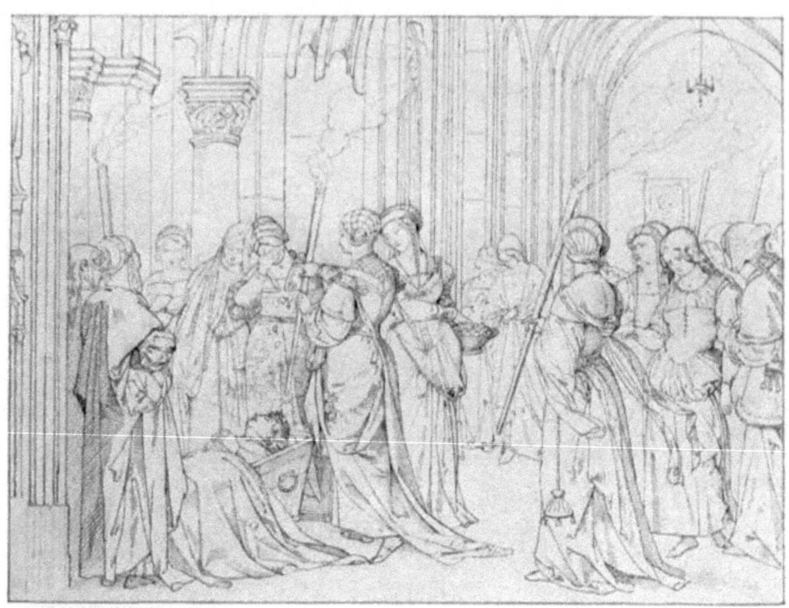



Rheinischer Sagenkreis: Frauenlobs Tod (I)

Legends from the Rhine:                1834                Légendes du Rhin:
The death of Frauenlob                                Mort de Frauenlob (I)

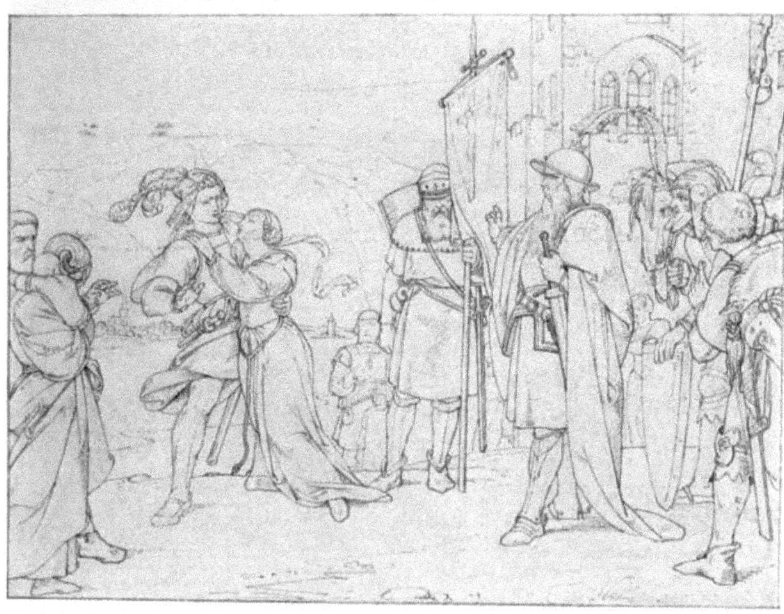



Rheinischer Sagenkreis: Ritter Brömser von Rüdesheim

Legends from the Rhine:                1834                Légendes du Rhin:
Knight Brömser of Rudesheim                                Chevalier Brömser de Rüdesheim

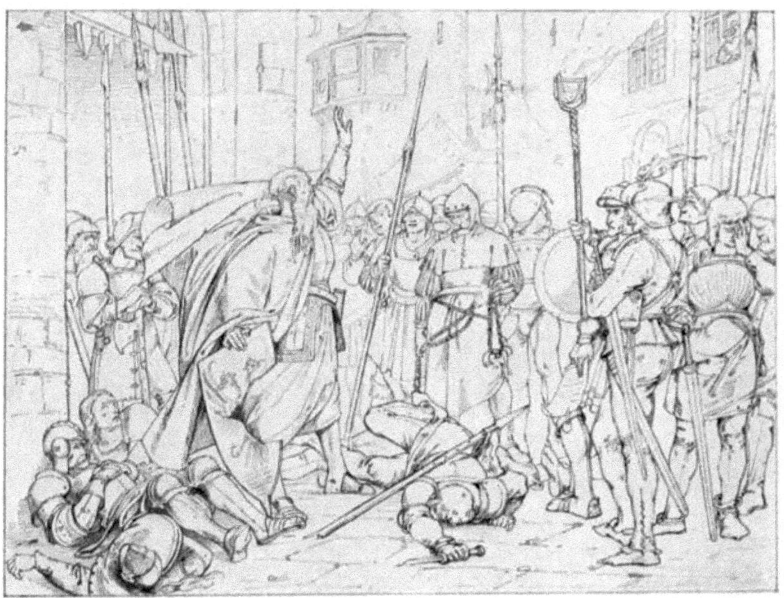




Rheinischer Sagenkreis: Kaiser Heinrich IV. in Bingen

Legends from the Rhine:   1834   Légendes du Rhin:
Emperor Henry IV in Bingen      L'empereur Henri IV à Bingen

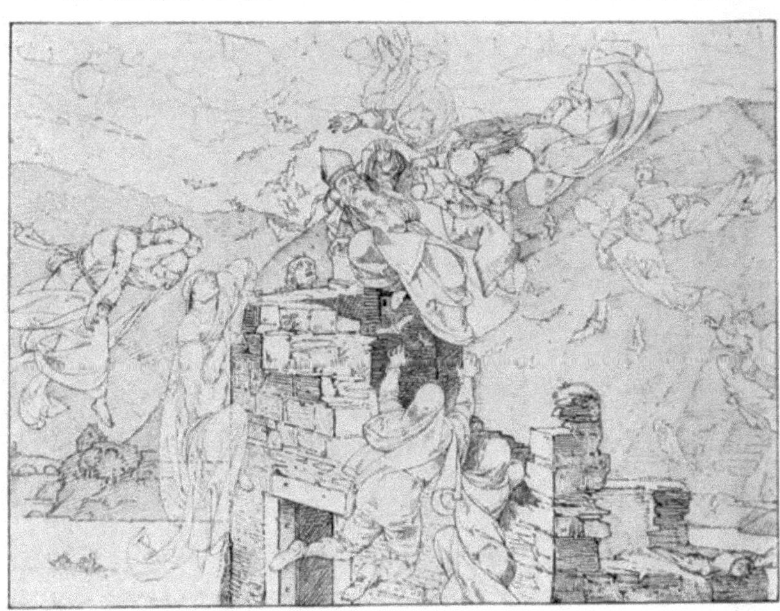




Rheinischer Sagenkreis: Der Mäuseturm

Legends from the Rhine:   1834   Légendes du Rhin:
The Mouse-tower       La tour des souris

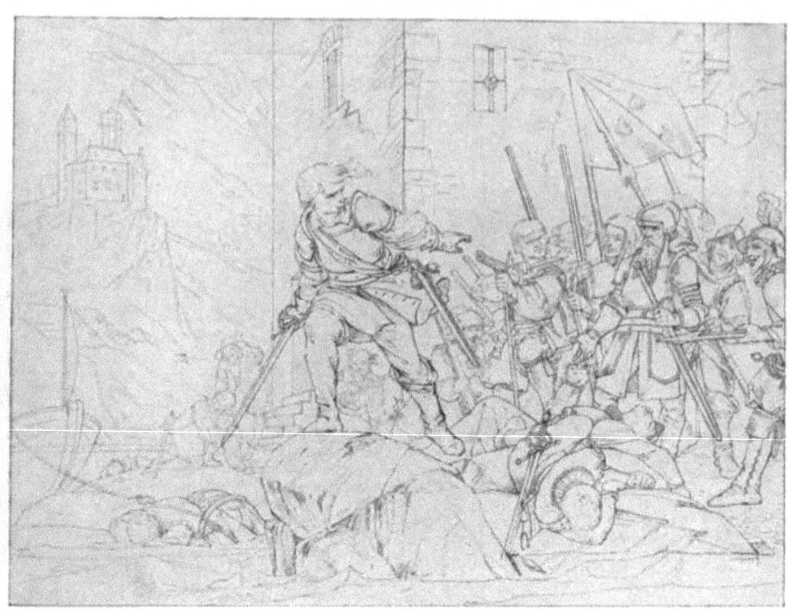



Rheinischer Sagenkreis: Die sieben Wächter

Legends from the Rhine:       1834       Légendes du Rhin:
The seven watch-men       Les sept gardiens

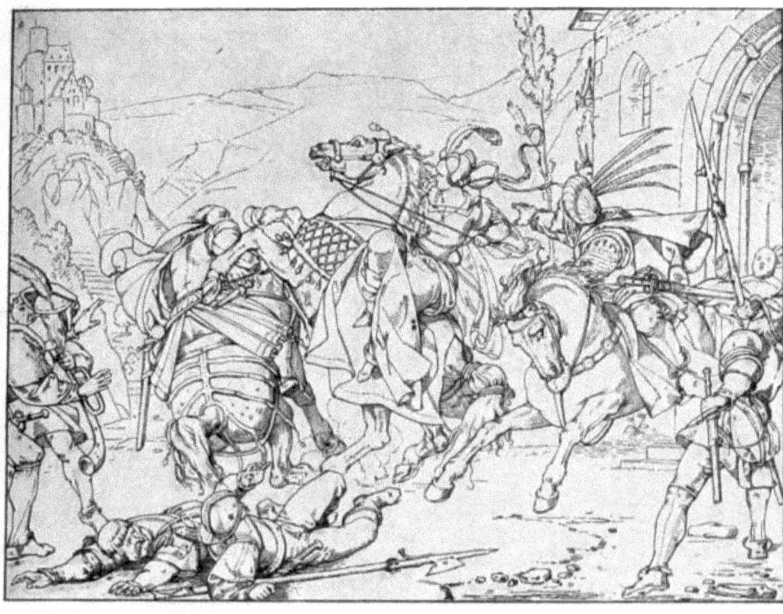



Rheinischer Sagenkreis: Die Braut von Rheinstein

Legends from the Rhine       1834       Légendes du Rhin:
The Bride of Rheinstein       La fiancée de Rheinstein

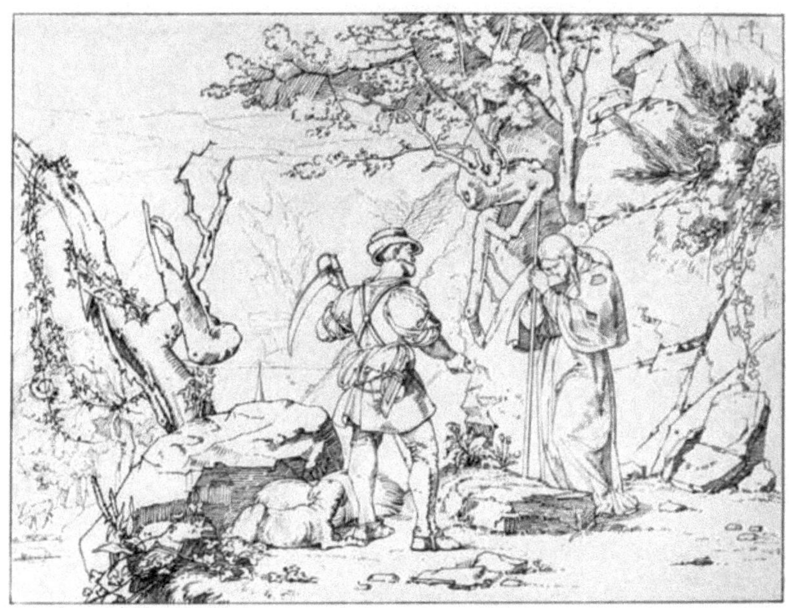



Rheinischer Sagenkreis: Des Rheinbergers Grab

Legends from the Rhine:                    Légendes du Rhin:
The grave of Rheinberger          1834          Tombeau du nommé Rheinberger

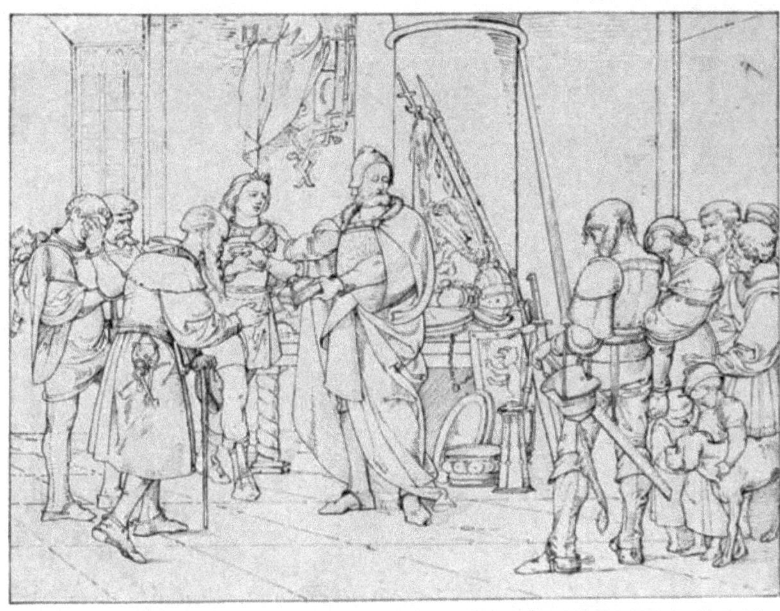



Rheinischer Sagenkreis: Pfalzgraf Hermann von Stahleck

Legends from the Rhine:                    Légendes du Rhin:
Palsgrave Hermann von Stahleck          1834          Le comte palatin Hermann de Stahleck

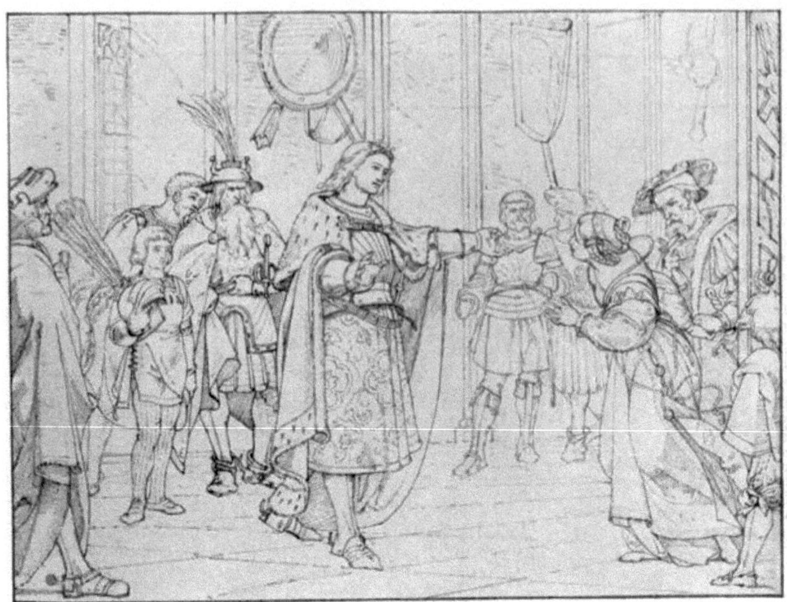



Entwurf für eine Lithographie, H. 0,15, B. 0,205

## Rheinischer Sagenkreis: Richard von Cornwallis auf Burg Gutenfels bei Caub

Legends from the Rhine: Richard of Corn-
wall at Gutenfels castle near Caub    1834    Légendes du Rhin: Richard de Cornwallis
au château-fort Gutenfels près Caub

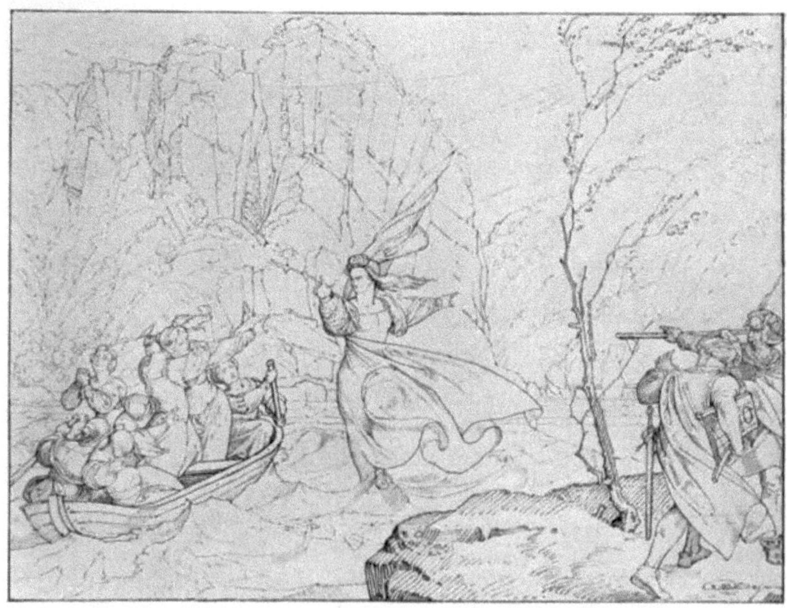



Entwurf für eine Lithographie, H. 0,15, B. 0,205

## Rheinischer Sagenkreis: Die sieben Schwesternfelsen bei Oberwesel

Legends from the Rhine:    1834    Légendes du Rhin: Les sept
The seven sisters rocks near Oberwesel       „Rochers des sœurs" près Oberwesel

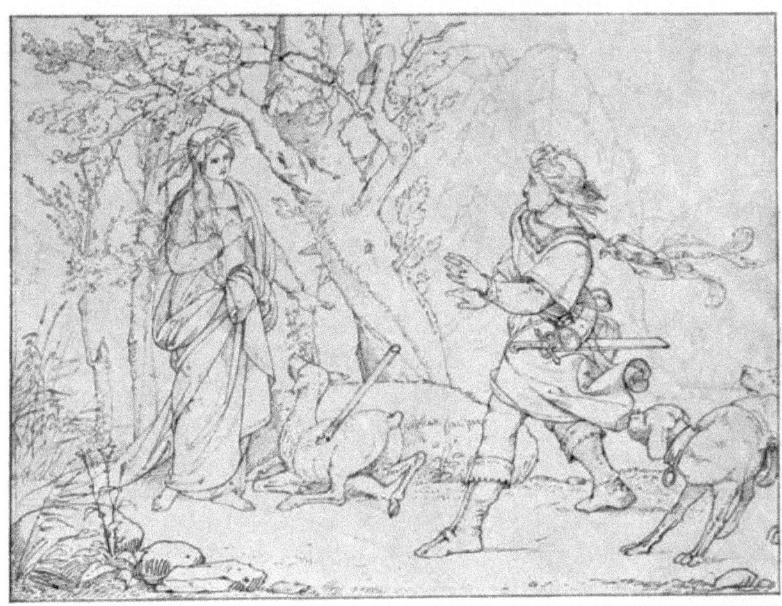



Rheinischer Sagenkreis: Die Lurlei

Legends from the Rhine: The Lorelei     1834     Légendes du Rhin: La Loreley

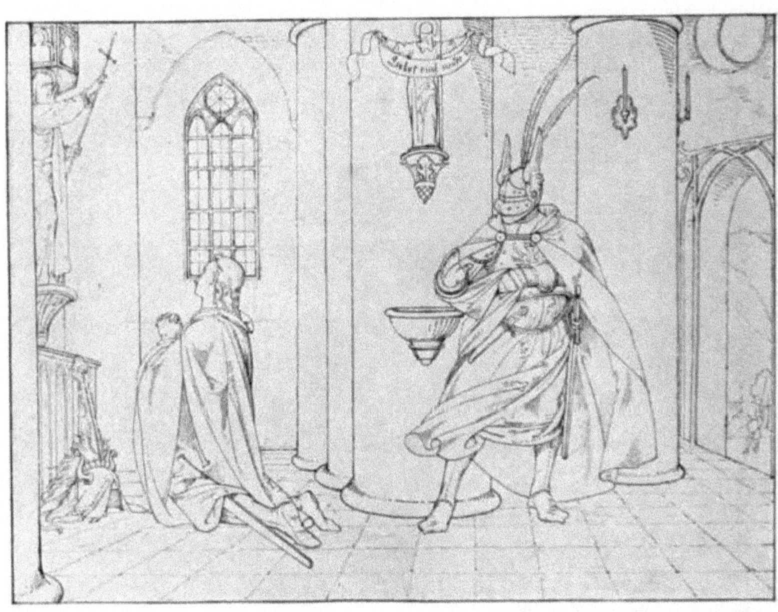



Rheinischer Sagenkreis: St. Goars wundertätiges Grab

Legends from the Rhine:     1834     Légendes du Rhin:
The miraculous grave of St. Goar     Tombeau miraculeux à St. Goar

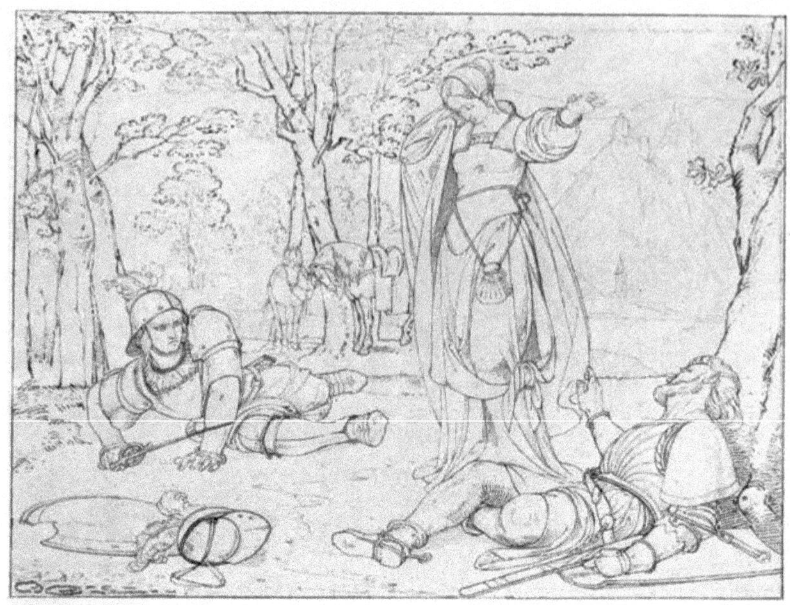



Entwurf für eine Lithographie, H. 0,15, B. 0,205

### Rheinischer Sagenkreis: Die feindlichen Brüder

Legends from the Rhine:  
The hostile brothers

1834

Légendes du Rhin:  
Les frères ennemis

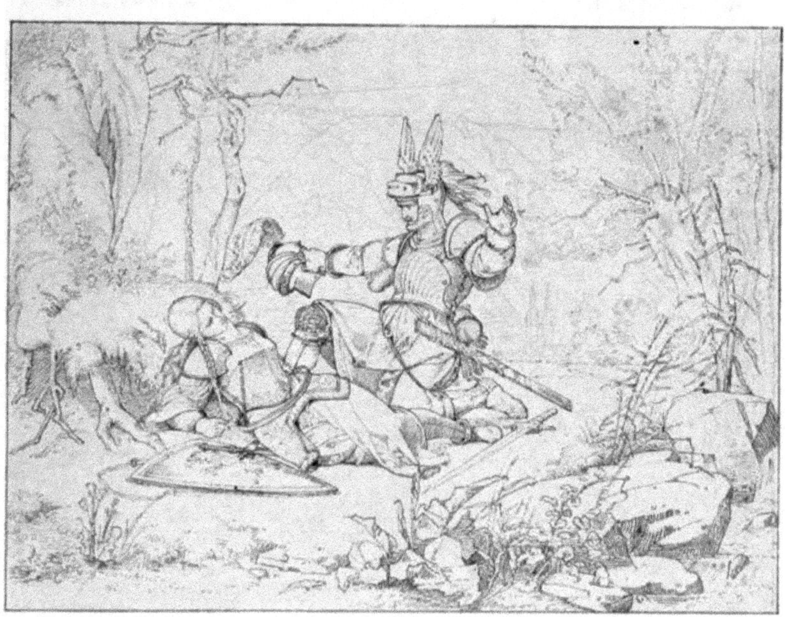



Entwurf für eine Lithographie, H. 0,15, B. 0,205

### Rheinischer Sagenkreis: Ritter Konrad Baier von Boppard

Legends from the Rhine:  
Knight Konrad Baier of Boppard

1834

Légendes du Rhin:  
Le chevalier Conrade Baier de Boppard

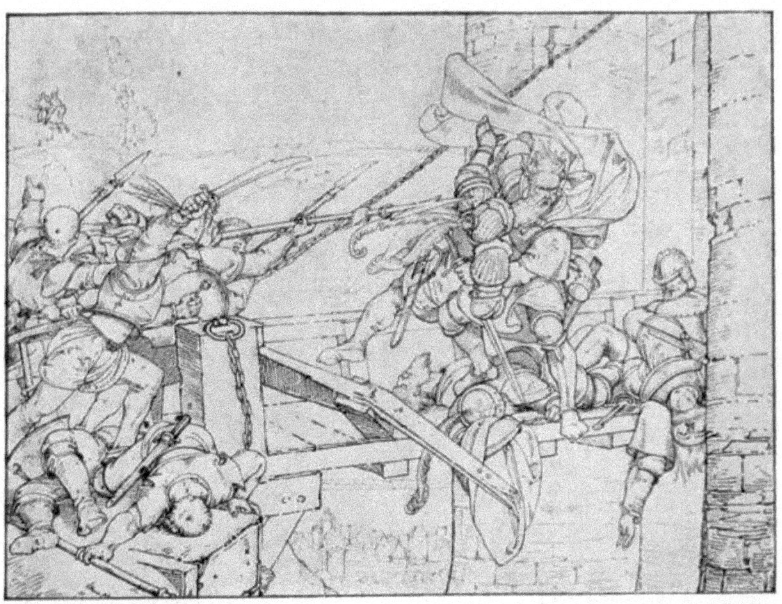



**Rheinischer Sagenkreis: Die Templer von Lahneck**

Legends from the Rhine:        1834        Légendes du Rhin:
The Templars of Lahneck        Les Templiers de Lahneck

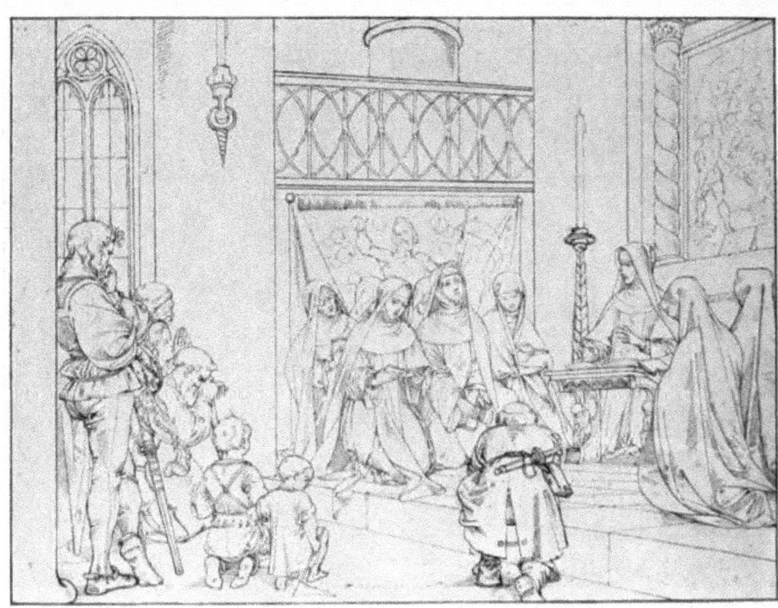



**Rheinischer Sagenkreis: Die heilige Adelheid**

Legends from the Rhine: St. Adelaide      1834      Légendes du Rhin: La sainte Adelheid

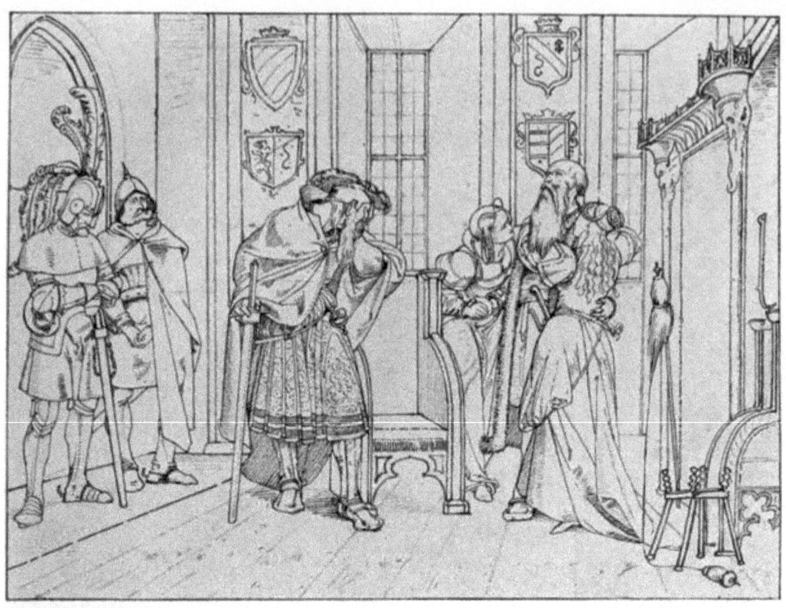



Rheinischer Sagenkreis: Kaiser Heinrich IV. auf der Flucht in Hammerstein

Legends from the Rhine: Emperor Henry IV    1834    Légendes du Rhin: Henri IV
on the flight at Hammerstein                        fugitif, à Hammerstein

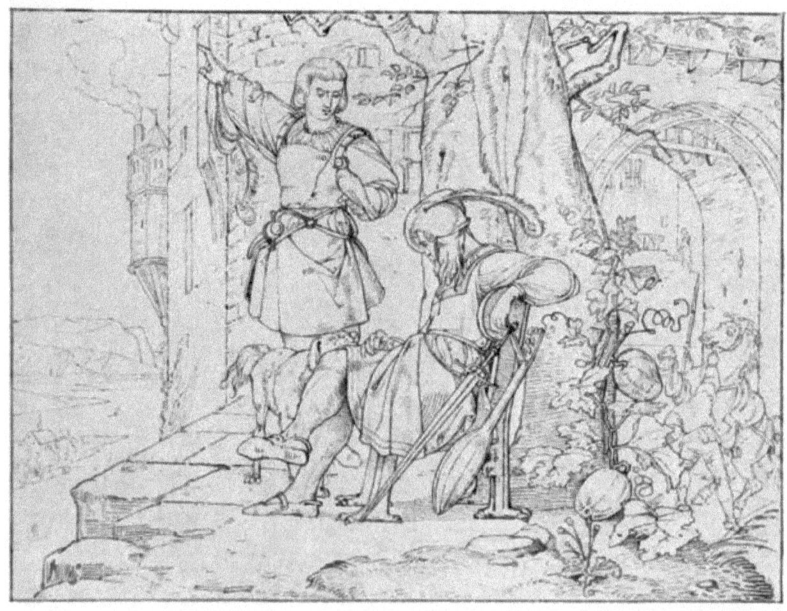



Rheinischer Sagenkreis: Roland auf Rolandseck

Legends from the Rhine:          1834          Légendes du Rhin:
Roland at Rolandseck                             Roland à Rolandseck

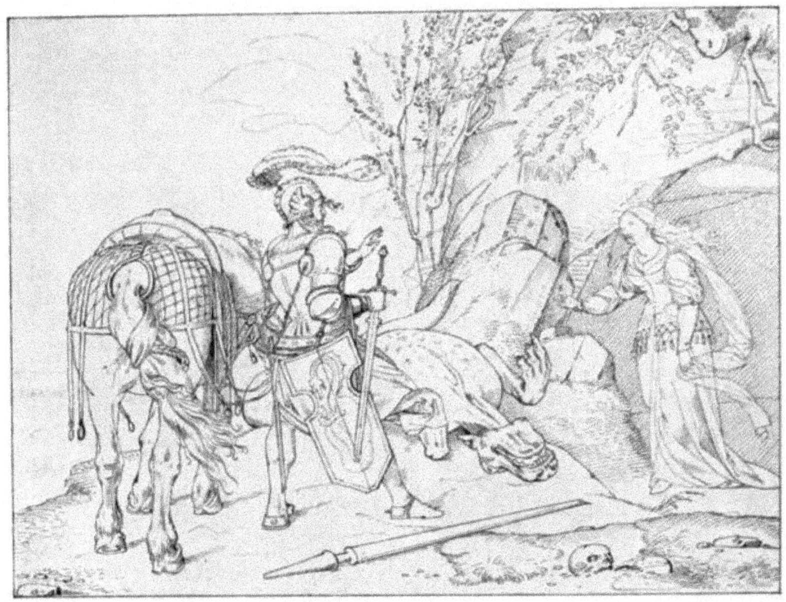



Rheinischer Sagenkreis: Siegfried der Drachentöter

Legends from the Rhine:
Siegfried the dragon-slayer

1834

Légendes du Rhin:
Sigefroi, vainqueur du dragon

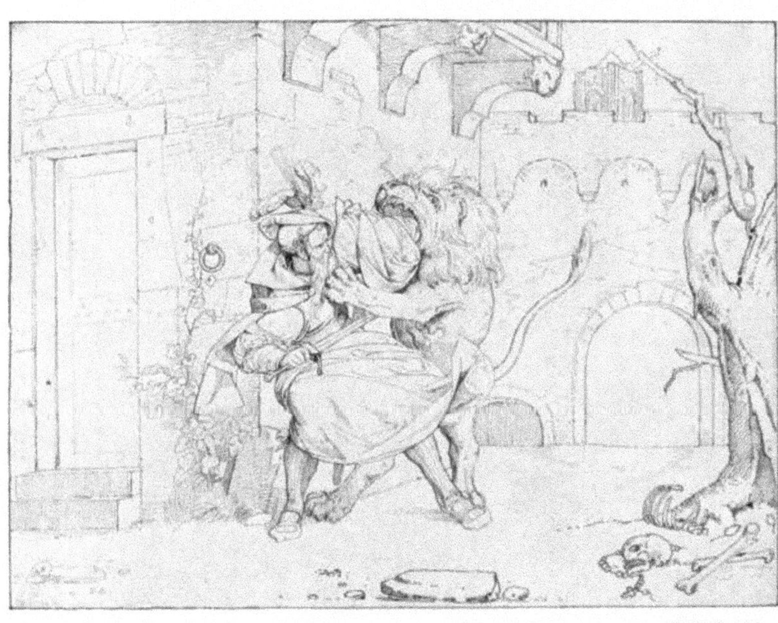



Rheinischer Sagenkreis: Bürgermeister Grin von Köln

Legends from the Rhine:
Burgomaster Grin of Köln

1834

Légendes du Rhin:
Le bourguemestre Grin de Cologne

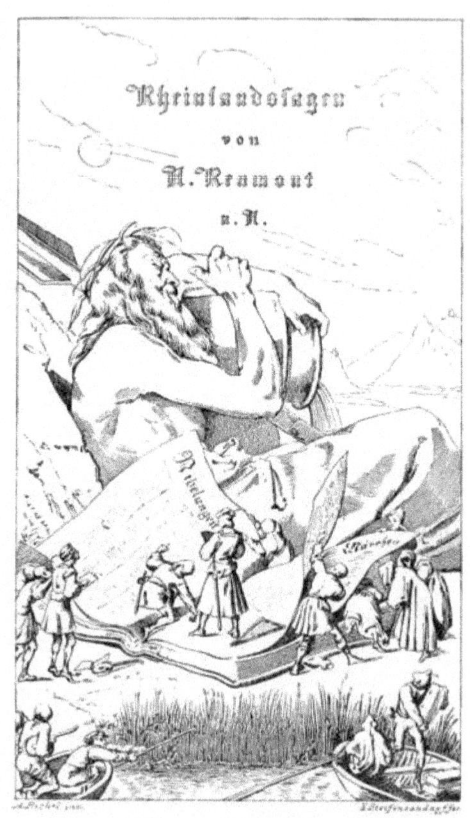


CÖLN ºs und AACHEN
Kohnen & Friedheim.

Kupferstich

Legends from the Rhine by     Légendes du Rhin par
A. Reumont (Frontispiece)     A. Reumont (Frontispice)
1836

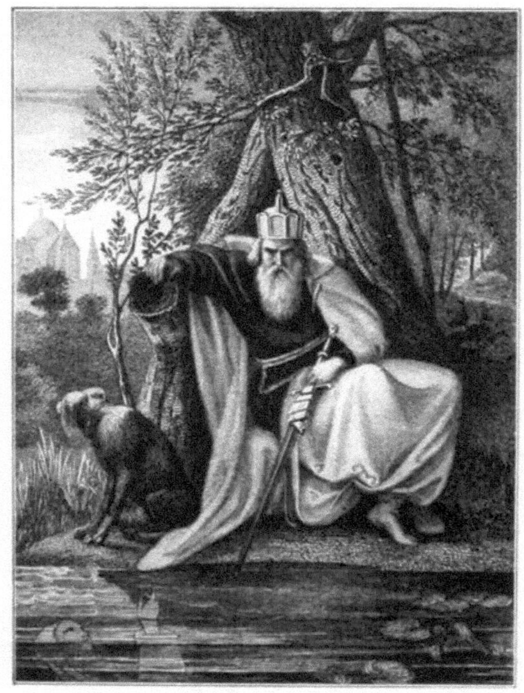

Stahlstich

*Loreley
Illustration zu Reumont: Rheinlandssagen
The Lorelei                    Loreley
Illustration for Reumont's    Um 1836    Illustration pour les
Rhineland legends                        Légendes du Rhin de Reumont

Stahlstich

*Der Ring der Fastrada
Illustration zu Reumont: Rheinlandssagen
The ring of Fastrada                    La bague de Fastrada
Illustration for Reumont's    Um 1836    Illustration pour les
Rhineland legends                        Légendes du Rhin de Reumont

27

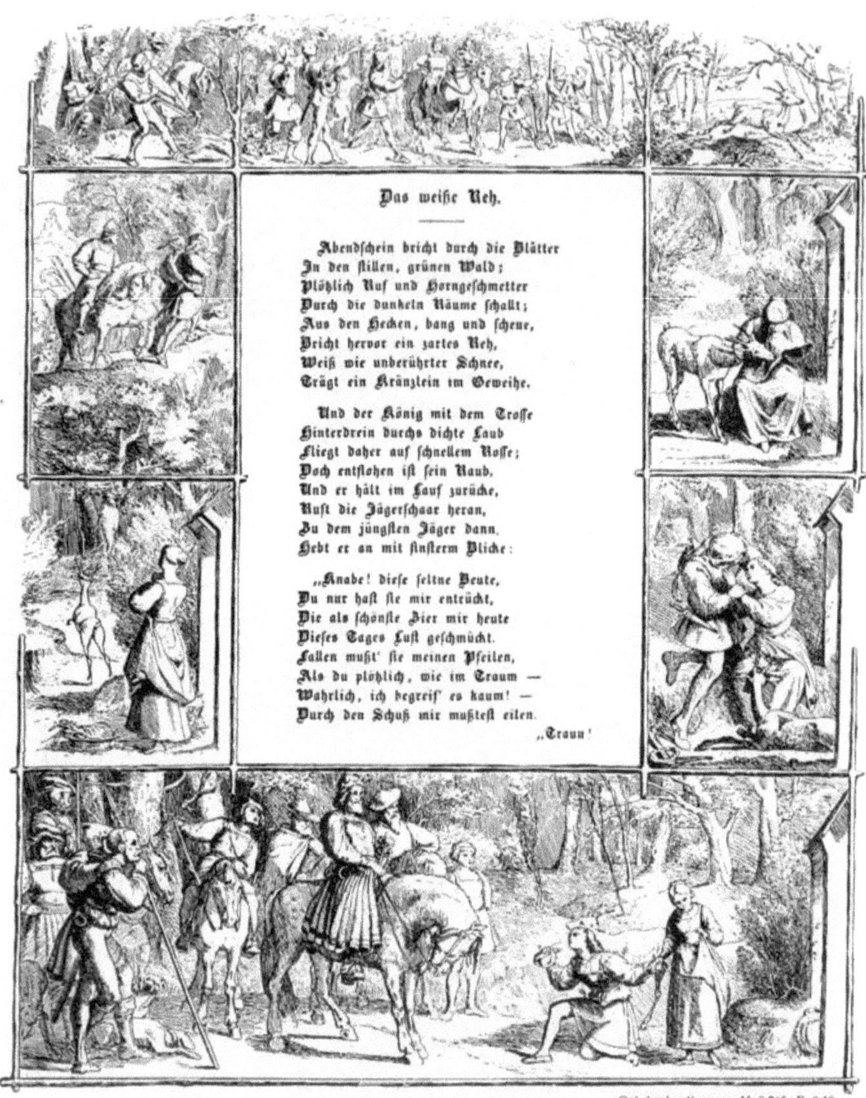




*Das weisse Reh

The white roe       1836       Le chevreuil blanc

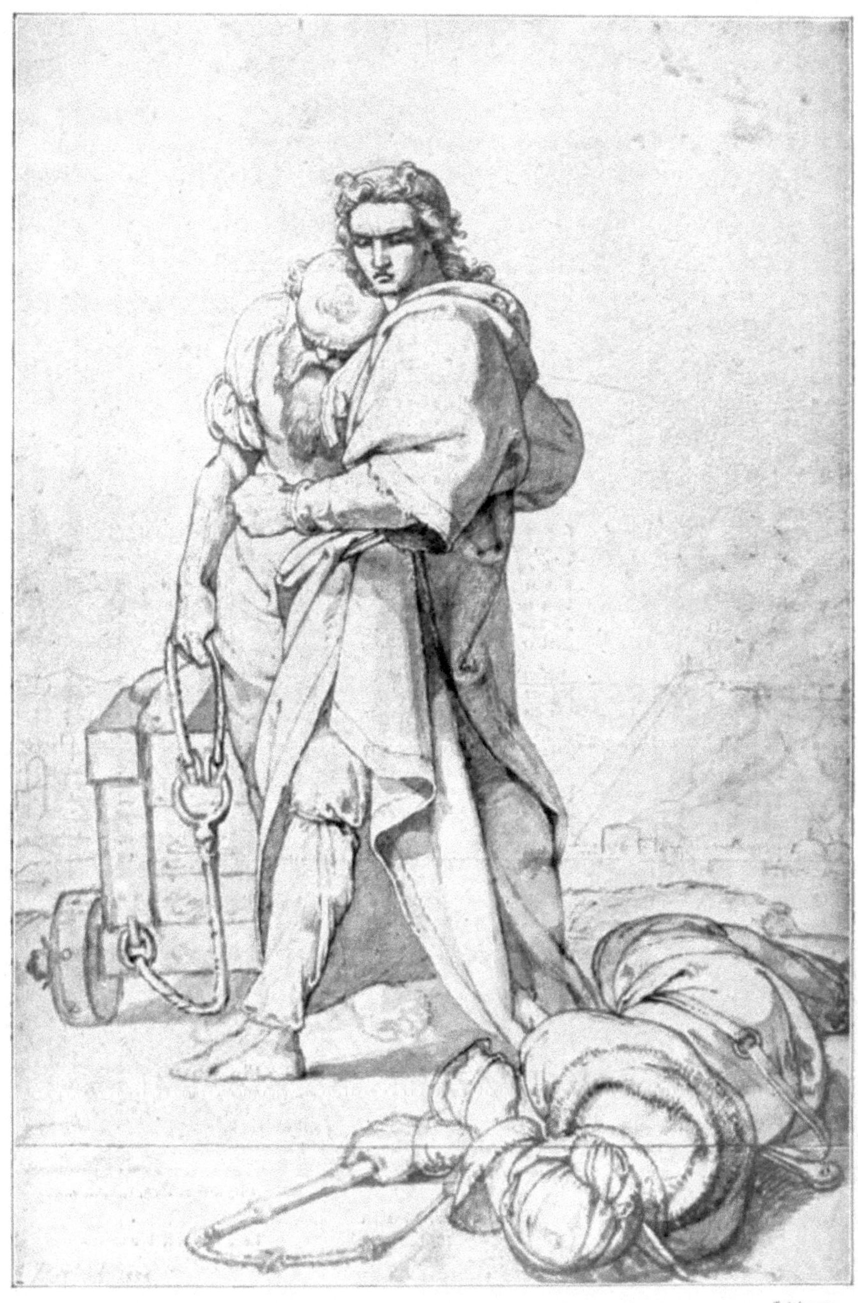

Zeichnung

Moses erschlägt den Aegypter

Moses slays the Egyptian     1835     Moïse tue l'Egyptien

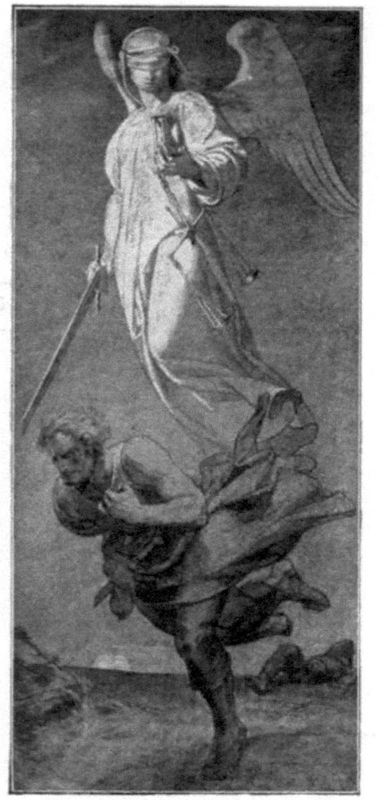

Dresden,  Tuschzeichnung,
Kgl. Kupferstichkabinett  H. 0,47, B. 0,21

**Justitia**

Justice  1836  La Justice

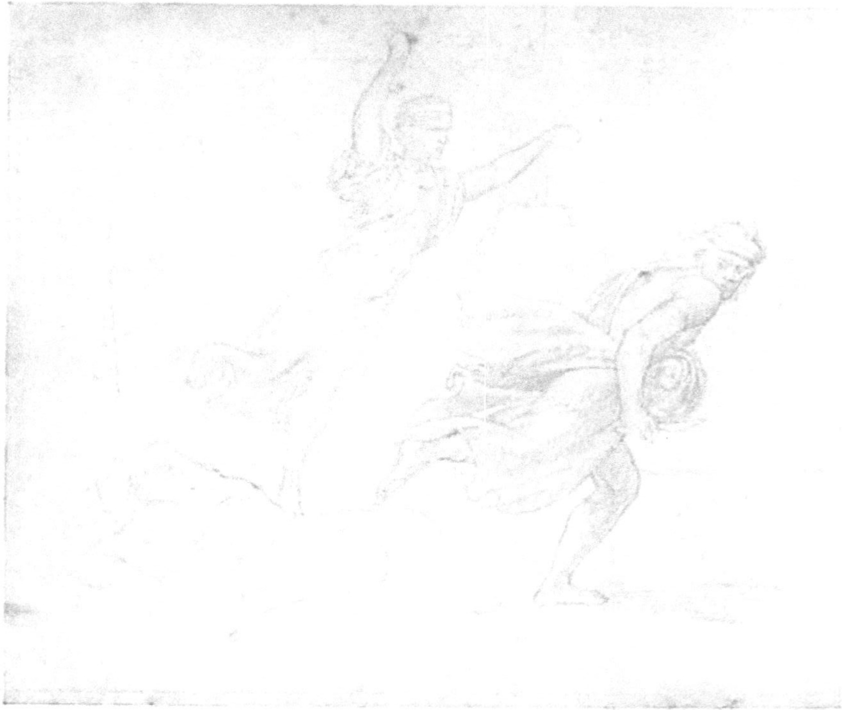

* Düsseldorf, Paul Gerhardt  Bleistiftzeichnung, H. 0,21, B. 0,25

**Justitia (erste Idee)**

Justice (First idea)  Um 1836  La Justice (Première esquisse)

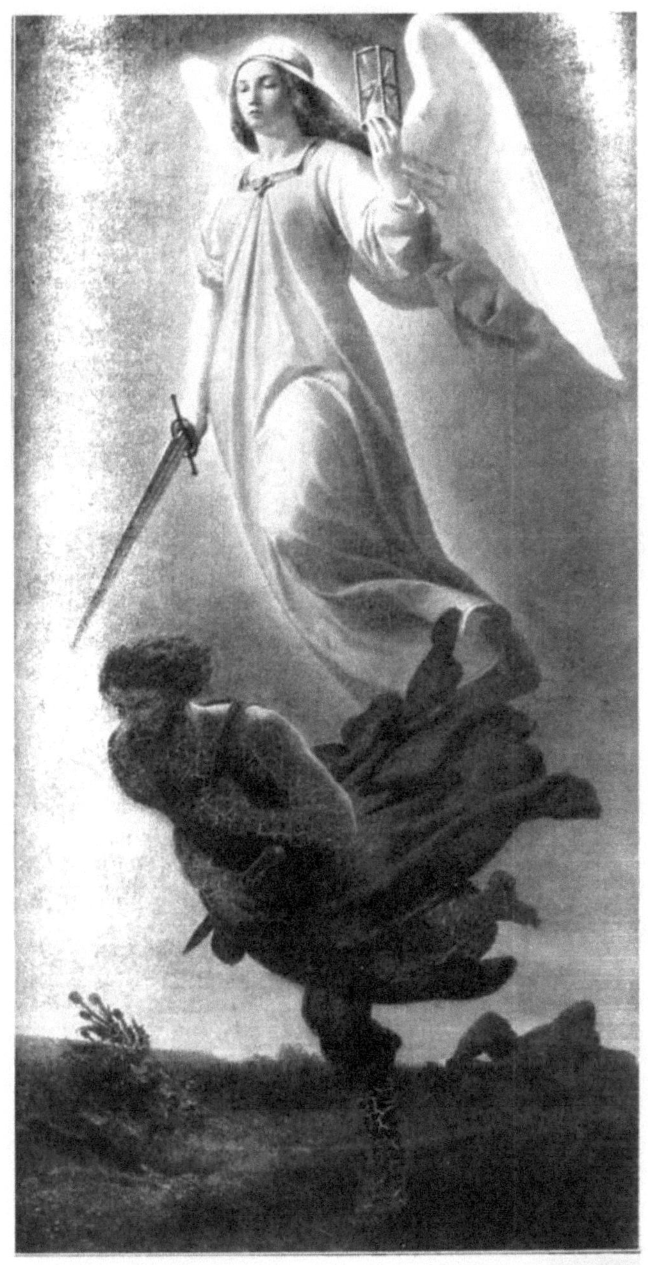



Nemesis

Nemesis        1836—1837        Némésis

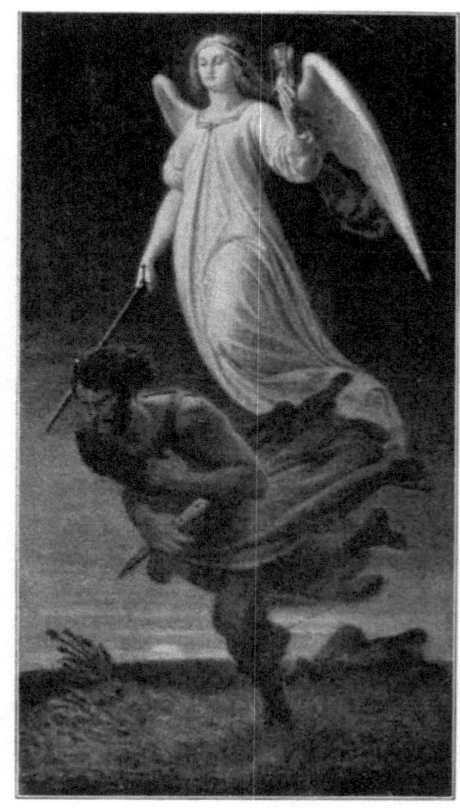

Dresden,        Tuschzeichnung,
Kgl. Kupferstichkabinett    H. 0,48, B. 0,205

## Drei Stände (I)
Um 1836
Three positions of men (I)    Trois états (I)

Aachen, Gustav Ritter    Oel, H. 0,49, B. 0,28

## Nemesis
Nemesis    Némésis

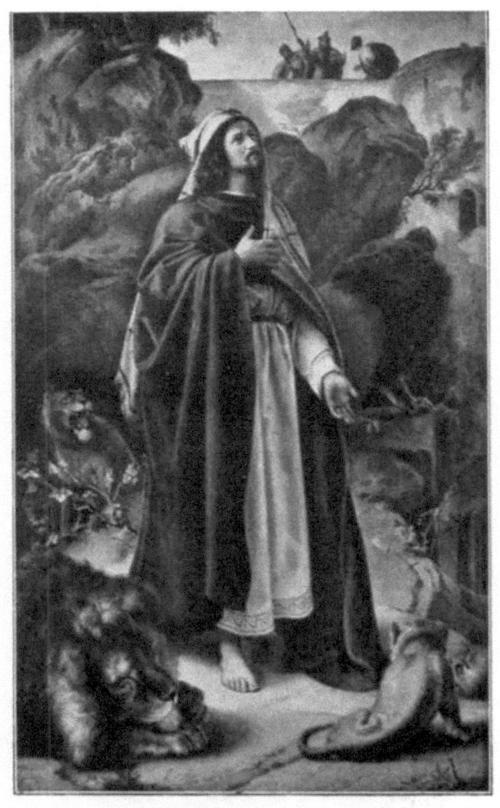

*Ridgehurst, Shenley bei London,  Oelskizze,
Edward Speyer  H. 0,29, B. 0,17

**Daniel in der Löwengrube**

Daniel in the lion's  Um 1836  Daniel dans la fosse
den  aux lions

*Frankfurt, Städelsches Institut  H. 2,43, B. 1,52

**Daniel in der Löwengrube**

Daniel in the lion's  1838  Daniel dans la fosse
den  aux lions

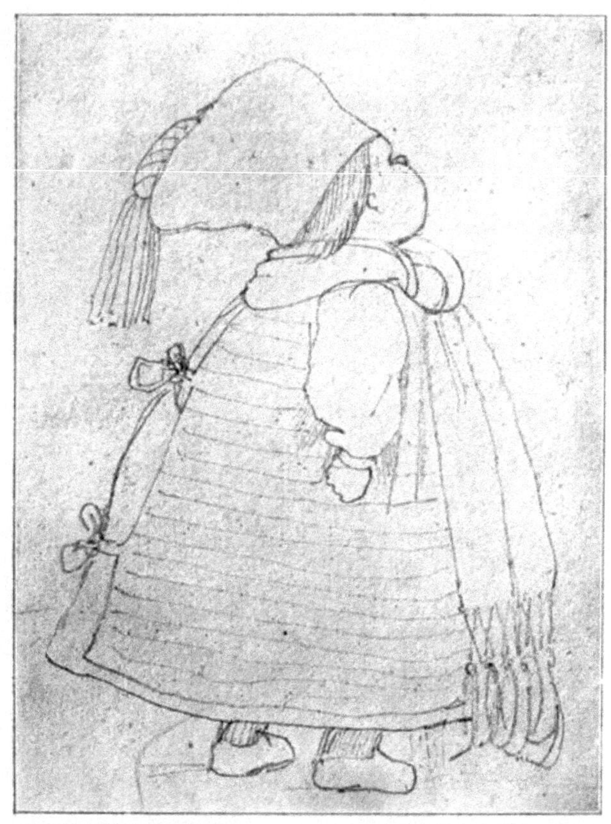



## Karikatur des Düsseldorfer Malers Preyer als Baby

Caricature of the Dusseldorf     vor 1836     Caricature, en baby, du
painter Preyer as a baby                 peintre Preyer de Dûsseldorf

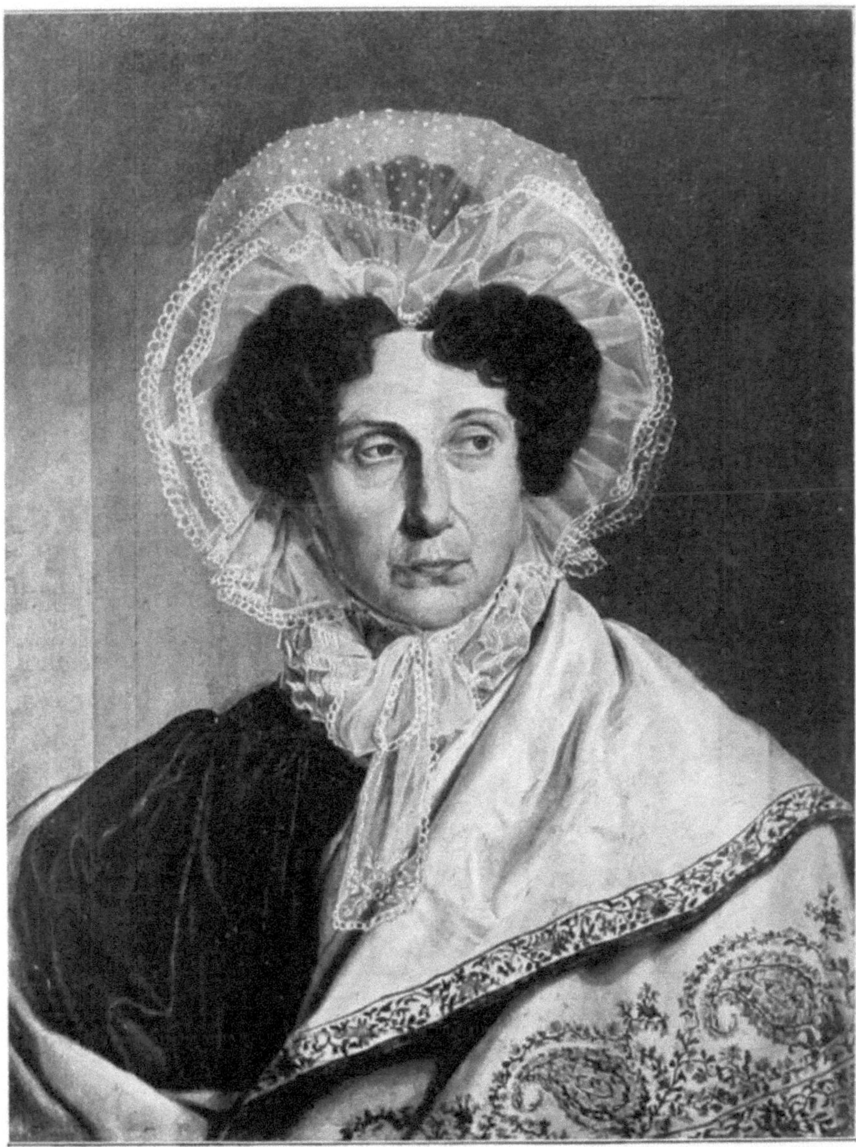





## Rethels Mutter

Rethel's mother      Vor 1836      La mère de Rethel

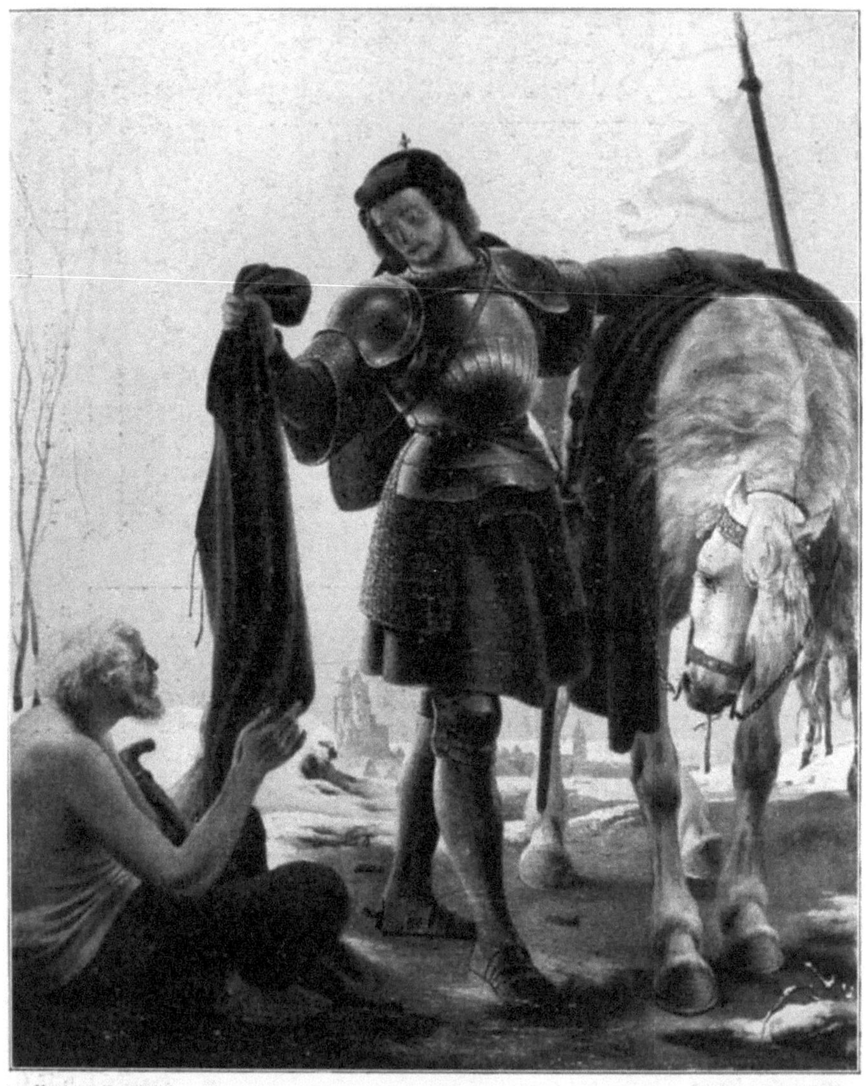




Der heilige Martin mit dem Bettler

St. Martin and the beggar          1836—1838          Saint Martin et le mendiant

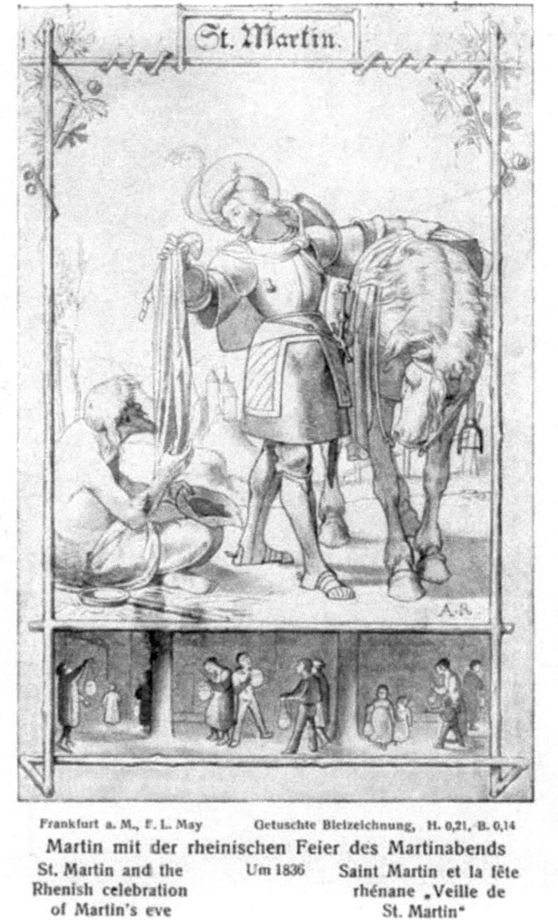


Frankfurt a. M., F. L. May          Getuschte Bleizeichnung, H. 0,21, B. 0,14

**Martin mit der rheinischen Feier des Martinabends**

St. Martin and the          Um 1836          Saint Martin et la fête
Rhenish celebration                              rhénane „Veille de
of Martin's eve                                  St. Martin"

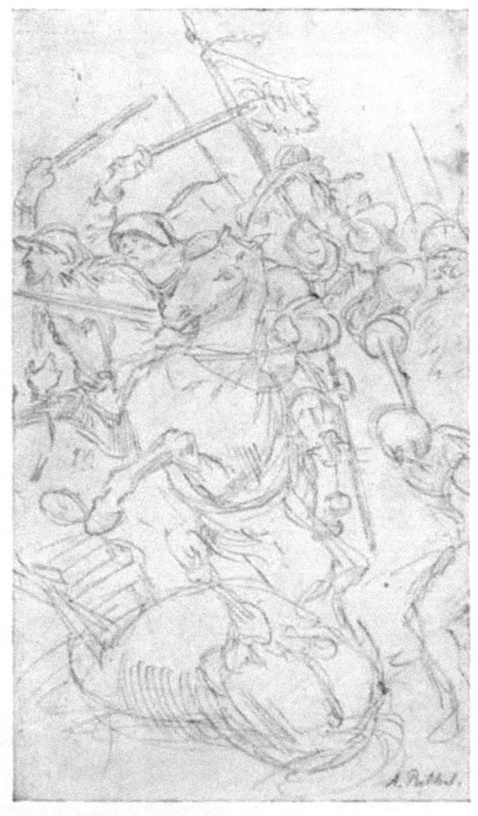

Frankfurt a. M.,                              Bleizeichnung,
Bildhauer K. Rumpf                            H. 0,185, B. 0,11

**Kampfszene**

Scene of a fight          Vor 1836          Scène de combat

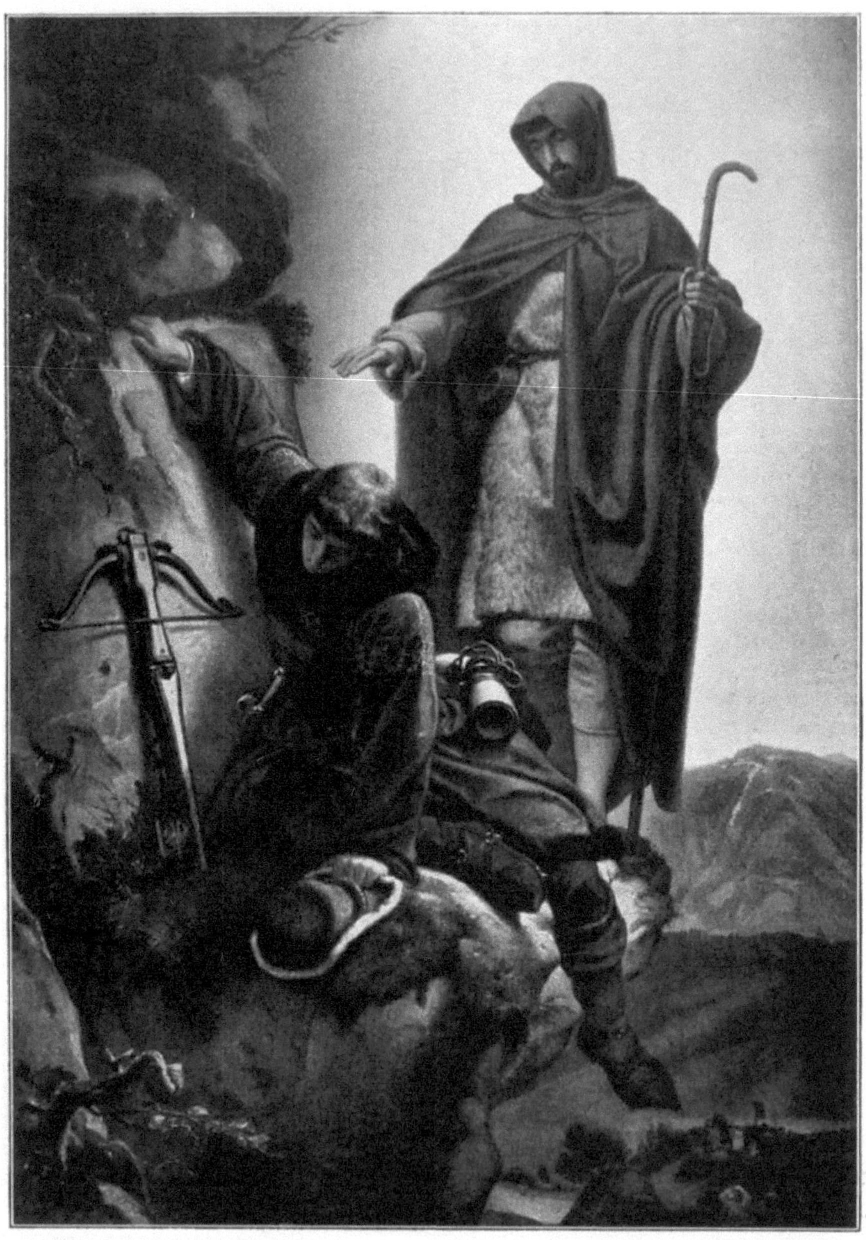




Kaiser Max an der Martinswand
1836
Emperor Max on the Martinswand          L'empereur Maximilien dans la paroi de saint Martin

38

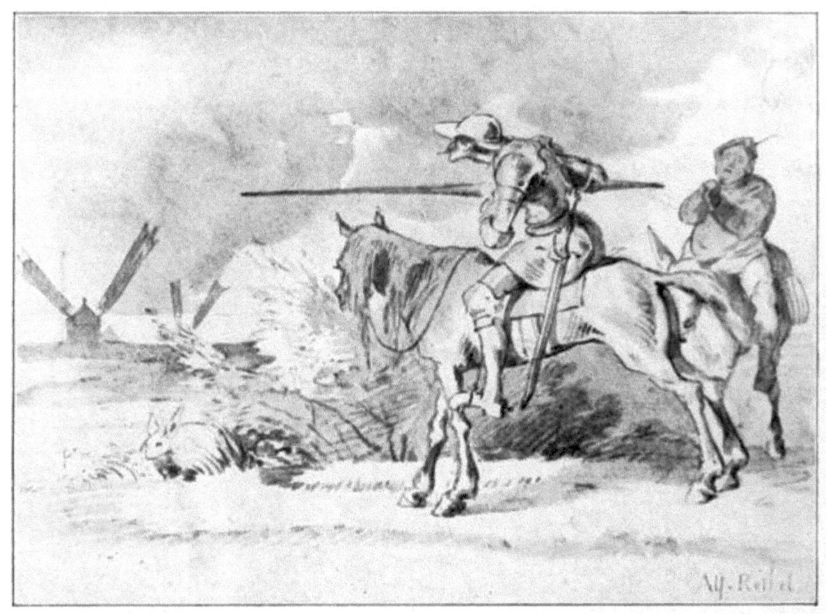



* Metz, Paul Rethel · Tuschzeichnung, H. 0,16, B. 0,20

Don Quichote
Vor 1836

Don Quixote · Don Quichote

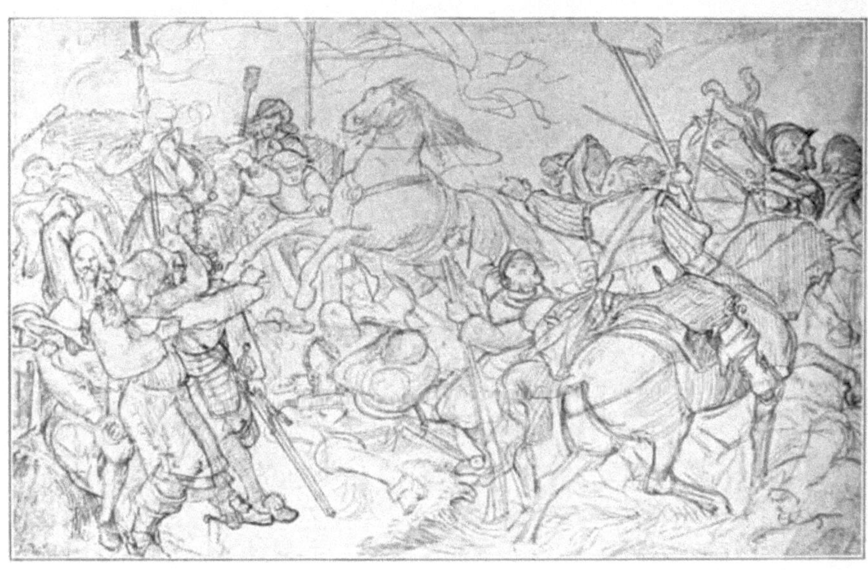

Zeichnung

*Schwedische Krieger erkennen das Ross ihres Königs
Um 1836
Swedish warriors recognise the horse of their king · Guerriers suédois reconnaissant le cheval de leur roi

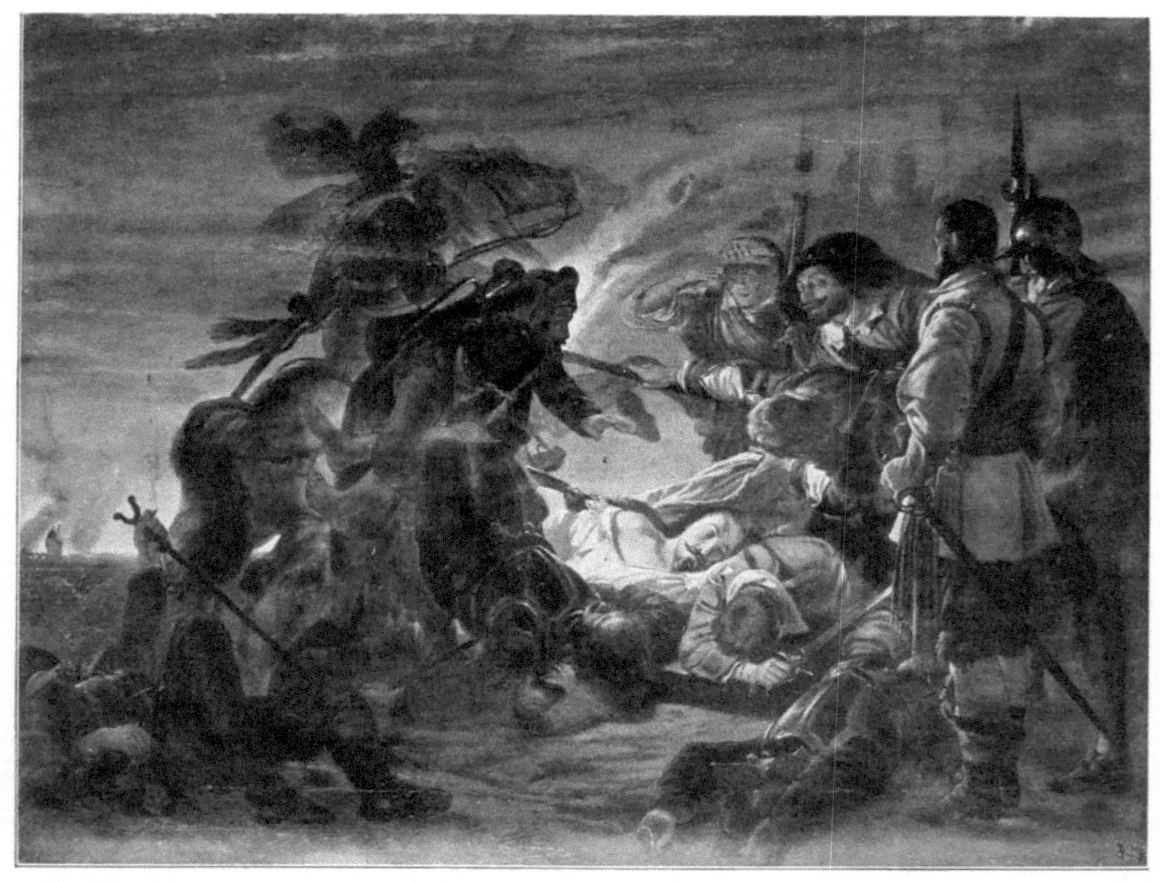



Auffindung der Leiche Gustav Adolfs

The discovery of the corpse of Gustavus Adolphus  1835—1838  Découverte du corps de Gustave Adolphe

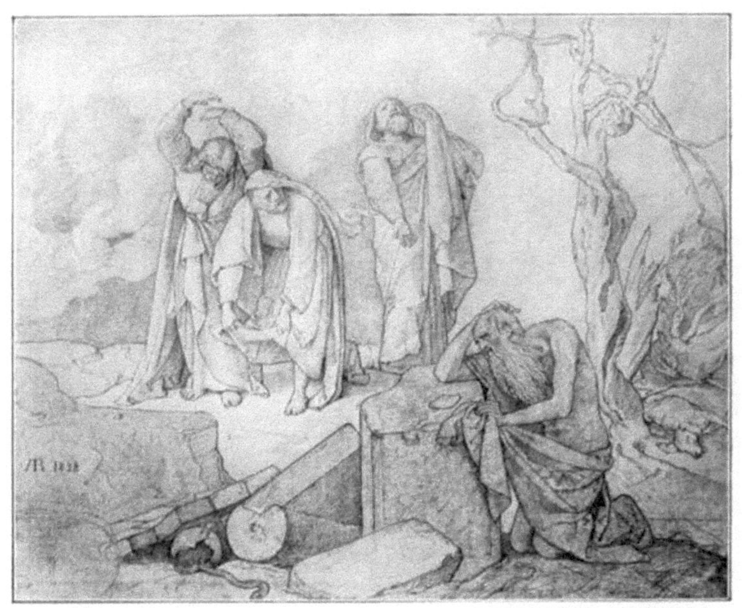



Hiob und seine Freunde

Job and his friends          1838          Job et ses amis

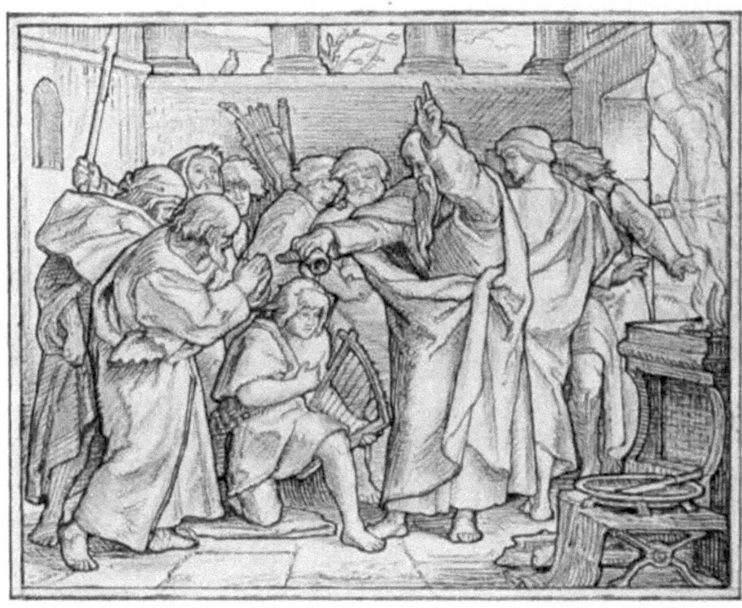



David gesalbt

David anointed          1839          David oint

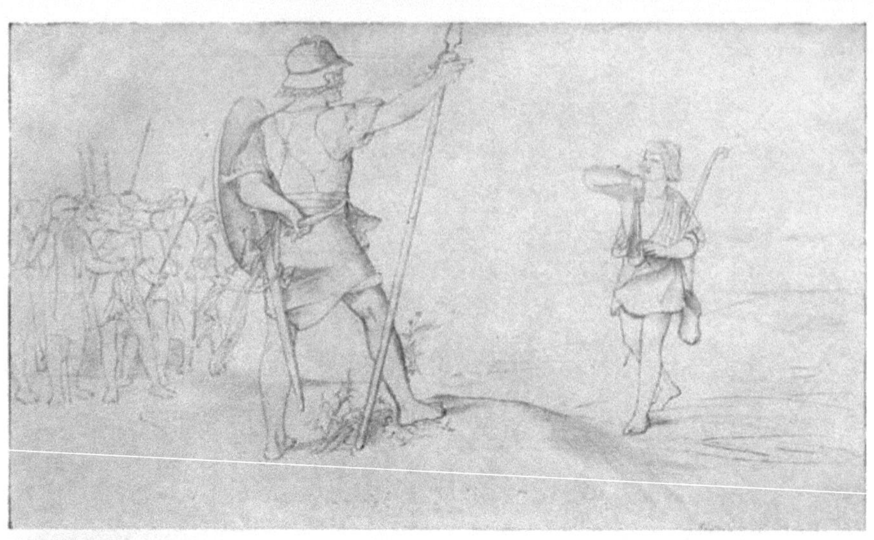

Düsseldorf, Frau E. Sohn — Bleistiftzeichnung, H. 0,22, B. 0,38

**David und Goliath**
1839

David and Goliath — David et Goliath

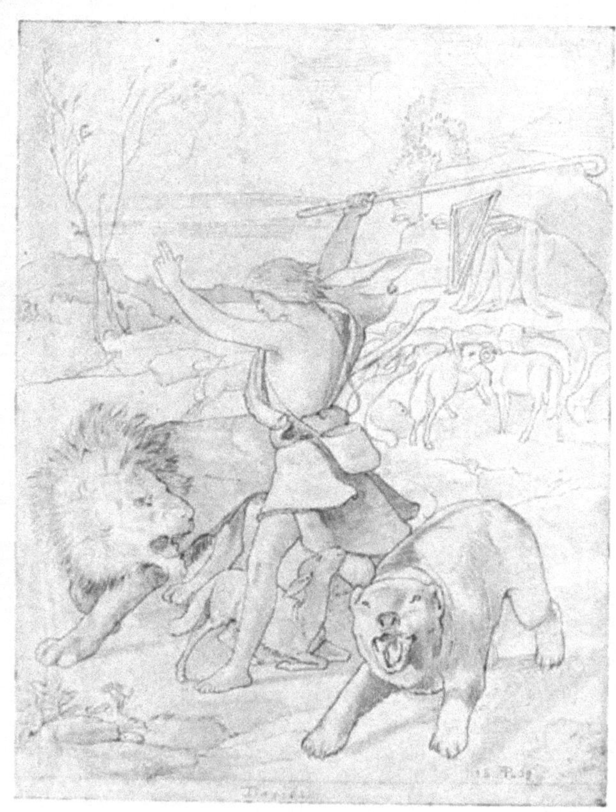

Düsseldorf, Frau E. Sohn — Bleistiftzeichnung, H. 0,29, B. 0,22

**David beschützt das Lamm**

David protects the lamb — 1839 — David protège l'agneau

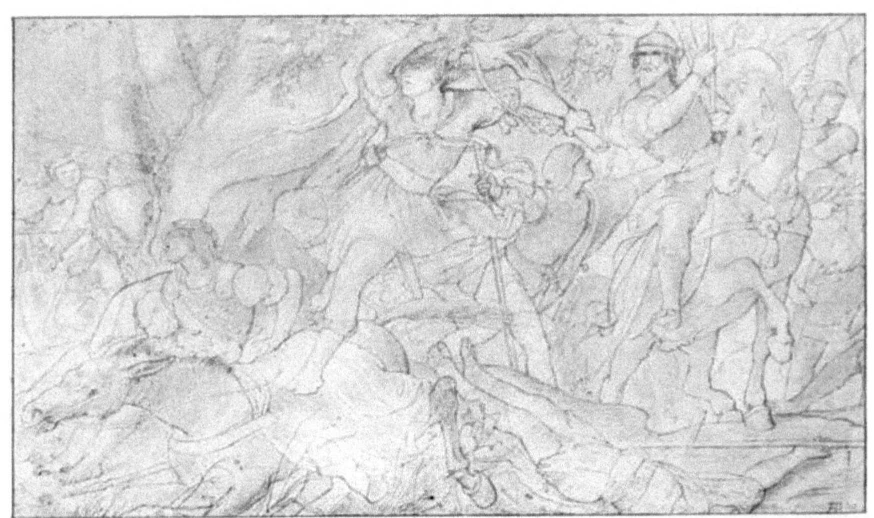



Zeichnung, H. 0,237. B. 0,389

## Tod Absaloms

The death of Absalom          1839          Mort d'Absalom

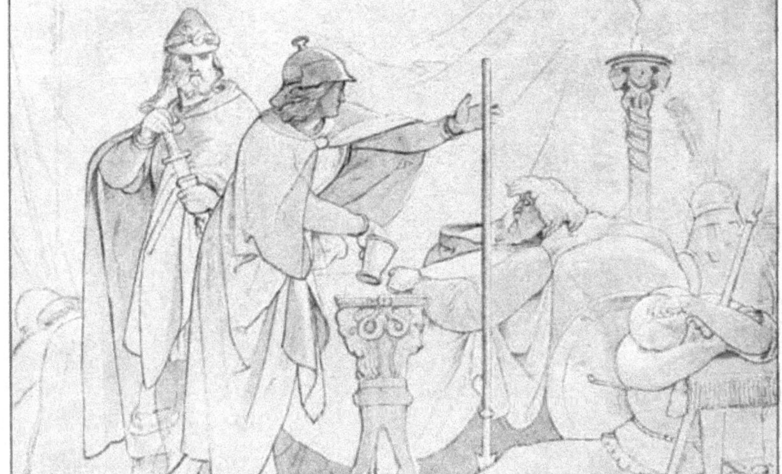



Zeichnung, H. 0,322, B. 0,409

## David im Zelte des schlafenden Saul

David in the tent of the sleeping Saul          1839          David dans la tente de Saül endormi

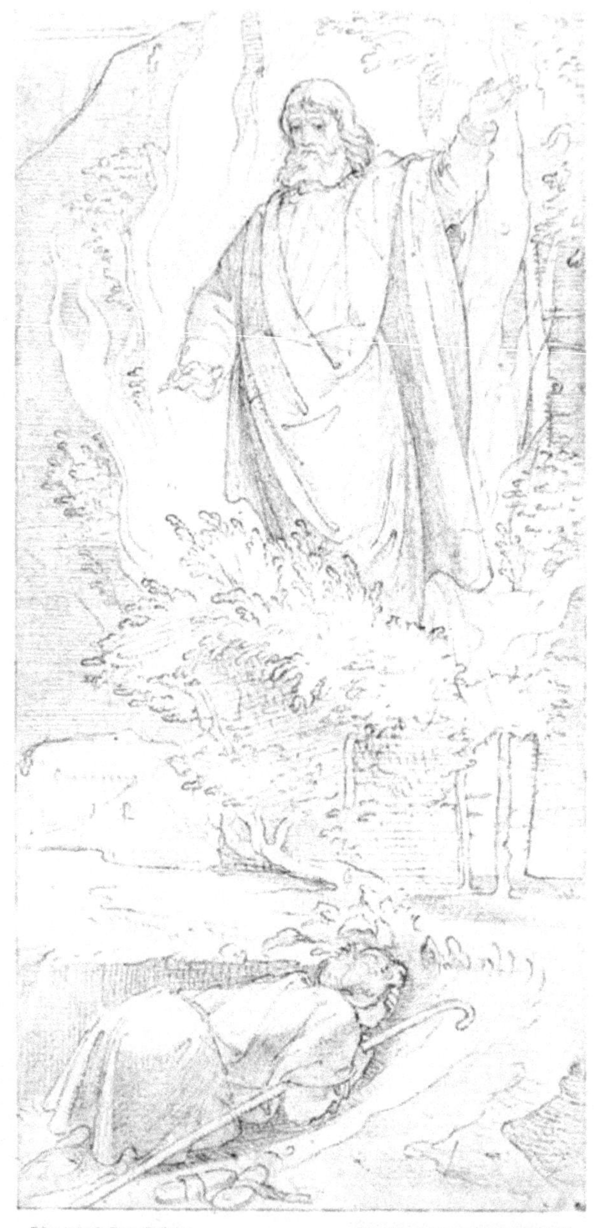



**Moses vor dem feurigen Busch**

Moses before the burning
bush

Um 1839

Moïse devant le buisson
ardent

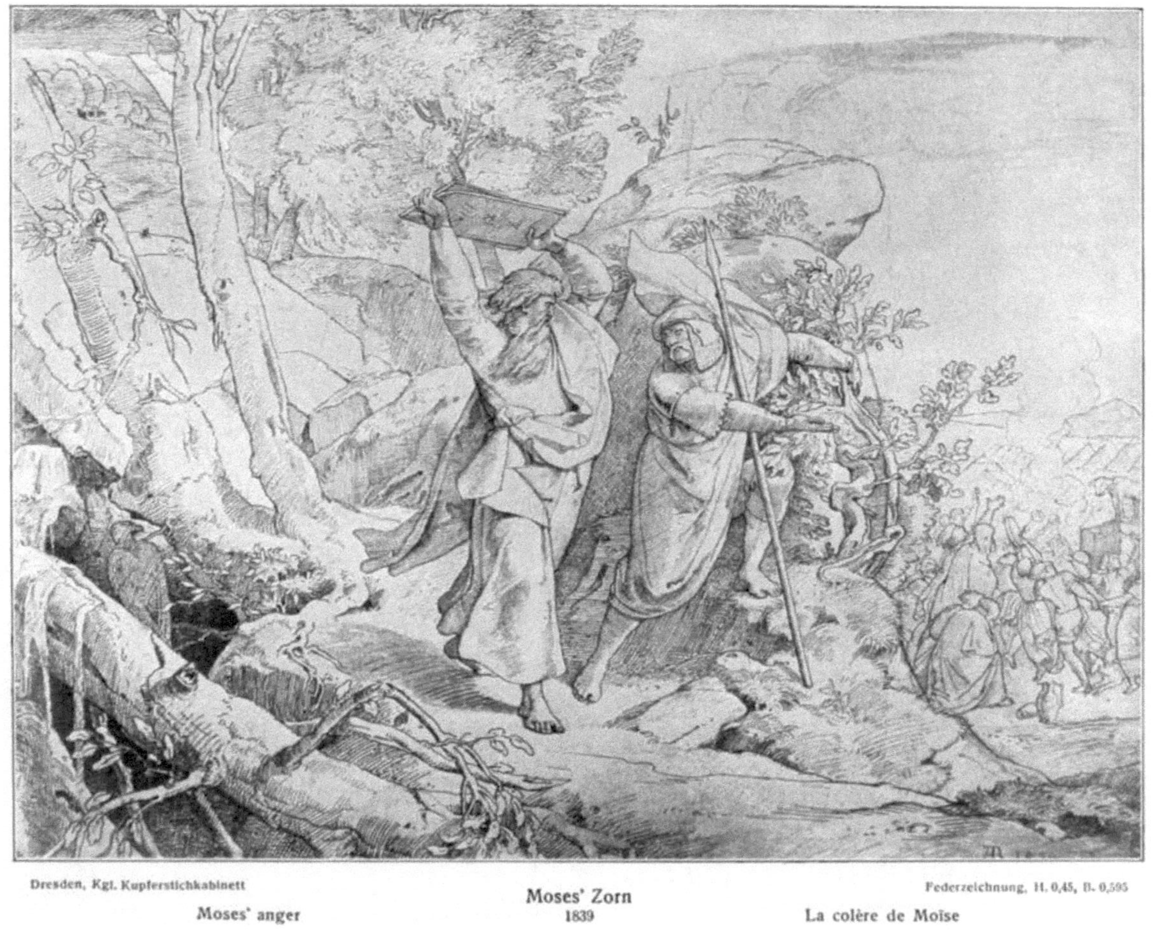

Dresden, Kgl. Kupferstichkabinett    Federzeichnung, H. 0,45, B. 0,395

Moses' anger

Moses' Zorn
1839

La colère de Moïse

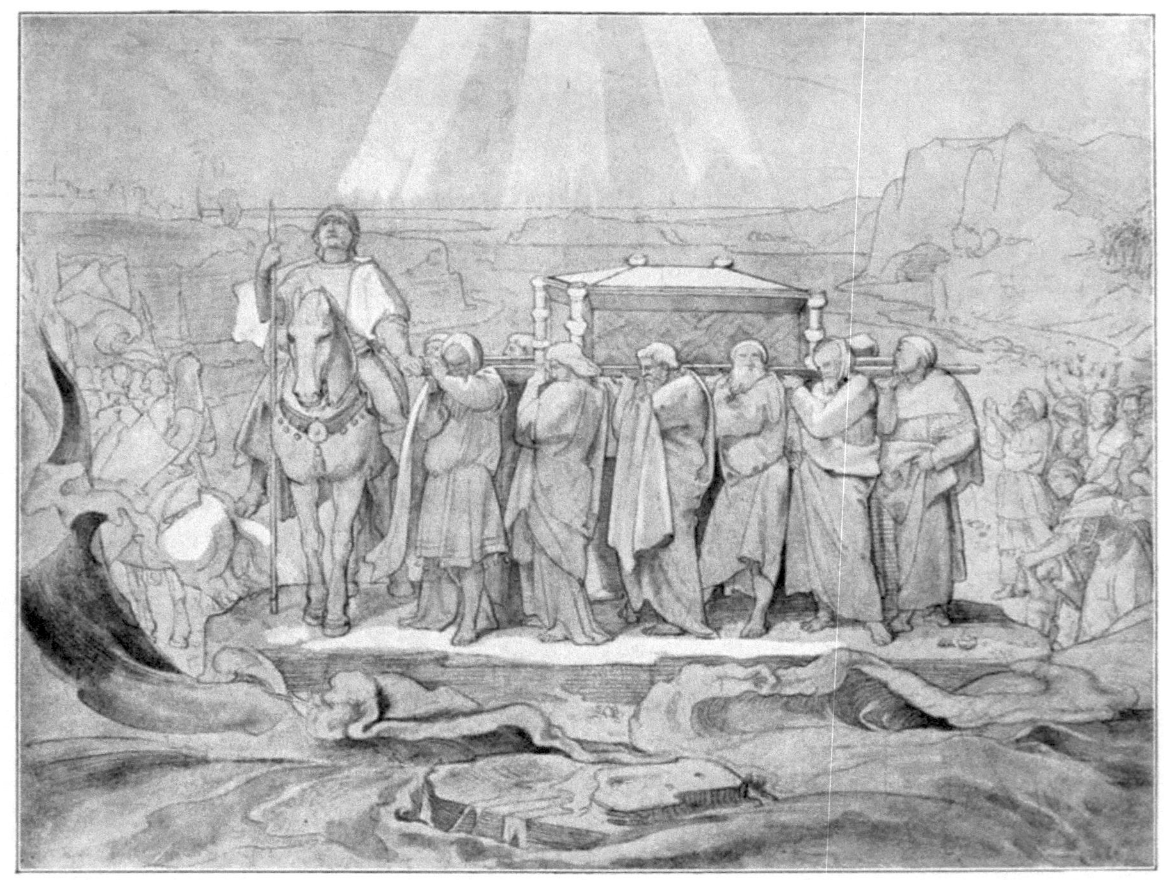

Dresden, Kgl. Kupferstichkabinett     Zeichnung, H. 0,425, B. 0,572

**Josua führt die Bundeslade durch den Jordan**

Joshuapasses with the ark of covenant over the Jordan     Um 1840     Josué conduit l'Arche d'alliance à travers le Jourdain

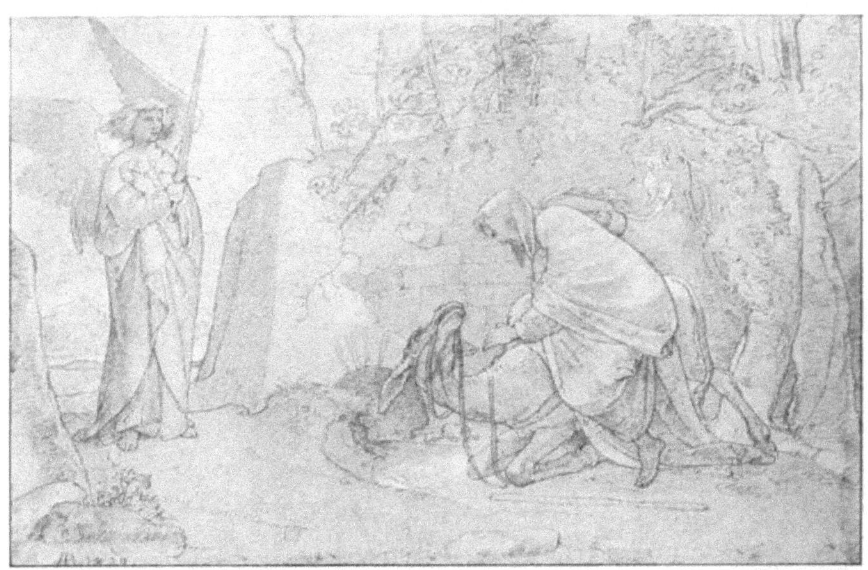



Zeichnung, H. 0,255, B. 0,382

## Bileam und die redende Eselin

Bileam and the talking ass      1839      Balaam et l'ânesse qui parle

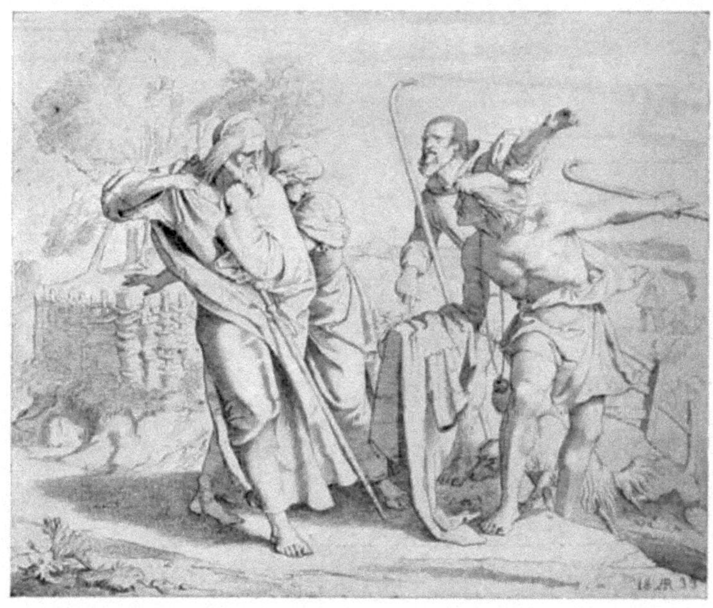

Radierung, H. 0,26, B. 0,32

### *Jakob erblickt den blutigen Rock seines Sohnes Joseph

Jacob descries the bloody coat      1839      Jacob aperçoit la robe sanglante
of his son Joseph      de son fils Joseph

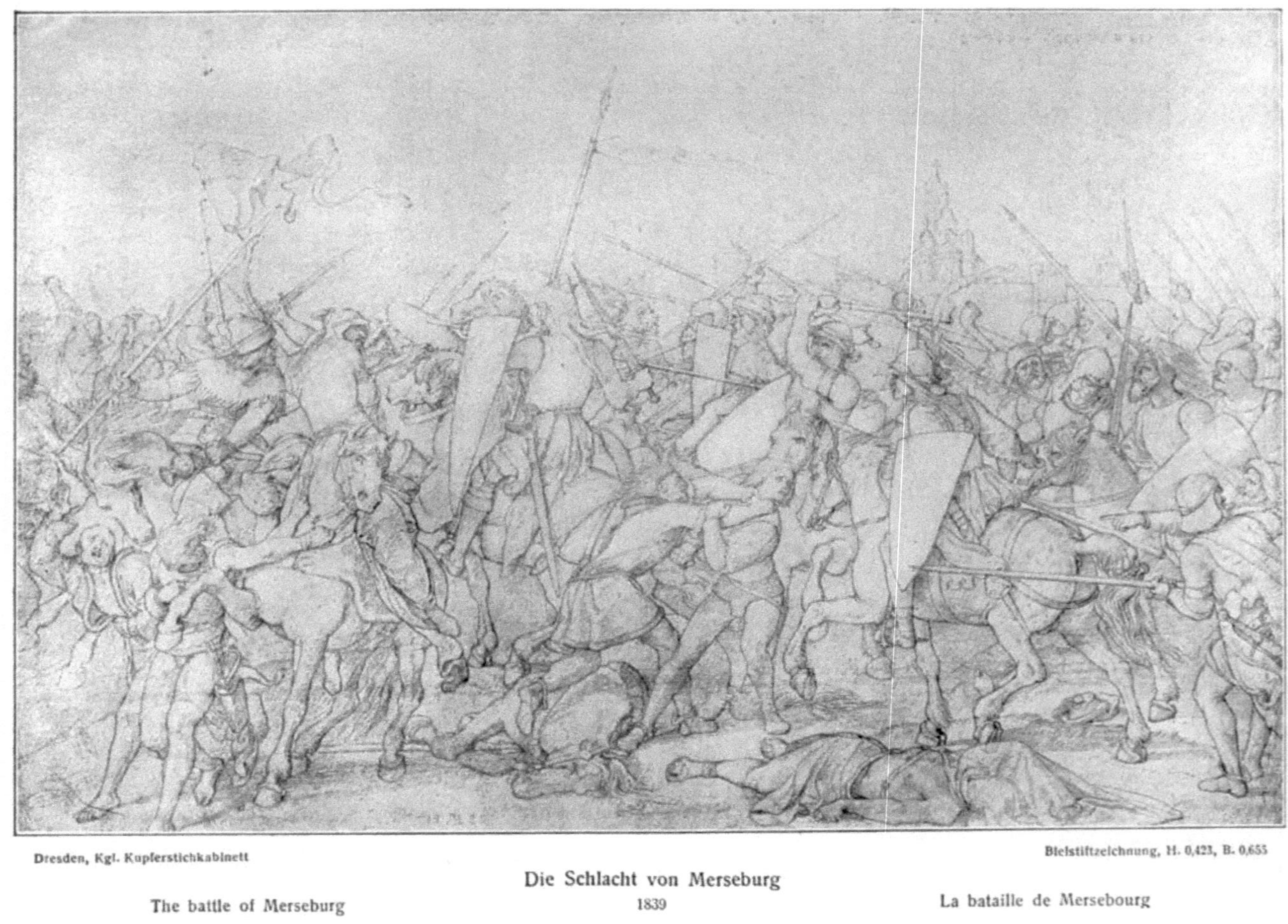

Dresden, Kgl. Kupferstichkabinett

Bleistiftzeichnung, H. 0,423, B. 0,655

Die Schlacht von Merseburg

1839

The battle of Merseburg

La bataille de Mersebourg

48

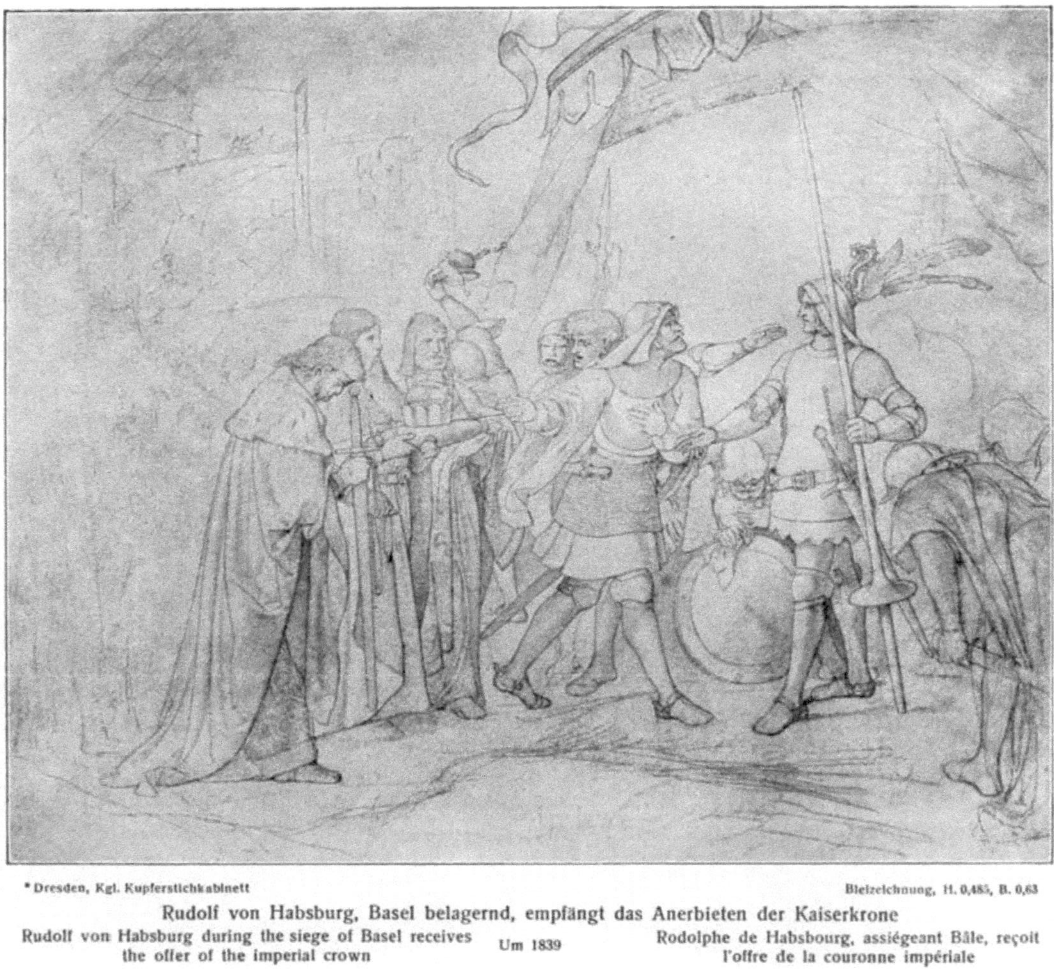

* Dresden, Kgl. Kupferstichkabinett

Bleizeichnung, H. 0,485, B. 0,63

Rudolf von Habsburg, Basel belagernd, empfängt das Anerbieten der Kaiserkrone

Rudolf von Habsburg during the siege of Basel receives the offer of the imperial crown

Um 1839

Rodolphe de Habsbourg, assiégeant Bâle, reçoit l'offre de la couronne impériale

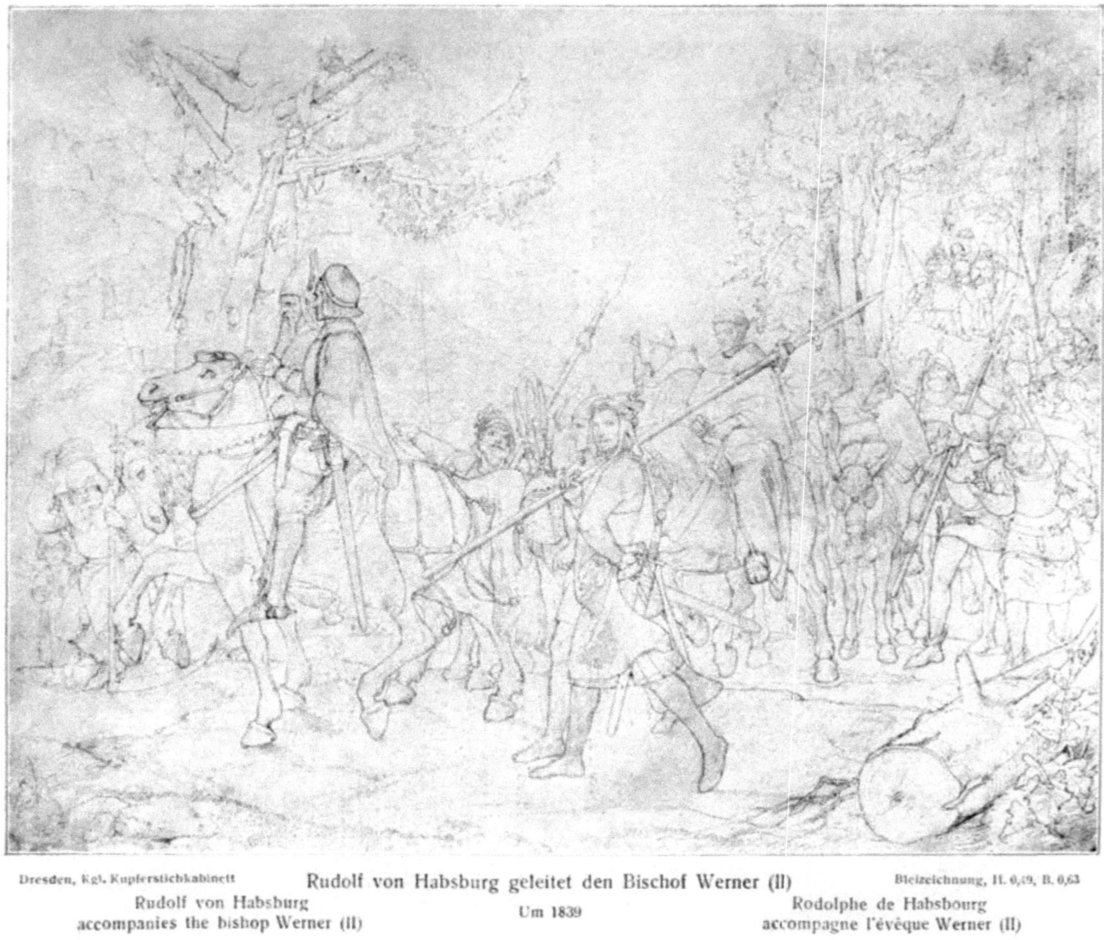

Dresden, Kgl. Kupferstichkabinett — Rudolf von Habsburg geleitet den Bischof Werner (II) — Bleizeichnung, H. 0,49, B. 0,63

Rudolf von Habsburg
accompanies the bishop Werner (II)

Um 1839

Rodolphe de Habsbourg
accompagne l'évêque Werner (II)

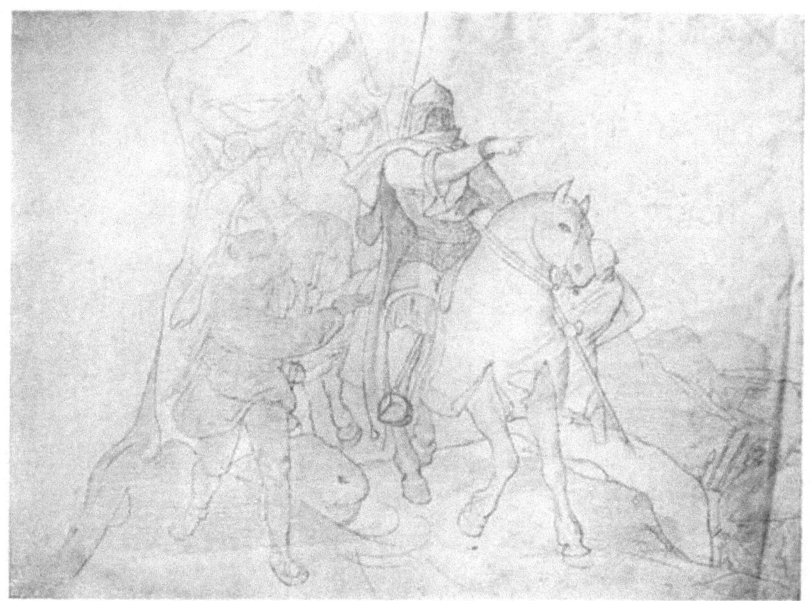



## Staufenkaiser auf der Romfahrt
Um 1839
Staufen emperor on his way to Rome      Un empereur de la famille des Hohenstaufen allant à Rome

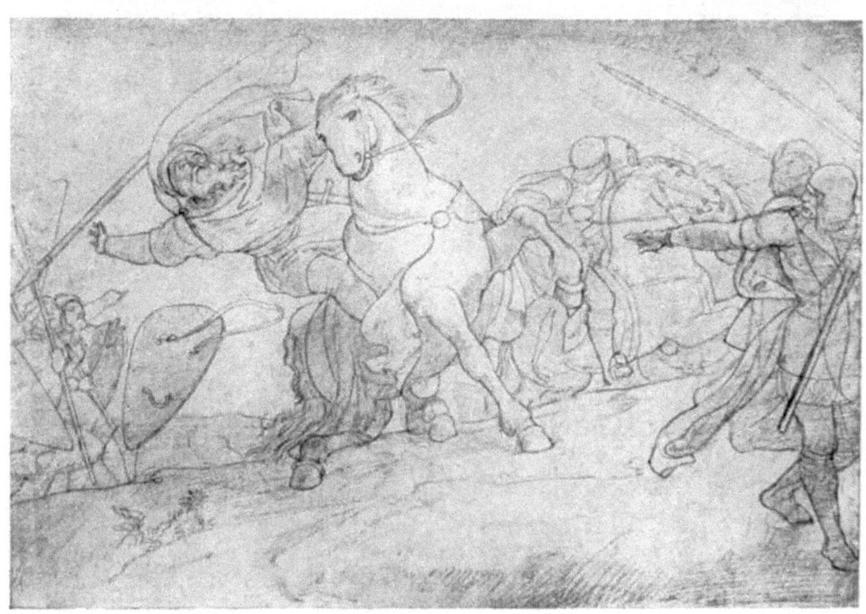



## Saulus-Paulus (I)
Saul-Paul (I)      Um 1839      Saul-Paul (I)

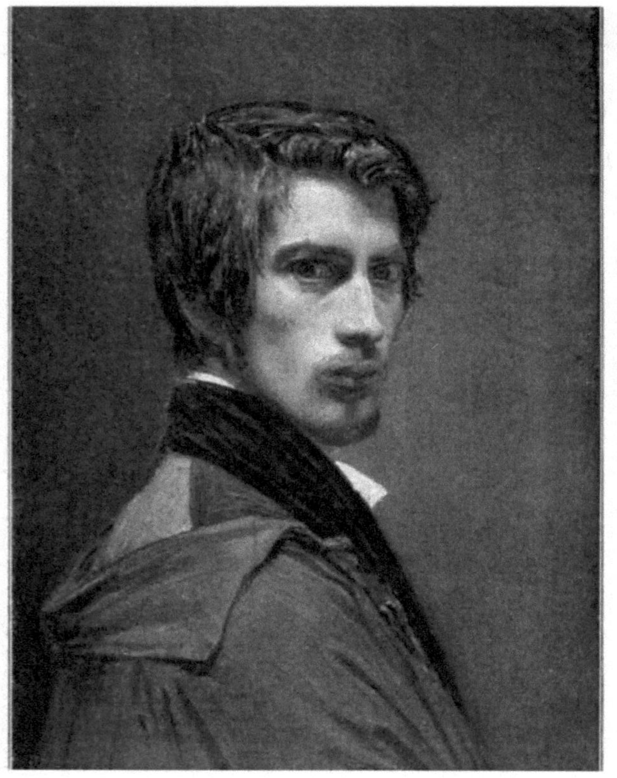

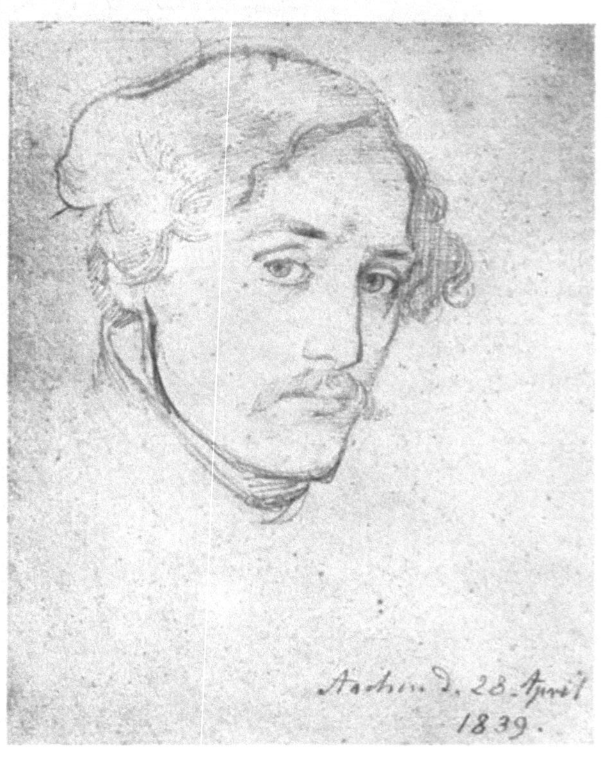

Aachen d. 28. April
1839.

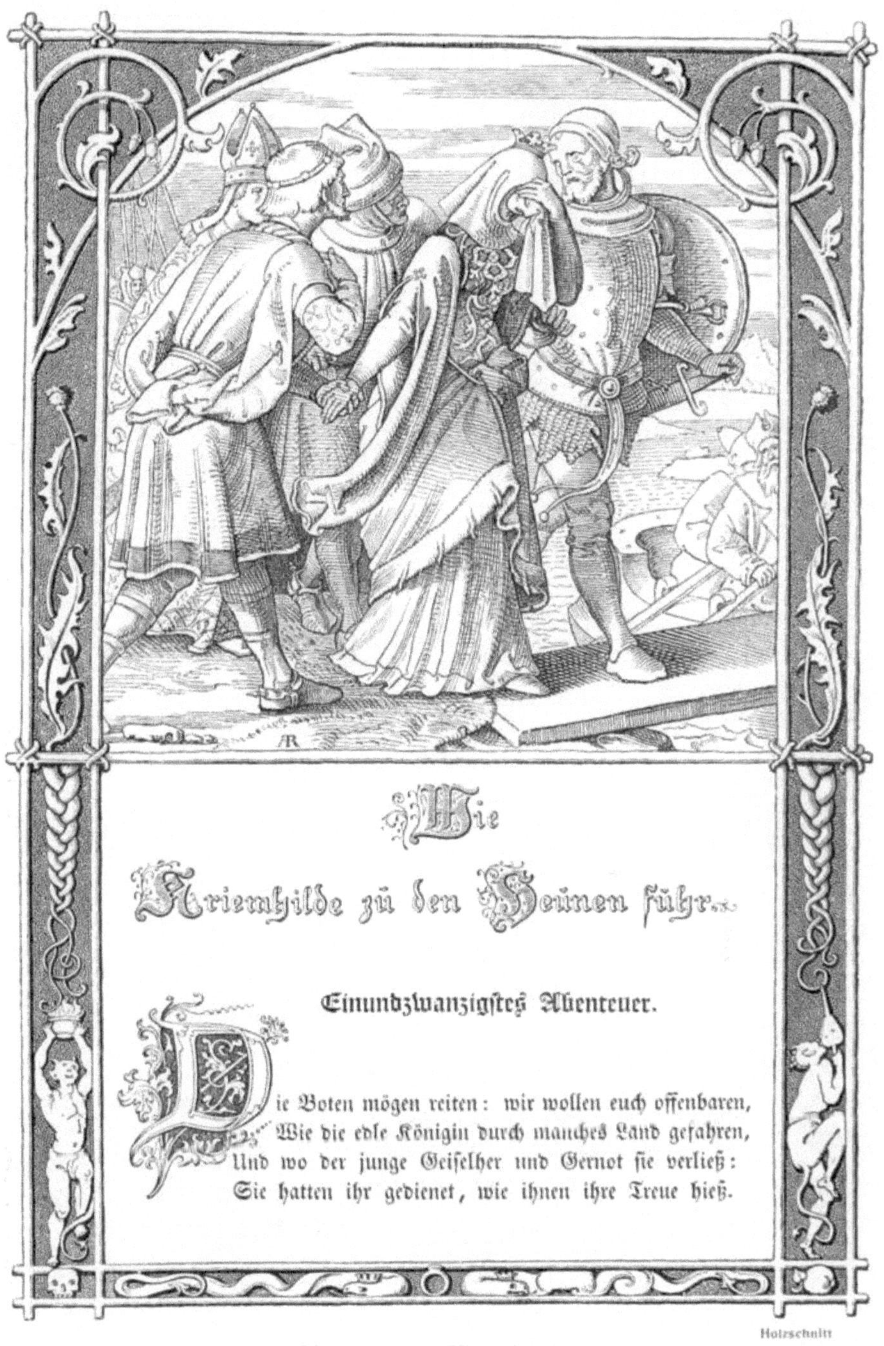


Illustration zum Nibelungenlied
(Ausgabe von G. C. Marbach, Otto Wigand, Leipzig 1840)

Illustration for the song of the Nibelungs    1840    Illustration pour la chanson des Nibelungen

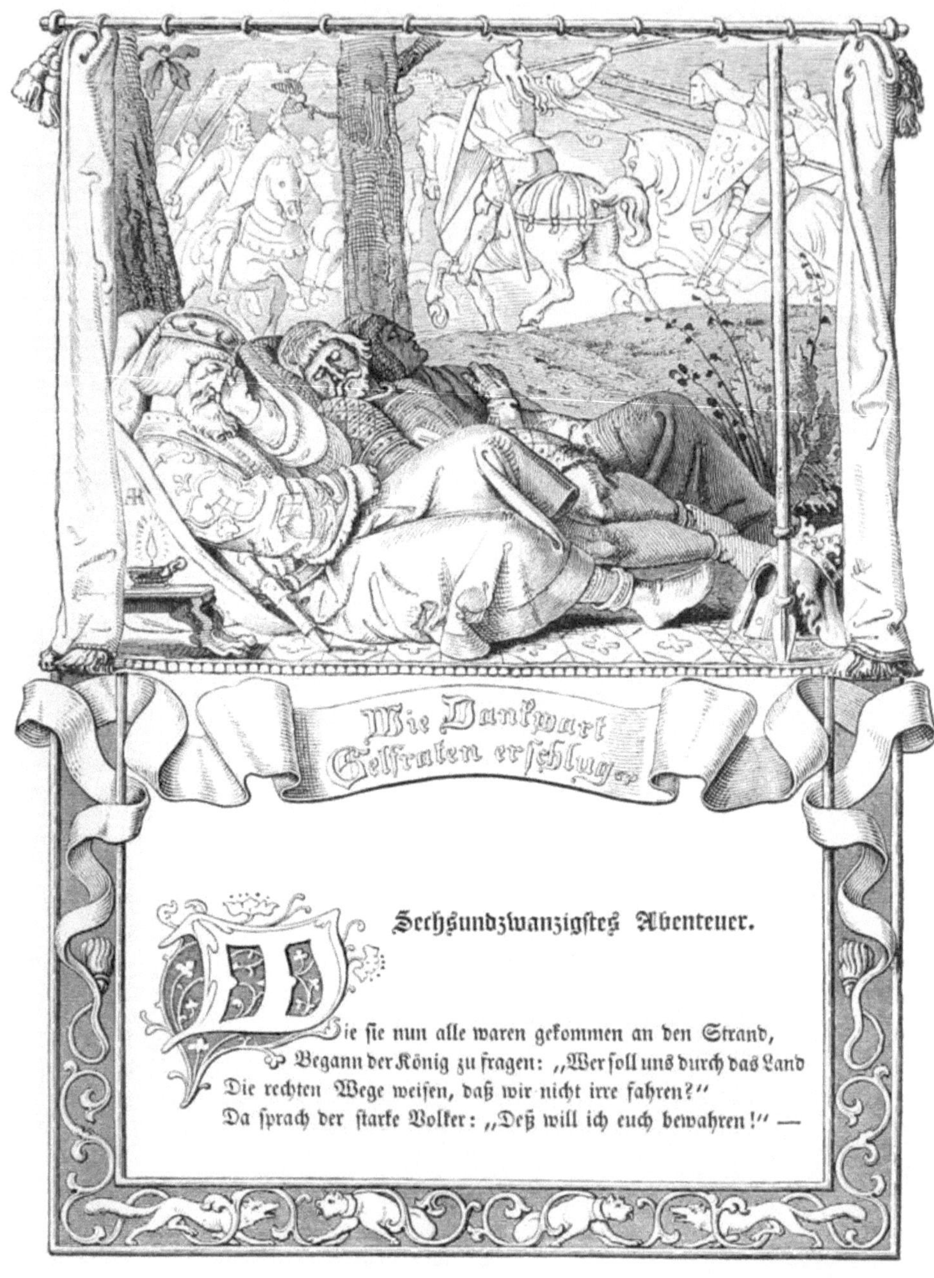


Illustration zum Nibelungenlied

Illustration for the song of the Nibelungs     1840     Illustration pour la chanson des Nibelungen

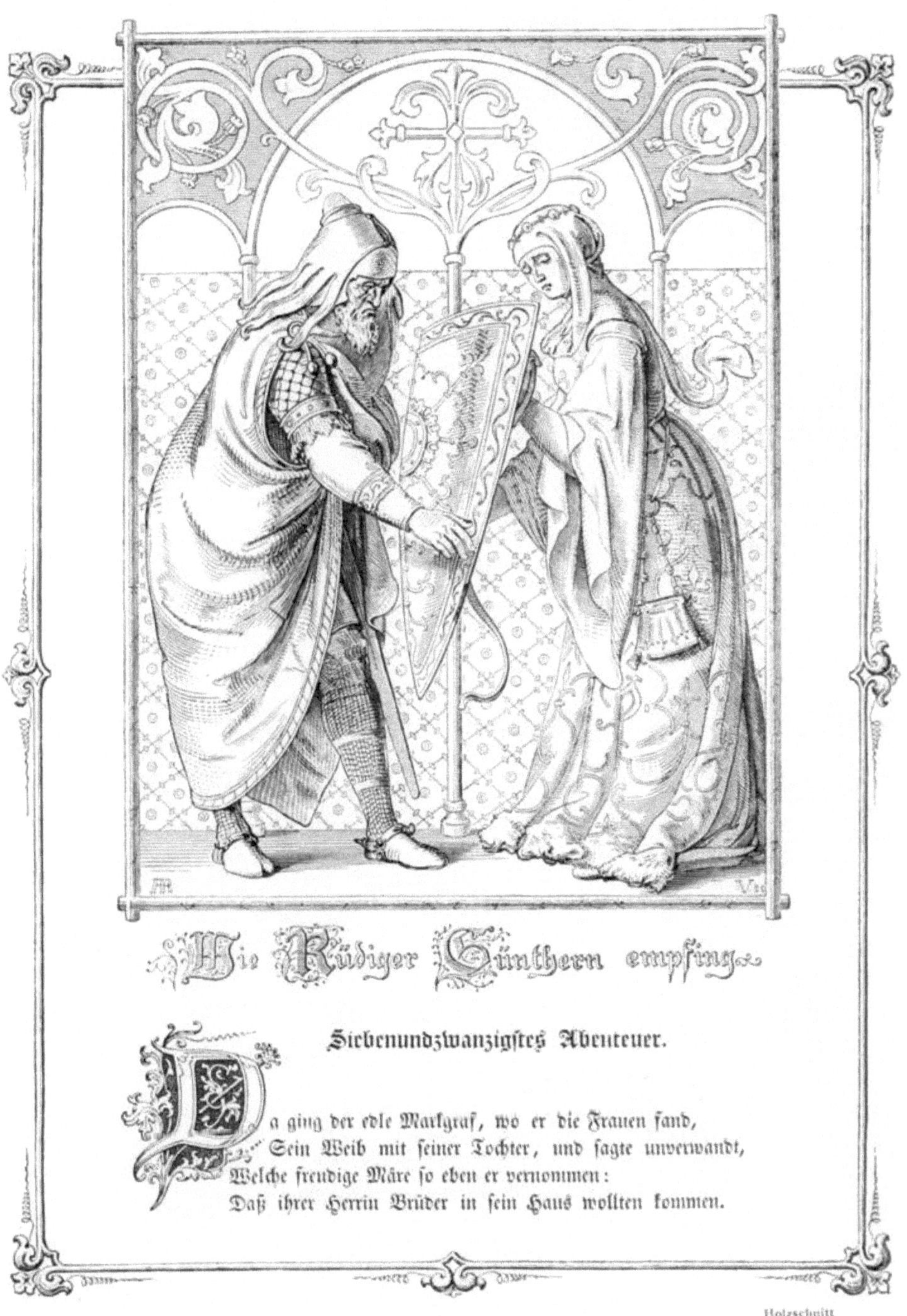


Siebenundzwanzigstes Abenteuer.

Da ging der edle Markgraf, wo er die Frauen fand,
Sein Weib mit seiner Tochter, und sagte unverwandt,
Welche freudige Märe so eben er vernommen:
Daß ihrer Herrin Brüder in sein Haus wollten kommen.



Illustration zum Nibelungenlied
Illustration for the song of the Nibelungs     1840     Illustration pour la chanson des Nibelungen

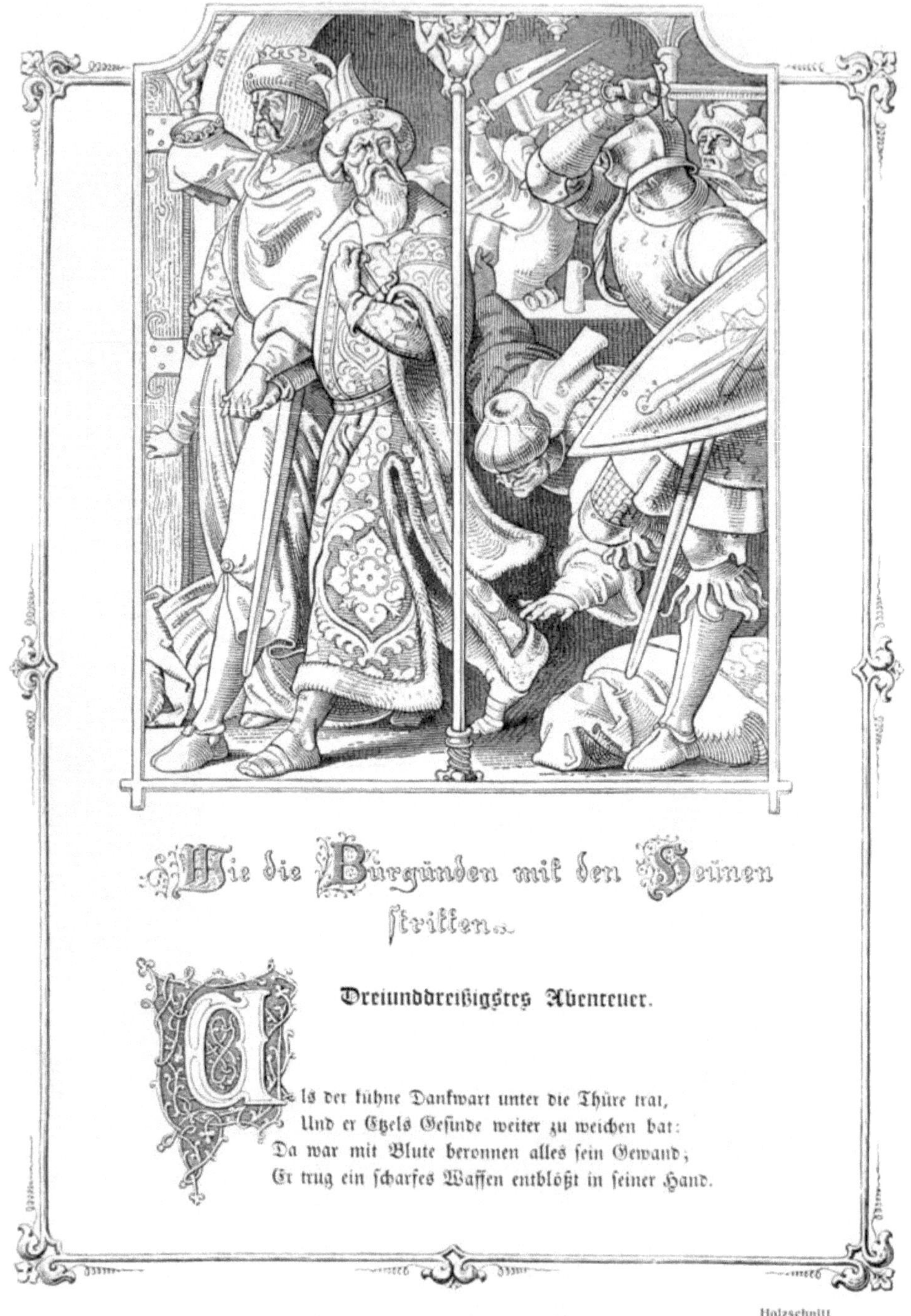


Holzschnitt

Illustration zum Nibelungenlied
Illustration for the song of the Nibelungs          1840          Illustration pour la chanson des Nibelungen

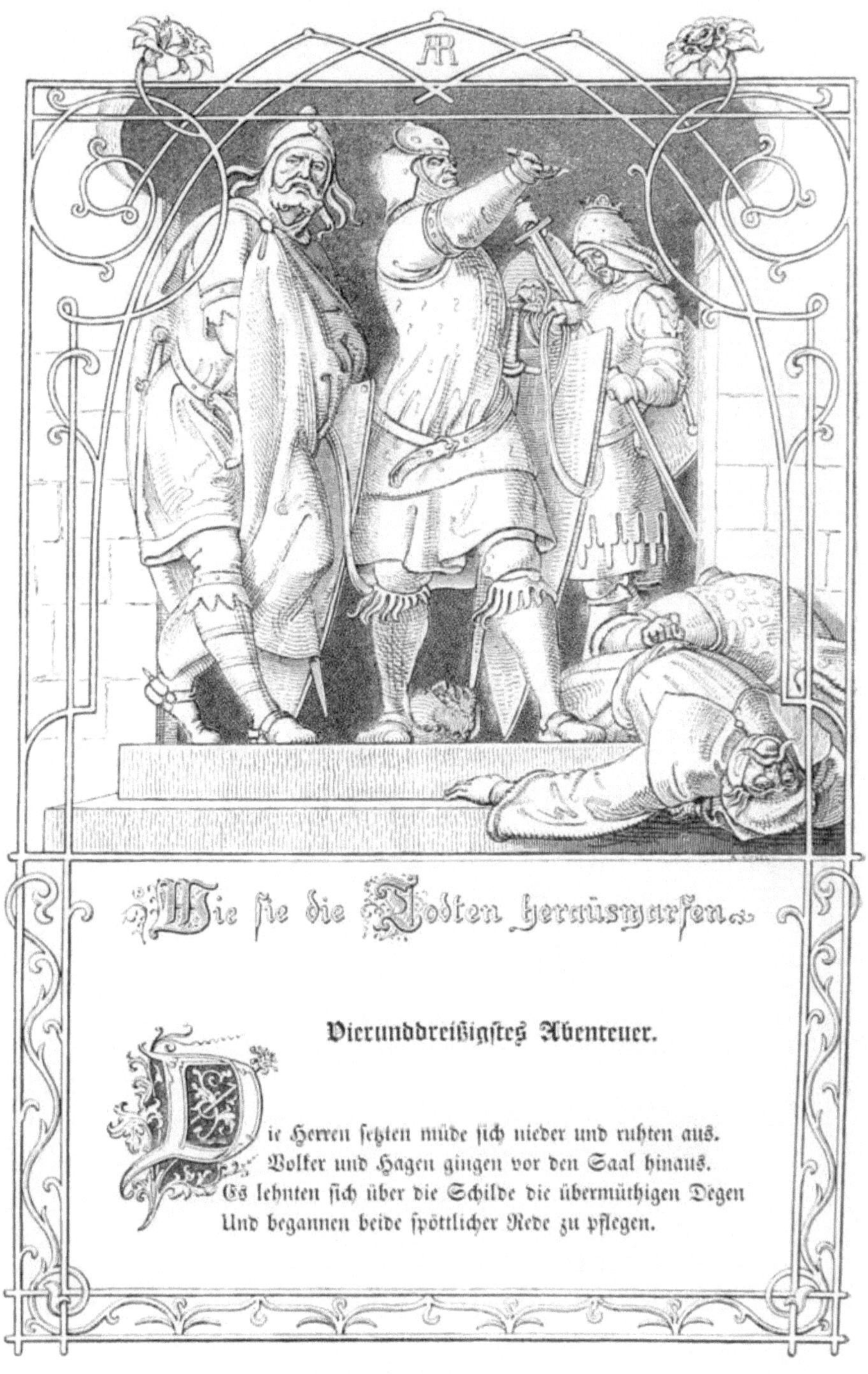


Illustration zum Nibelungenlied     Holzschnitt
Illustration for the song of the Nibelungs     1840     Illustration pour la chanson des Nibelungen

57

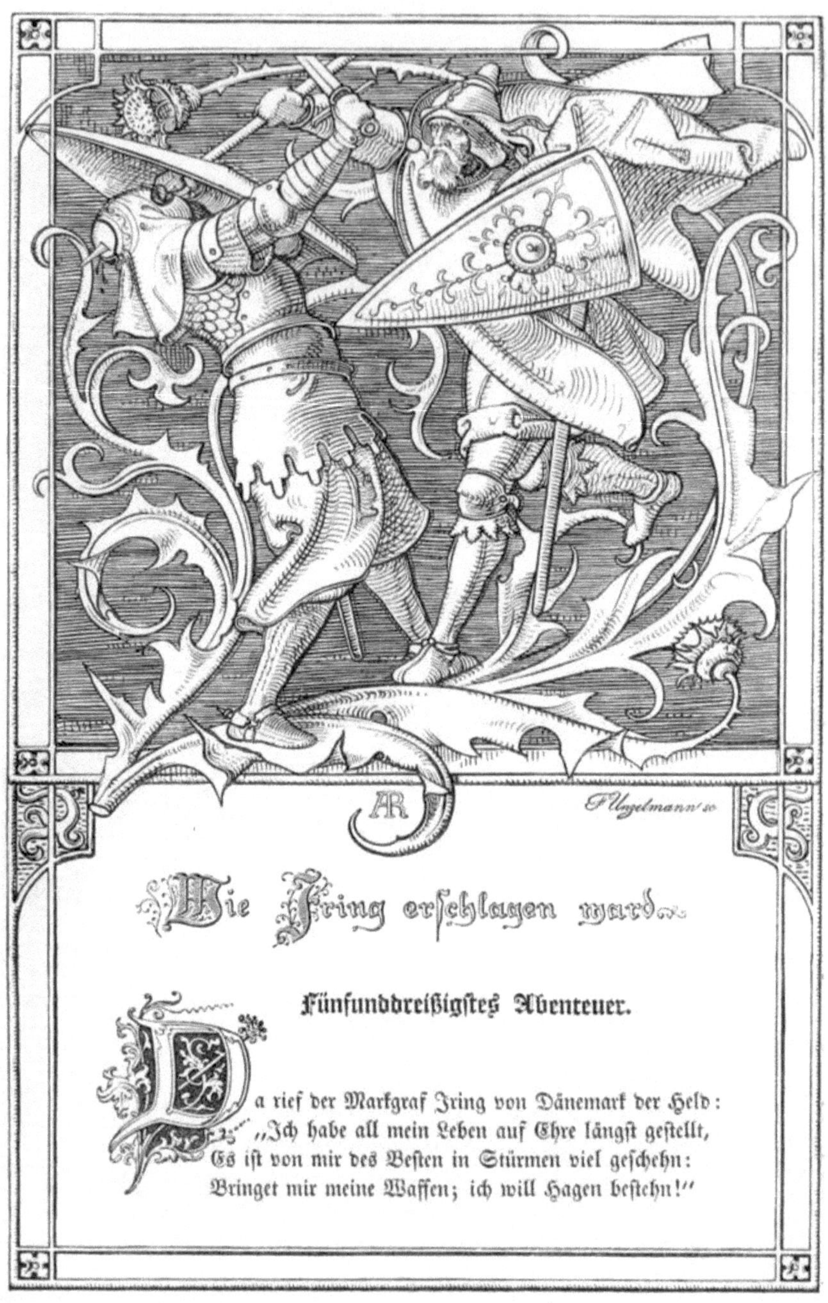


Holzschnitt

Illustration zum Nibelungenlied
Illustration for the song of the Nibelungs          1840          Illustration pour la chanson des Nibelungen

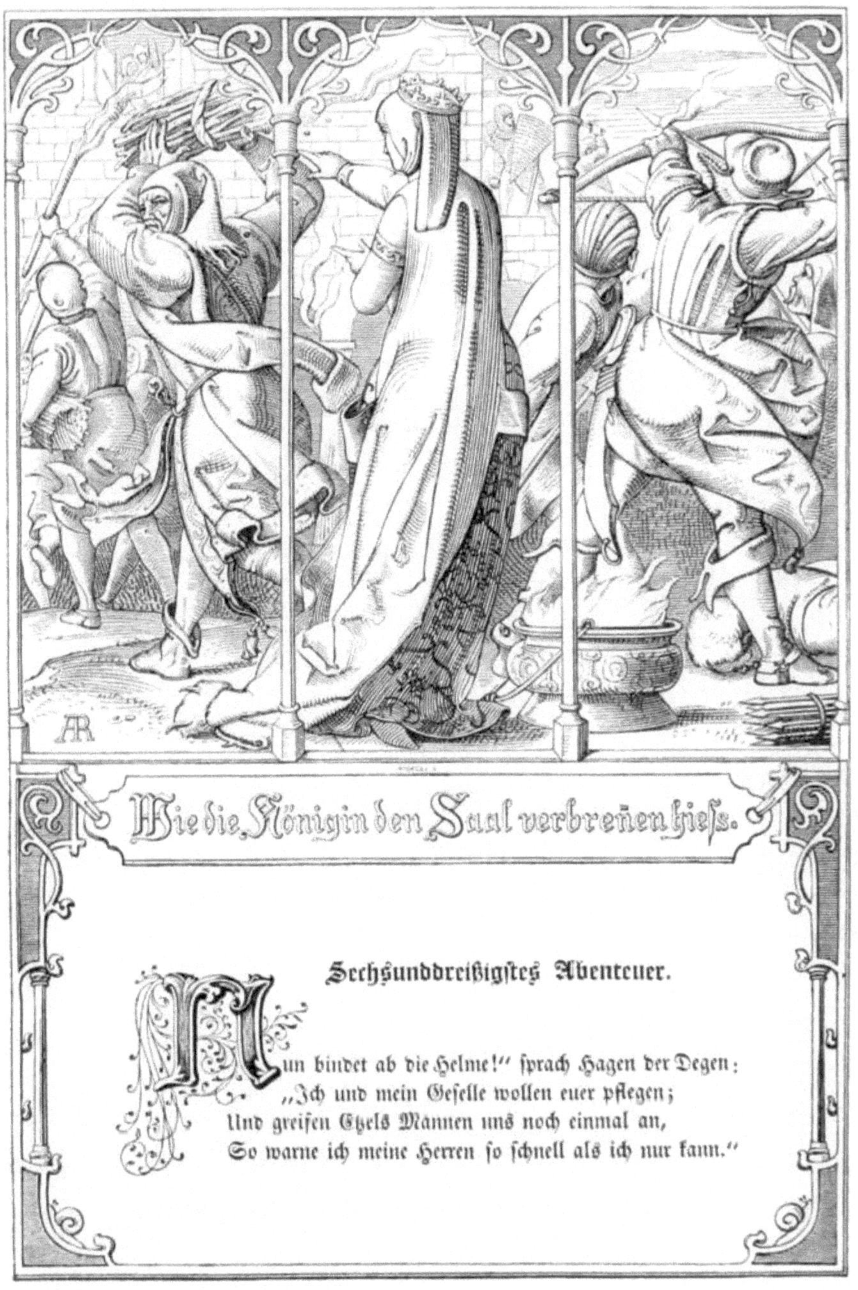


Illustration zum Nibelungenlied

Illustration for the song of the Nibelungs    1840    Illustration pour la chanson des Nibelungen

Holzschnitt

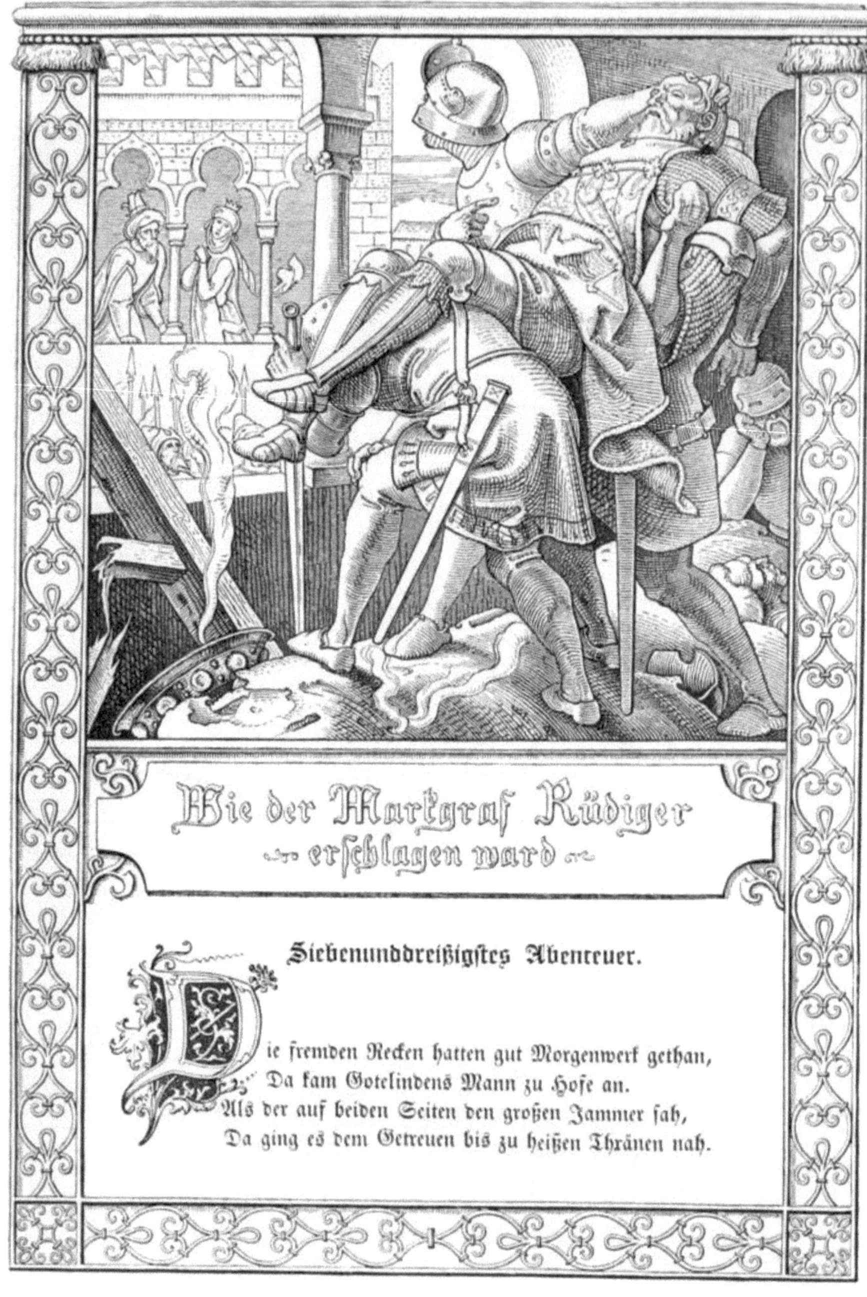


Illustration zum Nibelungenlied

Holzschnitt

Illustration for the song of the Nibelungs     1840     Illustration pour la chanson des Nibelungen

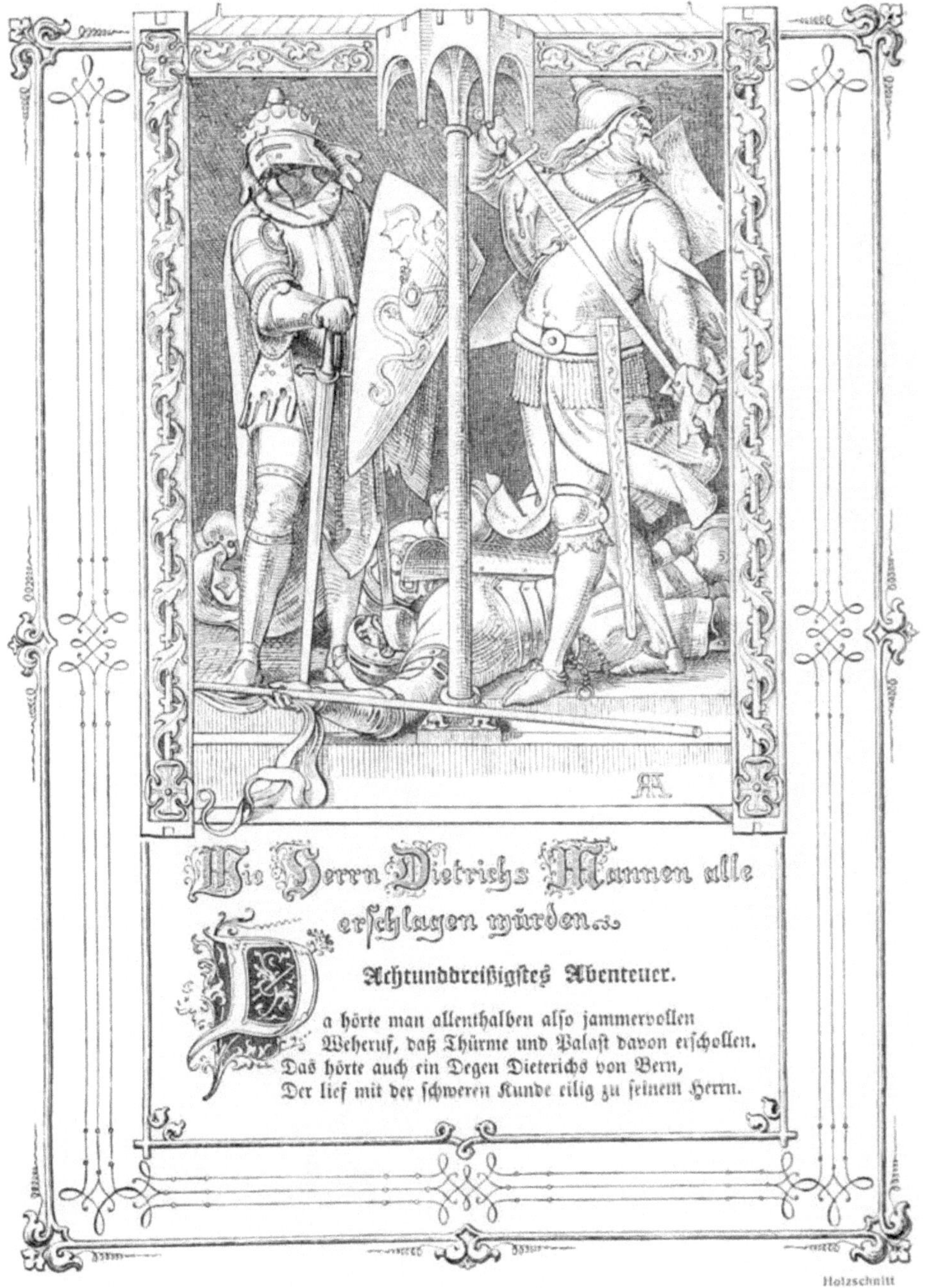


Holzschnitt

Illustration zum Nibelungenlied

Illustration for the song of the Nibelungs        1840        Illustration pour la chanson des Nibelungen

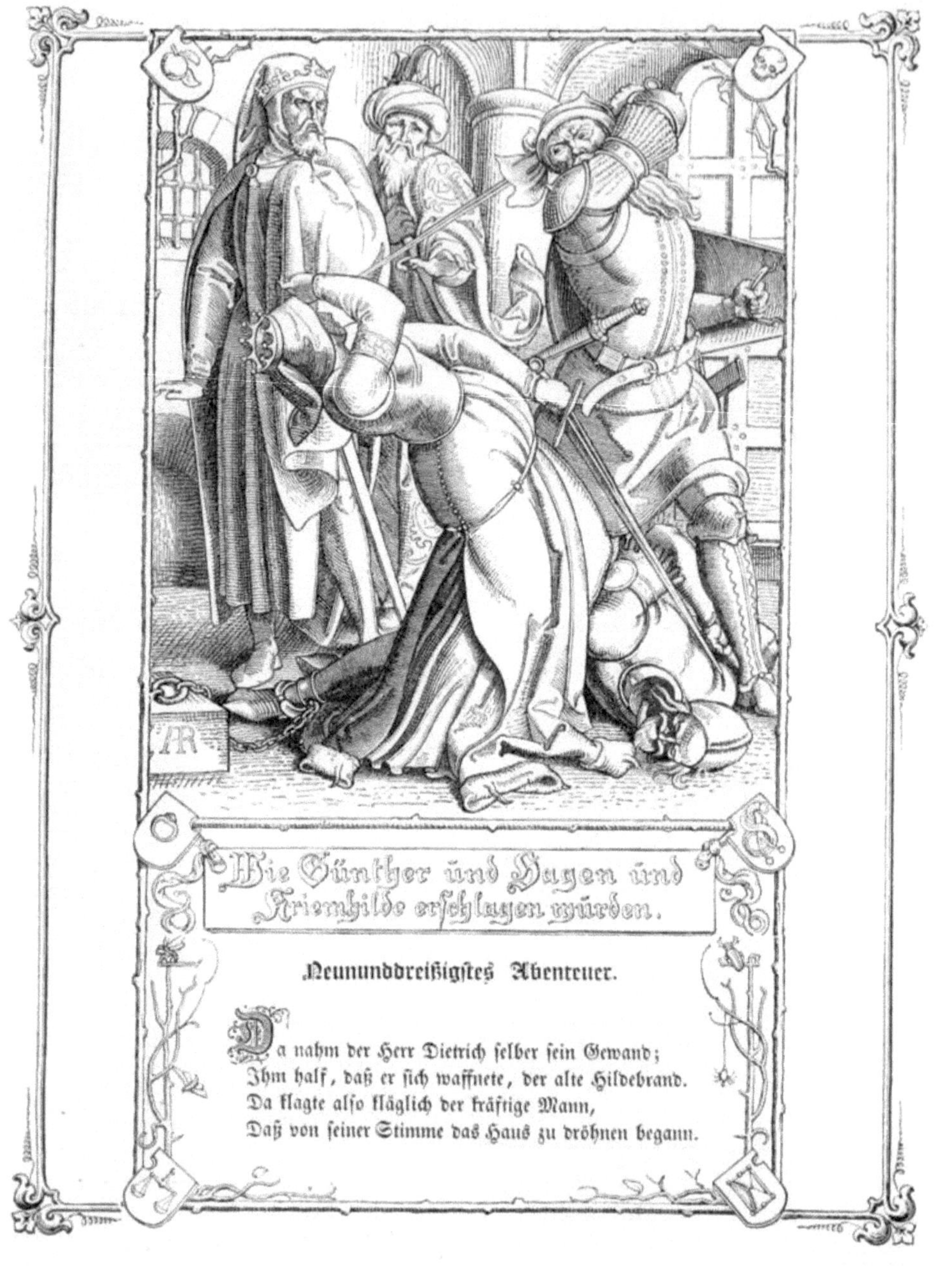


Holzschnitt

Illustration zum Nibelungenlied

Illustration for the song of the Nibelungs     1840     Illustration pour la chanson des Nibelungen

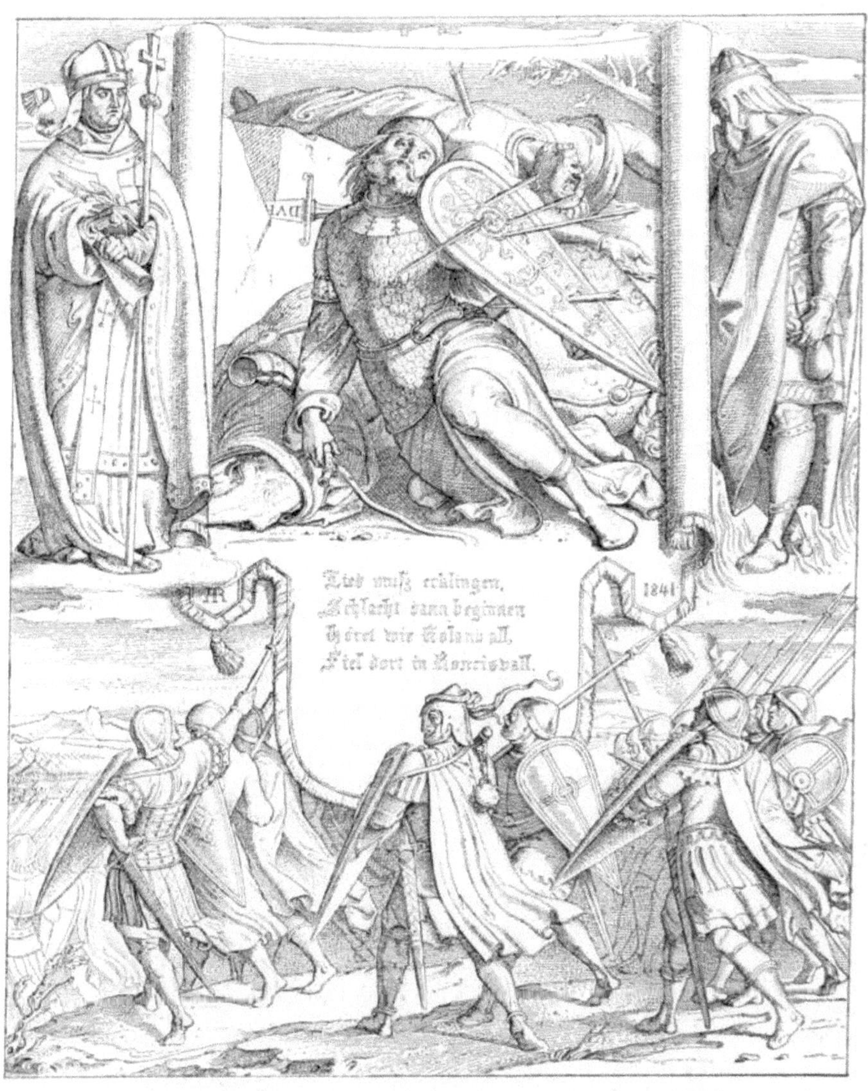


Radierung, H. 0,28, B. 0,22

**Rolandslied**
(nach Turpins Chronik)
1841

The song of Roland      La chanson de Roland

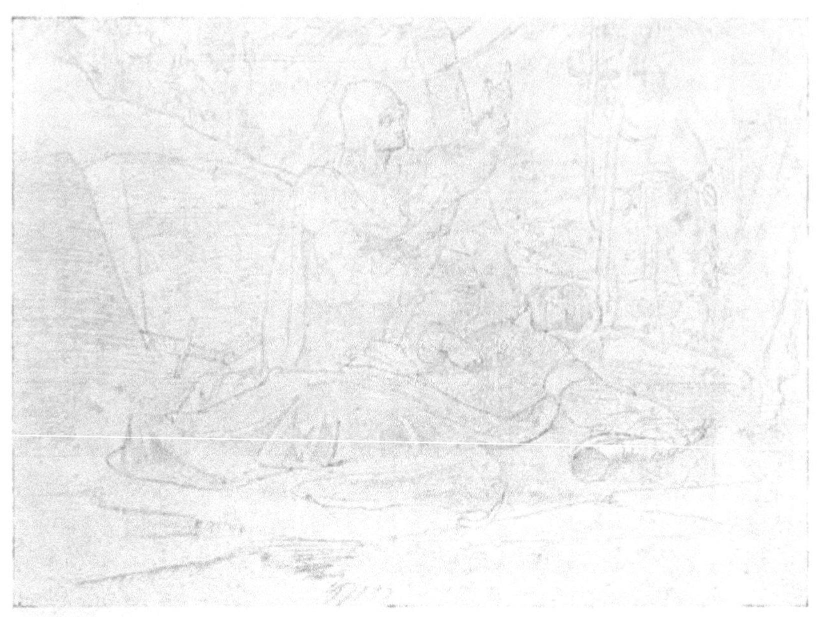



## Tod Rolands

The death of Roland     Um 1841     La mort de Roland



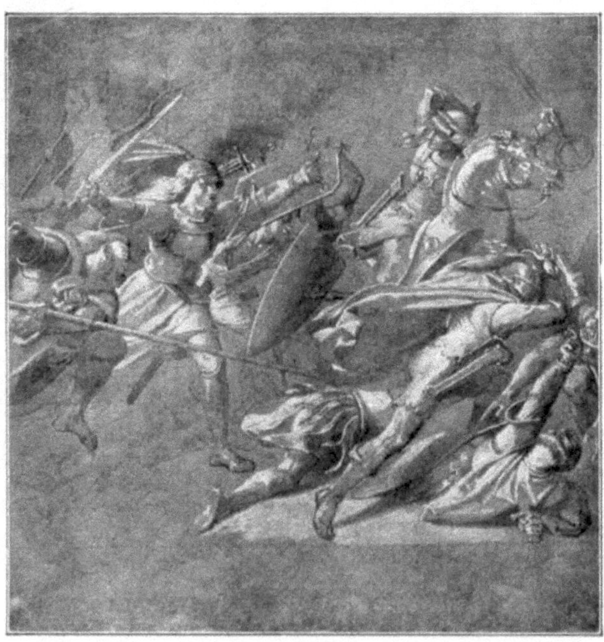



## Hermannschlacht

Hermann's battle     Um 1840     Bataille d'Arminius

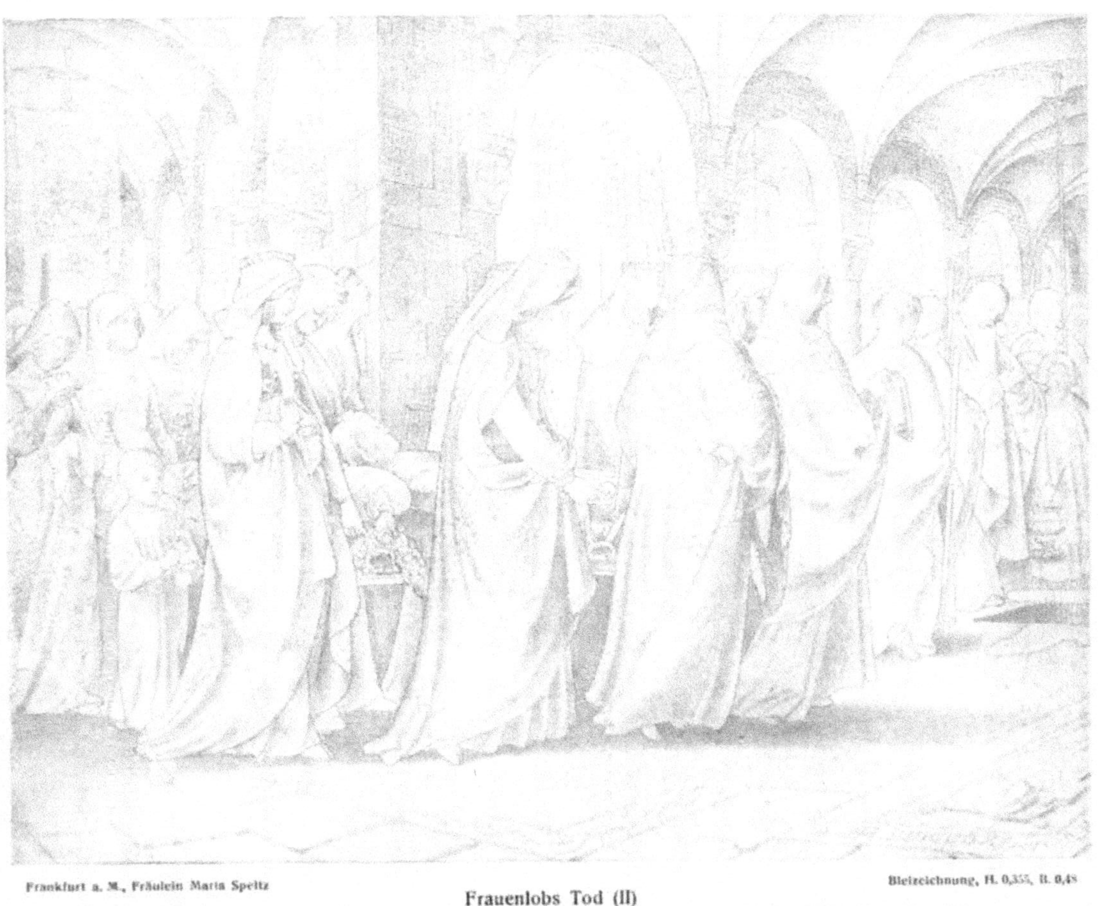

Frankfurt a. M., Fräulein Maria Speltz

Bleizeichnung, H. 0,355, B. 0,48

Frauenlobs Tod (II)

1840

The death of Frauenlob (II)

La mort de Frauenlob (II)

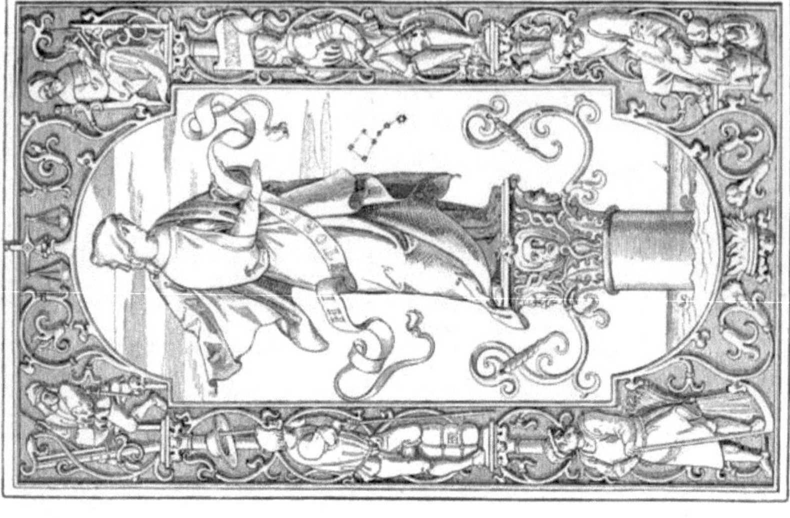

Holzschnitt, H. 0,22, B. 0,14

Historia mit Januskopf

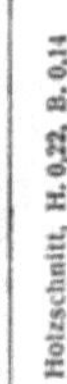

Holzschnitt, H. 0,22, B. 0,14

Atlas

Heftumschlag zu den Lieferungen der Illustrationen zur Allgemeinen Weltgeschichte von C. v. Rotteck

Cover for the periodical illustrations for the Universal History by C. v. Rotteck

Couverture pour les livraisons d'illustrations de l'Histoire universelle de C. de Rotteck

1841—1844

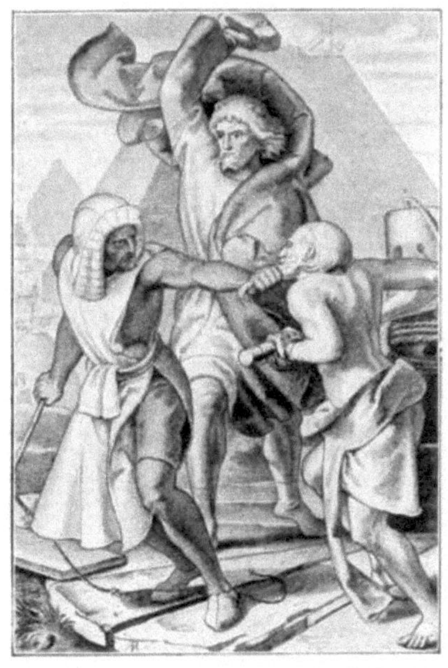

Moses

Stahlstich

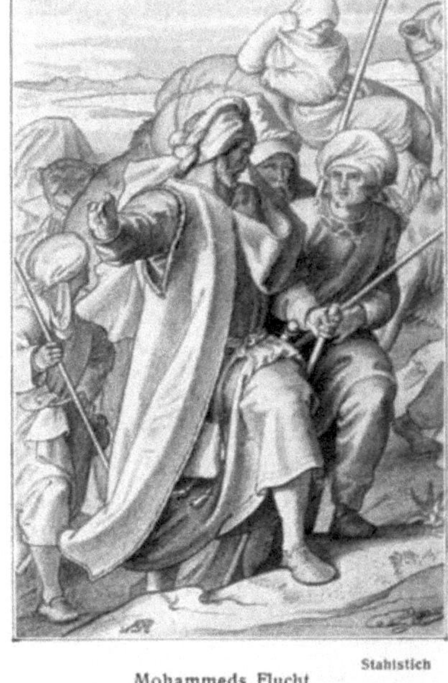

Mohammeds Flucht

Stahlstich

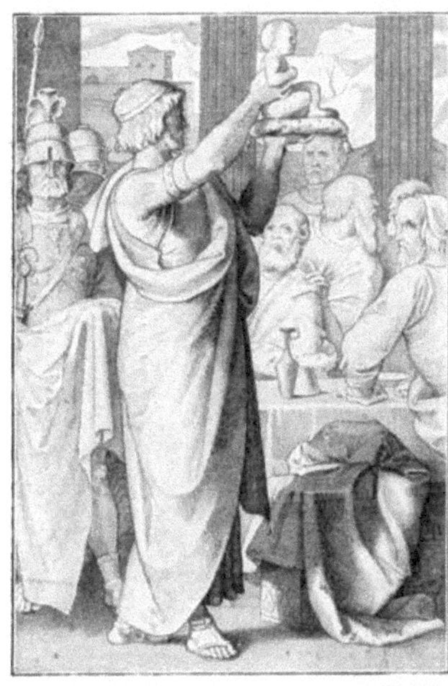

Lycurg

Stahlstich

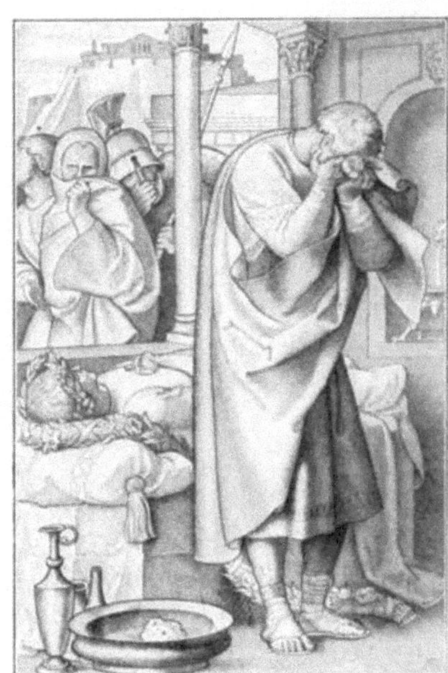

Perikles

Stahlstich

Illustrationen zu Rottecks Weltgeschichte

Illustrations for Rotteck's Universal History

1841—1844

Illustrations pour l'Histoire universelle de C. de Rotteck

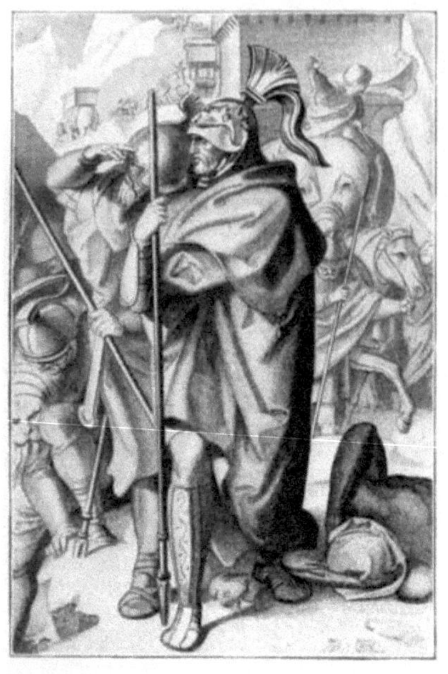

Hannibal



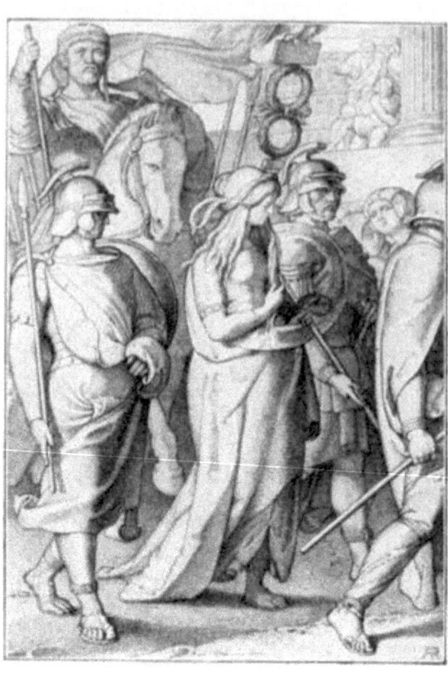

Thusnelda



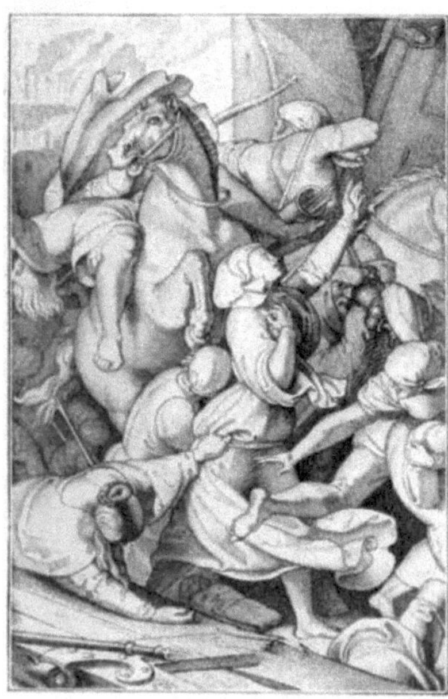

Zerstörung Jerusalems



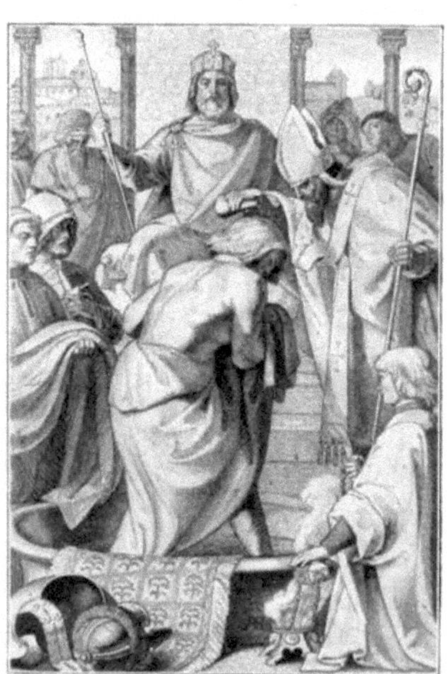

Wittekinds Taufe



Illustrationen zu Rottecks Weltgeschichte

Illustrations for Rotteck's Universal History    1841—1844    Illustrations pour l'Histoire universelle de C. de Rotteck

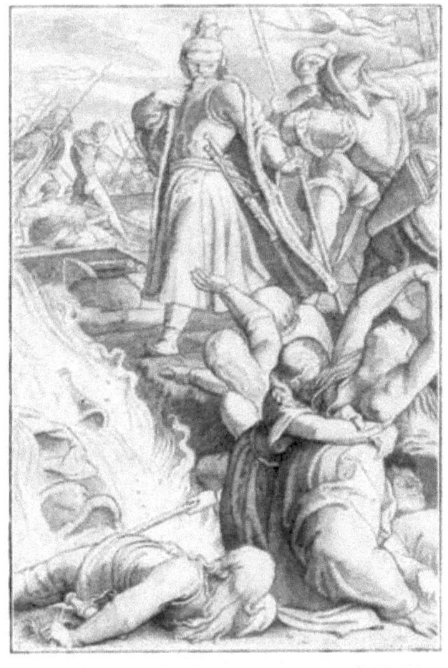

Attila     Stahlstich

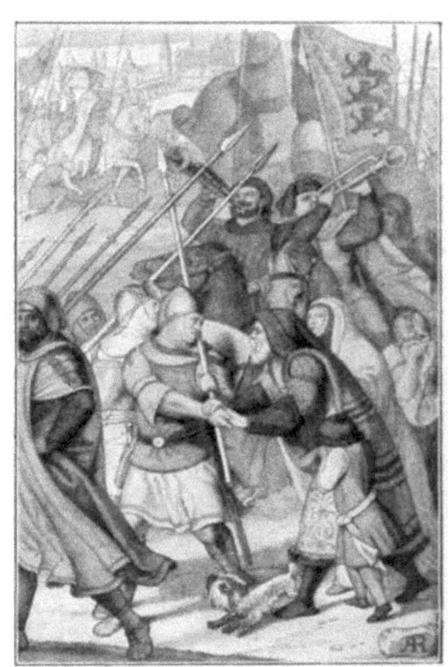

Zweiter Kreuzzug     Stahlstich
1147

Rudolph von Habsburg     Stahlstich

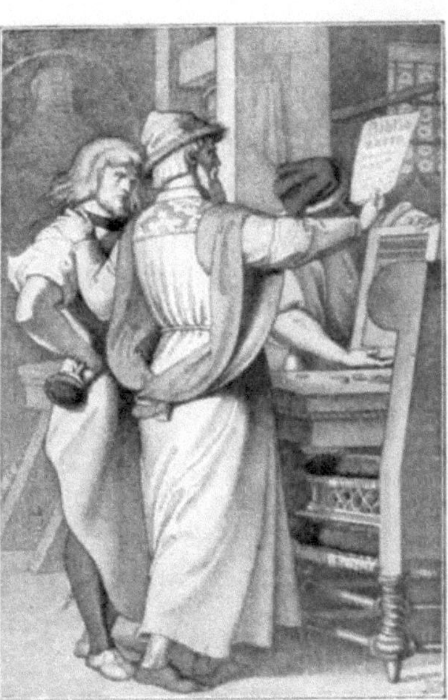

Guttenberg     Stahlstich

**Illustrationen zu Rottecks Weltgeschichte**

Illustrations for Rotteck's Universal    1841—1844    Illustrations pour l'Histoire universelle
History                               de C. de Rotteck

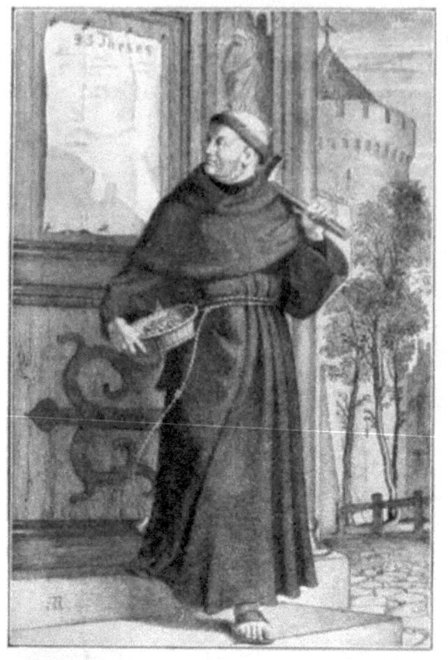
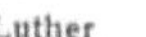

Luther                    Stahlstich

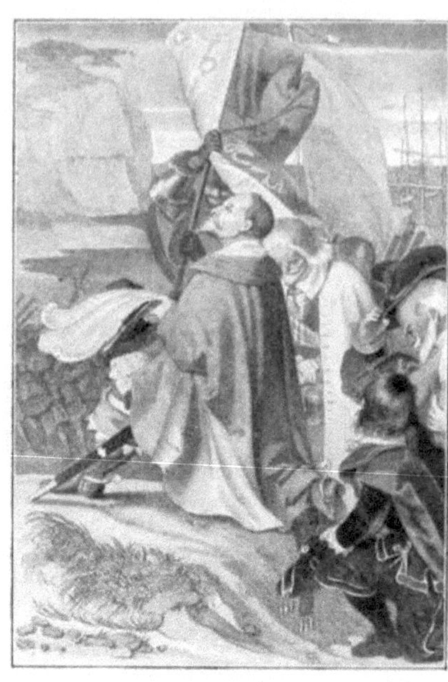

Gustav Adolf              Stahlstich

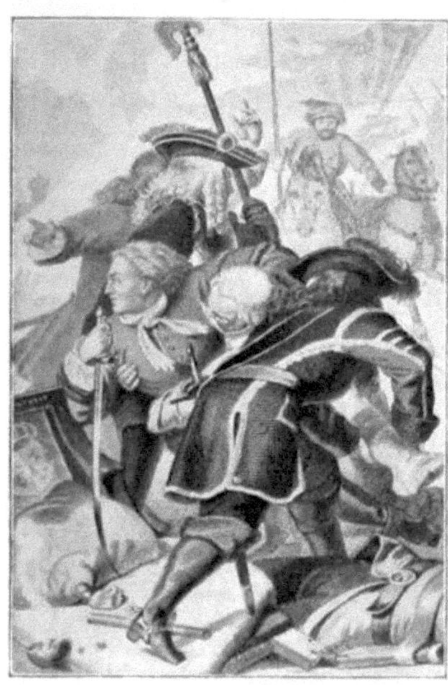

Karl XII.                 Stahlstich

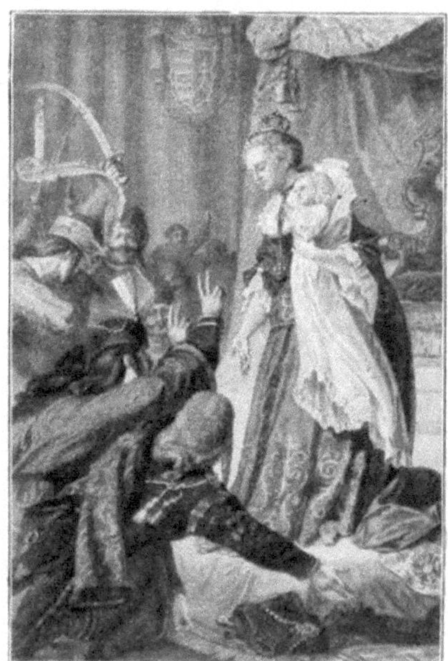

Maria Theresia            Stahlstich

Illustrationen zu Rottecks Weltgeschichte

Illustrations for Rotteck's Universal     1841—1844     Illustrations pour l'Histoire universelle
History                                                 de C. de Rotteck

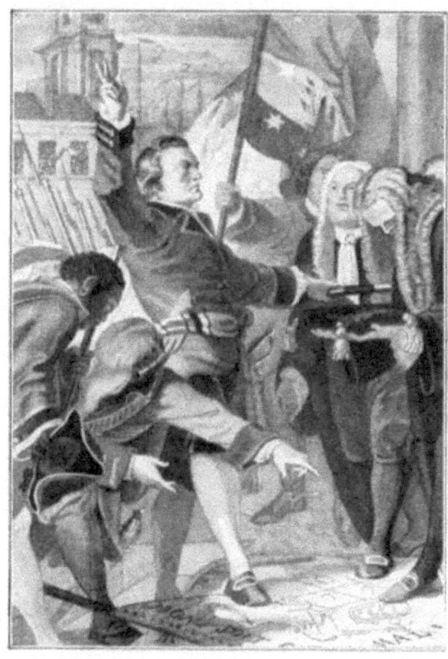

Washington

Stahlstich

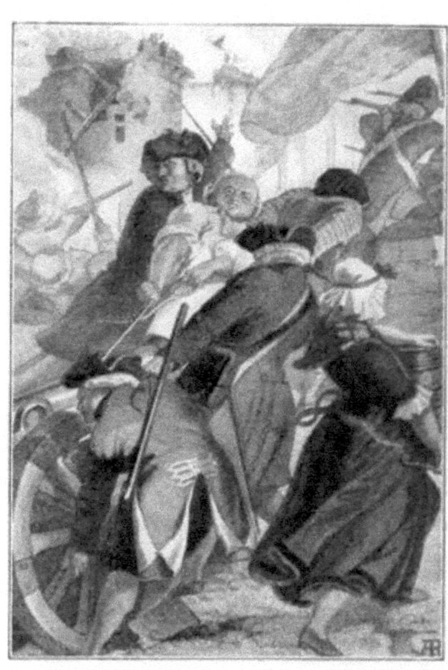

Erstürmung der Bastille

Stahlstich

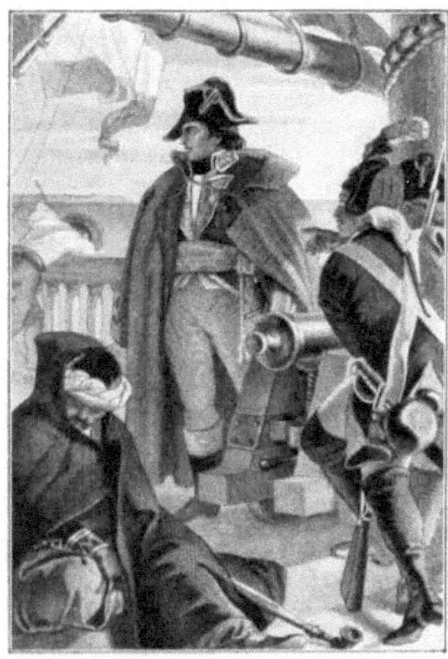

Napoleon

Stahlstich

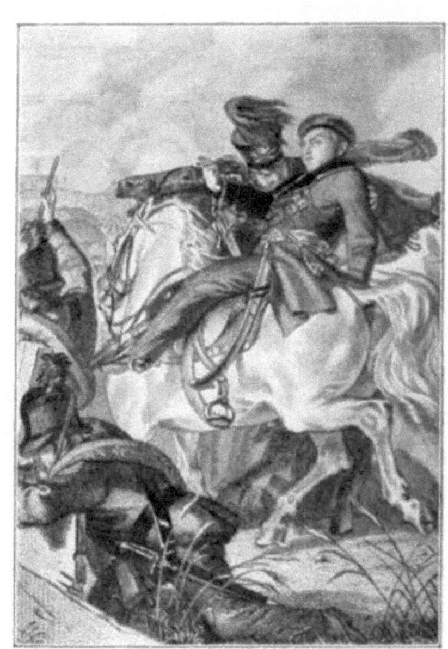
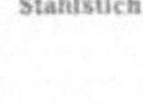

Herzog Friedrich Wilhelm von Braunschweig

Stahlstich

**Illustrationen zu Rottecks Weltgeschichte**

Illustrations for Rotteck's Universal History     1841—1844     Illustrations pour l'Histoire universelle de C. de Rotteck

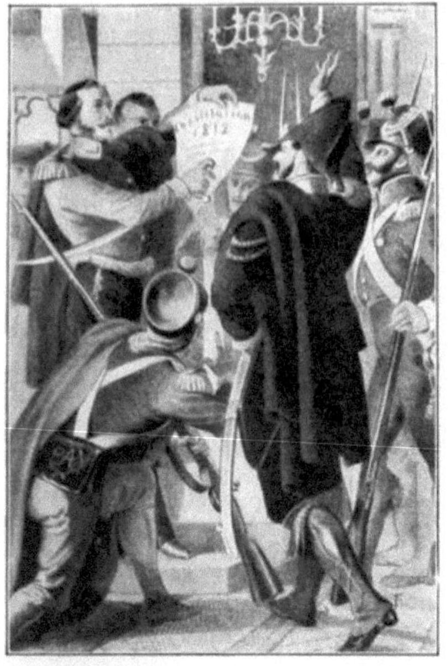

Riego



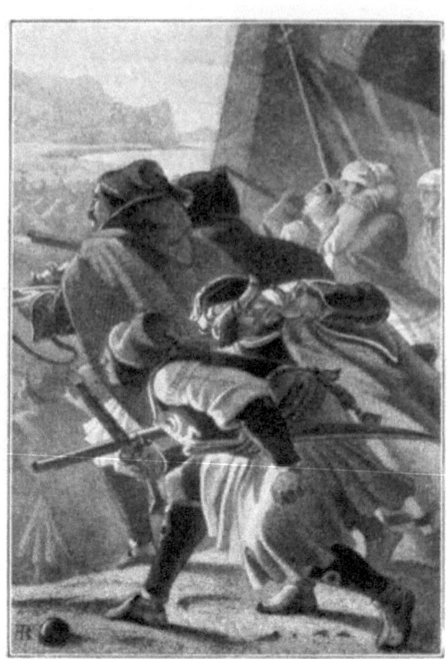

Missolunghi
1826, den 22. April



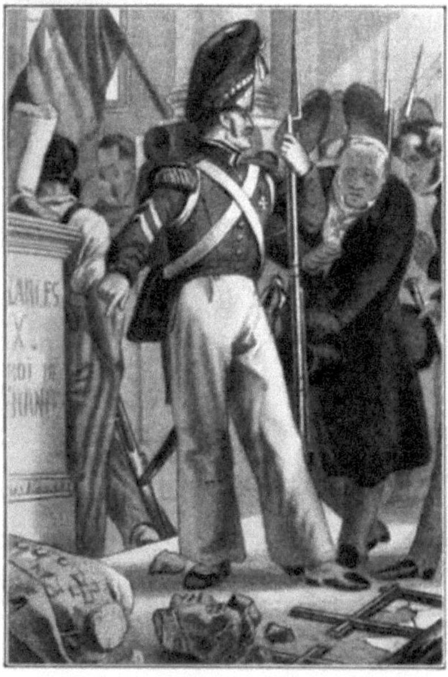

Szene aus der Julirevolution 1830



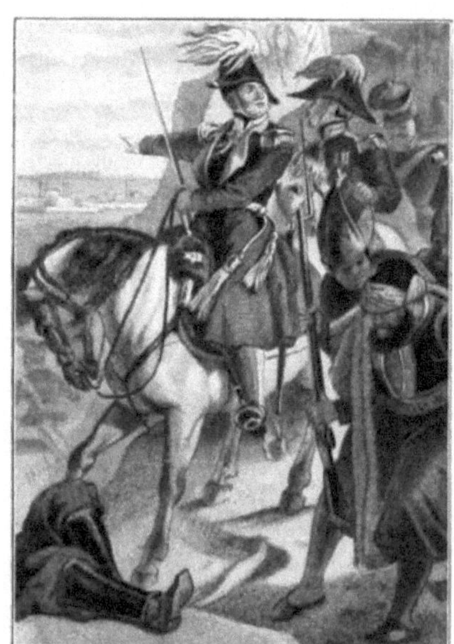

Diebitsch im Balkan



## Illustrationen zu Rottecks Weltgeschichte

Illustrations for Rotteck's Universal History     1841—1844     Illustrations pour l'Histoire universelle de C. de Rotteck

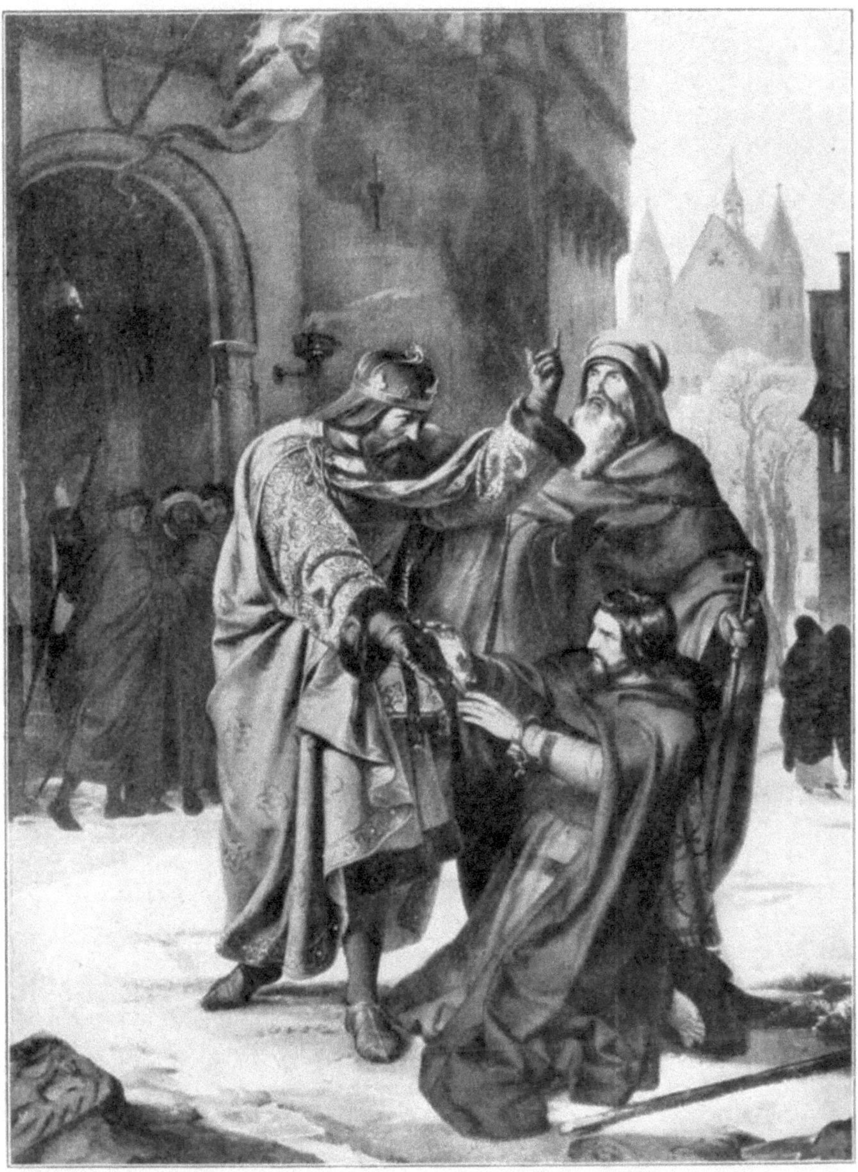



Ottos I. Versöhnung mit seinem Bruder Heinrich

Reconciliation of Otto I with his brother Henry     1840     La réconciliation d'Otto I avec son frère Henri

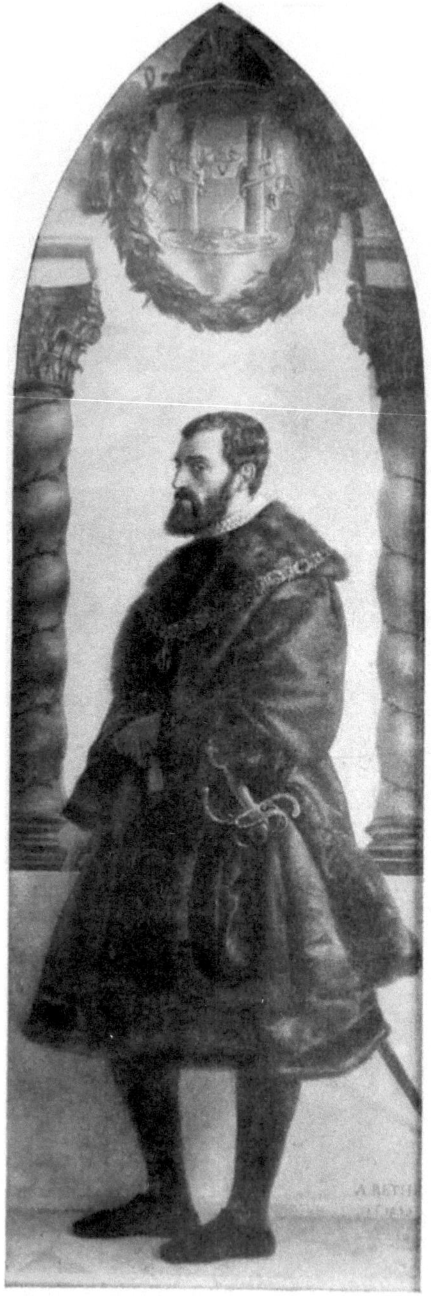

Karl V.
1839

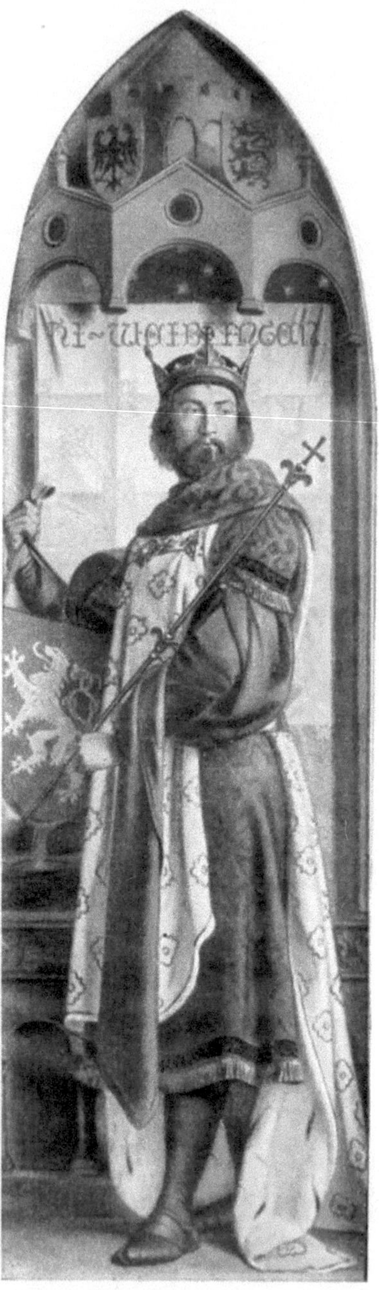

Philipp von Schwaben
Um 1842

Monumental-Oelbilder deutscher Kaiser im Römer zu Frankfurt a. M. 1839—1843

Monumental pictures of German emperors
in the Römer at Frankfort

Portraits monumentaux d'empereurs allemands
dans le Römer à Francfort

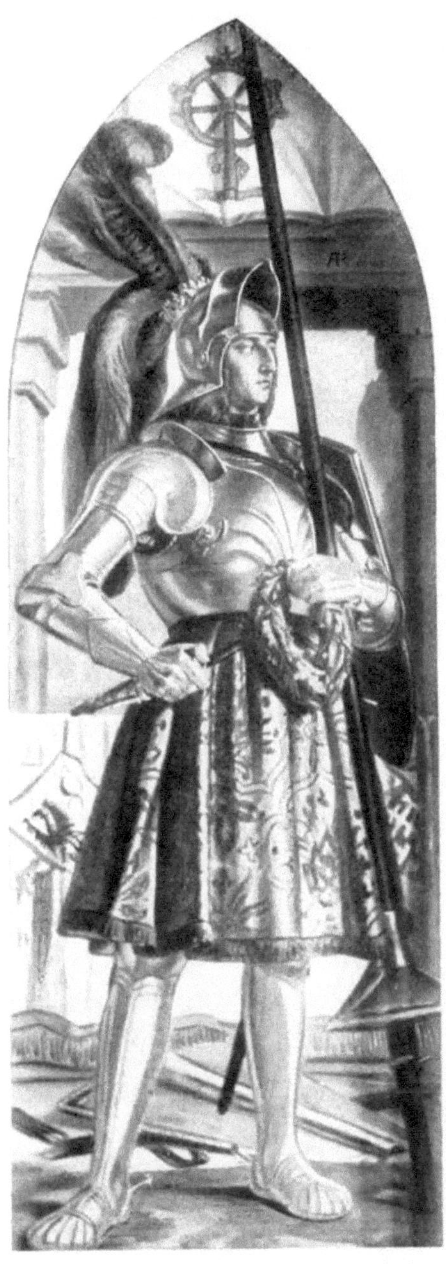

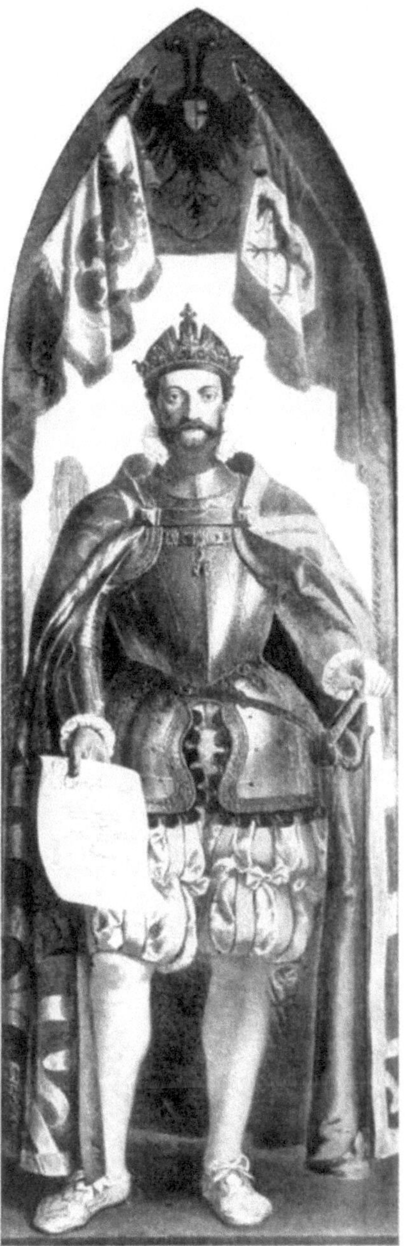

Maximilian I.
Um 1843

Maximilian II.
Um 1840

Monumental-Oelbilder deutscher Kaiser im Römer zu Frankfurt a. M. 1839—1843

Monumental pictures of German emperors
in the Römer at Frankfort

Portraits monumentaux d'empereurs allemands
dans le Römer à Francfort

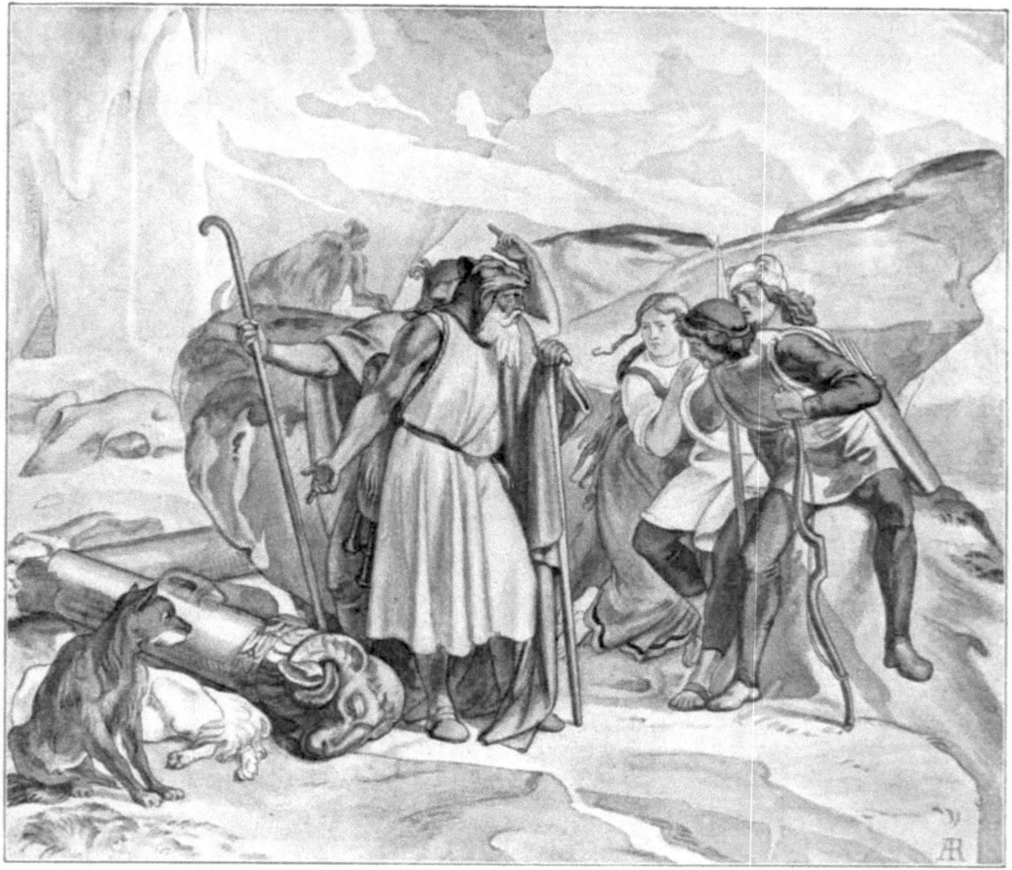

* Dresden, Kgl. Kupferstichkabinett

Der Karthagerzug über die Alpen I

Aquarell, H. 0,32, B. 0,35

The Carthaginians crossing the Alps I

1842—1844

La marche des Carthaginois à travers les Alpes I

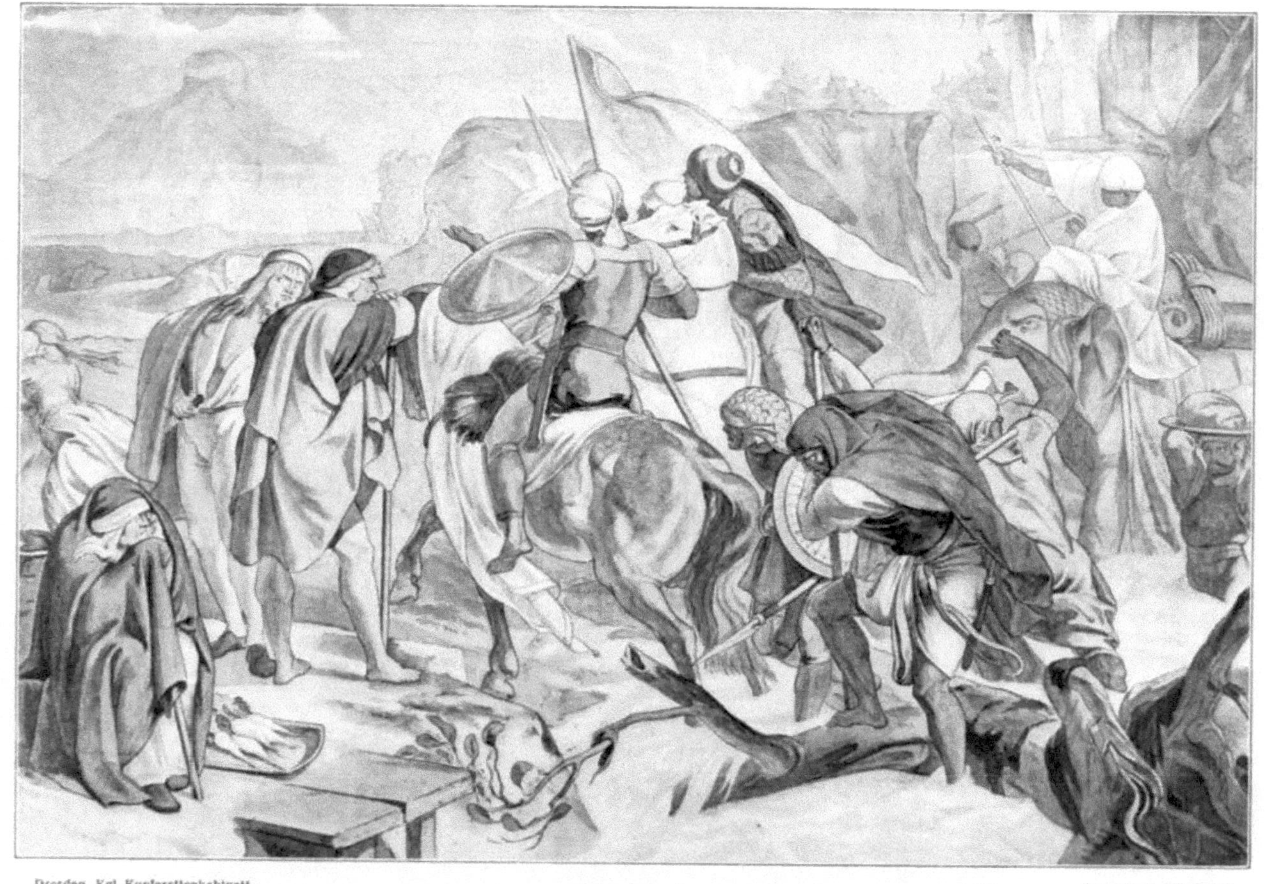

Dresden, Kgl. Kupferstichkabinett

Aquarell, H. 0,32, B. 0,43

## Der Karthagerzug über die Alpen II

Livius XXI, XXXII. Die Karthager setzen über die Druentia und geraten beim Anblick der Alpen und ihrer dürftigen Bewohner in Furcht und Schrecken

The Carthaginians crossing the Druentia II      1842—1844      La marche des Carthaginois à travers les Alpes II

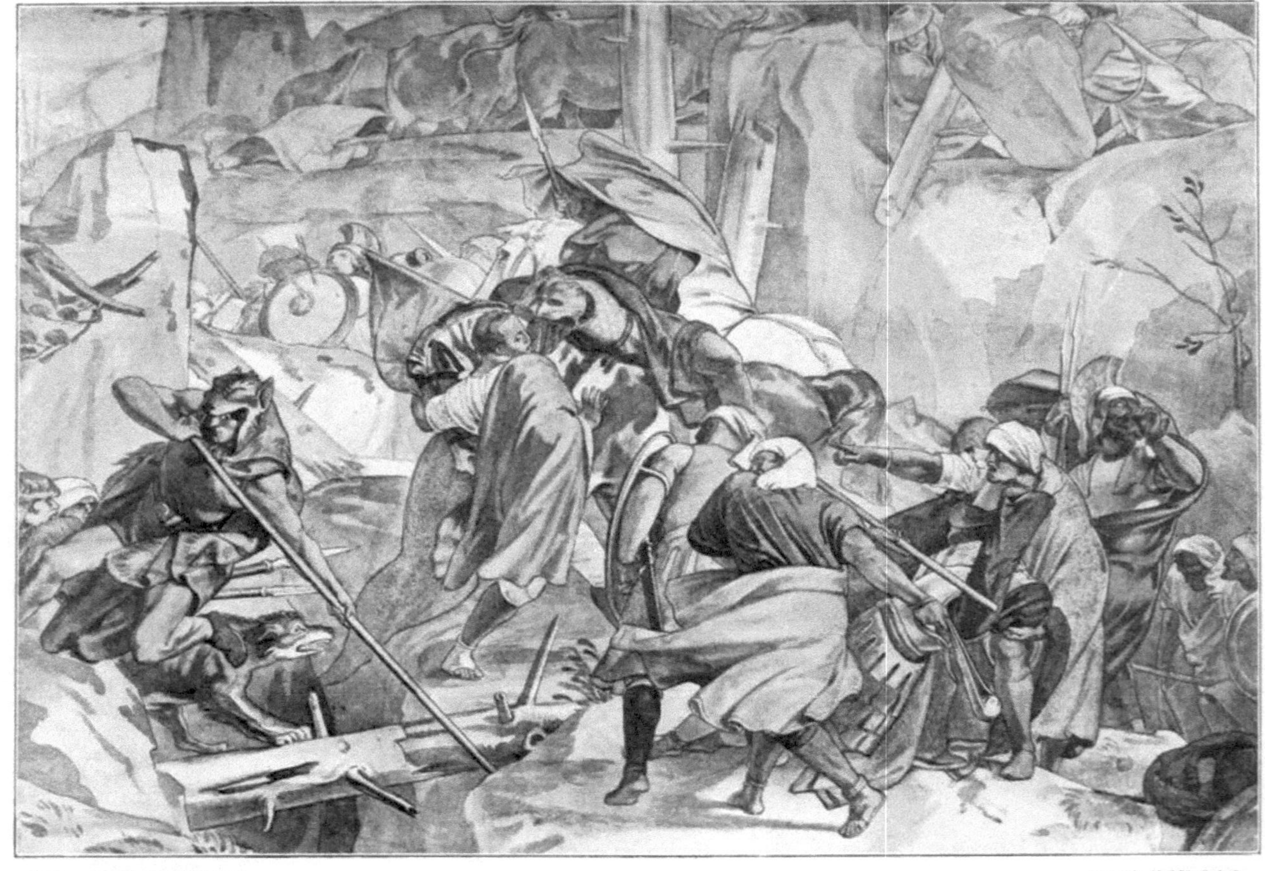

Dresden, Kgl. Kupferstichkabinett

Aquarell, H. 0,32, B. 0,43

Der Karthagerzug über die Alpen III

Livius XXI, XXXIII. In einem Engpasse wird den Karthagern von dem Feinde hart zugesetzt; die Pferde, durch das Geschrei scheu geworden, richten grosse Verwirrung an

The Carthaginians crossing the Alps III

1842—1844

La marche des Carthaginois à travers les Alpes III

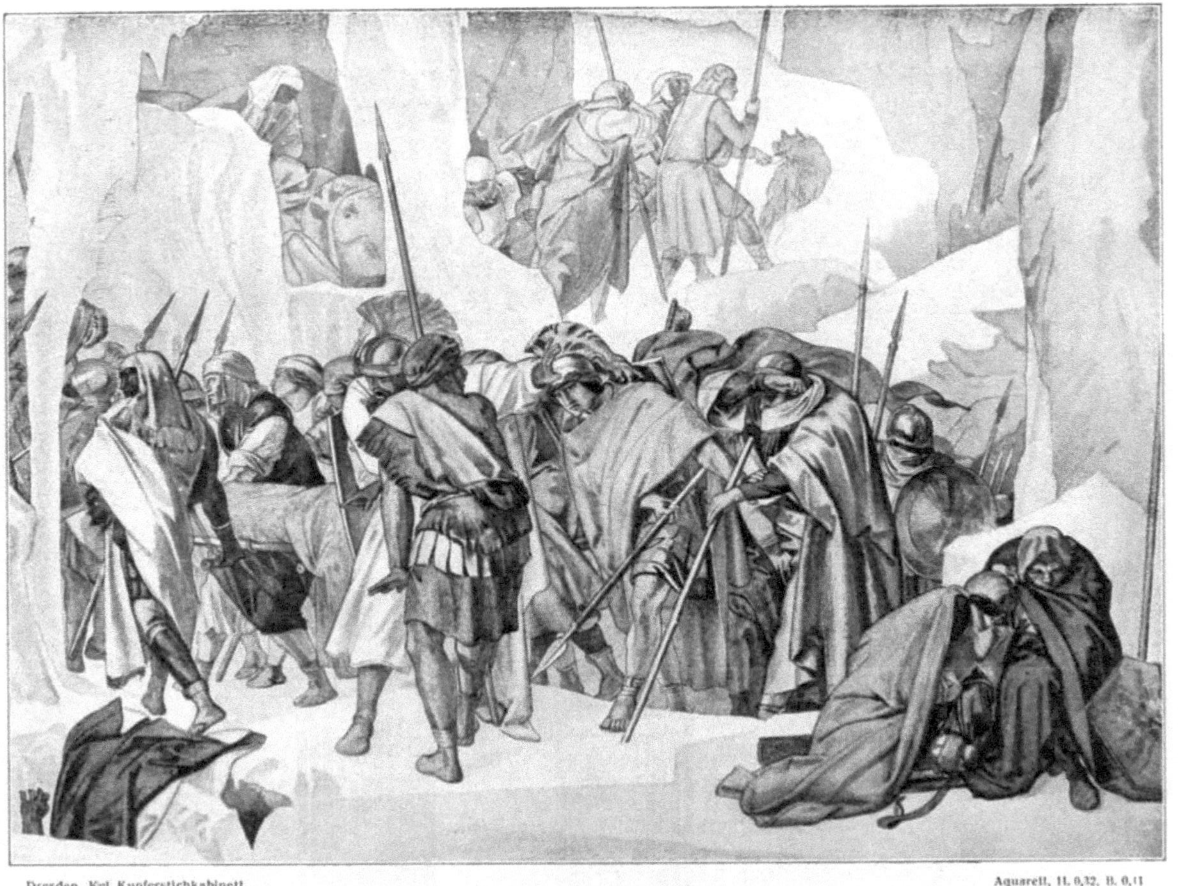

Dresden, Kgl. Kupferstichkabinett

Aquarell, H. 0,32, B. 0,11

## Der Karthagerzug über die Alpen IV

Livius XXI, XXXV. Die Karthager, auf der Spitze der Alpen angelangt, geraten, müde und so vieles Ungemachs überdrüssig, in ungeheure Angst

The Carthaginians crossing the Alps IV  1842—1844  La marche des Carthaginois à travers les Alpes IV

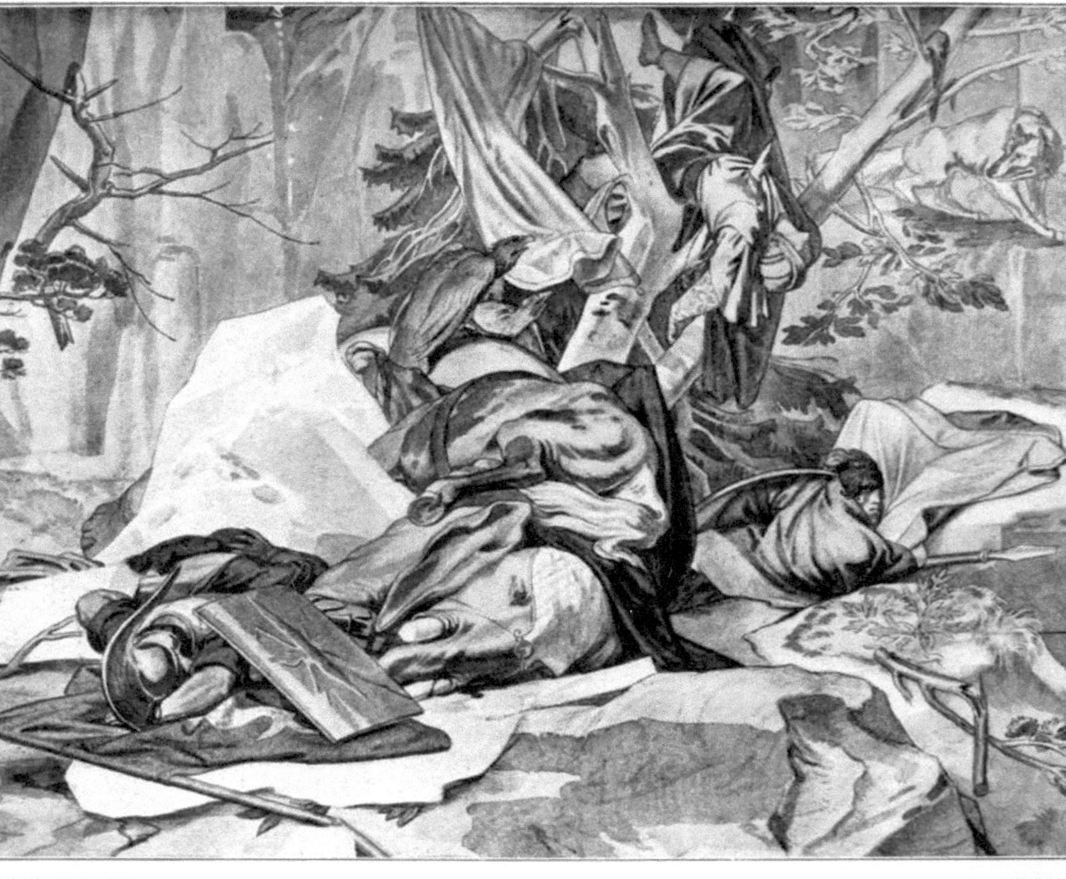

Dresden, Kgl. Kupferstichkabinett

Aquarell, H. 0,32, B. 0,43

## Der Karthagerzug über die Alpen V

Livius XXI, XXXV.  Viele Karthager brechen samt ihren Lasttieren mit dem Eise durch und stürzen in einen unermesslichen Abgrund

The Carthaginians crossing the Alps V

1842—1844

La marche des Carthaginois à travers les Alpes V

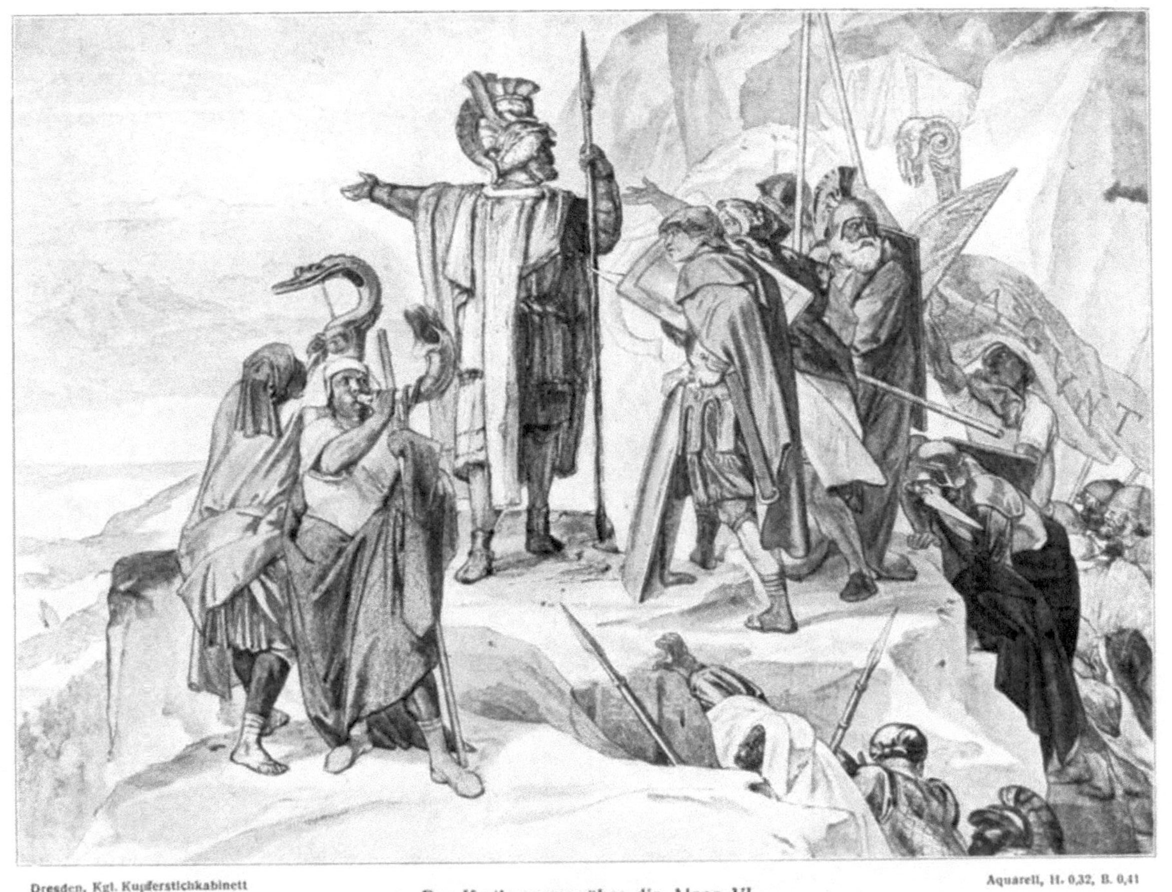

Dresden, Kgl. Kupferstichkabinett

Aquarell, H. 0,32, B. 0,41

Der Karthagerzug über die Alpen VI

Livius XXI, XXXV. Hannibal zeigt auf einem Bergvorsprung seinen Kriegern Italien und die am Fuss der Alpen um den Padus liegenden Gefilde

The Carthaginians crossing the Alps VI

1842—1844 und 1852

La marche des Carthaginois à travers les Alpes VI

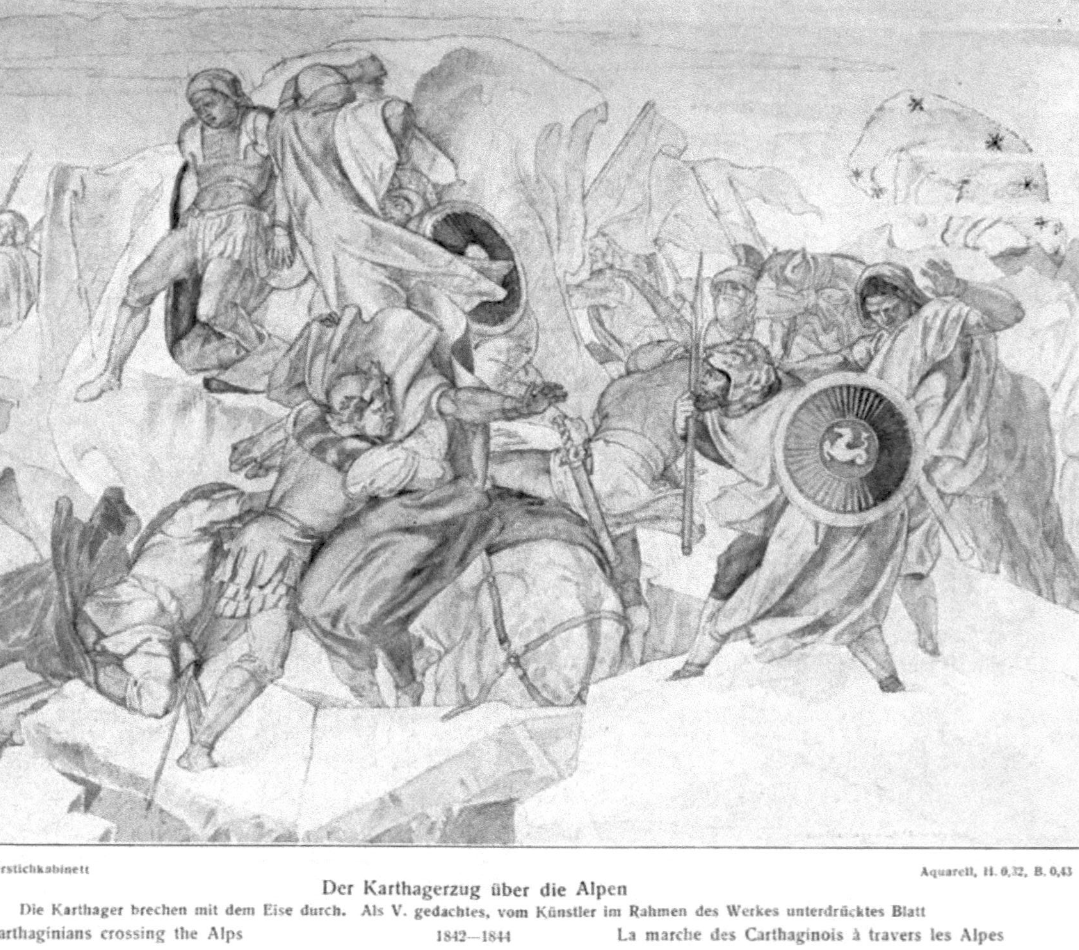





Dresden, Kgl. Kupferstichkabinett

Aquarell, H. 0,32, B. 0,43

Der Karthagerzug über die Alpen

Die Karthager brechen mit dem Eise durch. Als V. gedachtes, vom Künstler im Rahmen des Werkes unterdrücktes Blatt

The Carthaginians crossing the Alps

1842—1844

La marche des Carthaginois à travers les Alpes

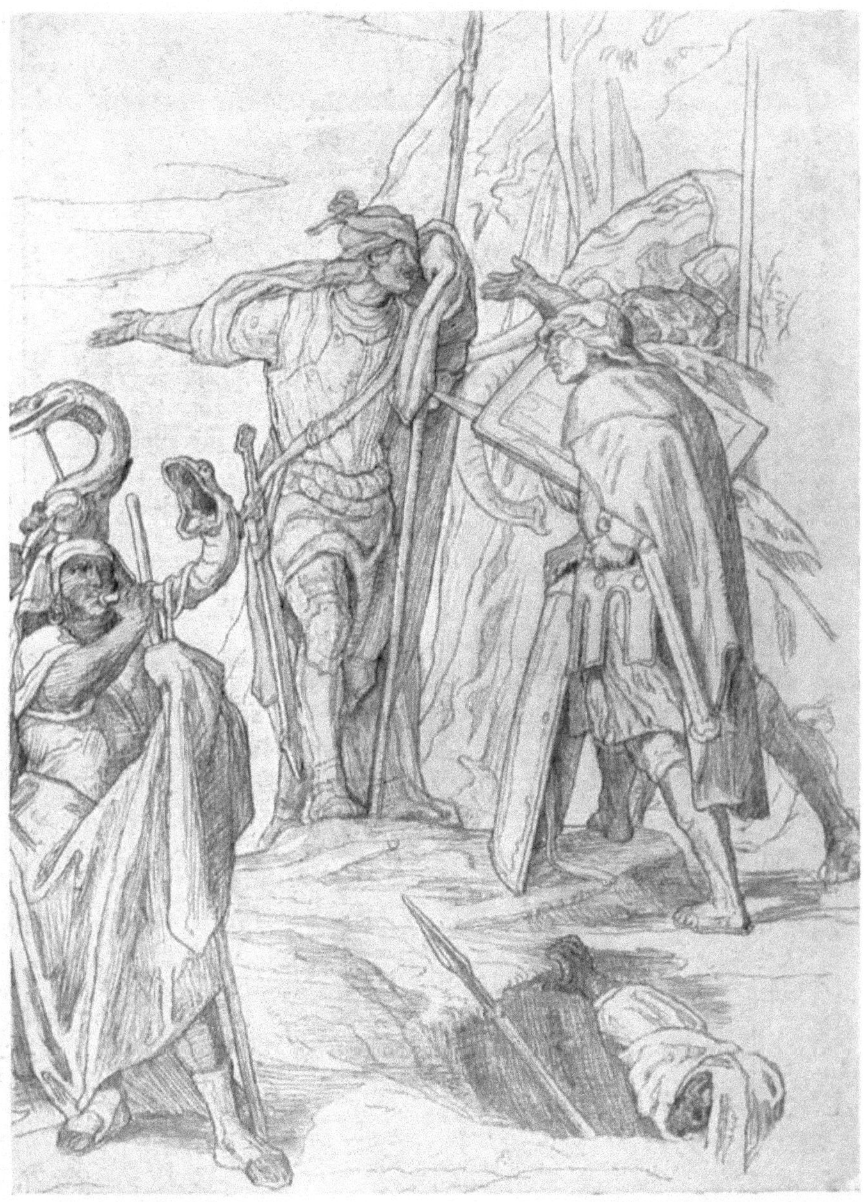



Veränderte Fassung der Hannibalgestalt im Karthagerzug über die Alpen

The figure of Hannibal in
The Carthaginians crossing the Alps

1852

Portrait d'Annibal,
nouvelle manière

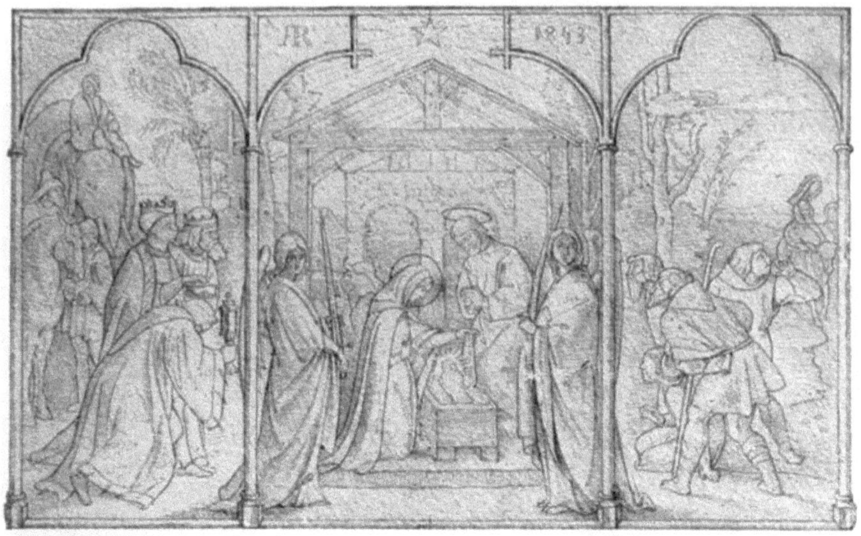



* Frankfurt a. M., Städelsches Institut     Bleizeichnung mit Gold, H. 0,134, B. 0,194

### Die Geburt Christi
1843

The nativity of Christ     La naissance du Christ

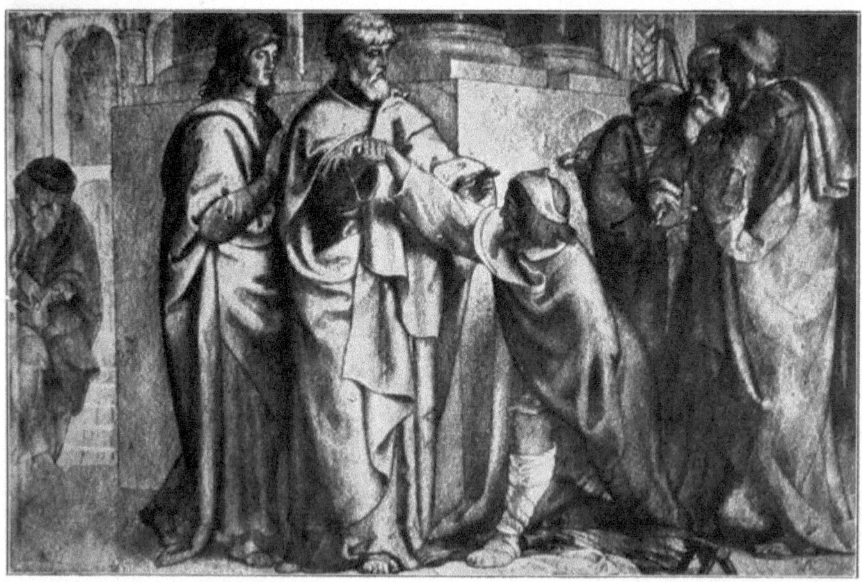

* Berlin, Nationalgalerie     Aquarell, H. 0,29, B. 0,43

### Petrus und Johannes heilen den Lahmen
1843—1846

St. Peter and St. John heal the lame     Saint Pierre et saint Jean guérissent le paralytique

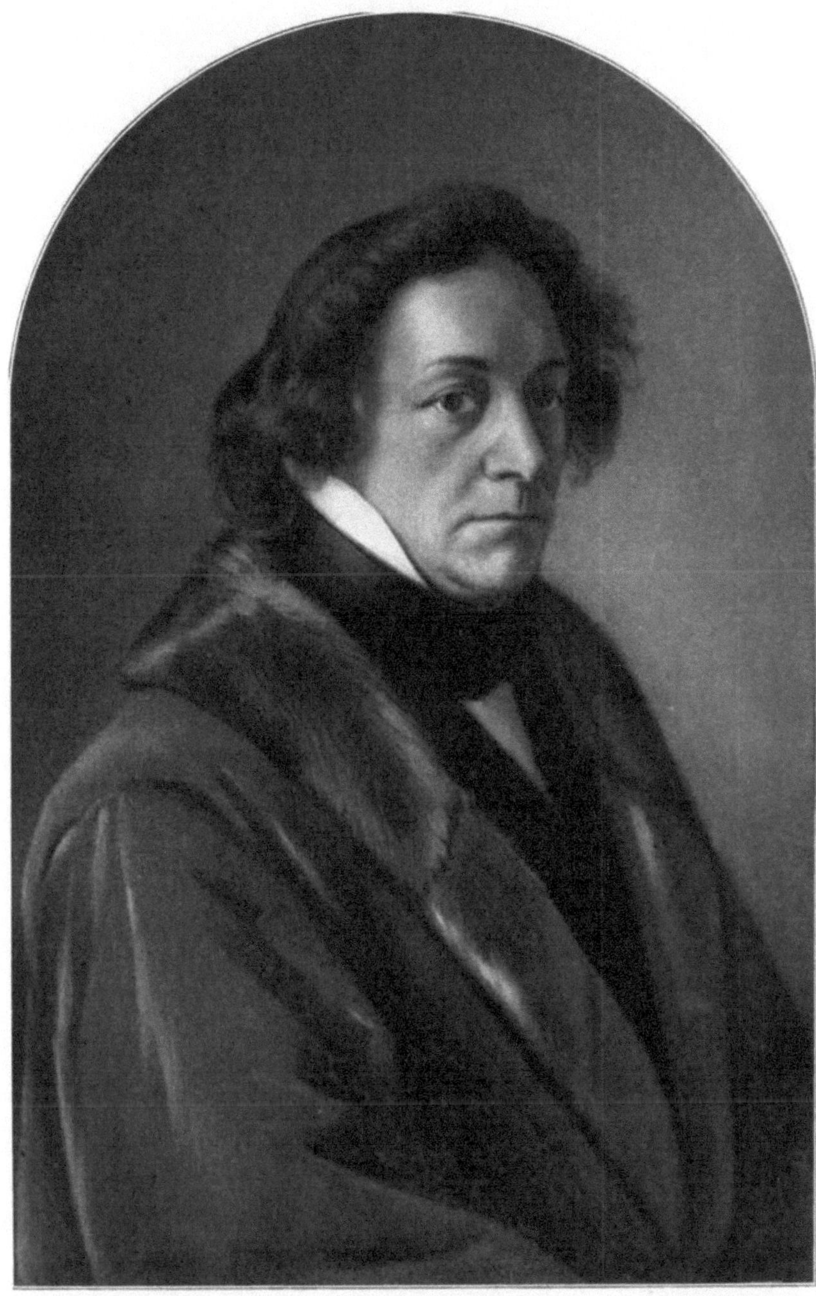




Der Maler Philipp Veit

The painter Philip Veit     1844     Le peintre Philippe Veit

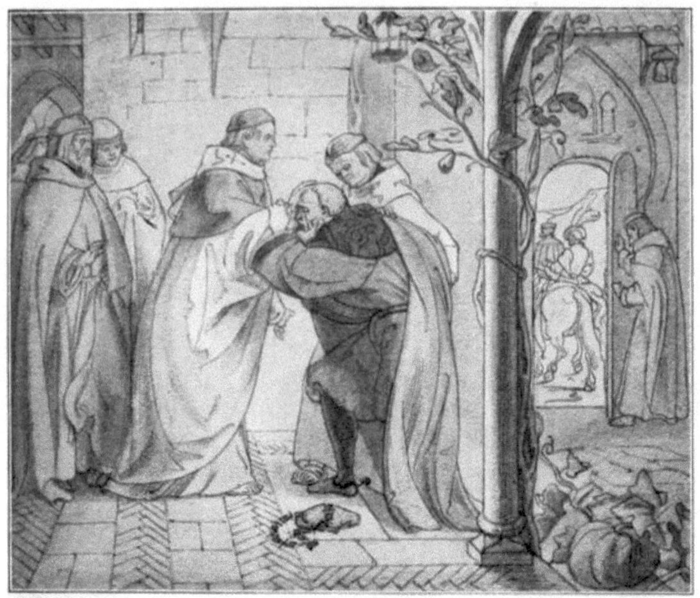



## Karls V. Aufnahme ins Kloster St. Just

| The admission of Charles V | Um 1843 | Réception de Charles-Quint |
| in the convent of St. Just | | dans le couvent de Saint Just |

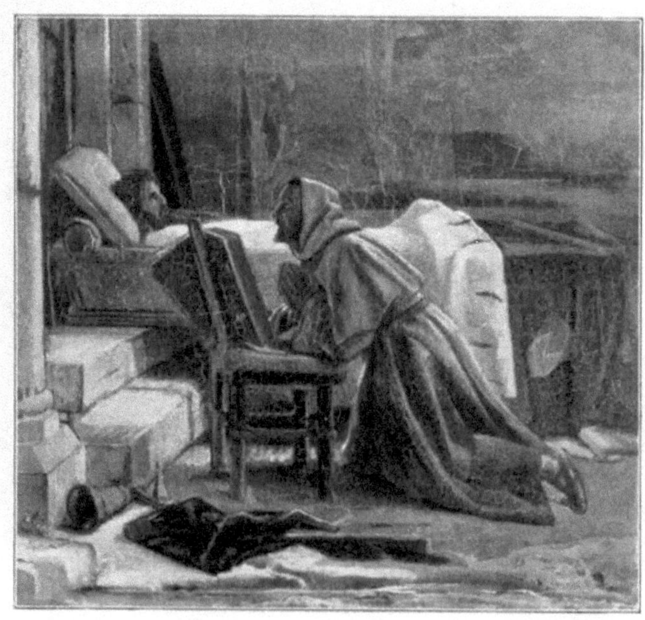



## Mönch, am Sarge des exkommunizierten Heinrich IV. betend

| A monk praying at the coffin | 1844 | Moine priant près du cercueil |
| of the excommunicated Henry IV | | de Henri IV excommunié |

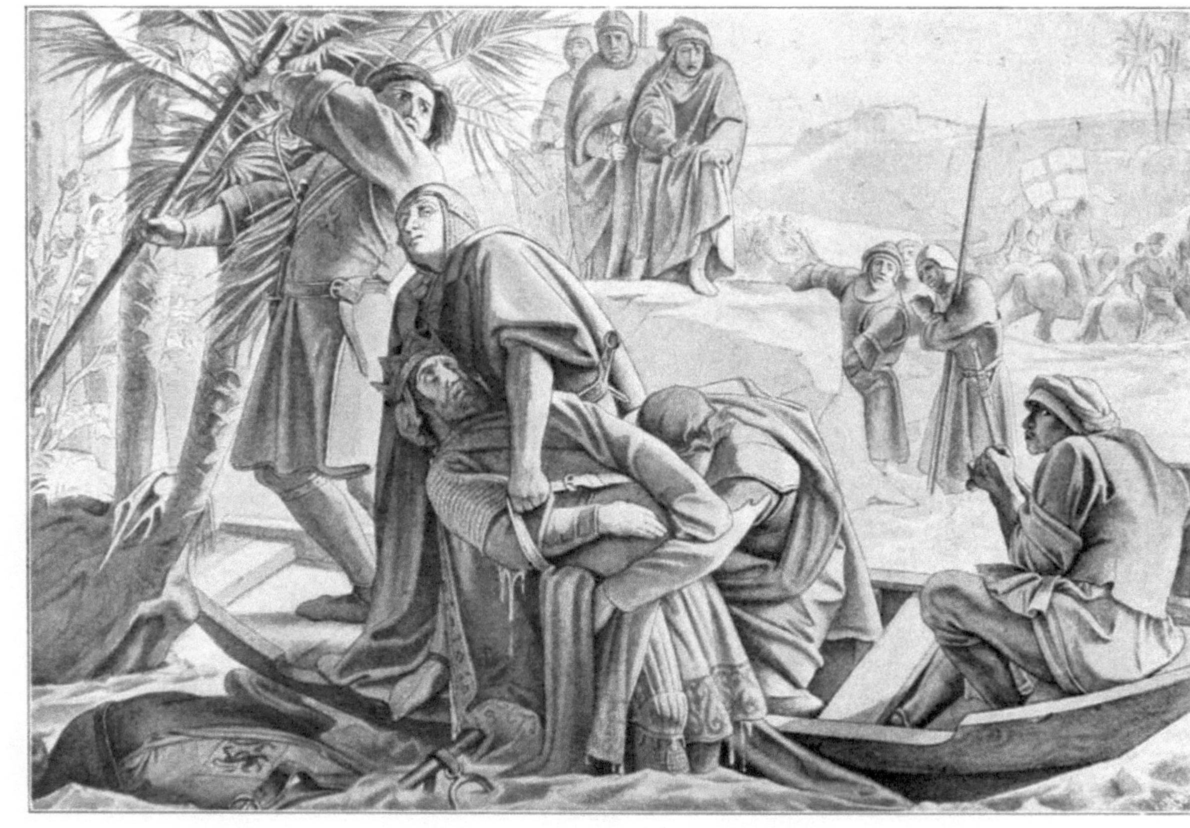



Auffischung der Leiche Barbarossas aus dem Kalykadnos

The corpse of Barbarossa is found in the Kalykadnos     1844     Découverte du corps de Barberousse dans la rivière du Kalykadnos

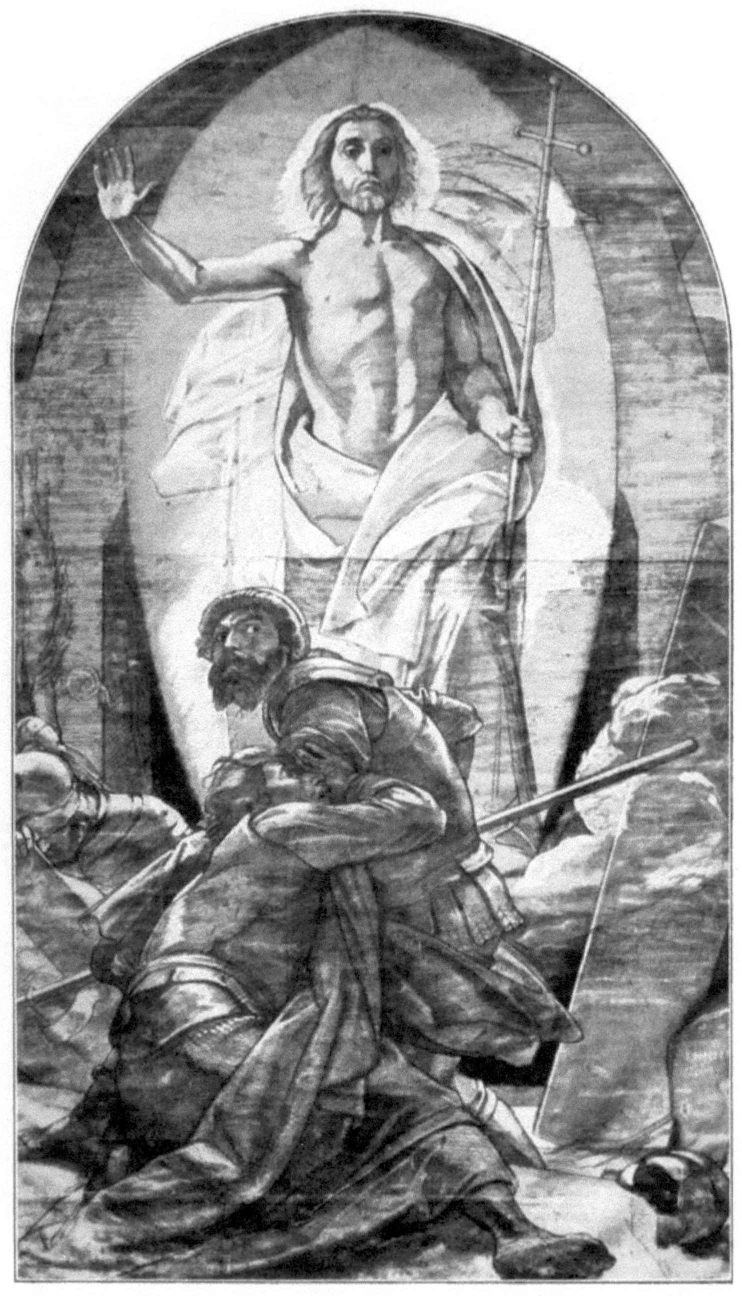




Karton zur „Auferstehung Christi". Altargemälde in der Nikolaikirche zu Frankfurt a. M.
Um 1845

Drawing for the resurrection of Christ,
altar-piece in the Nikolai-church at Frankfort

Carton pour le tableau d'autel „La resurrection
du Christ" dans l'église Nicolaï à Francfort

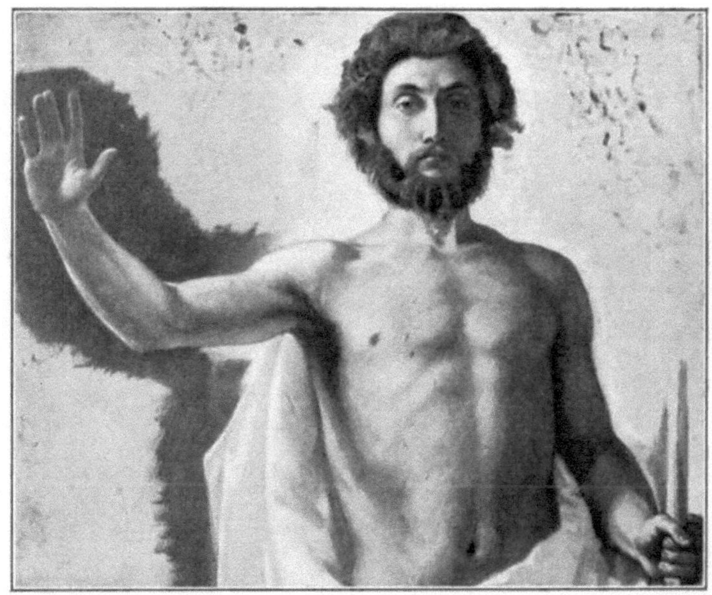

Aachen, Städtisches Museum

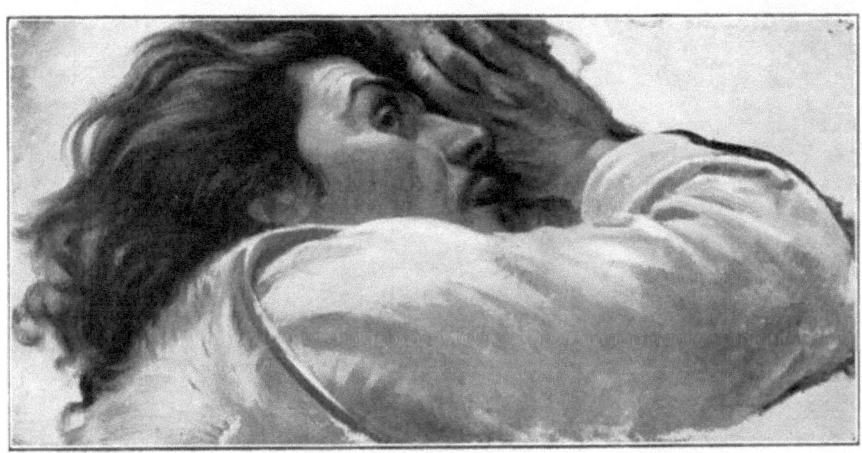

Aachen, Städtisches Museum

Oelstudien zur „Auferstehung“

Studies in oil for the resurrection          Etudes à l'huile pour le tableau de la résurrection

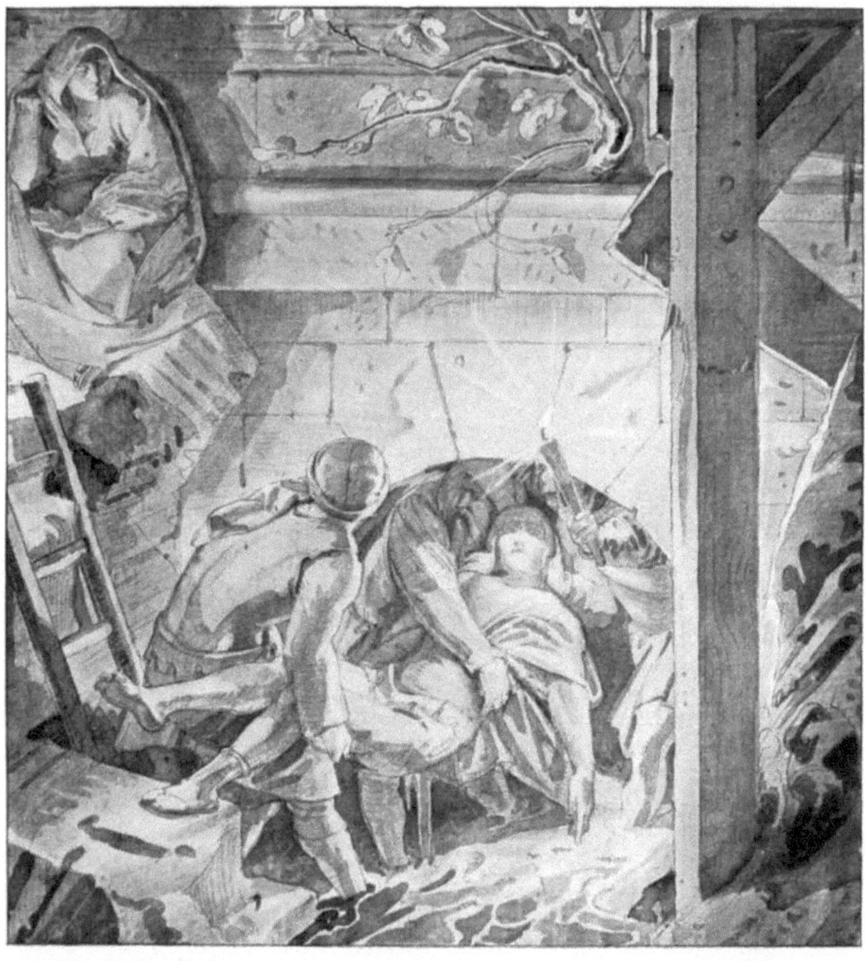



**Auffischung der Leiche des heiligen Sebastian aus der Cloaca maxima**

The corpse of St. Sebastian
is fished up in the Cloaca maxima

Vor 1848

Le corps de saint Sébastien
repêché dans le grand cloaque

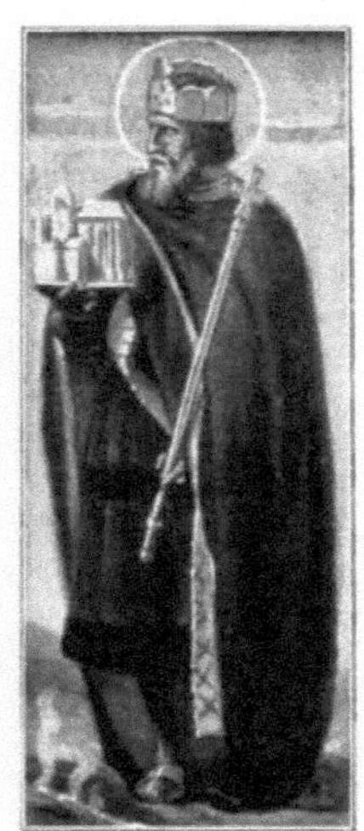

Düsseldorf, Frau E. Sohn

**St. Anna**

St. Anne    Sainte Anne

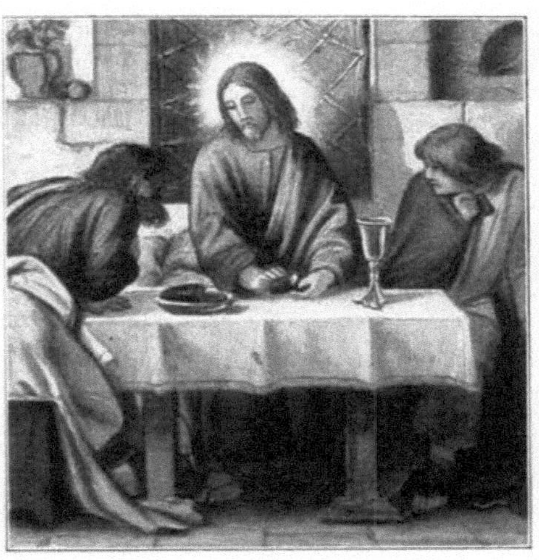

**Triptychon.   Jünger zu Emmaus**

Triptych.  The disciples at Emaus    Triptyque.  Les apôtres d'Emmaüs
Vor 1848

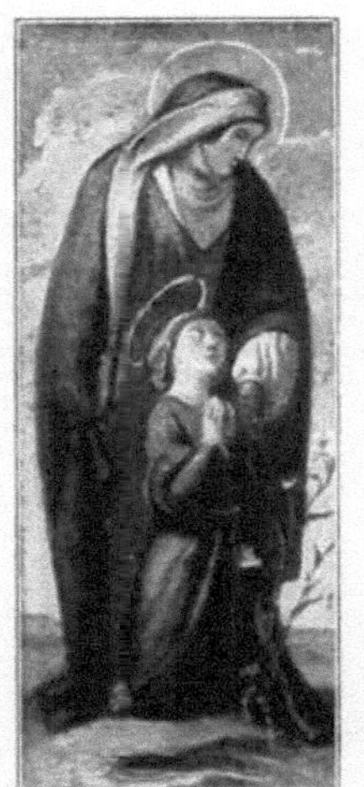

Holzkästchen, H. 0,24, B. 0,26

**St. Carolus**

St. Carolus    Saint Charles

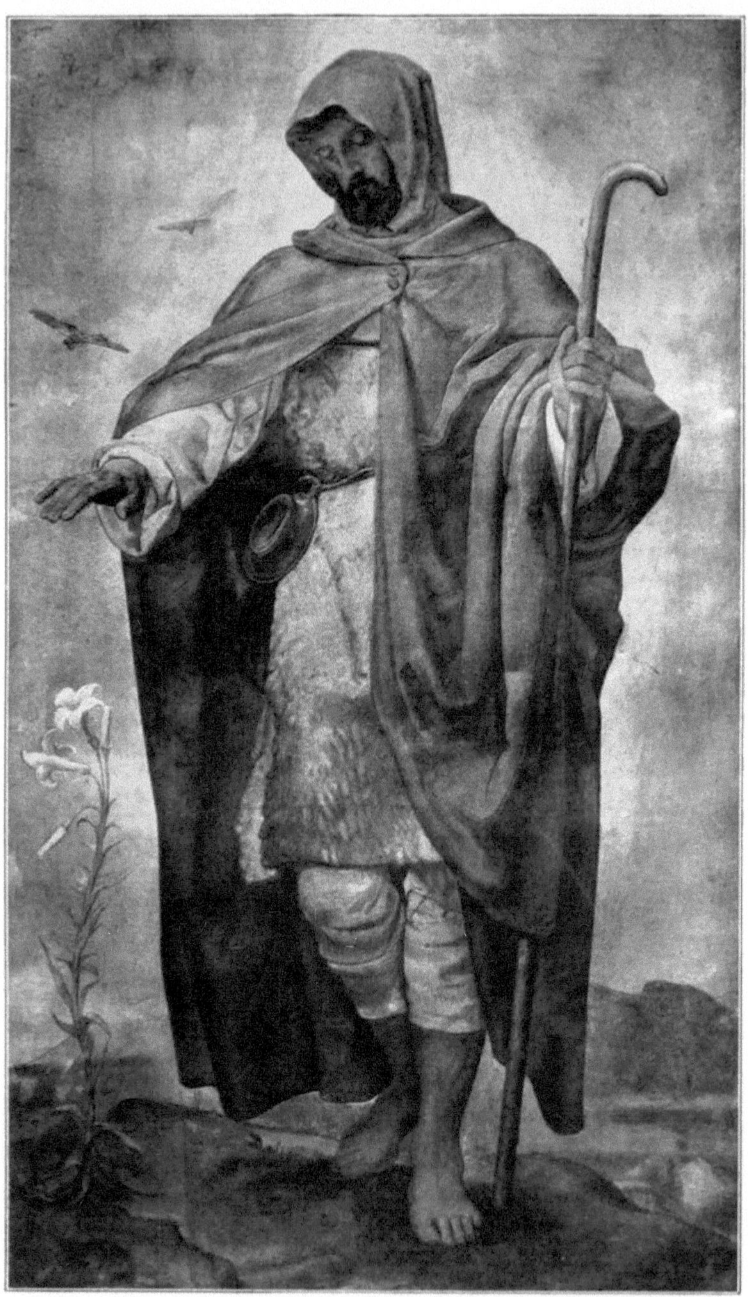



Der Schutzengel

The guardian-angel          1845          L'ange gardien

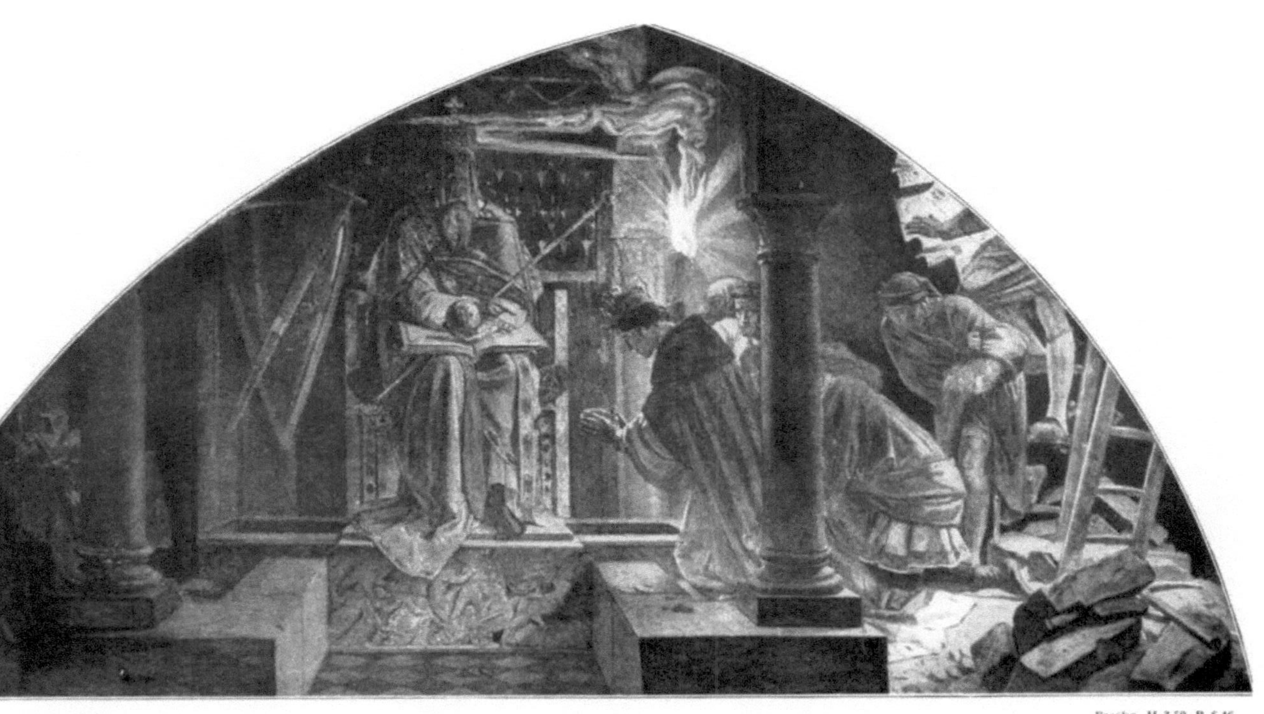

* Aachen, Rathaus

Fresko, H. 3,50, B. 6,46

Karls Fresken I (1840—1862):  Besuch Ottos III. im Grabe Karls

Charlemagne Frescoes I: Otto III visits the tomb of Charlemagne          1847          Fresques Charlemagne I: Otto III visite le tombeau de Charlemagne

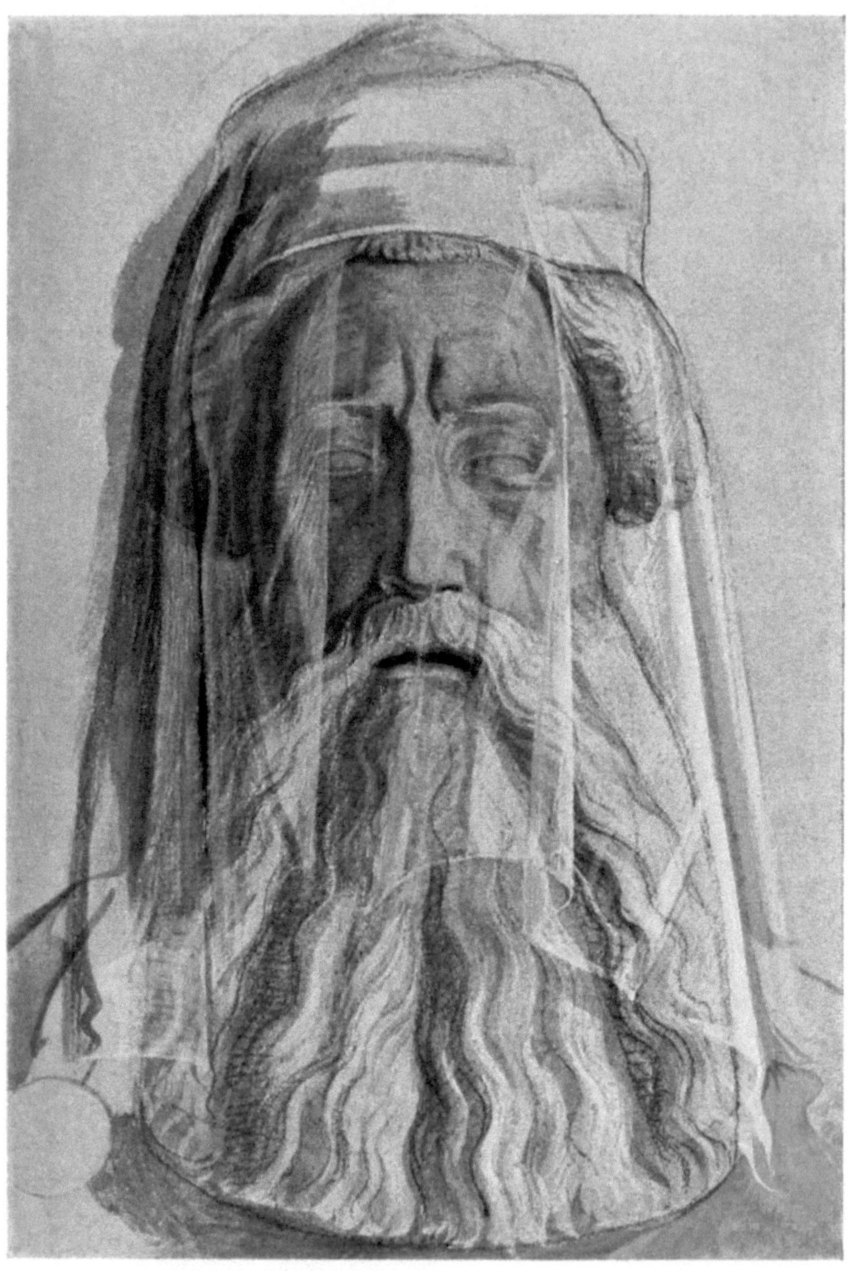




Entwurf zum Kopfe des toten Karl

Sketch for the head of Charlemagne     Vor 1847     Esquisse de tête de Charlemagne mort

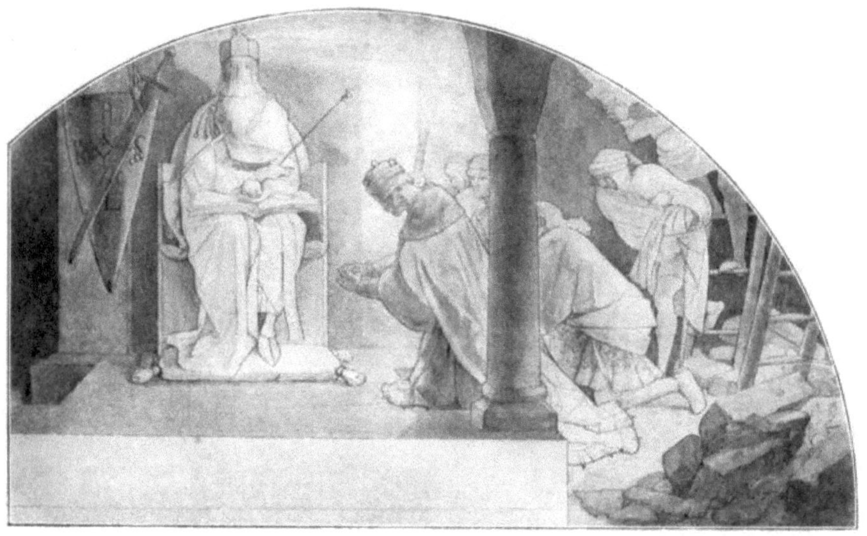



Tuschzeichnung mit Gold, H. 0,482, B. 0,644

Entwurf zu „Ottos III. Besuch in der Gruft Karls des Großen"

Sketch for „Otto III. visits the tomb of Charlemagne

1840

Esquisse du tableau de la visite d'Otto III au tombeau de Charlemagne

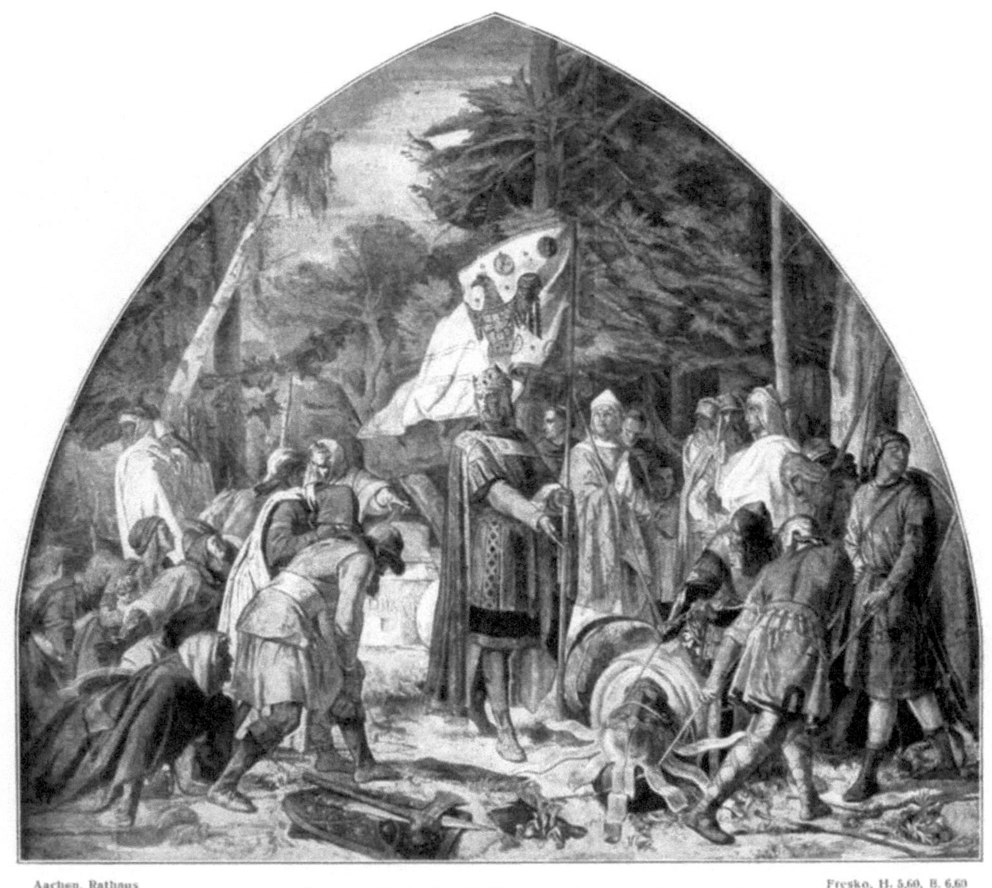

Aachen, Rathaus

Fresko, H. 5,60, B. 6,60

Karls Fresken II (1840—1862): Der Sturz der Irmensäule

Charlemagne Frescoes II:                    1848                    Fresques Charlemagne II:
Charlemagne destroys the Irmensäule                                 Destruction de la colonne dite Irminsul

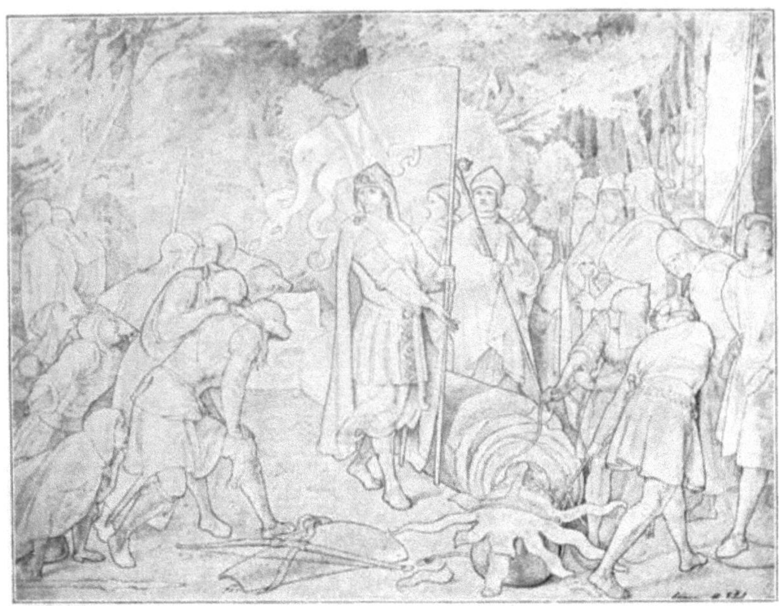

Dresden, Kgl. Kupferstichkabinett                    Bleizeichnung, H. 0,485, B. 0,614

### Entwurf zum „Sturz der Irmensäule"

Sketch for „Charlemagne destroys        1840        Esquisse du tableau de la colonne
the Irmensäule"                                              Irminsul

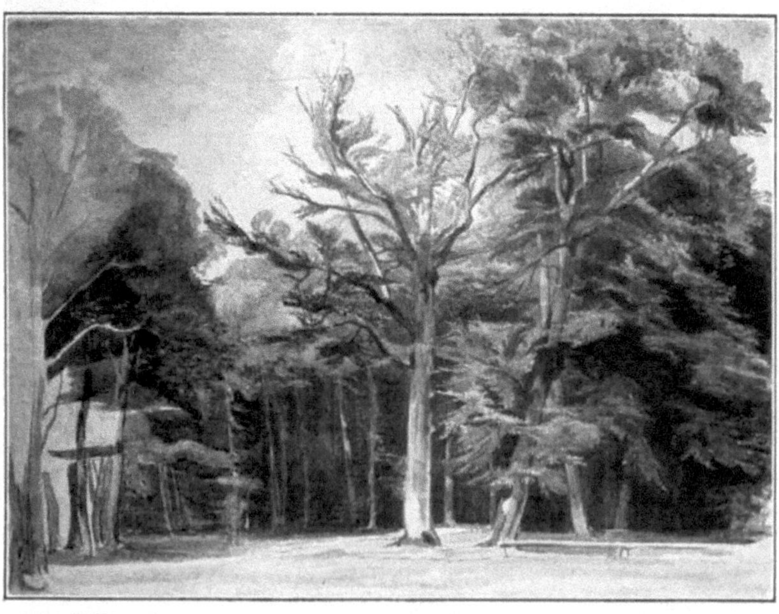

Aachen, Städtisches Museum

### Landschaftsstudie, Aquarell zum „Sturz der Irmensäule"

Landscape study for „Charlemagne          Etude de nature à propos du tableau
destroys the Irmensäule"                              de la colonne Irminsul

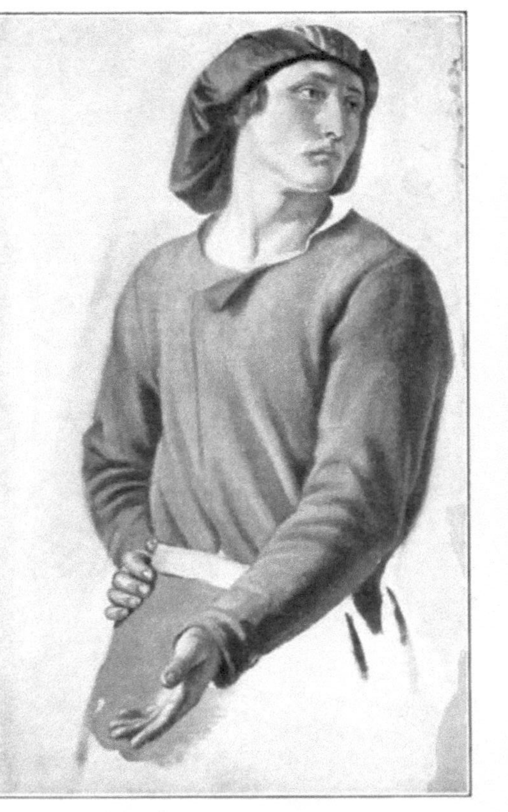

Aachen, Städtisches Museum

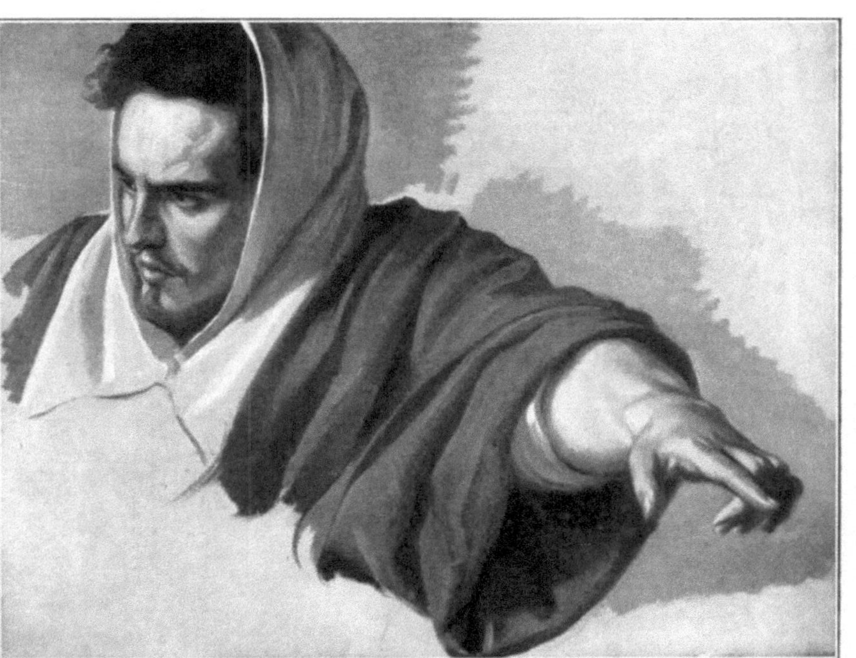

Aachen, Städtisches Museum

Oelstudien zum „Sturz der Irmensäule"

Studies in oil for „Charlemagne destroys the Irmensäule"

Etudes à l'huile pour le tableau de la colonne Irminsul

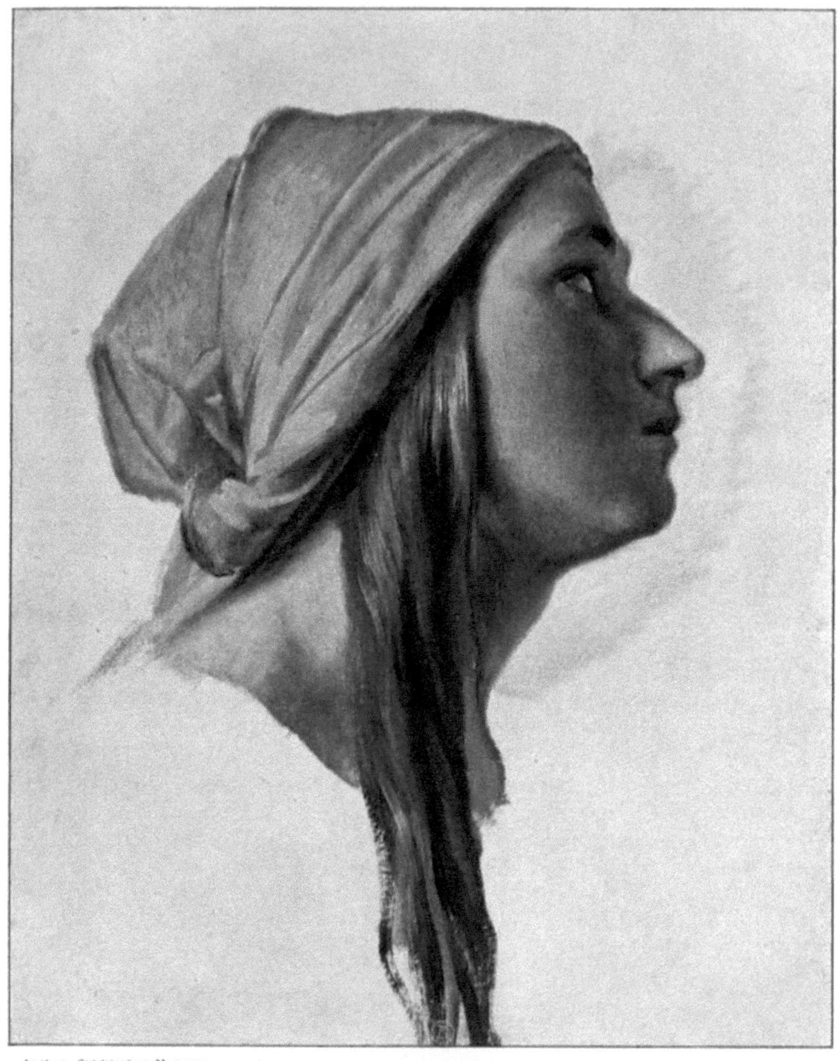



Oelstudie zum „Sturz der Irmensäule"

Study in oil for „Charlemagne destroys
the Irmensäule"

Etude à l'huile pour le tableau de la colonne
Irminsul

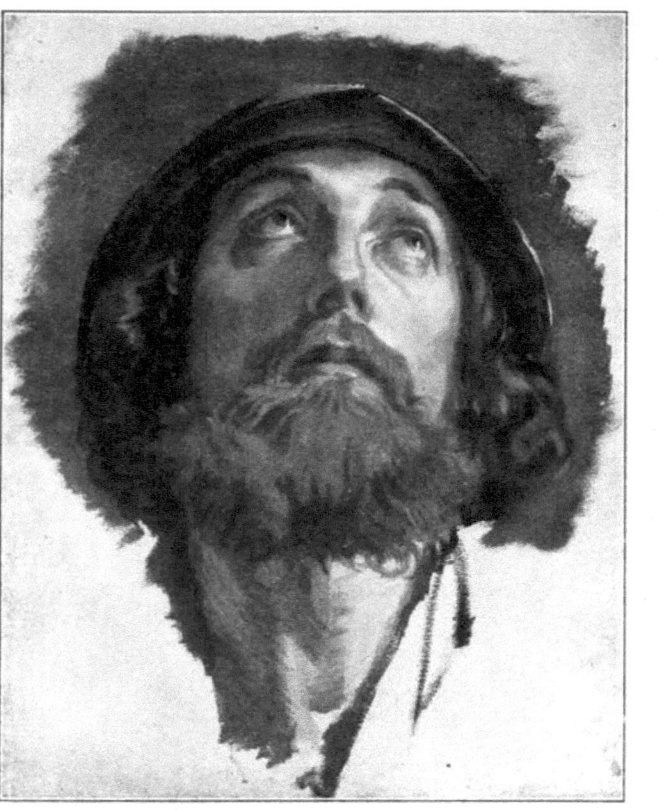

Aachen, Städtisches Museum

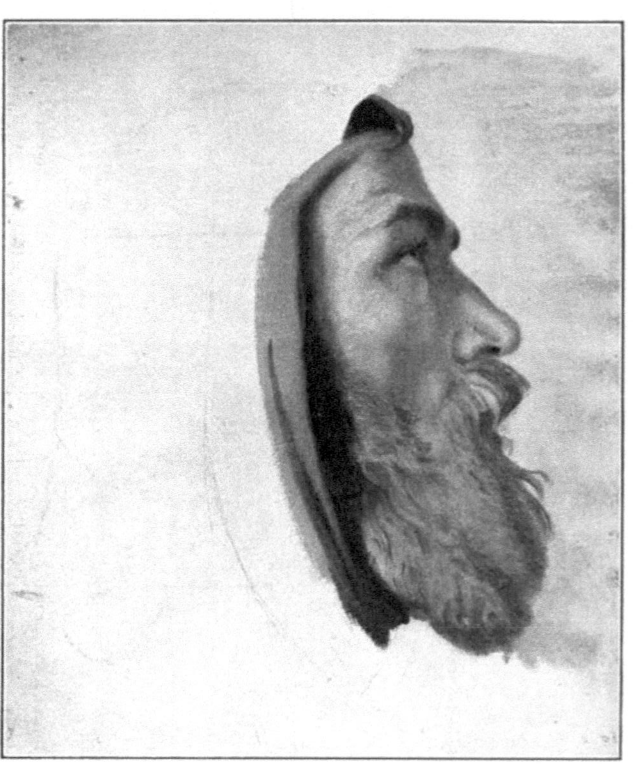

Aachen, Städtisches Museum

Oelstudien zum „Sturz der Irmensäule"

Studies in oil for „Charlemagne destroys the Irmensäule"

Etudes à l'huile pour le tableau de la colonne Irminsul

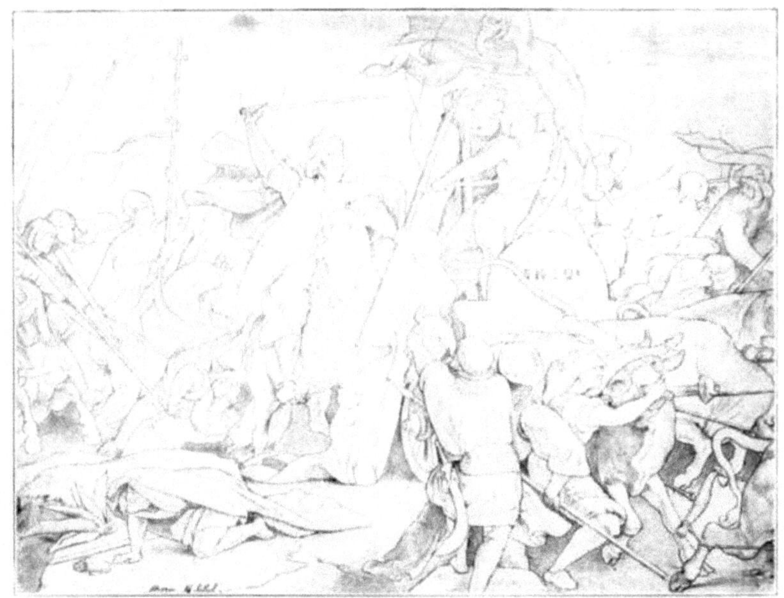





Entwurf zur „Schlacht bei Cordova"
1840

Sketch for „The battle of Cordova"                Esquisse pour le tableau „La bataille de Cordoue"

Skizze aus dem Gedächtnis, „Schlacht bei Cordova"

Sketch from memory for            1840            Esquisse pour le tableau „La bataille
„The battle of Cordova"                                 de Cordoue", faite de mémoire

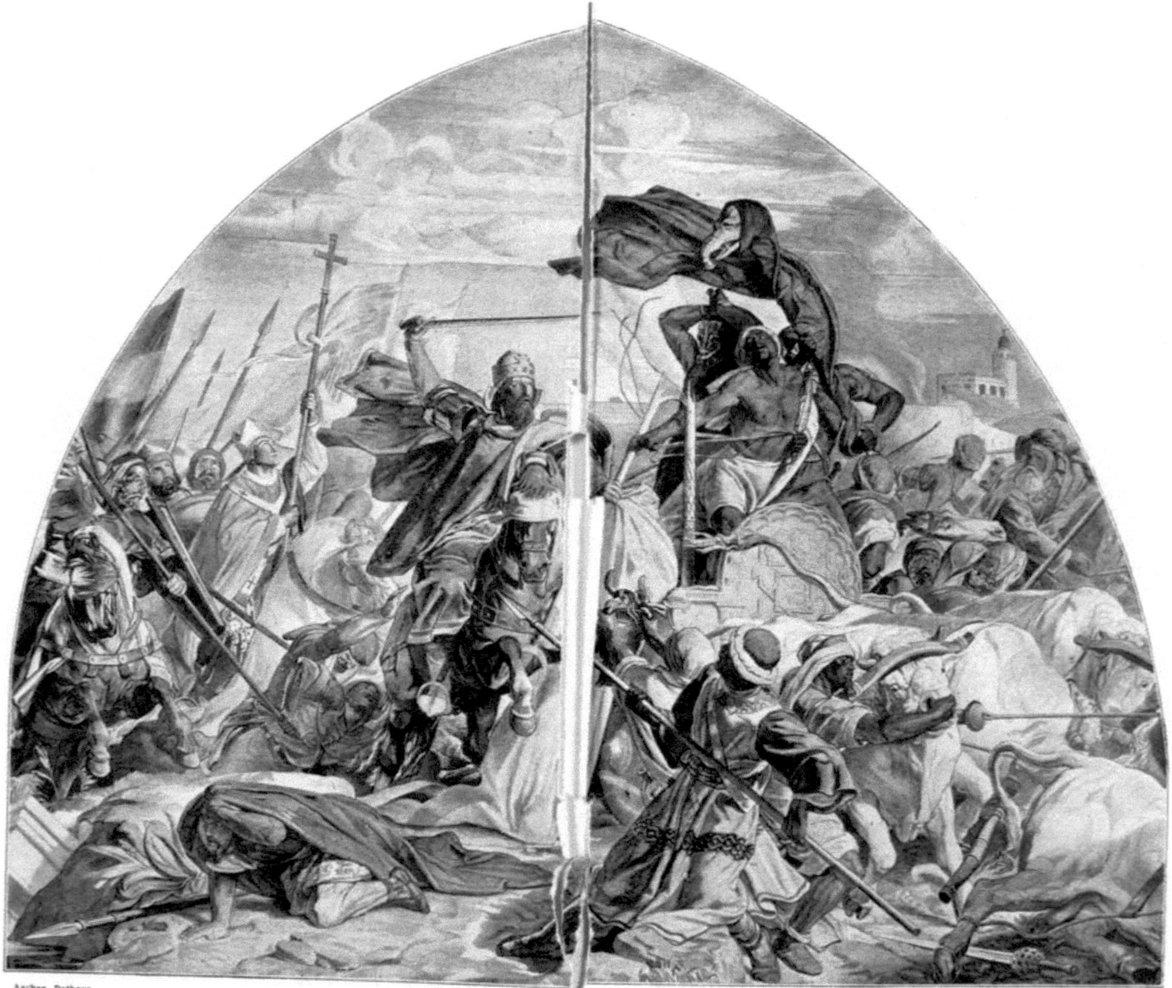

Aachen, Rathaus

Fresko, H. 5,60, B. 6,60

Karls Fresken III (1840—1861/62): Die Schlacht bei Cordova

1840 und 1860

Charlemagne Frescoes III: The battle of Cordova

Fresques Charlemagne III: La bataille de Cordoue

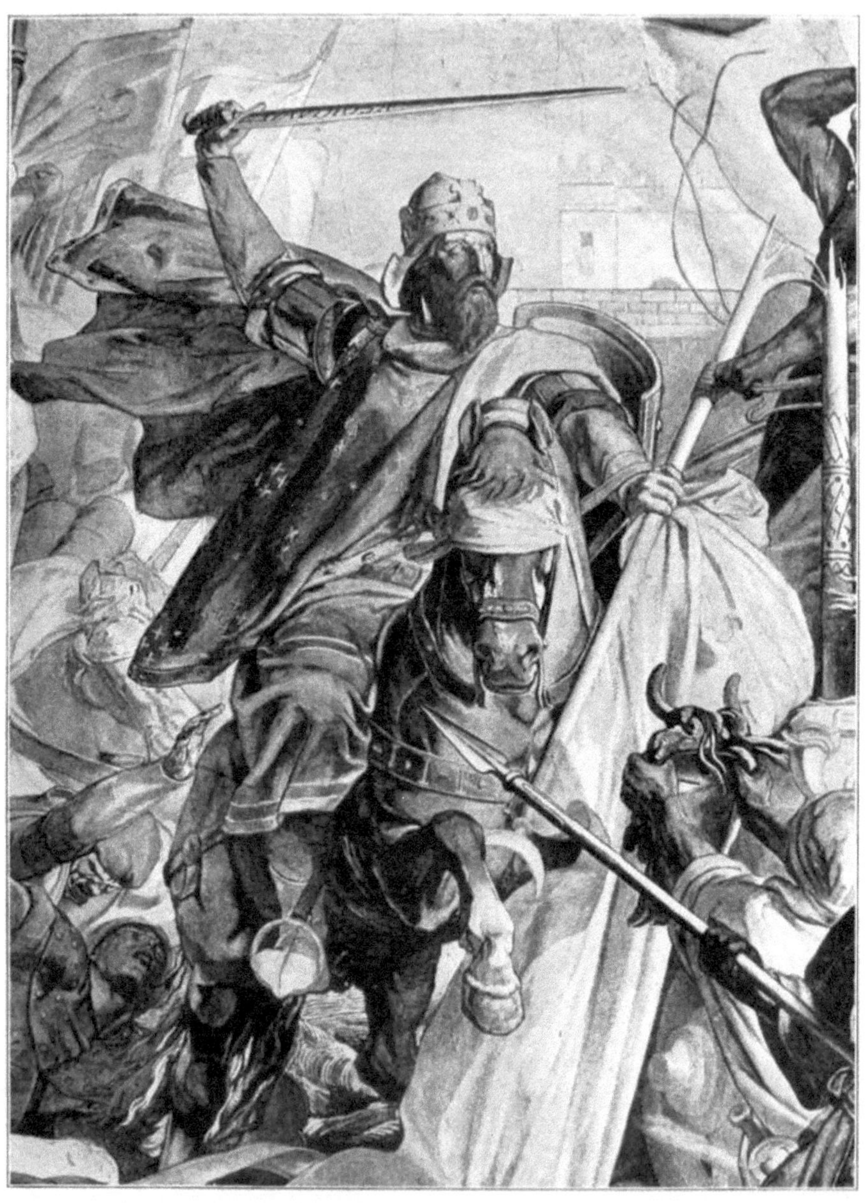

Ausschnitt aus der „Schlacht bei Cordova“

The battle of Cordova
(Detail)

La bataille de Cordoue
(Détail)

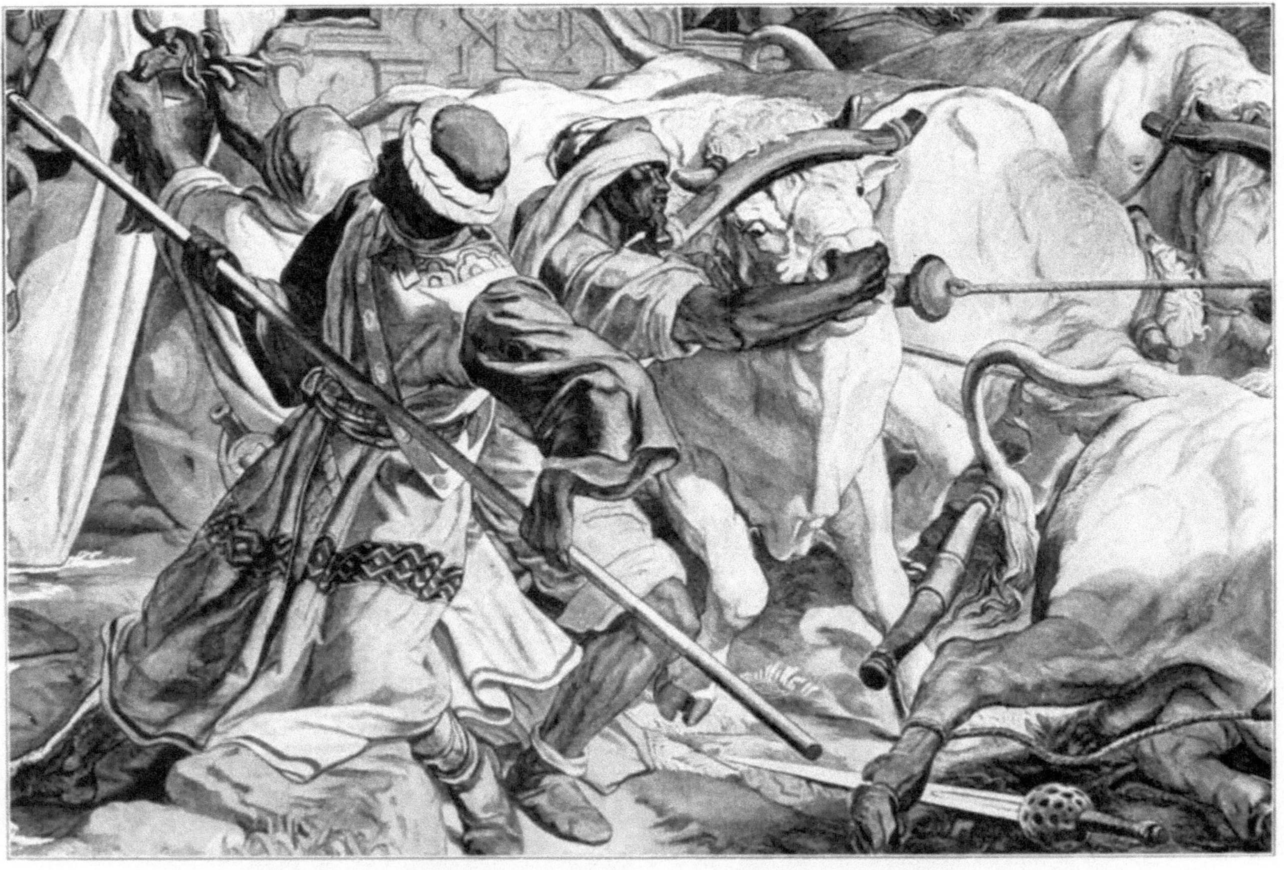

Ausschnitt aus der „Schlacht bei Cordova"

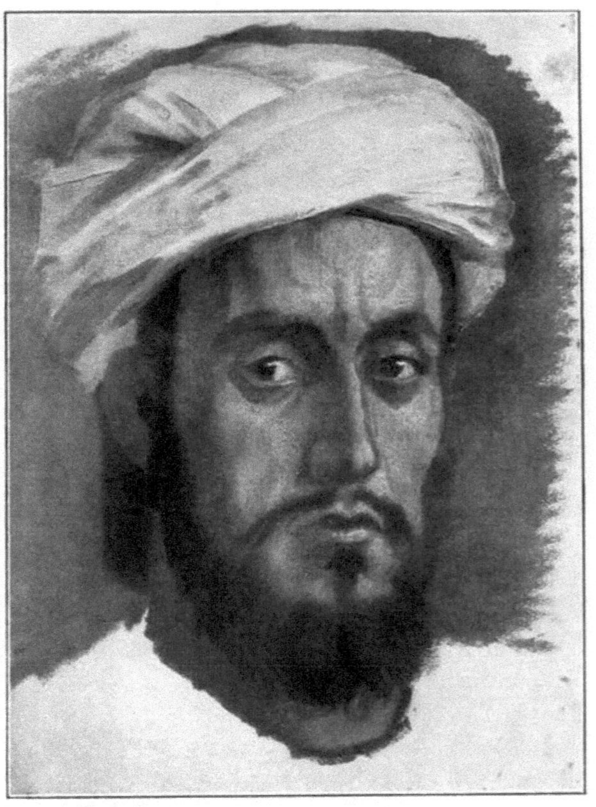

Aachen, Städtisches Museum

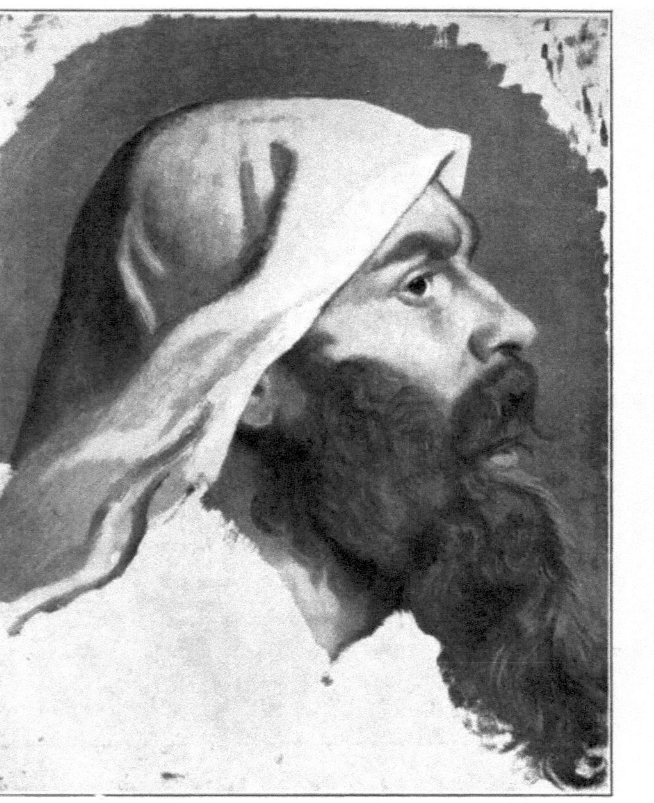

Aachen, Städtisches Museum

Oelstudien zur „Schlacht bei Cordova"

Studies in oil for „The battle of Cordova"

Etudes à l'huile pour le tableau „La bataille de Cordoue"

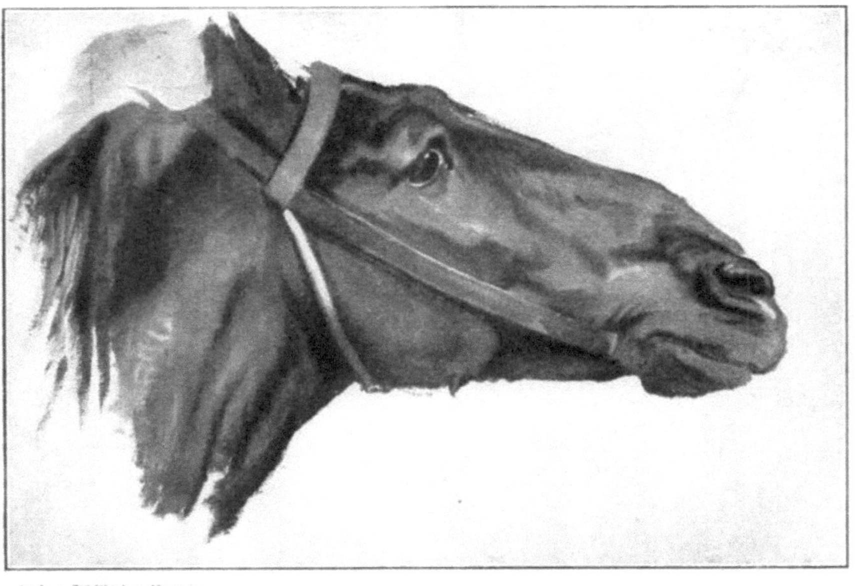

Aachen, Städtisches Museum

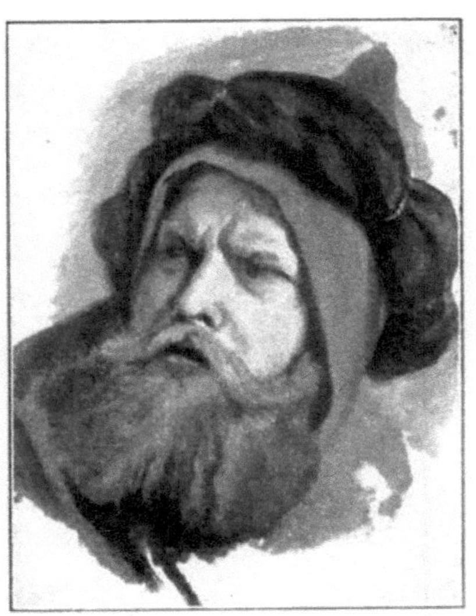

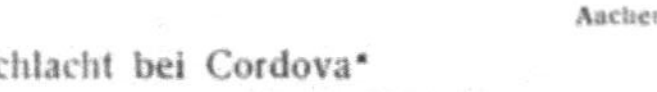

Aachen, Städtisches Museum

Oelstudien zur „Schlacht bei Cordova“

Studies in oil for „The battle of Cordova“

Etudes à l'huile pour le tableau „La bataille de Cordoue“

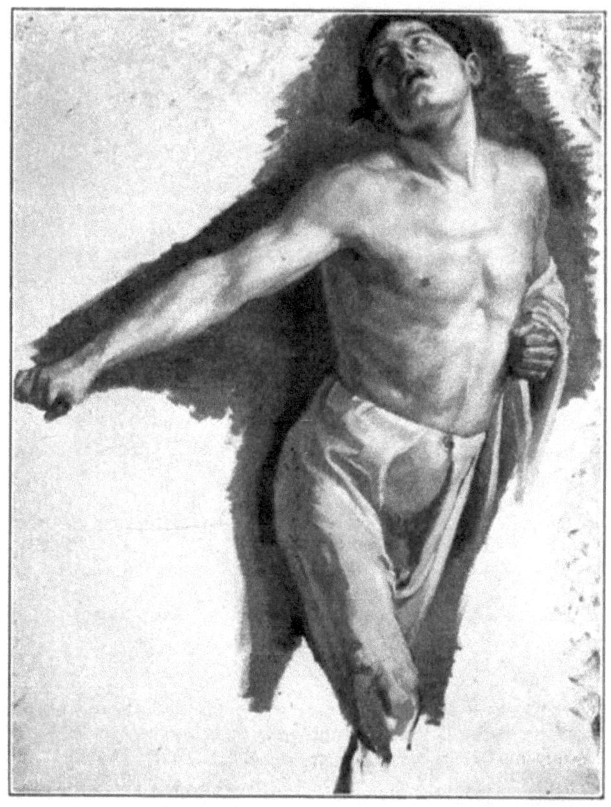



Oelstudie zur „Schlacht bei Cordova"

The battle of Cordova
(Detail)

La bataille de Cordoue
(Détail)

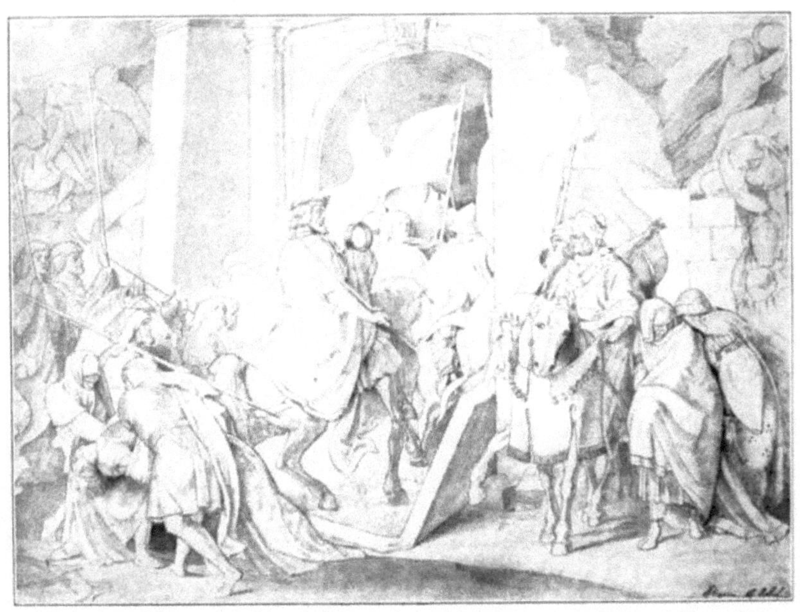





Entwurf zum „Einzug in Pavia"

Sketch for „The entry into Pavia"          1844          Esquisse pour le tableau „L'entrée à Pavie"

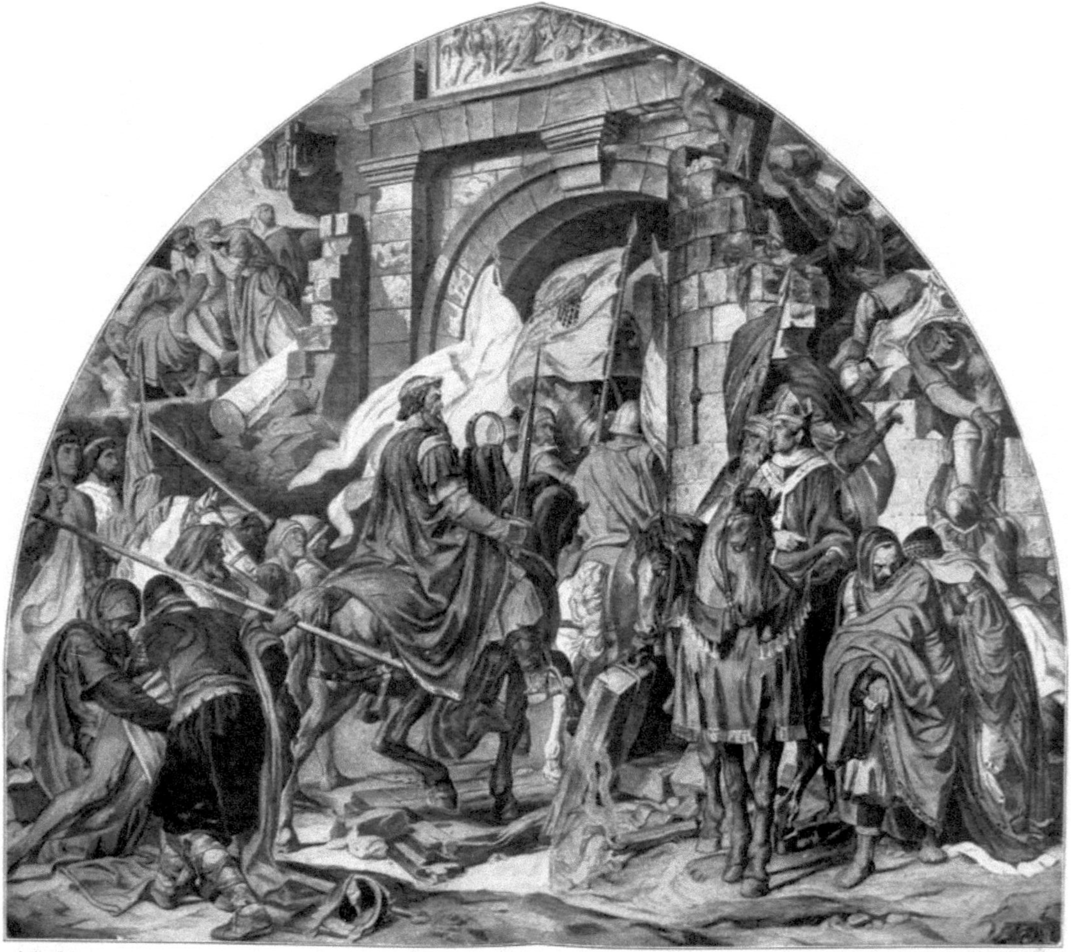

Aachen, Rathaus

Fresko, H. 7,60, B. 6,60

Karls Fresken IV (1840—1862): Der Einzug in Pavia
1850 und 1851

Charlemagne Frescoes IV: The entry into Pavia

Fresques Charlemagne IV: L'entrée à Pavie

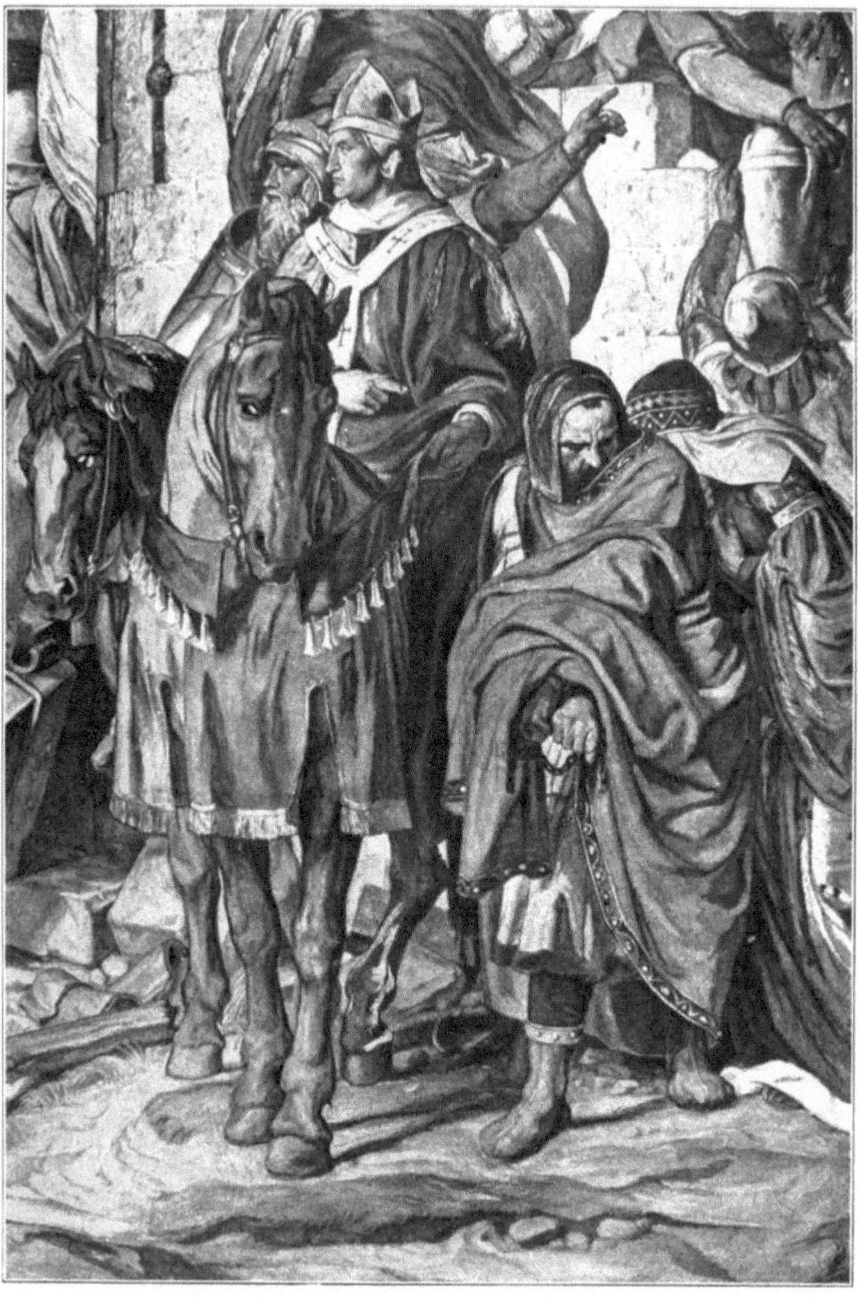

restored 1852

(restaurée 1852)

Ausschnitt aus dem „Einzug in Pavia"

The entry into Pavia
(Detail)

L'entrée à Pavie
(Détail)

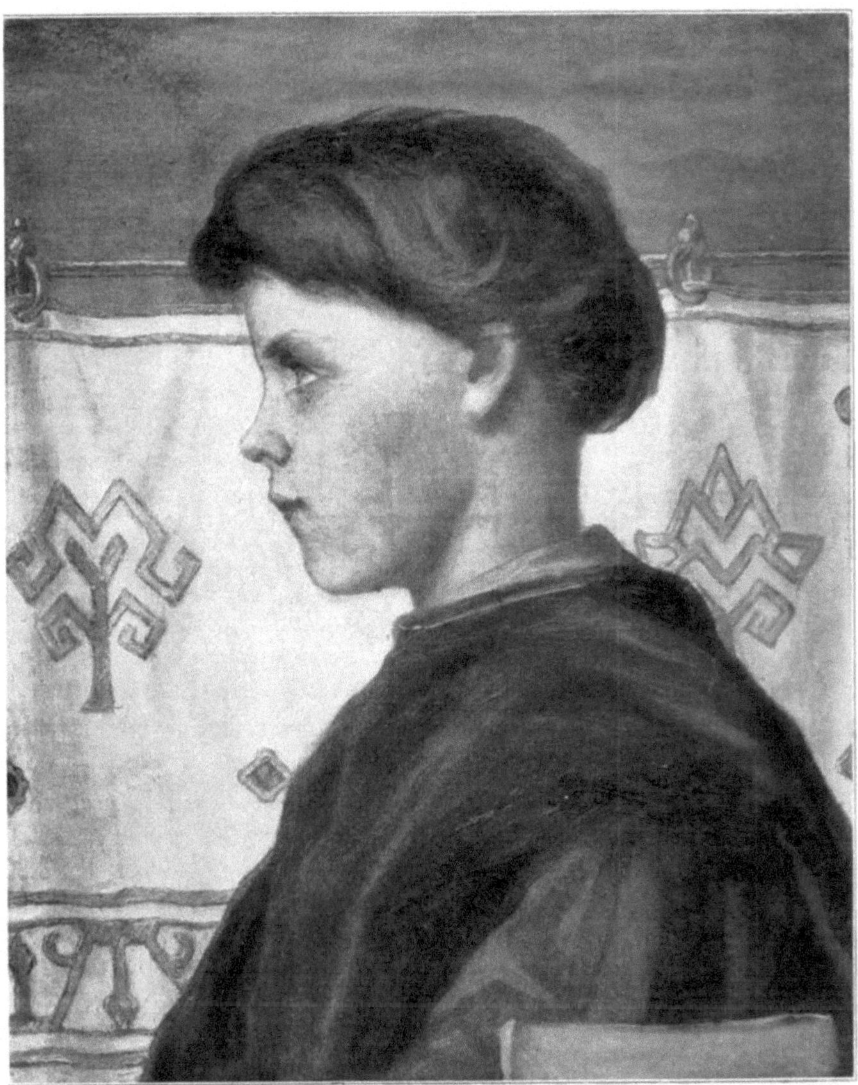

Düsseldorf, Frau E. Sohn

Oelbild, H. 0,536, B. 0,422

## Ministrant

Studie zu Wittekinds Taufe
Um 1850

The ministrant
Study for the „Baptism
of Wittekind"

Enfant de chœur
Etude pour le tableau „Le baptême
de Wittekind"

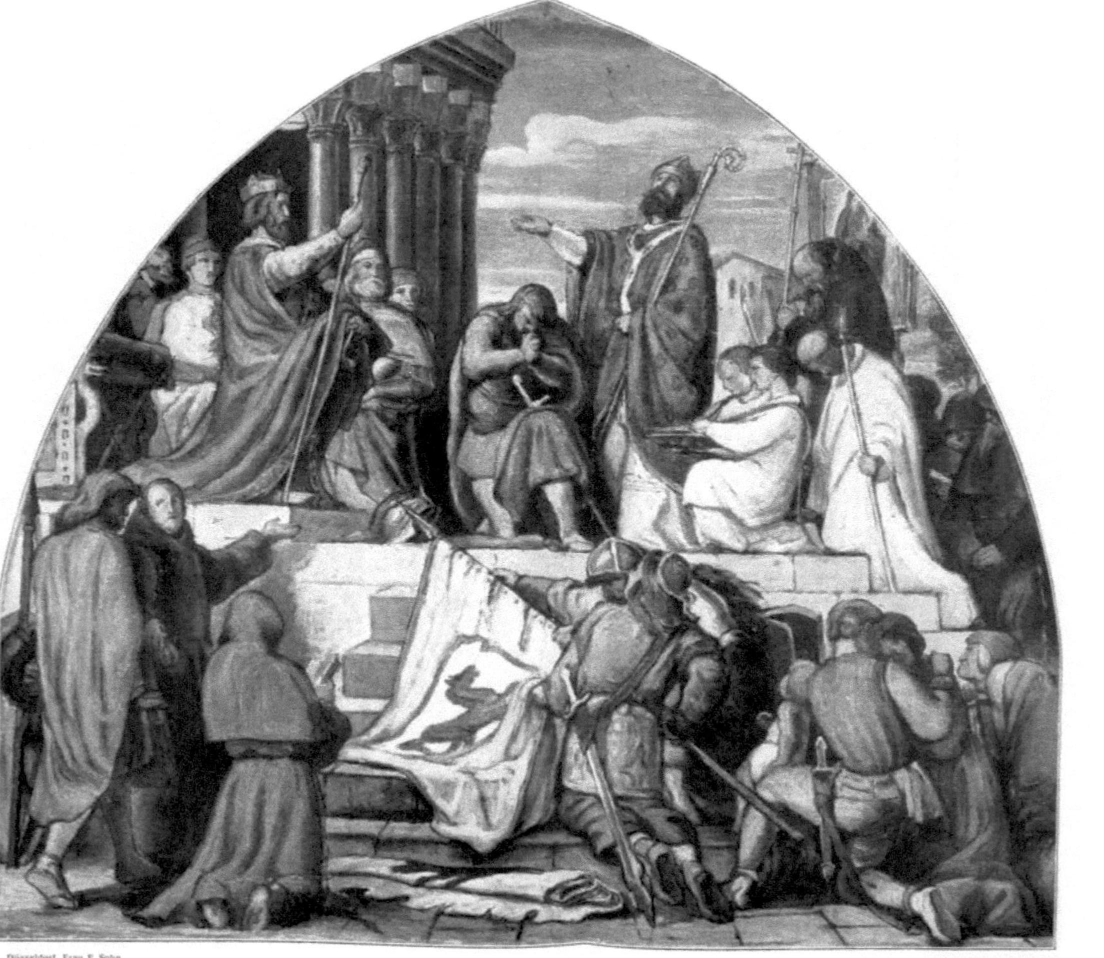

Düsseldorf, Frau E. Sohn

Oelskizze, H. 0,185, B. 0,56

Charlemagne Frescoes V: The baptism of Wittekind
(After a coloured sketch of the artist)

## Karls Fresken V (1840—1862): Die Taufe Wittekinds
Nach einer farbigen Originalskizze Rethels
1852

Fresques Charlemagne V: Le baptême de Wittekind
(D'après une esquisse originale en couleur à l'huile)

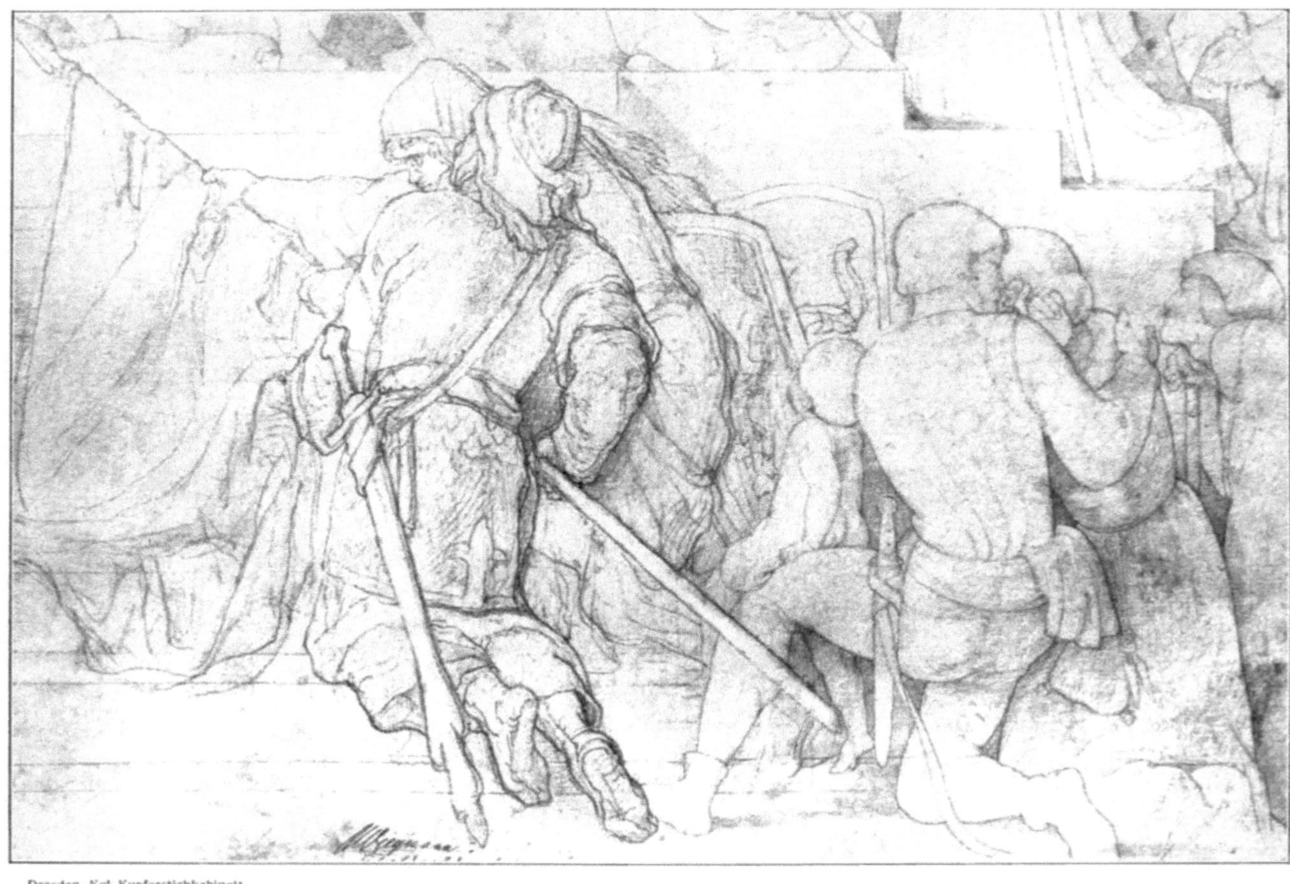

Dresden, Kgl. Kupferstichkabinett

Ausschnitt aus dem Entwurf zur „Taufe Wittekinds" (überarbeitet 1852)

The baptism of Wittekind (Detail of the sketch)
restored 1852

1840

Détail de l'esquisse „Le baptême de Wittekind"
(restaurée 1852)

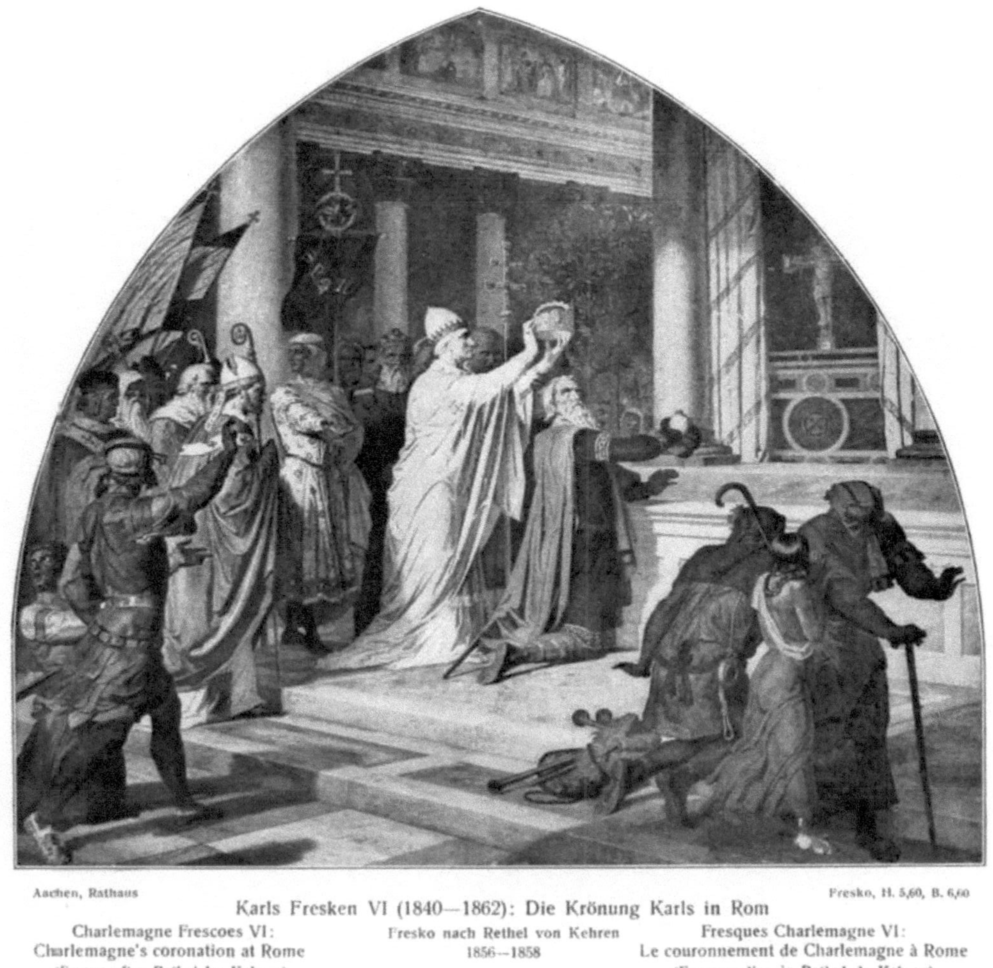

Aachen, Rathaus

Fresko, H. 5,60, B. 6,60

**Karls Fresken VI (1840—1862): Die Krönung Karls in Rom**

Charlemagne Frescoes VI:
Charlemagne's coronation at Rome
(Fresco after Rethel by Kehren)

Fresko nach Rethel von Kehren
1856—1858

Fresques Charlemagne VI:
Le couronnement de Charlemagne à Rome
(Fresque d'après Rethel de Kehren)

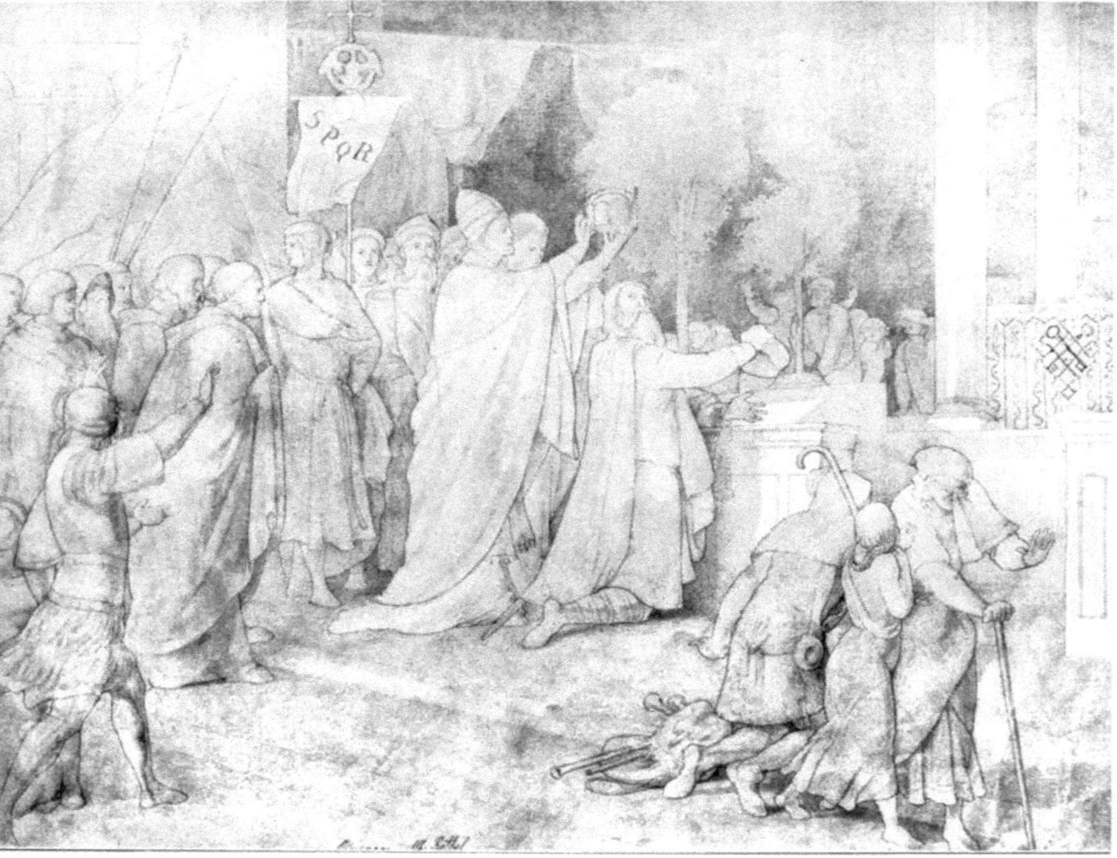



Dresden, Kgl. Kupferstichkabinett

Bleizeichnung, H. 0,488, B. 0,642

Entwurf zur „Krönung Karls in Rom"

Sketch for „The coronation of Charlemagne at Rome"     1840     Esquisse du tableau „Le couronnement de Charlemagne à Rome"

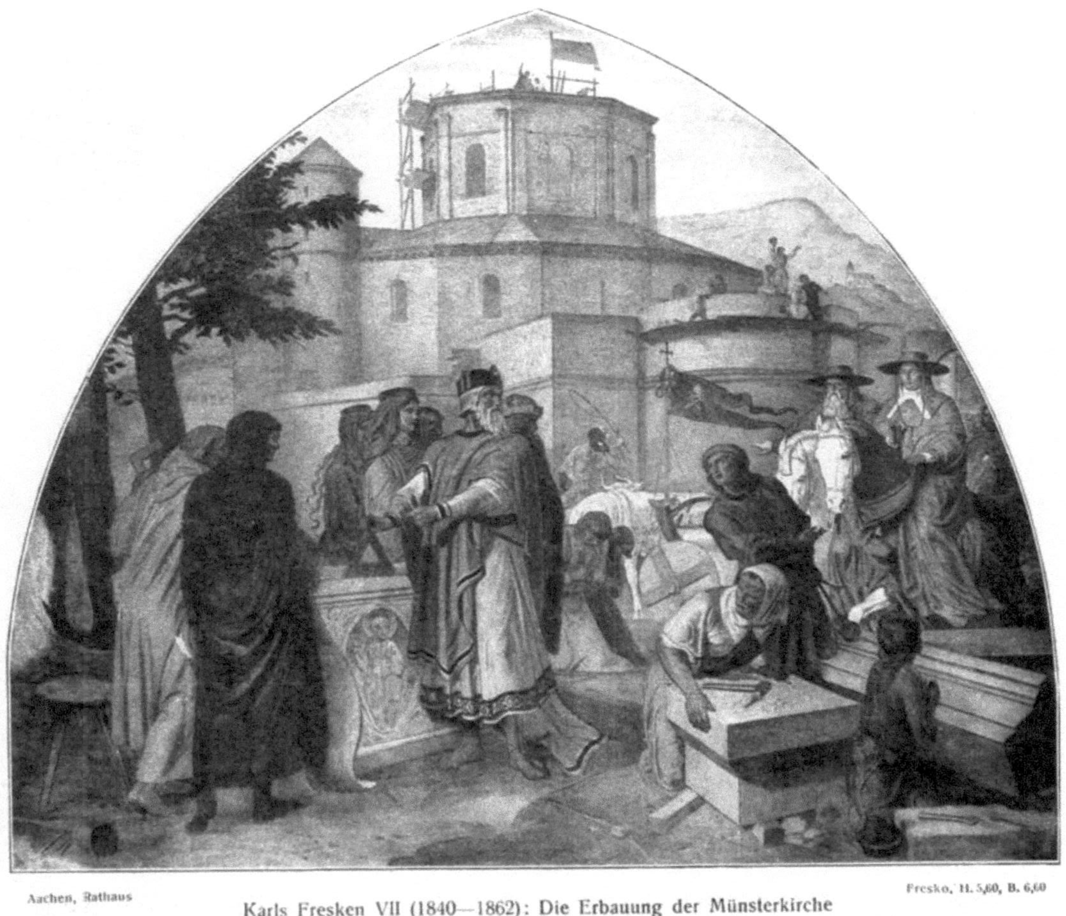

Aachen, Rathaus

Fresko, H. 5,60, B. 6,60

Karls Fresken VII (1840—1862): Die Erbauung der Münsterkirche

Charlemagne Frescoes VII:
The building of the cathedral
(Fresco after Rethel by Kehren)

Fresko nach Rethel von Kehren
1858—1860

Fresques Charlemagne VII:
La construction de la cathédrale
(Fresque d'après Rethel de Kehren)

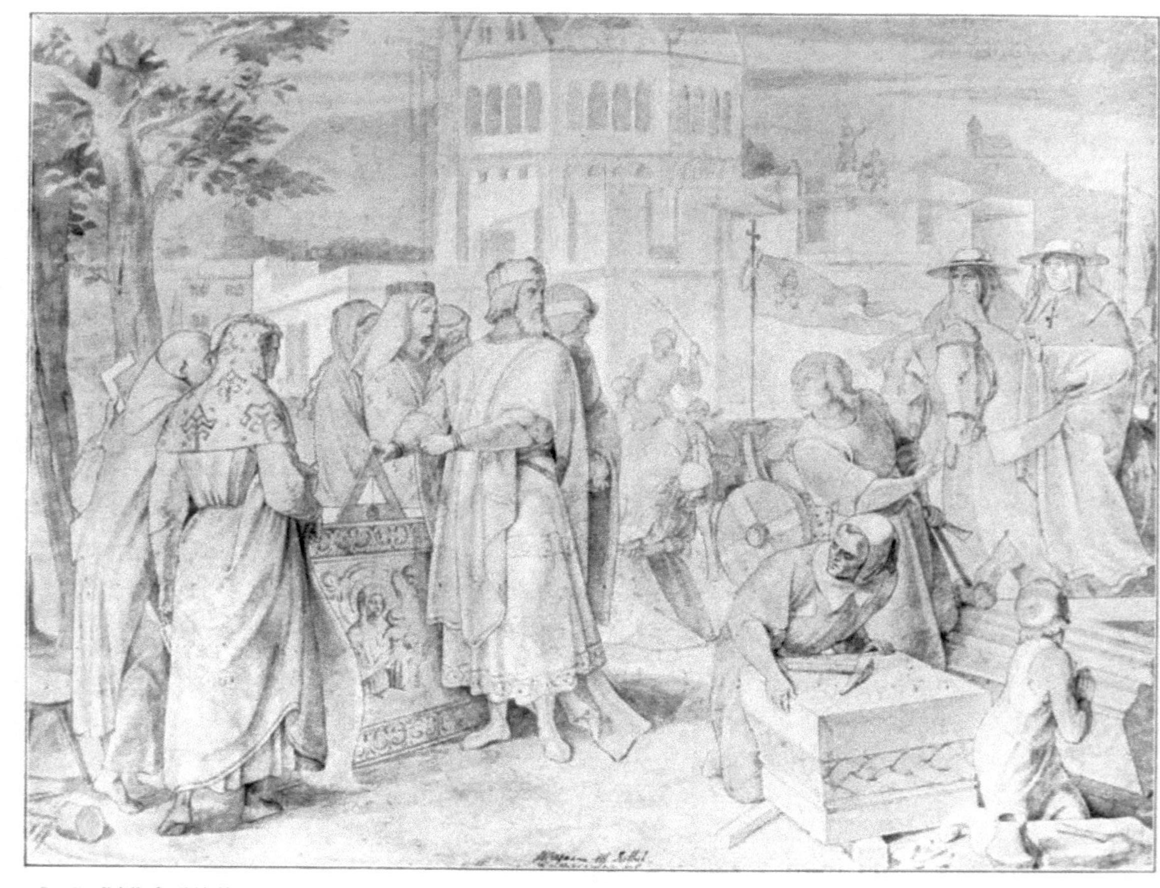

Dresden, Kgl. Kupferstichkabinett

Bleizeichnung, H. 0,485, B. 0,650

Entwurf zum „Bau der Münsterkirche in Aachen"

Sketch for „The building of the cathedral in Aachen"        1841        Esquisse du tableau „La construction de la cathédrale"

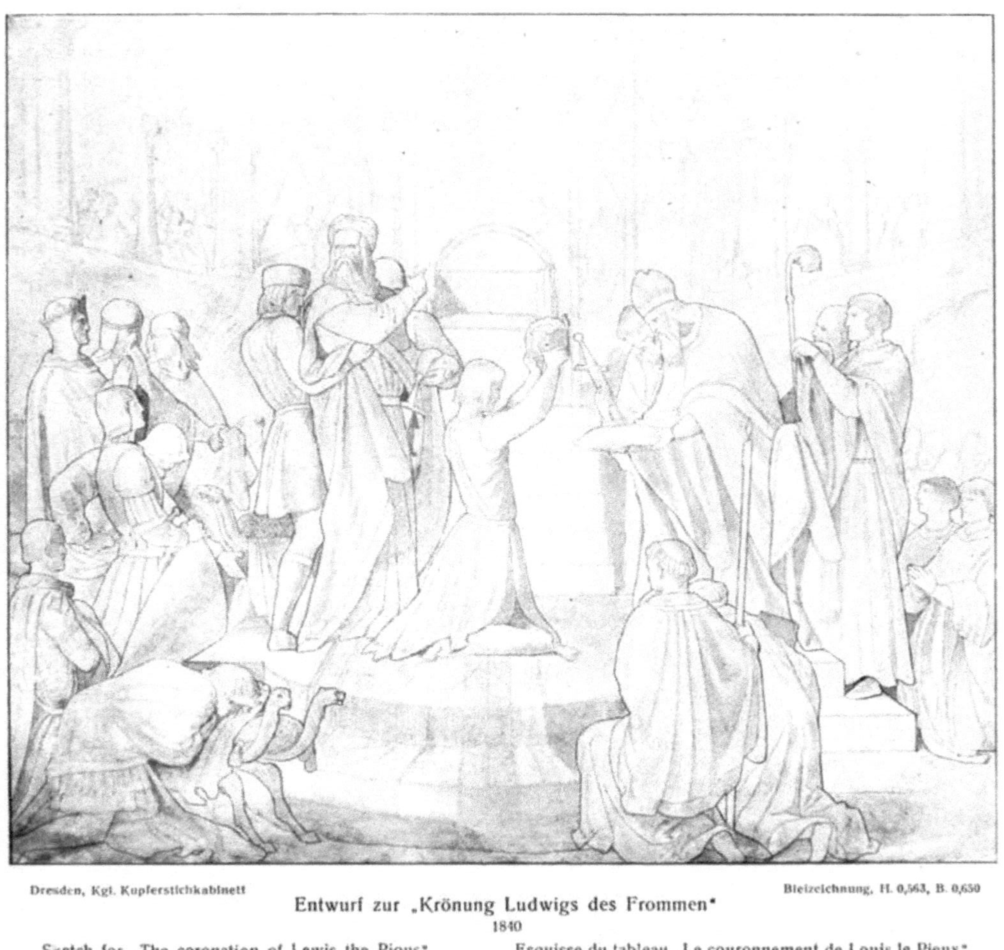

Dresden, Kgl. Kupferstichkabinett

Bleizeichnung, H. 0,563, B. 0,650

Entwurf zur „Krönung Ludwigs des Frommen“
1840

Sketch for „The coronation of Lewis the Pious“          Esquisse du tableau „Le couronnement de Louis le Pieux“

Aachen, Rathaus

Fresko, H. 5,50, B. 6,60

Karls Fresken VIII (1840—1862): Die Krönung Ludwigs

Charlemagne Frescoes VIII:
The coronation of Lewis the Pious (fresco after Rethel by Kehren)

Fresko nach Rethel von Kehren
1860—1862

Fresques Charlemagne VIII:
Le couronnement de Louis le Pieux (Fresque d'après Rethel de Kehren)

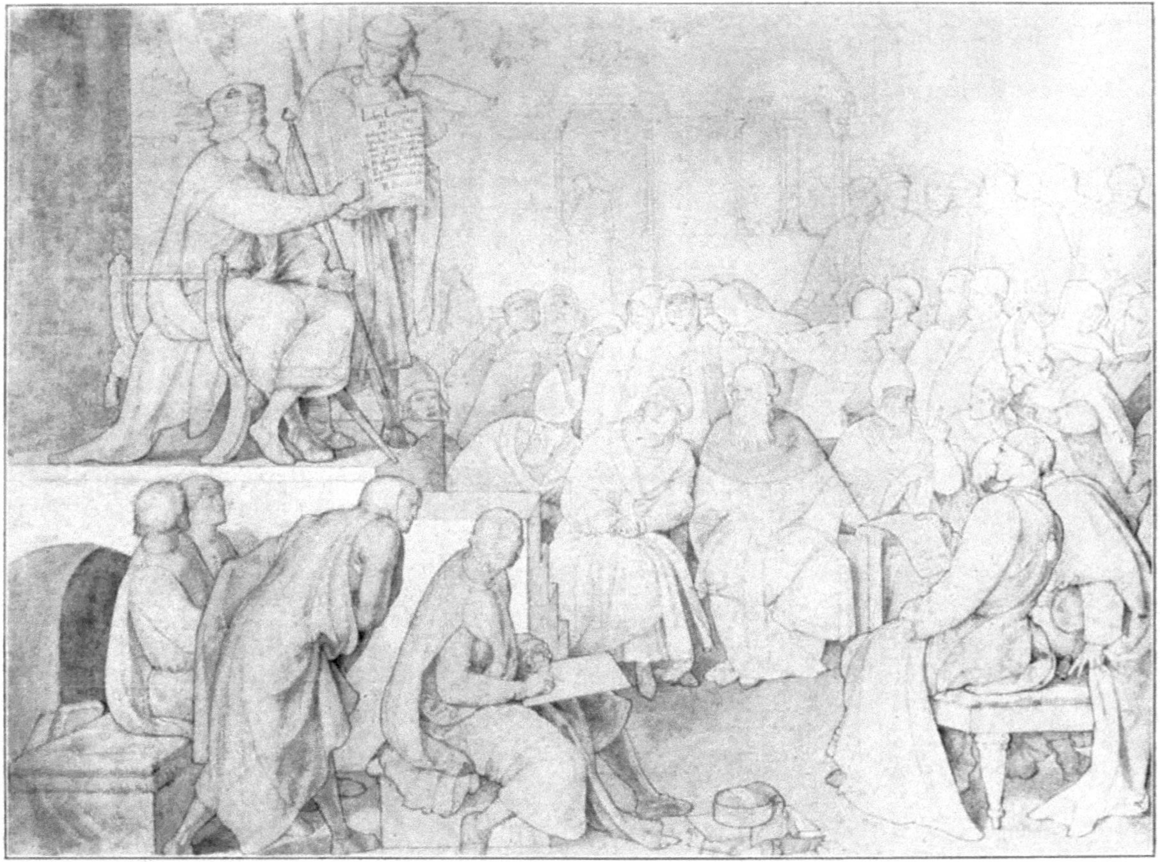

Dresden, Kgl. Kupferstichkabinett                    Bleizeichnung. H. 0,487, B. 0,643

Entwurf zur „Synode von Frankfurt"

1840                                      Esquisse du tableau „Le synode de Francfort"

Sketch for „The synod of Frankfort"

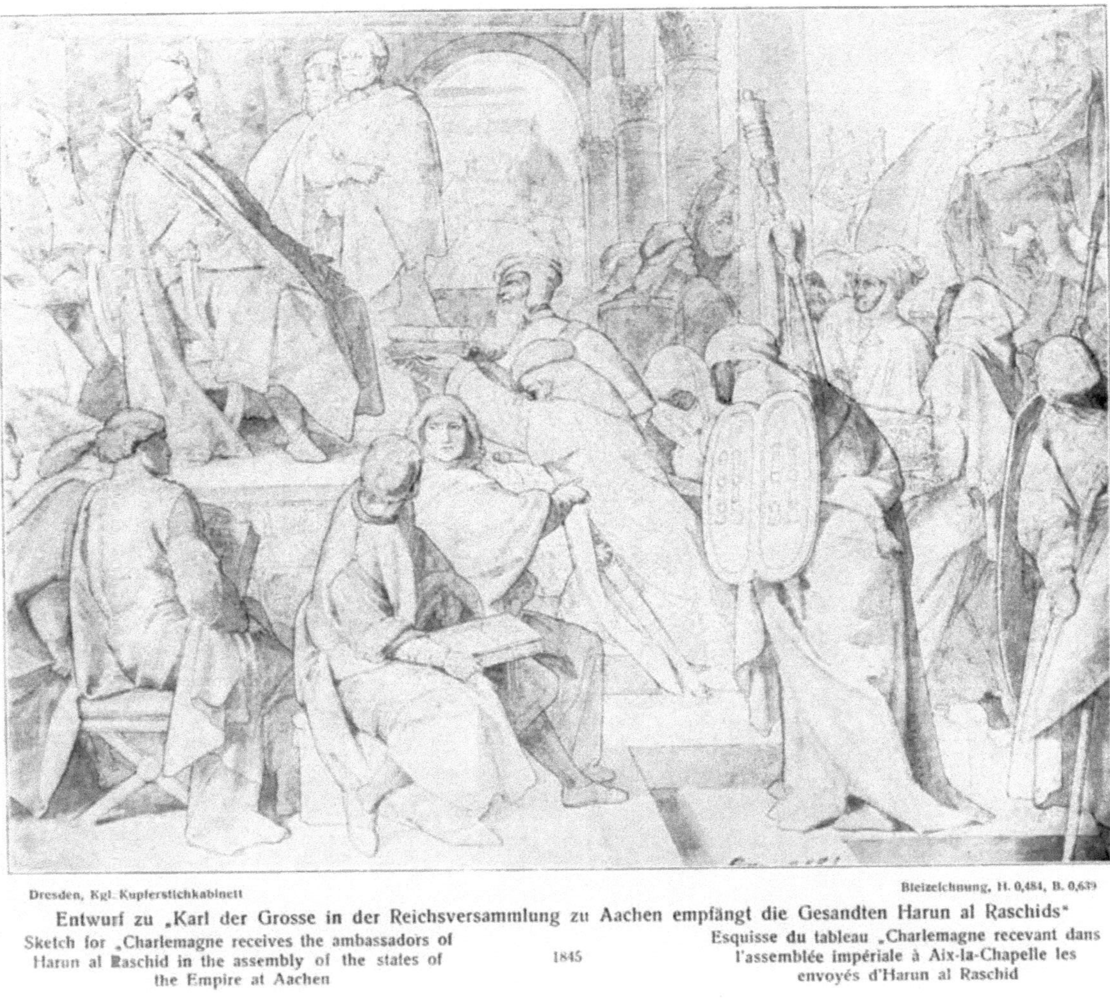

Dresden, Kgl. Kupferstichkabinett

Bleizeichnung, H. 0,484, B. 0,639

**Entwurf zu „Karl der Grosse in der Reichsversammlung zu Aachen empfängt die Gesandten Harun al Raschids"**

Sketch for „Charlemagne receives the ambassadors of
Harun al Raschid in the assembly of the states of
the Empire at Aachen

1845

Esquisse du tableau „Charlemagne recevant dans
l'assemblée impériale à Aix-la-Chapelle les
envoyés d'Harun al Raschid

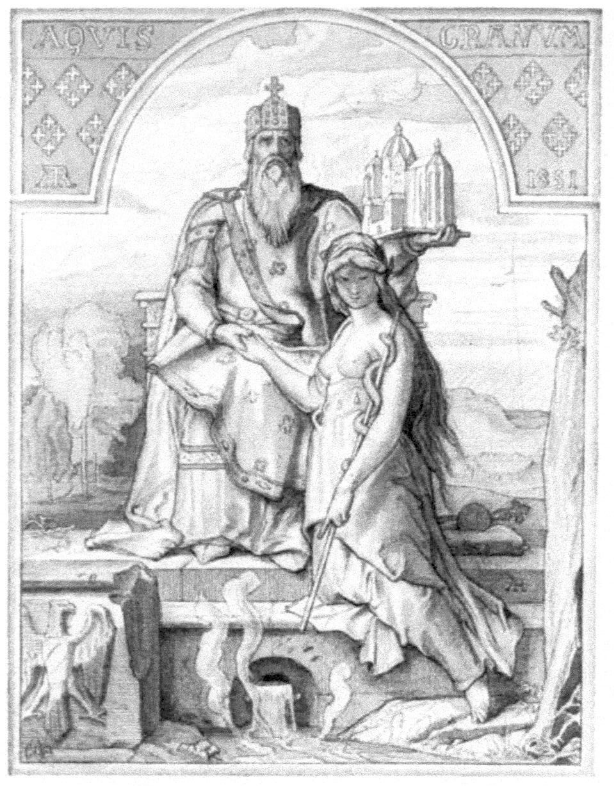


*Heidelberg, Frau Voelcker      Tuschzeichnung, H. 0,302, B. 0,233

**Kaiser Karl und die Aachener Quelle**

Charlemagne and the spring    1851    Charlemagne et la source
of Aachen      d'Aix-la-Chapelle

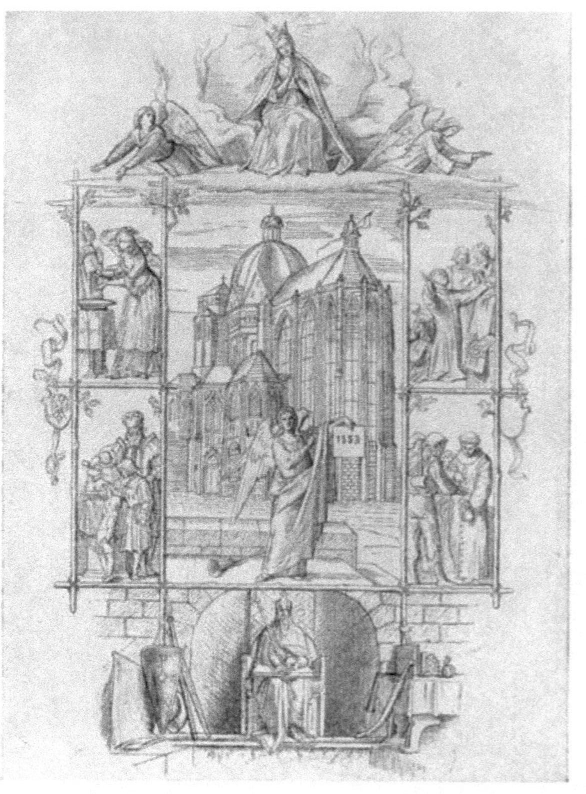
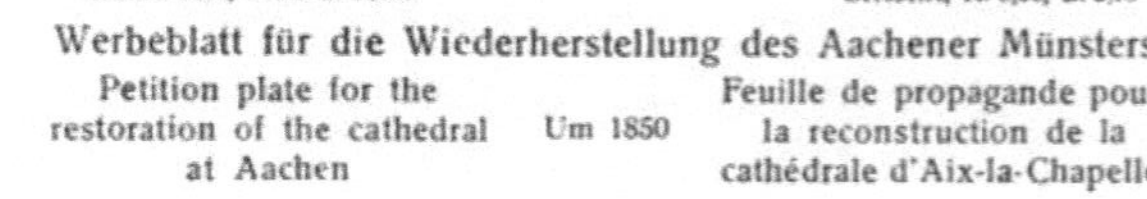

*Düsseldorf, Frau E. Sohn      Bleistift, H. 0,66, B. 0,18

**Werbeblatt für die Wiederherstellung des Aachener Münsters**

Petition plate for the      Feuille de propagande pour
restoration of the cathedral    Um 1850    la reconstruction de la
at Aachen      cathédrale d'Aix-la-Chapelle

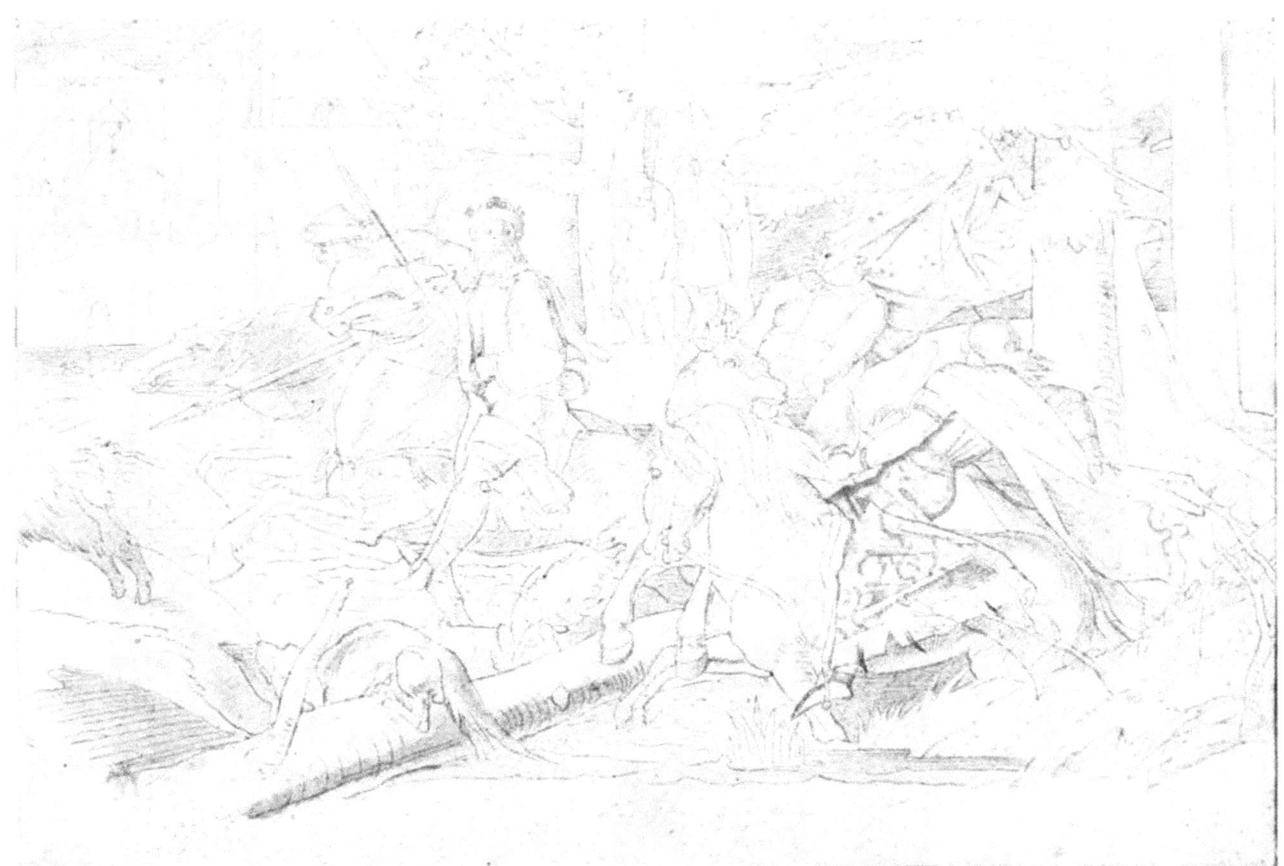

* Düsseldorf, Frau E. Sohn                                                           Zeichnung mit Gold, H. 0,305, B. 0,465

Karl der Grosse und die Hofherren auf der Saujagd

Charlemagne and his courtiers on the boar-hunt          Um 1850          Charlemagne et les courtisans à la chasse du sanglier

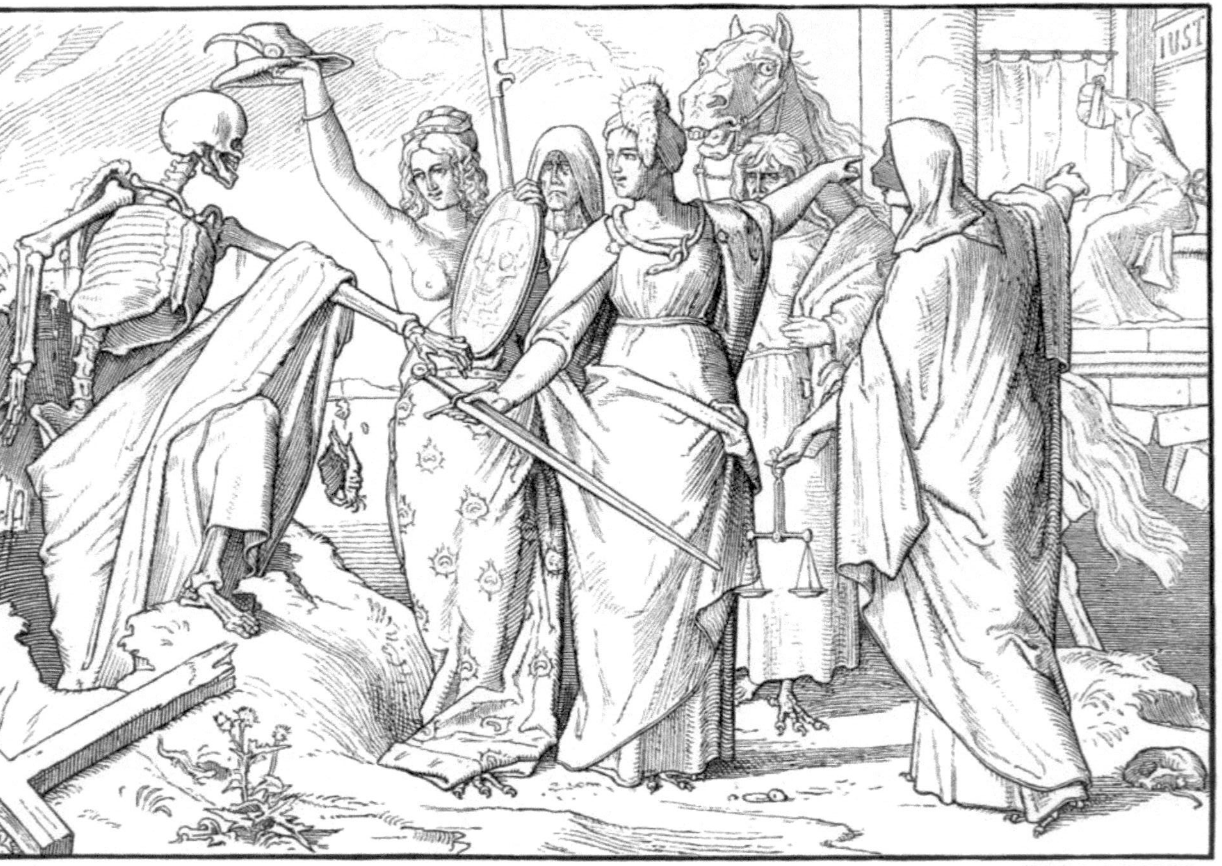


Holzschnitt, H. 0,22, B. 0,32

*Auch ein Totentanz I
1849

Also a death-dance I

Aussi une danse des morts I

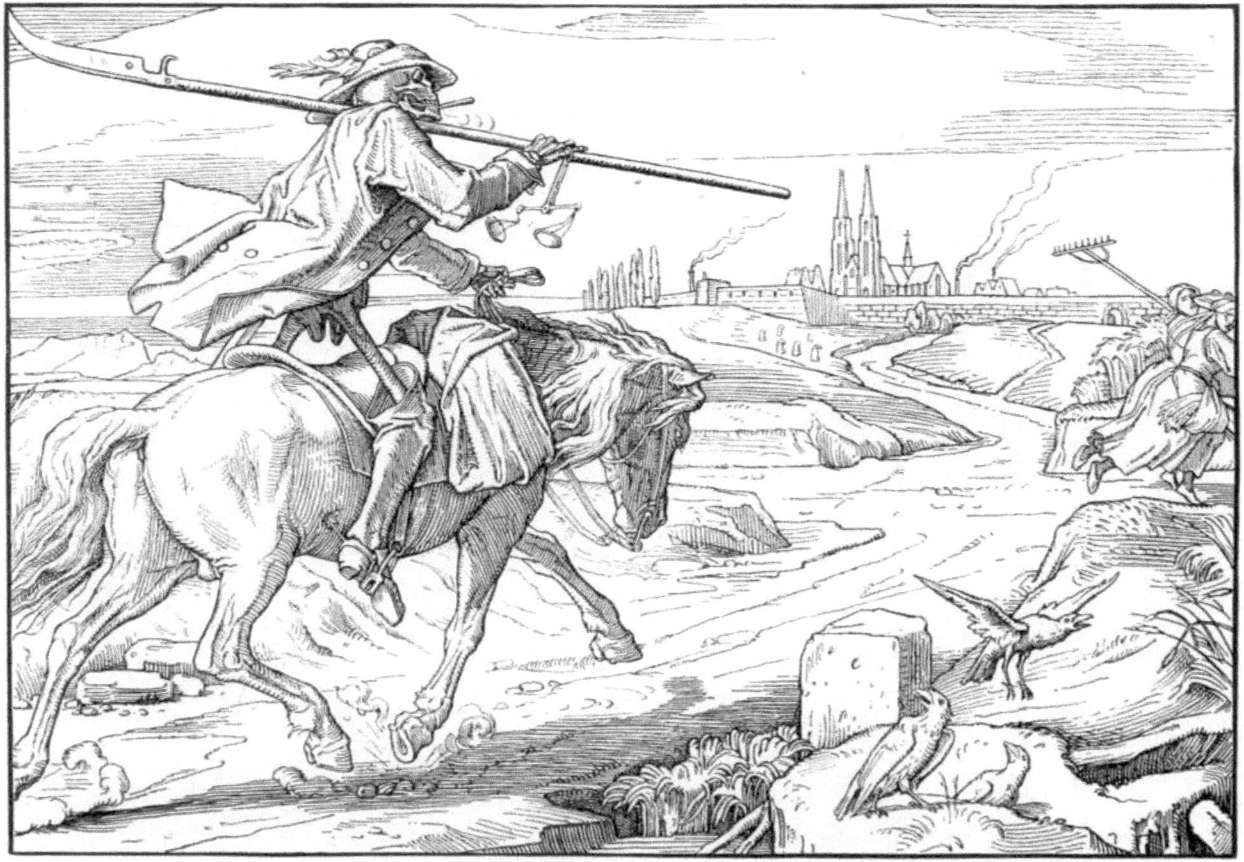

Holzschnitt, H. 0,22, B. 0,32

Auch ein Totentanz II
1849

Also a death-dance II

Aussi une danse des morts II

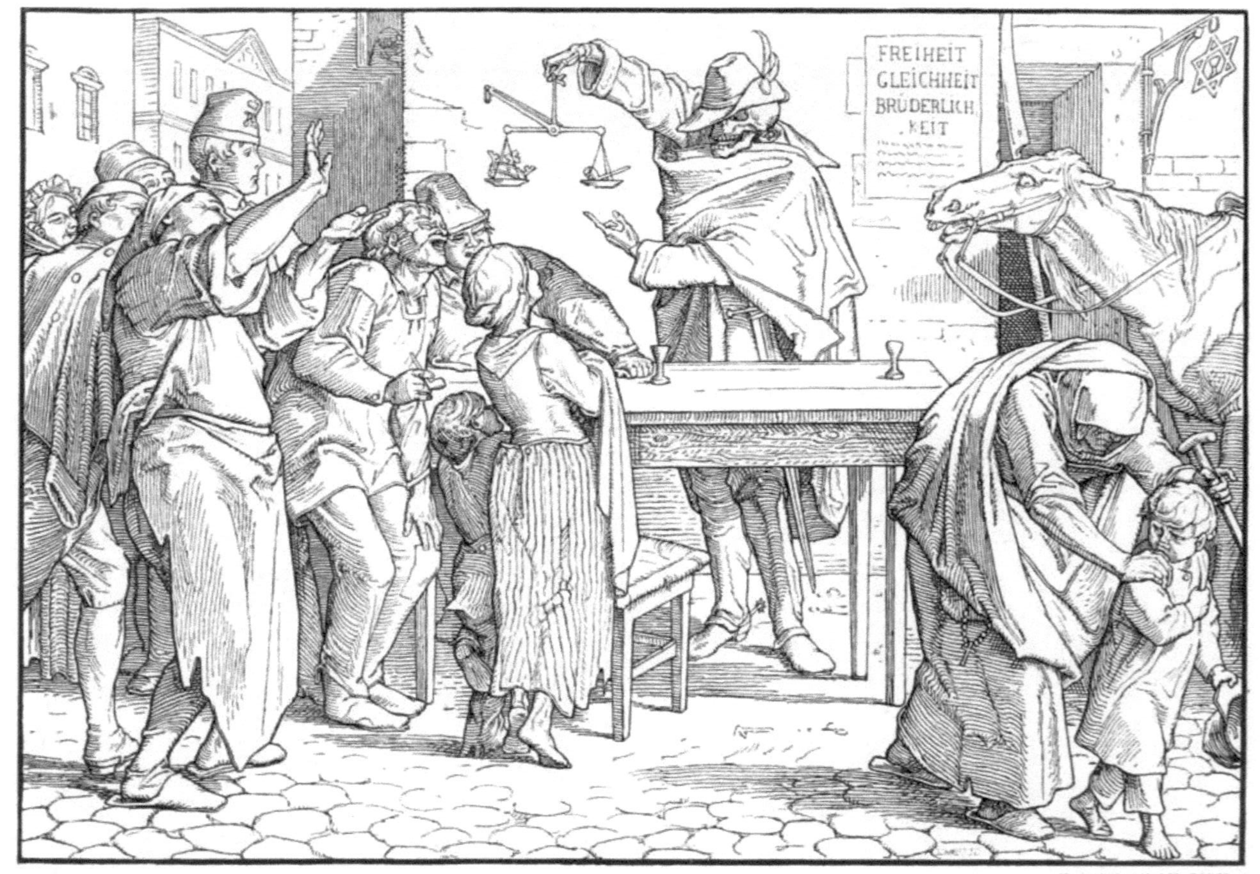


Holzschnitt, H. 0,22, B. 0,32

Auch ein Totentanz III

Also a death-dance III
1849
Aussi une danse des morts III

126

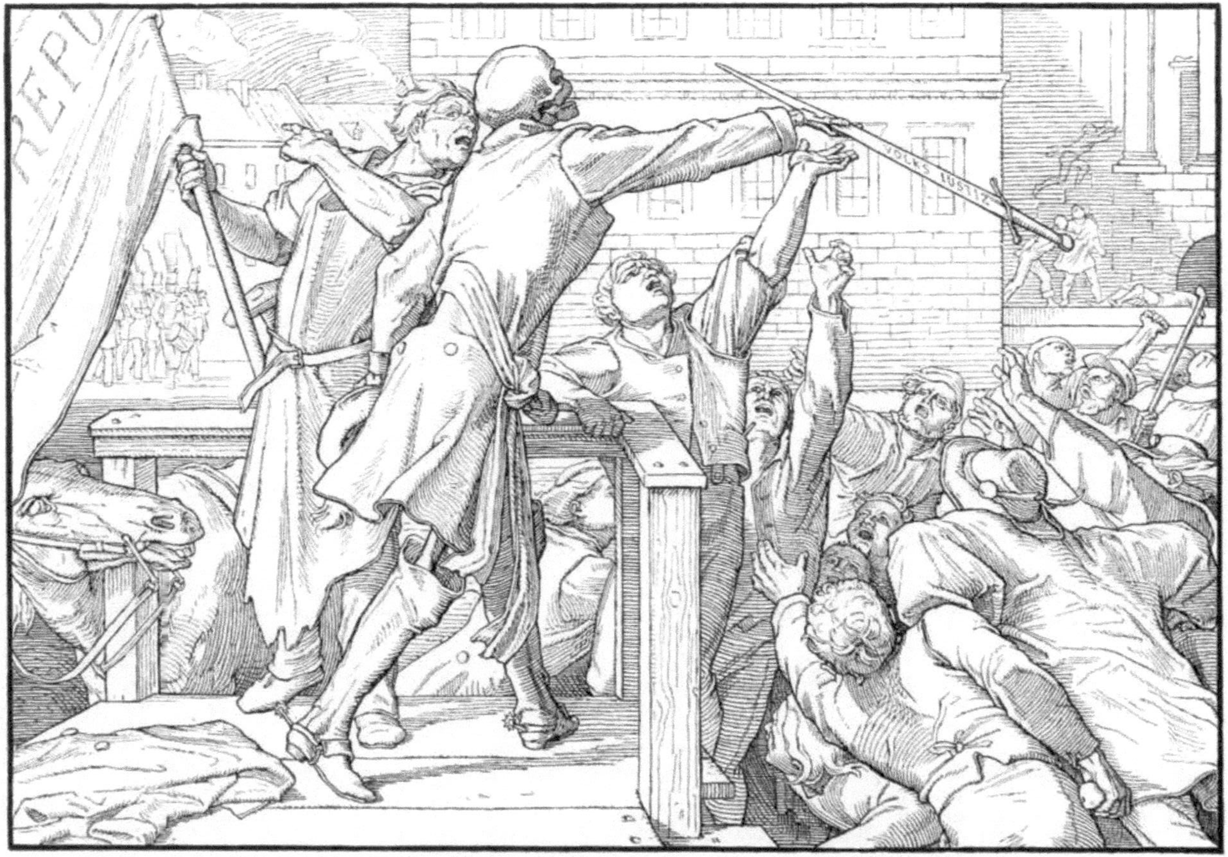

Holzschnitt, H. 0,22, B. 0,32

Auch ein Totentanz IV
1849

Also a death-dance IV

Aussi une danse des morts IV

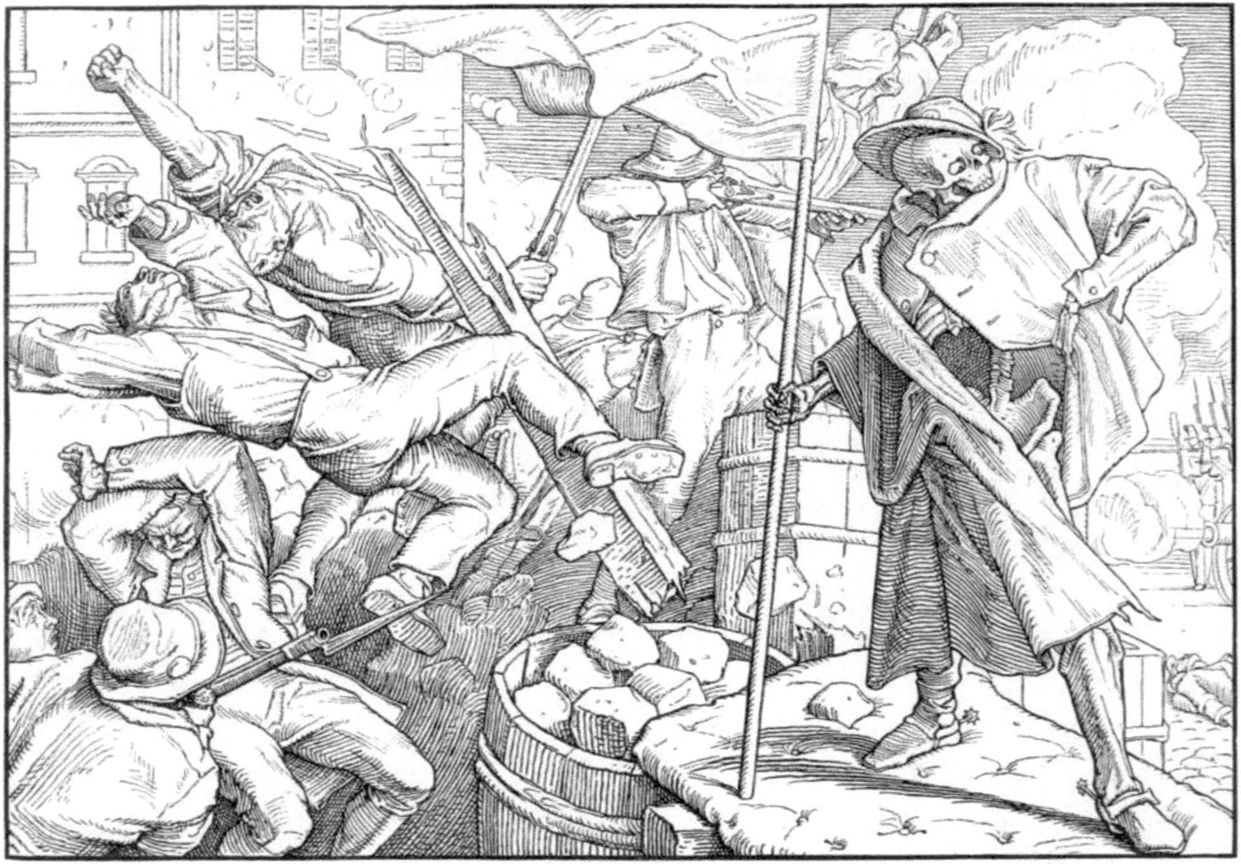

Auch ein Totentanz V

Aussi une danse des morts V

1849

Also a death-dance V

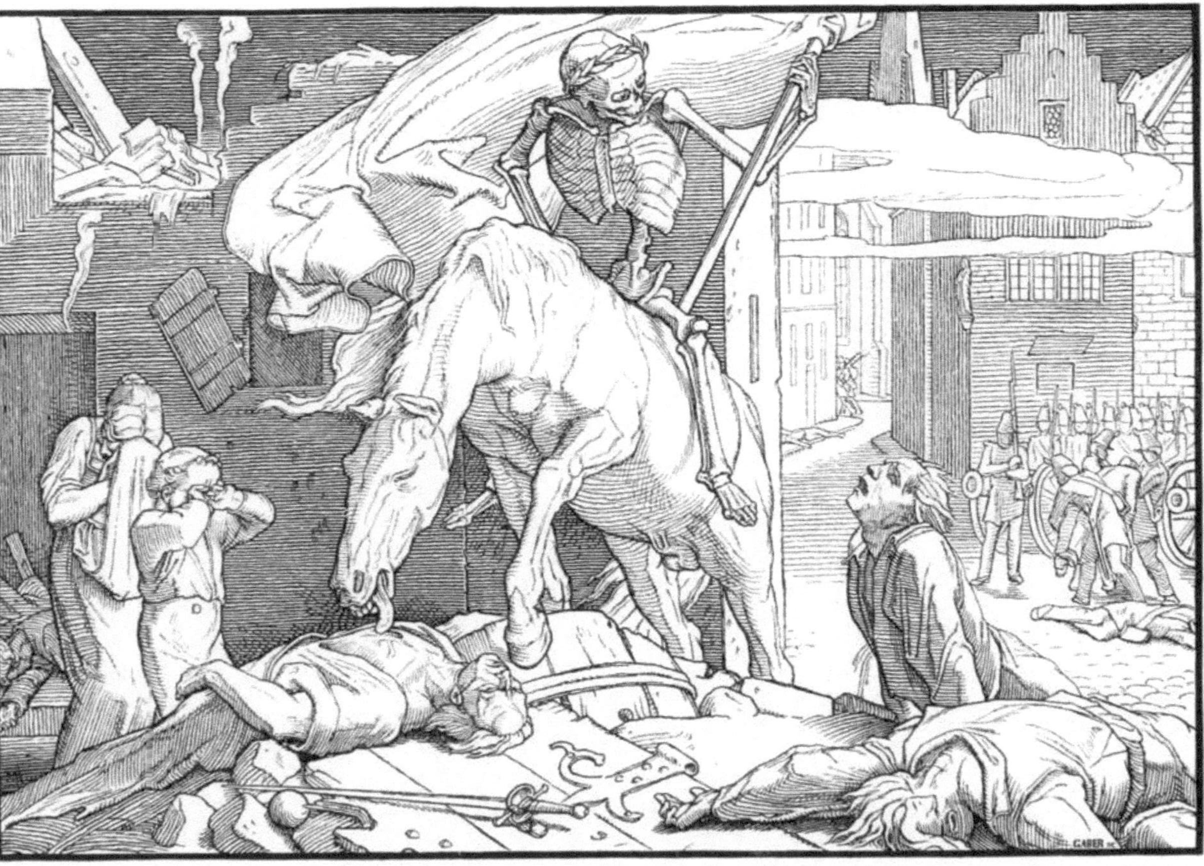

Also a death-dance VI

Auch ein Totentanz VI
1849

Holzschnitt, H. 0,22, B. 0,32

Aussi une danse des morts VI

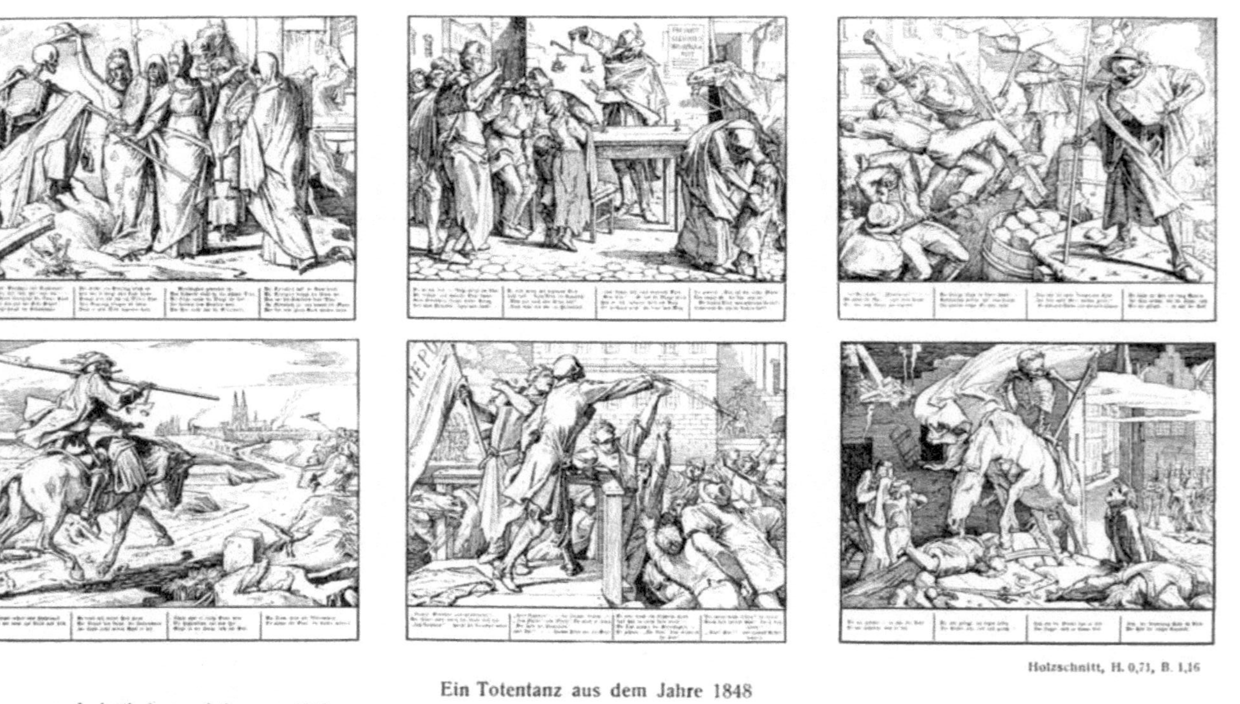

Holzschnitt, H. 0,71, B. 1,16

A death-dance of the year 1848

Ein Totentanz aus dem Jahre 1848

1849

Une danse des morts de l'année 1848

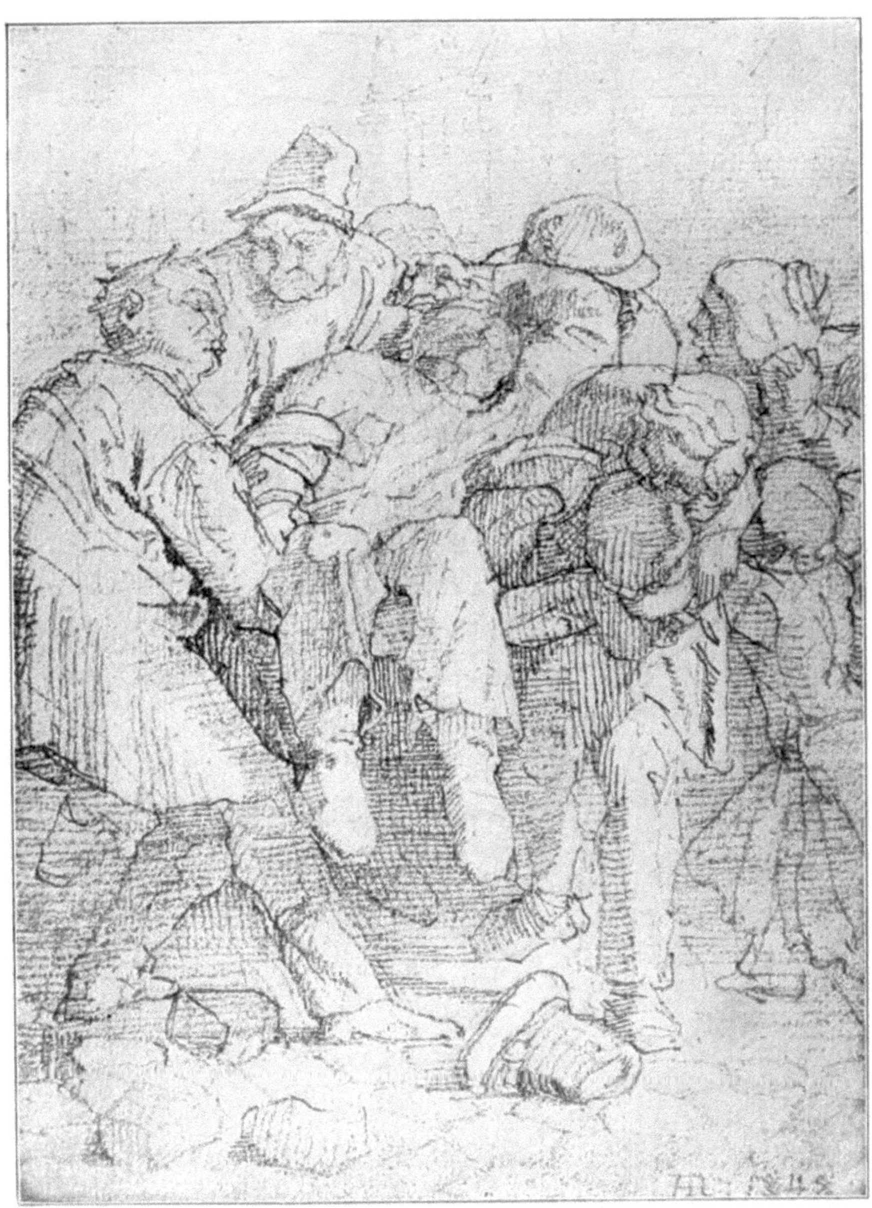



Aachen, Städtisches Museum

Bleistiftzeichnung, H. 0,20, B. 0,14

## Strassenkampfszene

A fight in the street  1848  Scène de batterie de rue

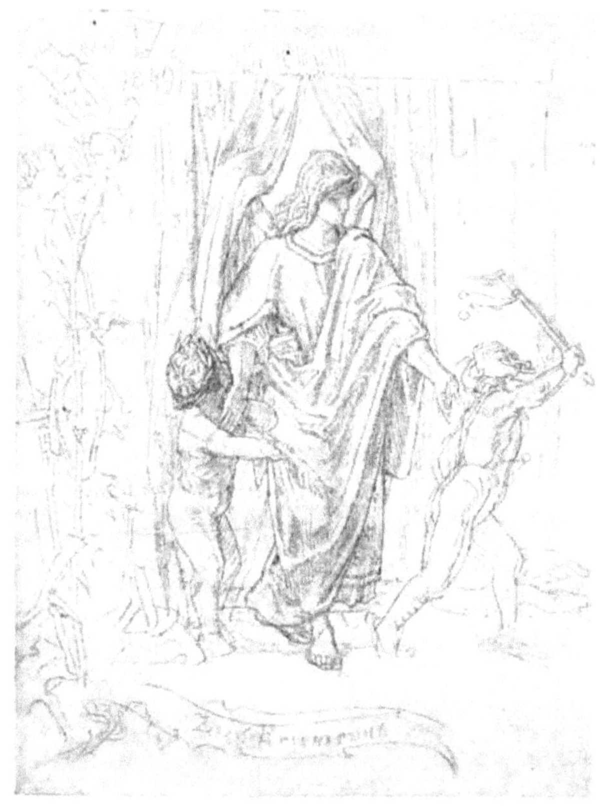

   Bleistiftzeichnung, H. 0,305, B. 0,205

## Zur Erinnerung (an 1849)

In remembrance of 1849        Um 1850        En souvenir de l'année 1849

Künstlers politisches Bekenntnis zu 1848/49

The artist's political confession
1848/49

Um 1850

Aveu politique de l'artiste à propos des années
1848/49

Bleistift, H. 0,21, B. 0,33

Erster Entwurf zum „Tod als Diener"

First sketch of
„The death as servant"

Vor 1847 (?)

Première esquisse du tableau
„La mort comme serviteur"

Bleistift, H. 0,16, B. 0,25

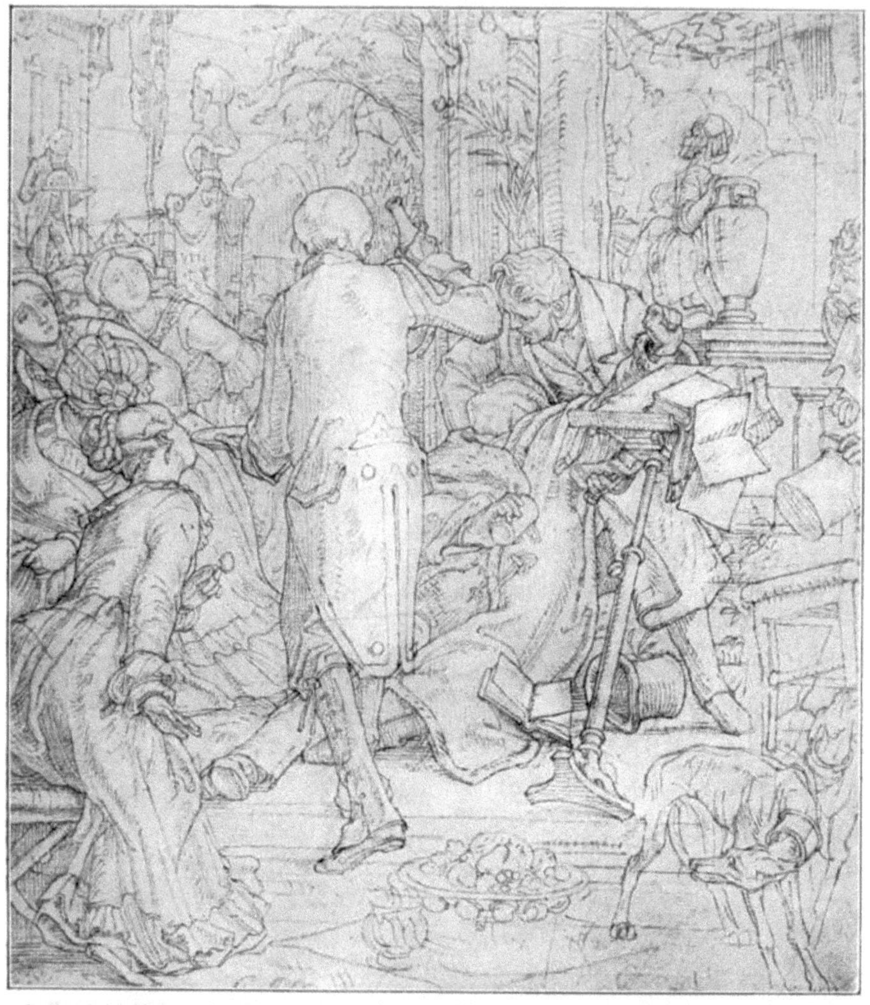




Der Tod als Diener

The death as servant          Um 1848          La mort comme serviteur

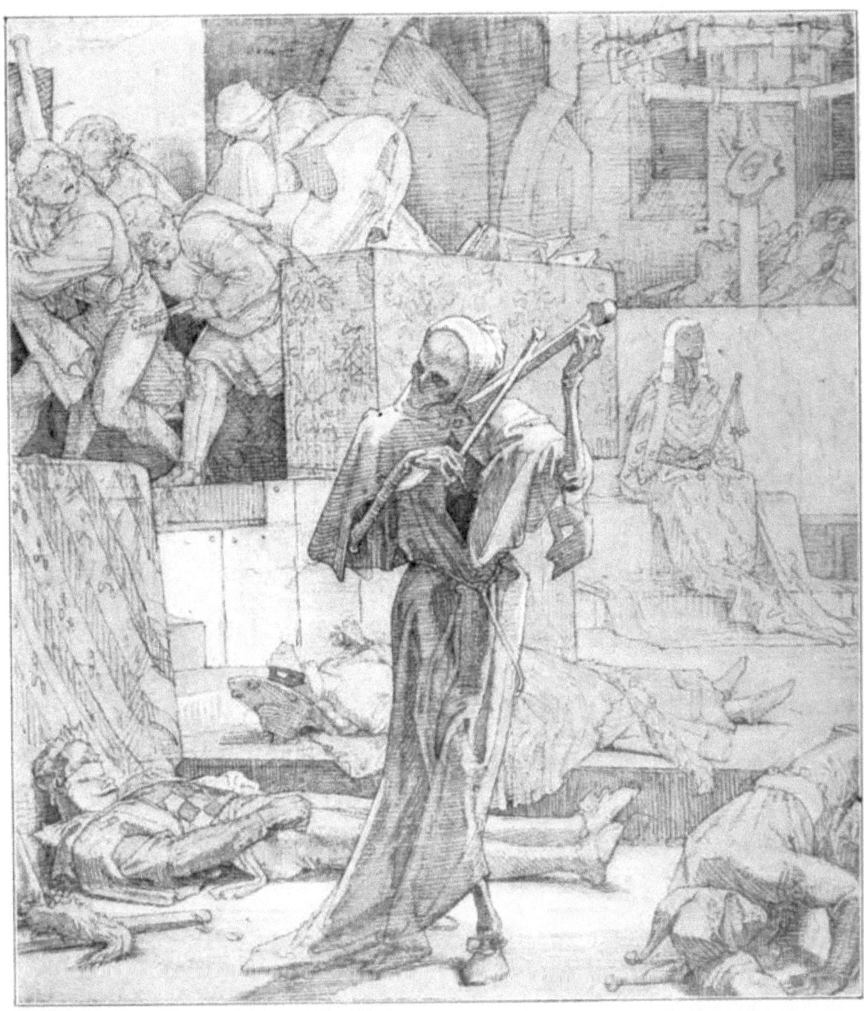





Der Tod als Feind (Erwürger)
Erstes Auftreten der Cholera auf einem Maskenball in Paris 1831

The death as enemy
The cholera making its first appearance
on a masquerade at Paris 1831

1847

La mort comme ennemi
Première apparition du choléra dans
un bal masqué à Paris 1831

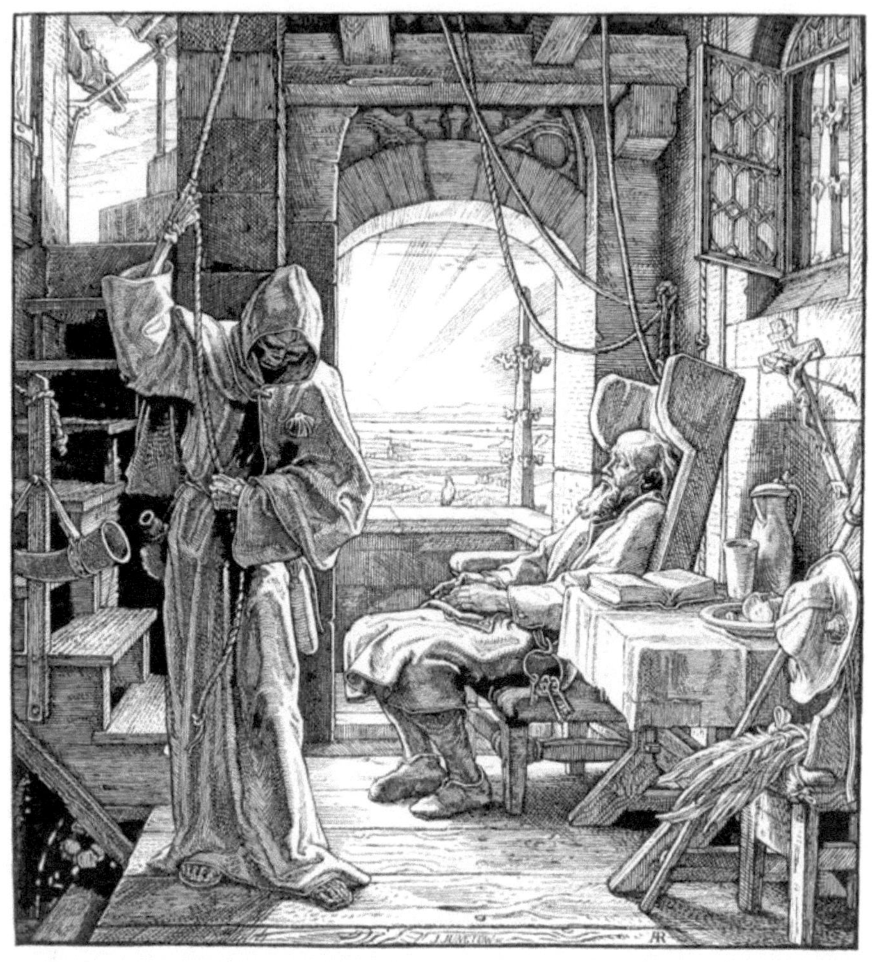

## Der Tod als Freund.

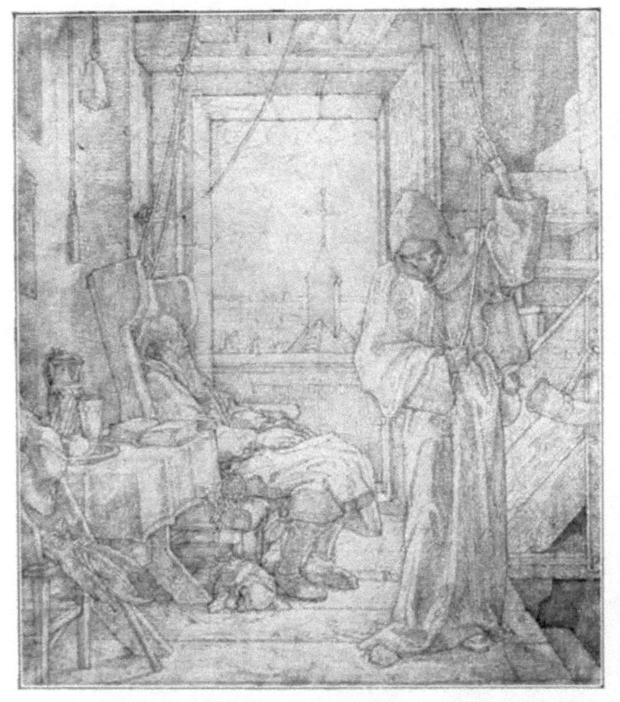

* Dresden, Kgl. Kupferstichkabinett          Bleistiftzeichnung, H. 0,306, B. 0,277

**Der Tod als Freund**

Erste Fassung

The death as friend          1851          La mort comme ami

First composition                              Première manière

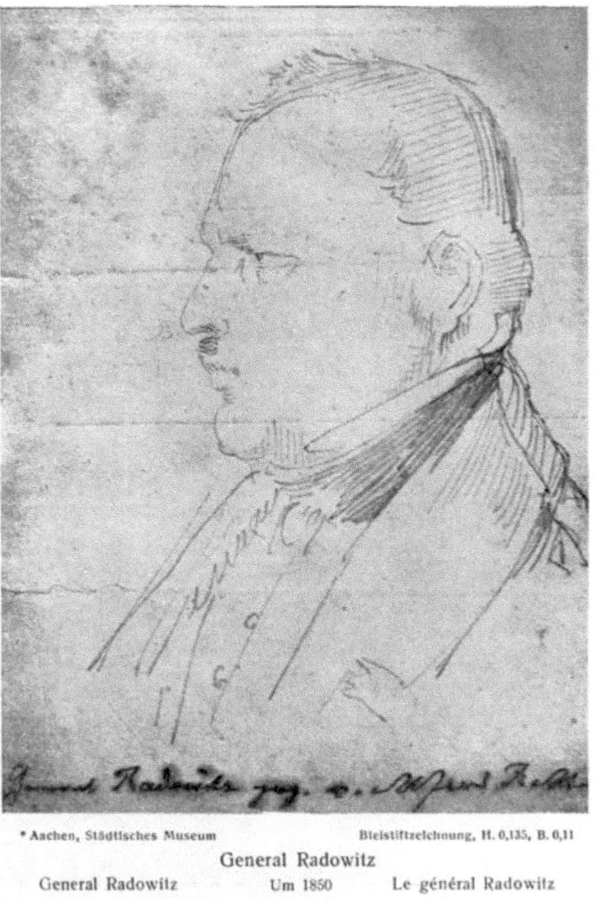

* Aachen, Städtisches Museum          Bleistiftzeichnung, H. 0,135, B. 0,11

**General Radowitz**

General Radowitz          Um 1850          Le général Radowitz

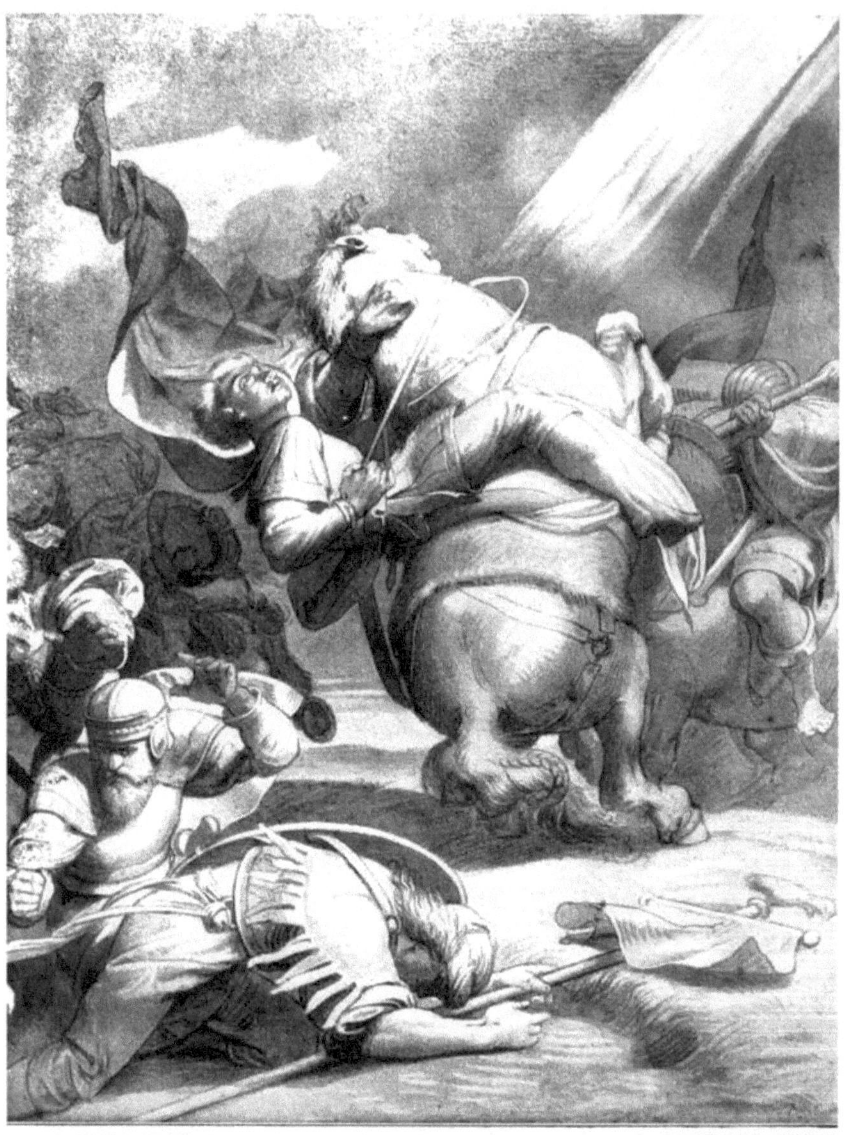



Saulus-Paulus (II)

Saul-Paul (II)     Vor 1850     Saûl-Paul (II)

Tuschzeichnung. H. 0,365, B. 0,275

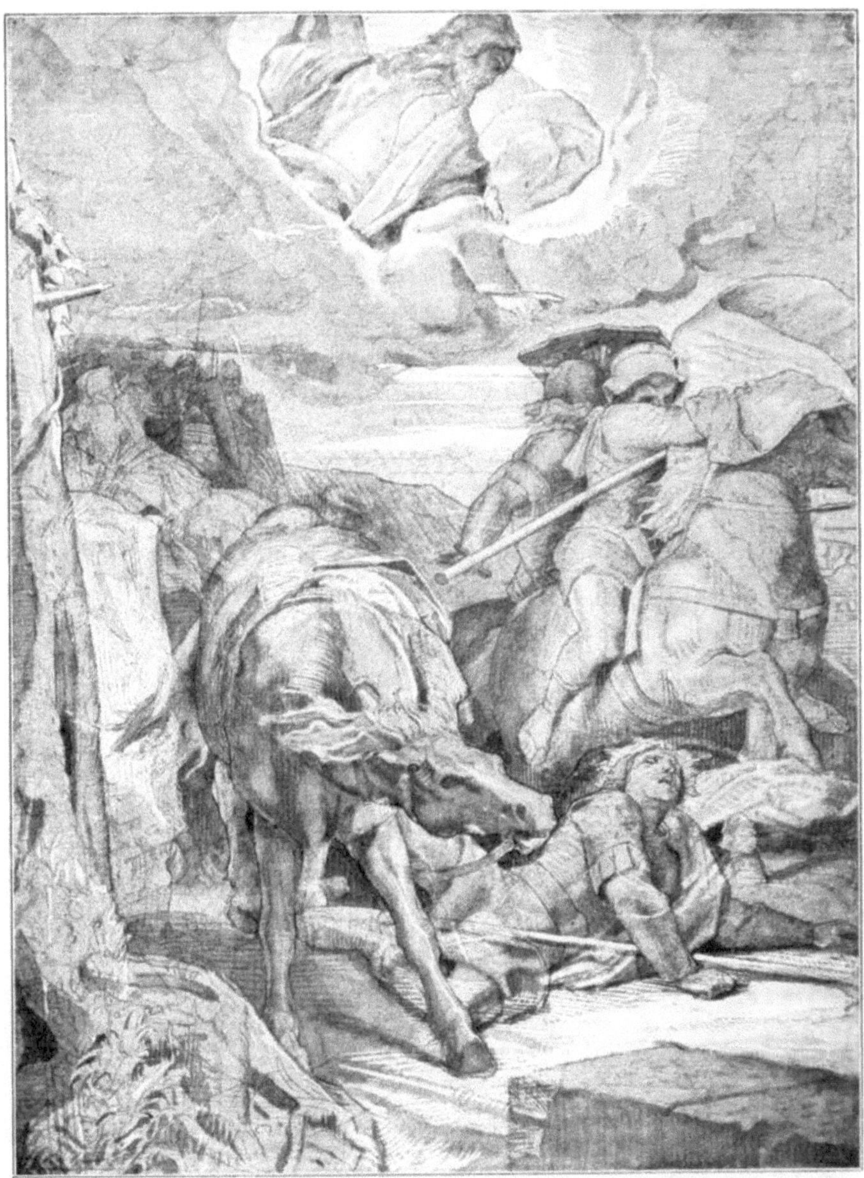


Tuschzeichnung, H. 0,405, B. 0,029

Saulus-Paulus (III)

Saul-Paul (III)                    Um 1850                    Saül-Paul (III)

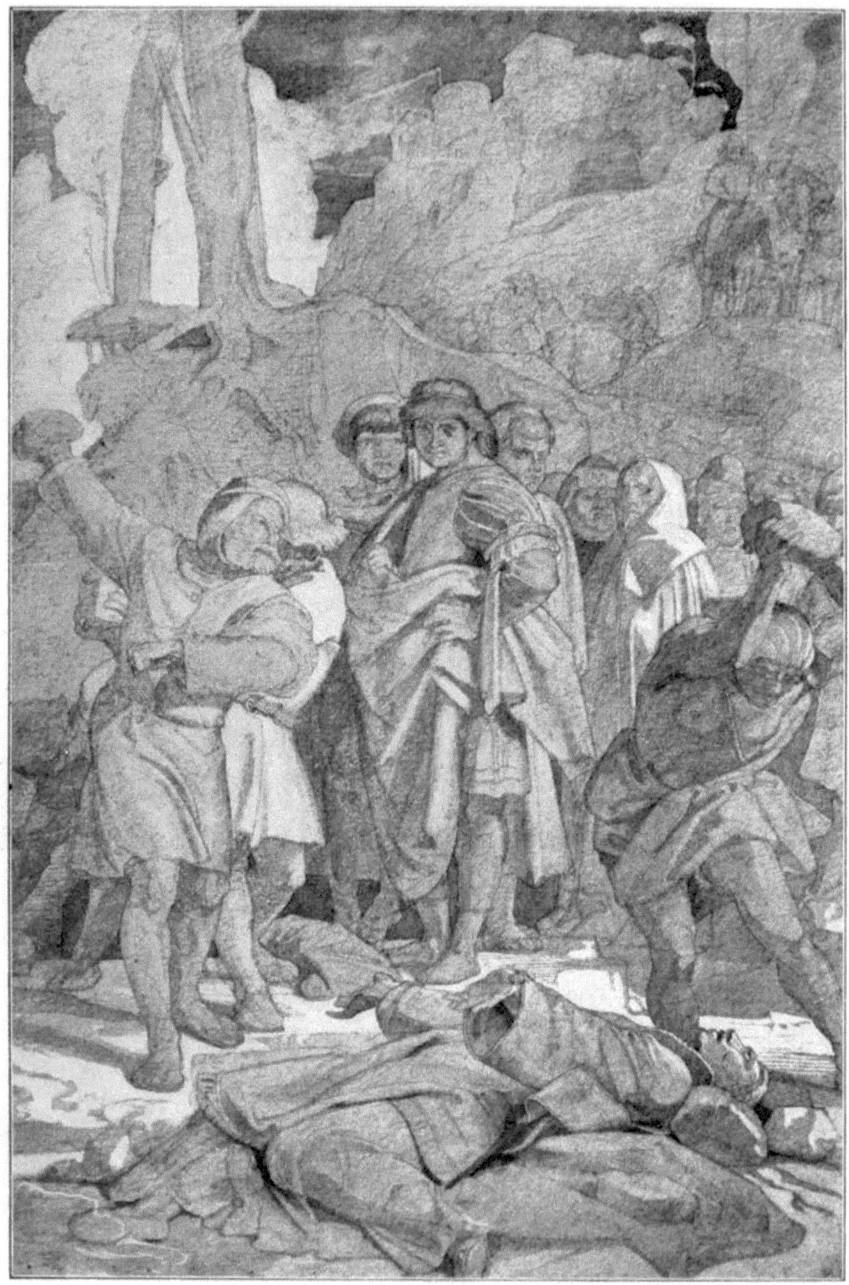



Sepia, H. 0,46, B. 0,305

### Saulus-Paulus (IV): Steinigung des Stephanus durch Saulus

Saul-Paul (IV): Stephen is stoned
by Saul

Um 1850

Saül-Paul (IV): Lapidation de saint
Etienne par Saül

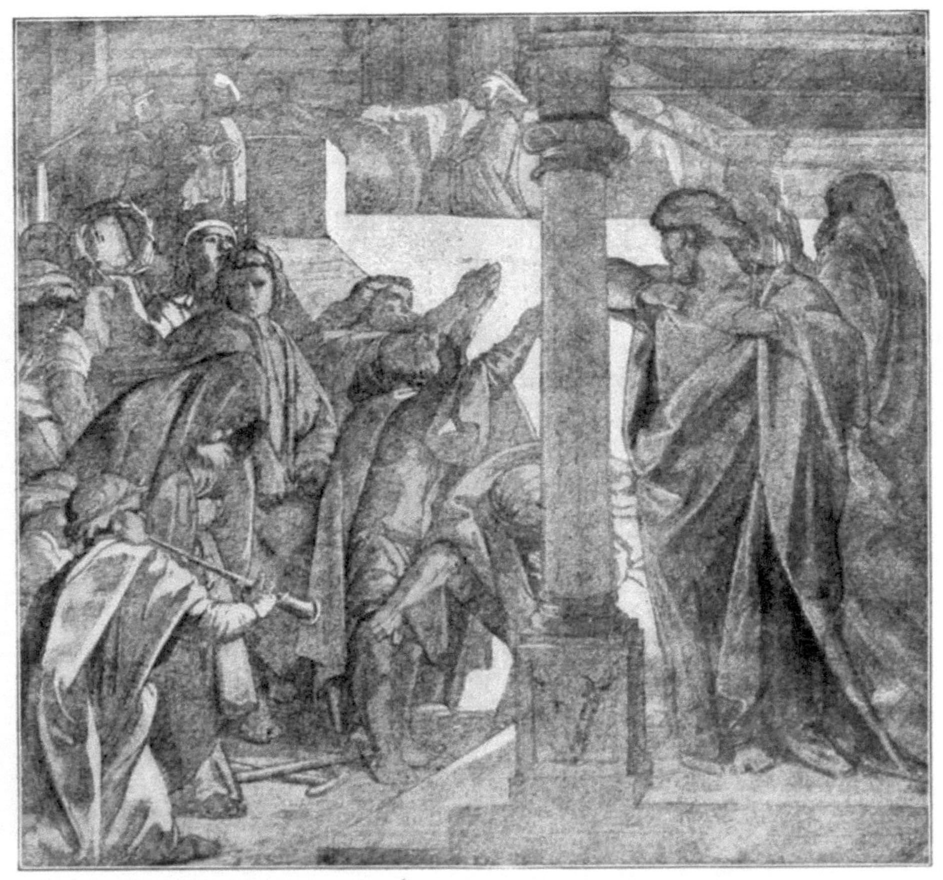



Sepia, H. 0,305, B. 0,32

**Saulus-Paulus (V): Das Opfer zu Lystra**

Saul-Paul (V): The sacrifice of Lystra     Um 1850     Saul-Paul (V): Le sacrifice à Lystra

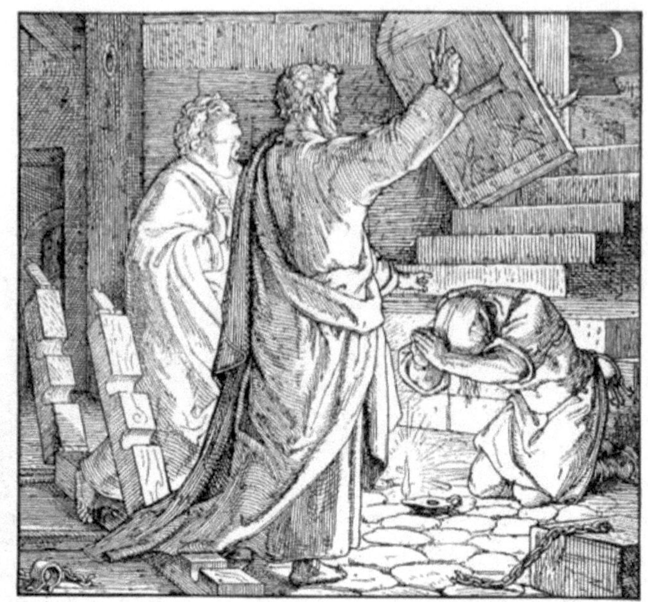

Holzschnitt, H. 0,13, B. 0,135

*Saulus-Paulus (VI): Paulus bekehrt den Kerkermeister
Saul-Paul (VI):          Um 1850          Saûl-Paul (VI):
The conversion of the jailor          Paul convertit le geôlier

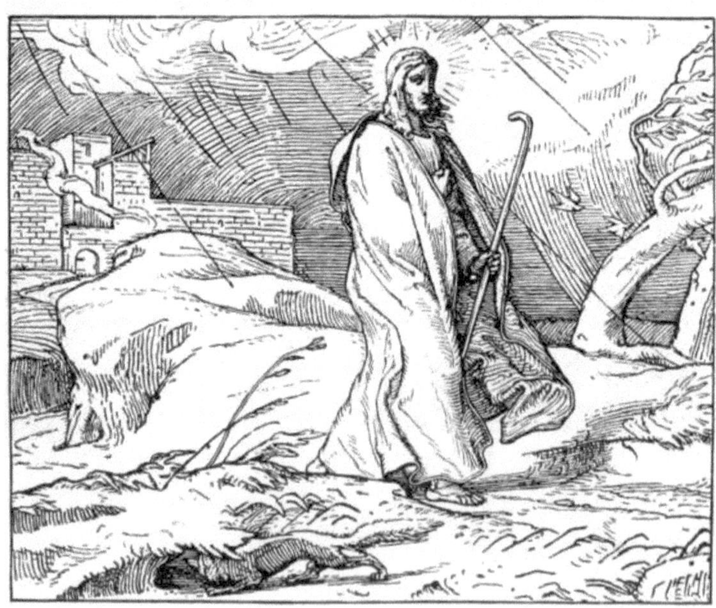

Holzschnitt, H. 0,115, B. 0,14

*„Die Füchse haben Gruben . . .“
„Foxes have holes“          Um 1850          „Les renards ont des tannières“

142

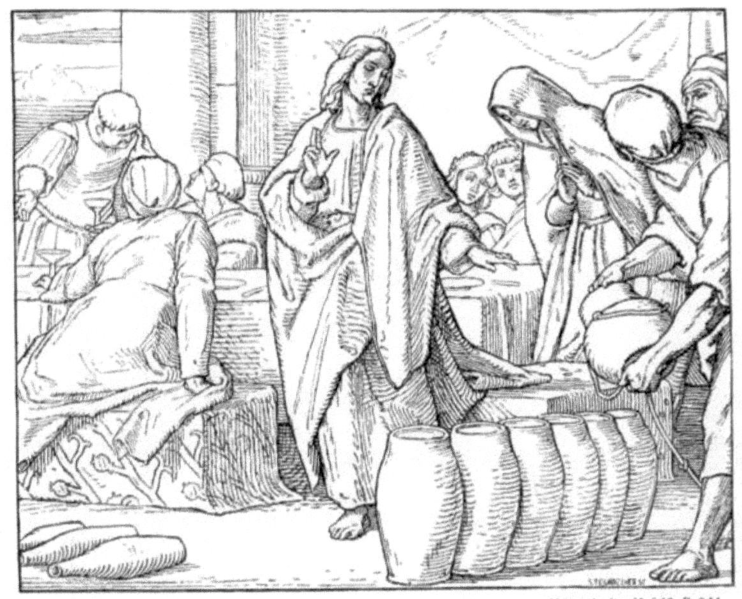

Holzschnitt, H. 0,12, B. 0,14

*Die Hochzeit zu Kana

The wedding of Cana      Um 1850      Les noces de Cana

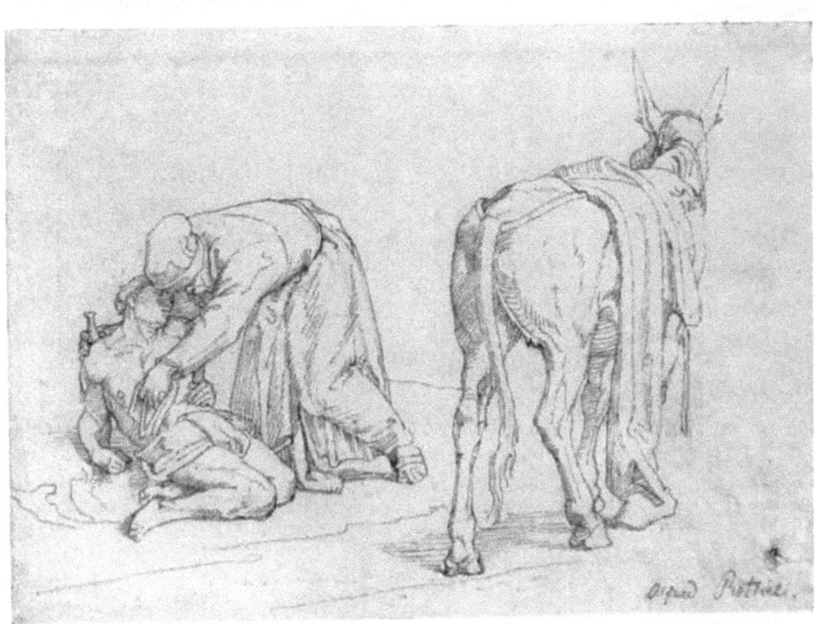

*Frankfurt a. M., Städelsches Institut      Bleistift, H. 0,185, B. 0,25

Der barmherzige Samariter
Um 1850

143

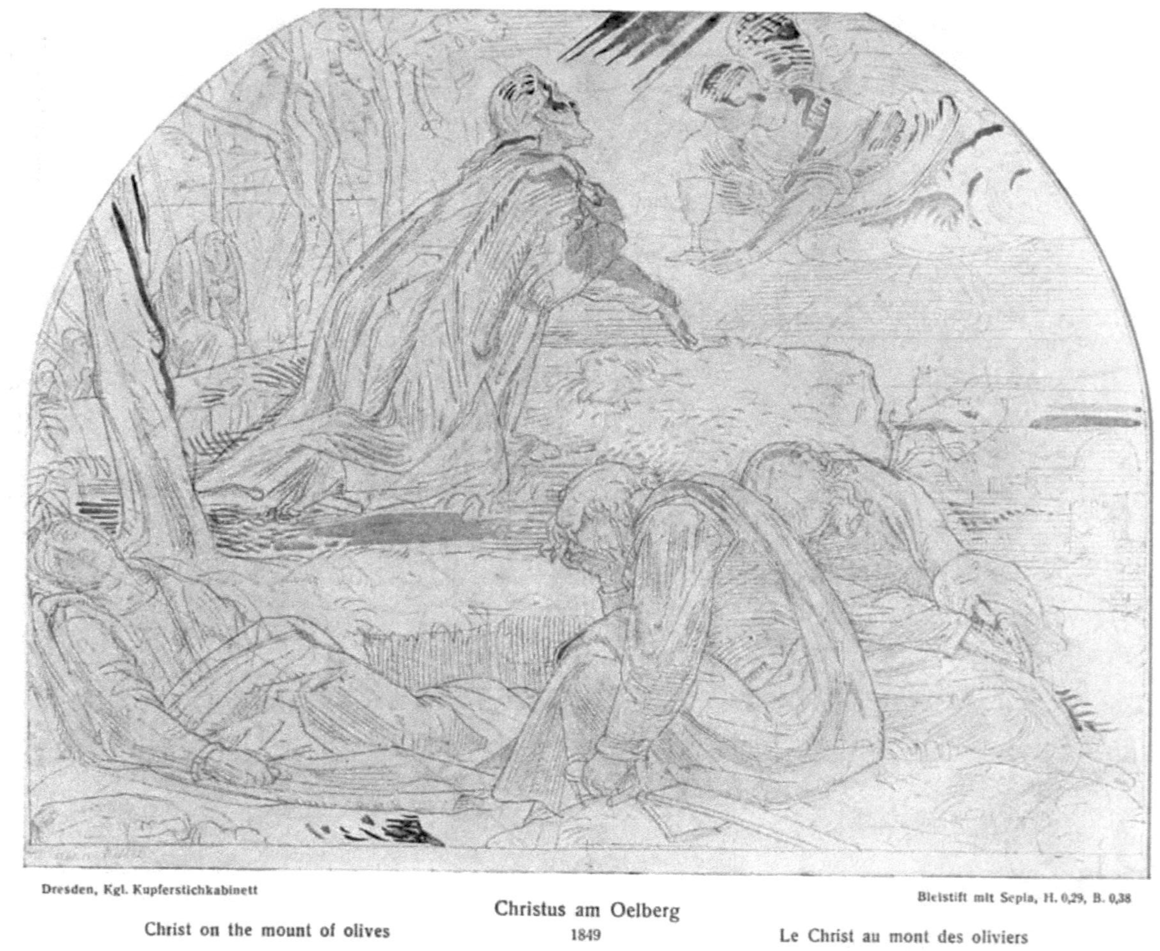

Dresden, Kgl. Kupferstichkabinett

Bleistift mit Sepia, H. 0,29, B. 0,38

## Christus am Oelberg
1849

Christ on the mount of olives

Le Christ au mont des oliviers

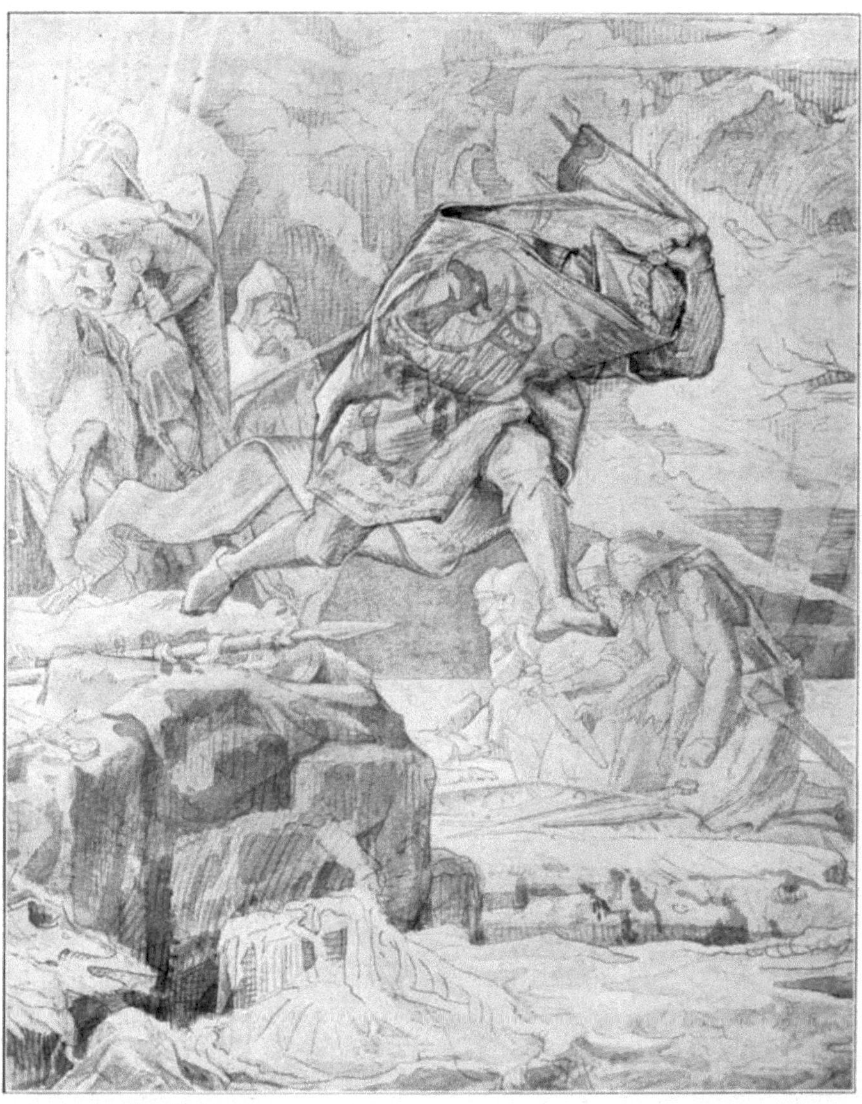

  Tuschzeichnung, H. 0,385, B. 0,32

**Fahnenträger**

The standard-bearer          Um 1850          Le porte-drapeau

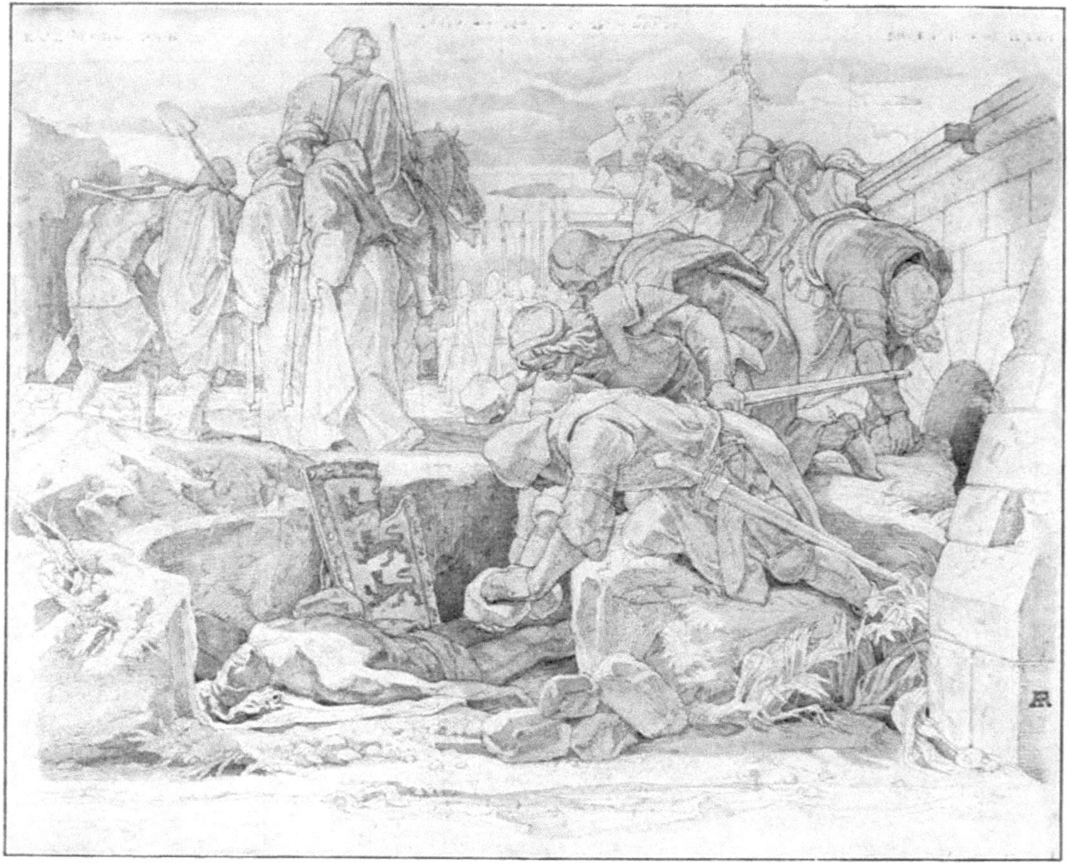

* Dresden, Kupferstichsammlung Friedrich August II.

Tuschzeichnung, H. 0,46, B. 0,57

**Manfreds Begräbnis**
(Nach Dante, Purgatorio)
1849—1850

The burial of Manfred
(After Dante's purgatory)

Les funérailles de Manfred
(D'après le Purgatoire du Dante)

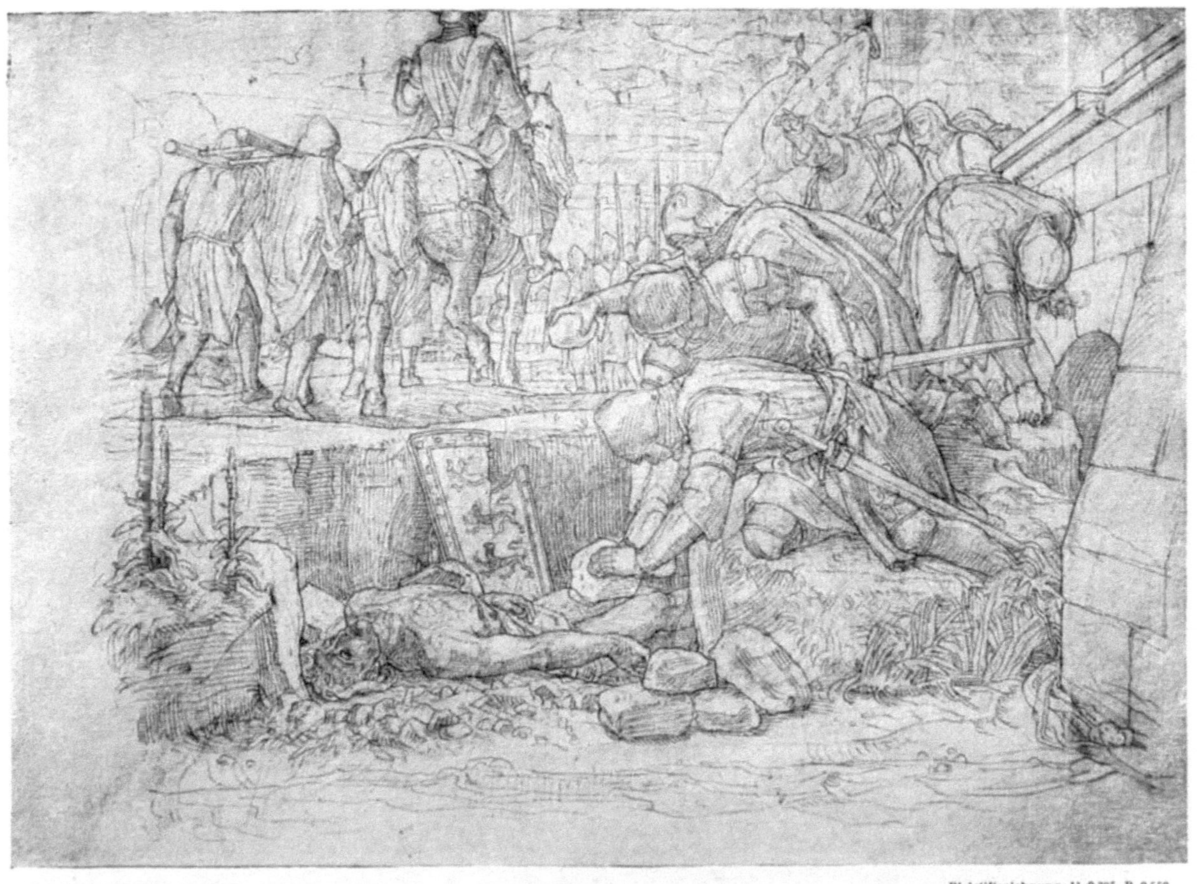

Dresden, Kgl. Kupferstichkabinett

Bleistiftzeichnung, H. 0,395, B. 0,550

Variante zu Manfreds Begräbnis

An other sketch for Manfred's burial

1849—1850

Variante du tableau „Les funérailles de Manfred"

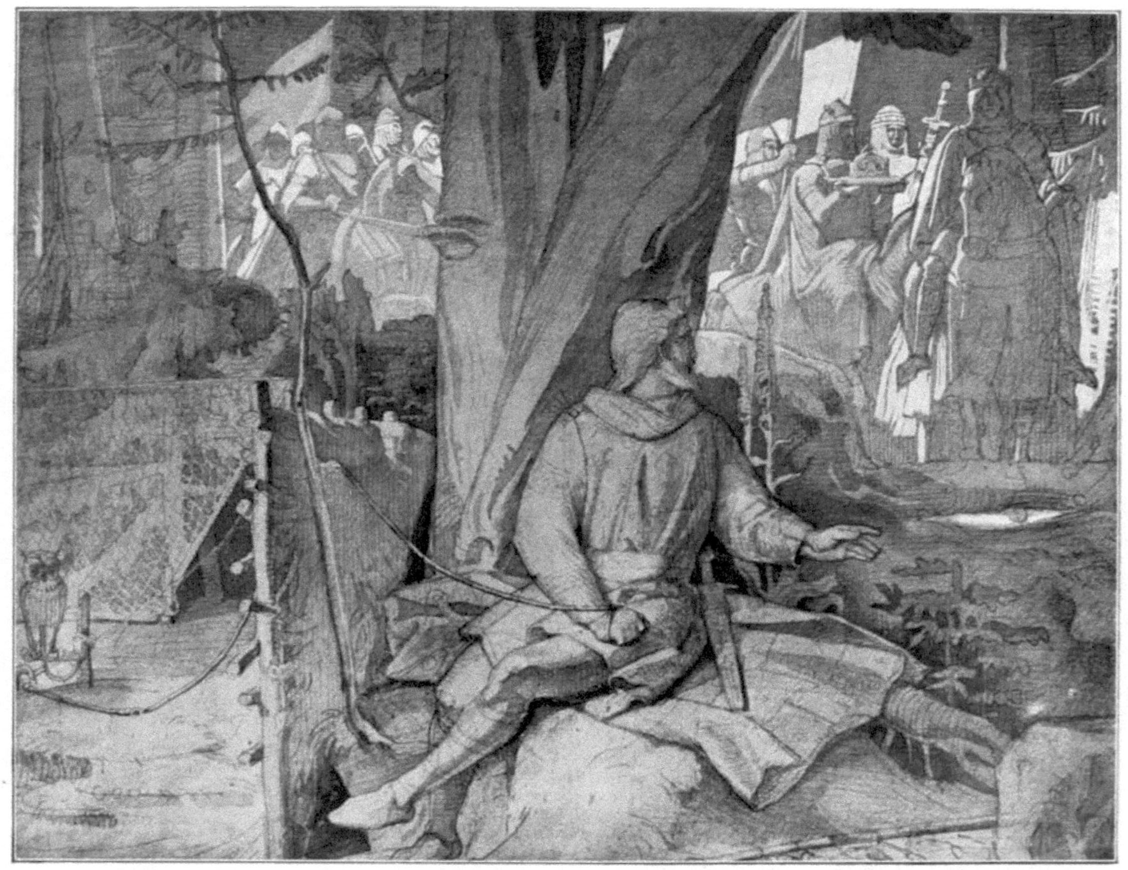



Sepia, H. 0,295, B. 0,363

Darstellung der „Verwunderung": Heinrich der Finkler (III)

Representation of wonder: Henry the Fowler (III)  Vor 1850  Représentation de la stupéfaction: Henri l'Oiseleur (III)

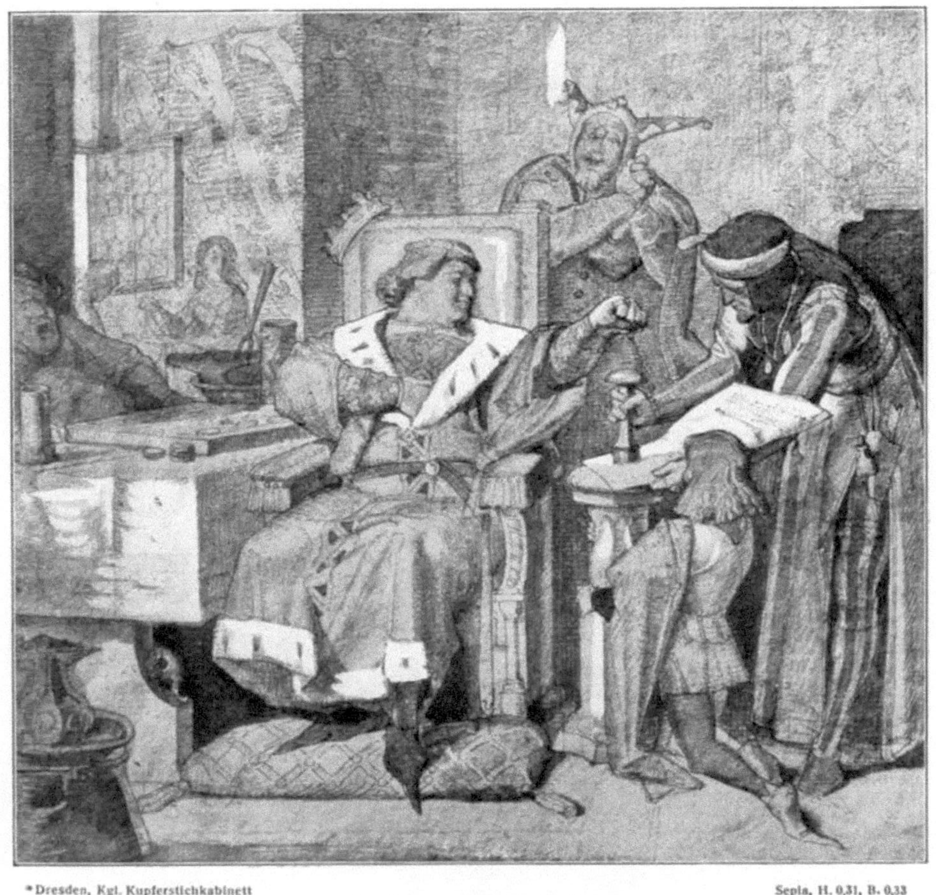

*Dresden, Kgl. Kupferstichkabinett

Sepia, H. 0,31, B. 0,33

## Darstellung der „Faulheit"
Wenzel der Faule als Erfinder des Petschaftes

Representation of laziness
Wenzel the Lazy, the inventor of the seal

Vor 1850

Représentation de la paresse
Wenzel le Paresseux comme inventeur du sceau

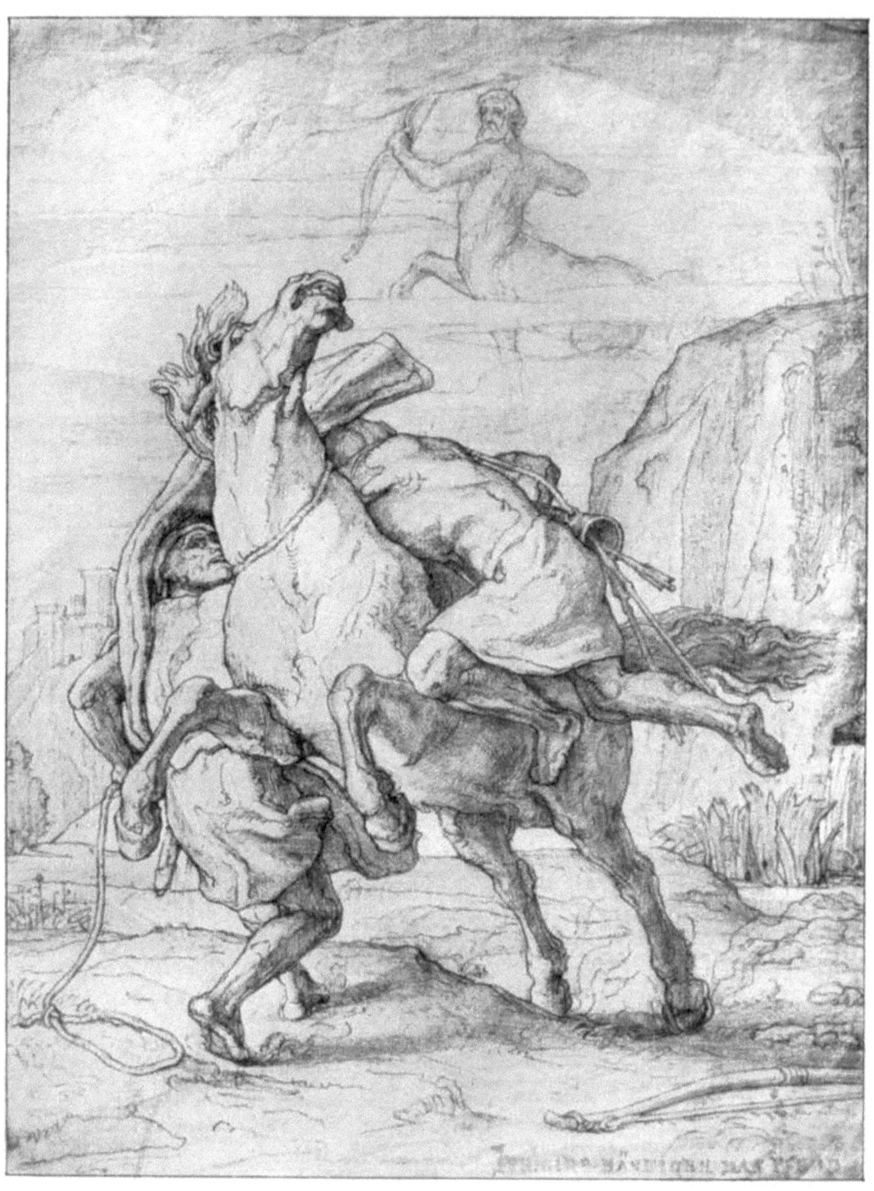

* Dresden, Kgl. Kupferstichkabinett        Bleistiftzeichnung, H. 0,405, B. 0,305

**Darstellung der „Kraft"**
Phrygier bändigen das Pferd

Representation of strength     Nach 1850     Représentation de la force
Phrygians break in a horse            Phrygiens domptent le cheval

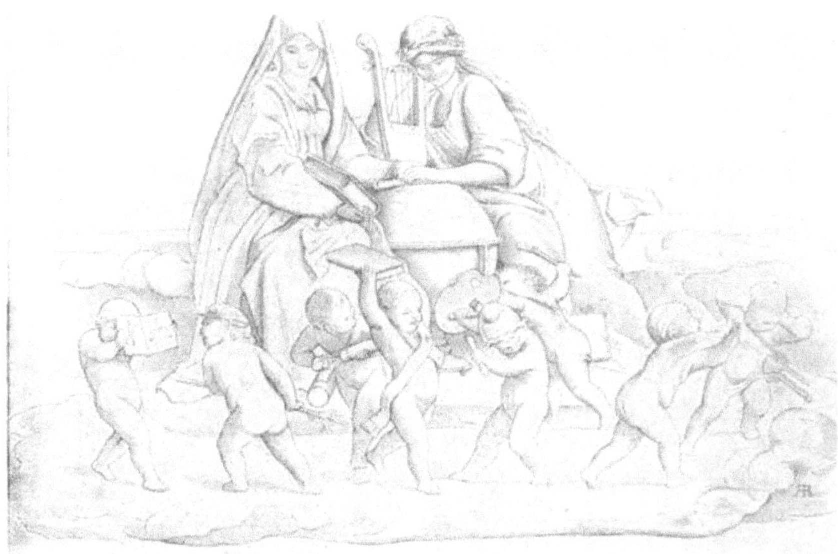



Kampf der Künste und Wissenschaften

The competition of the fine
arts with the sciences

1849/50

Combat des arts et
des lettres

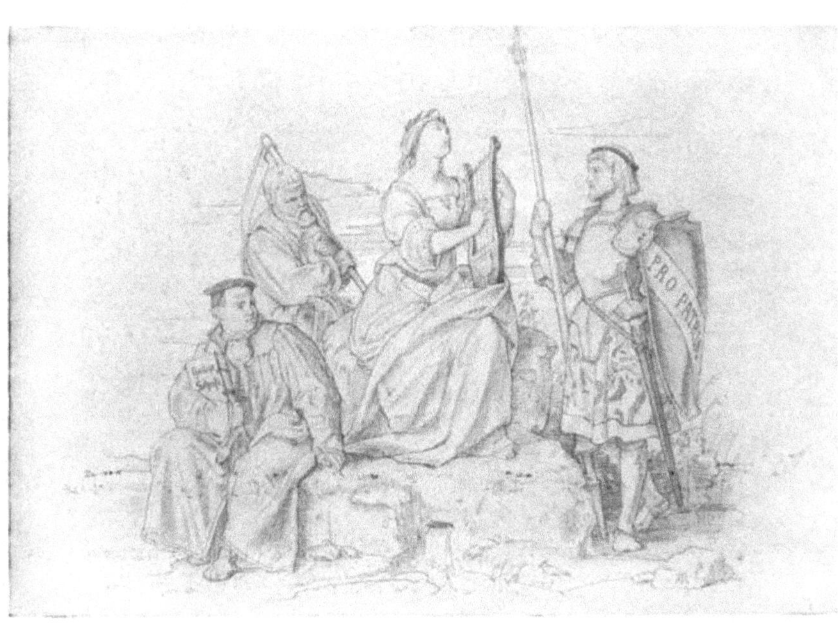



Die drei Stände (II) mit der Poesie

Three conditions of men (II)
with the poetry

1849/50

Les trois états (II)
avec la poésie

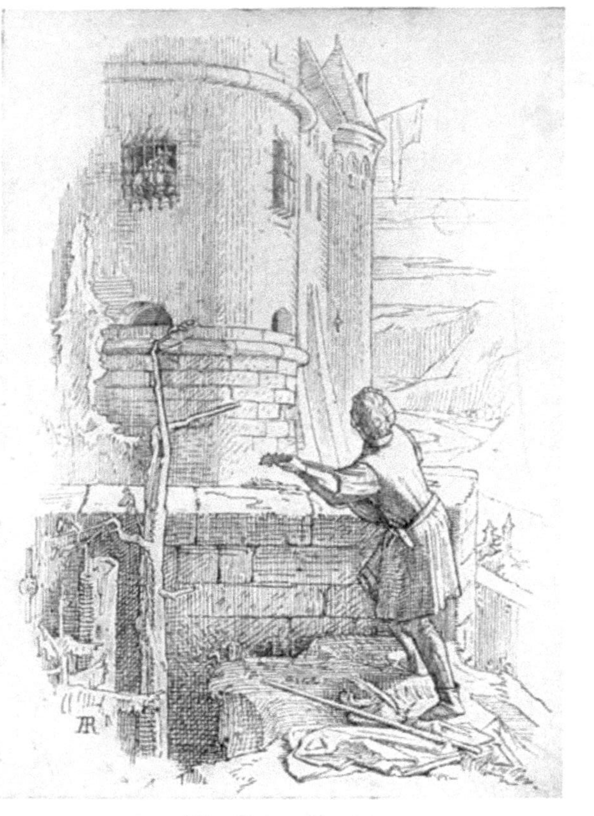

*Der Sänger Blondel

Blondel, the singer      1849—1850      Le chanteur Blondel

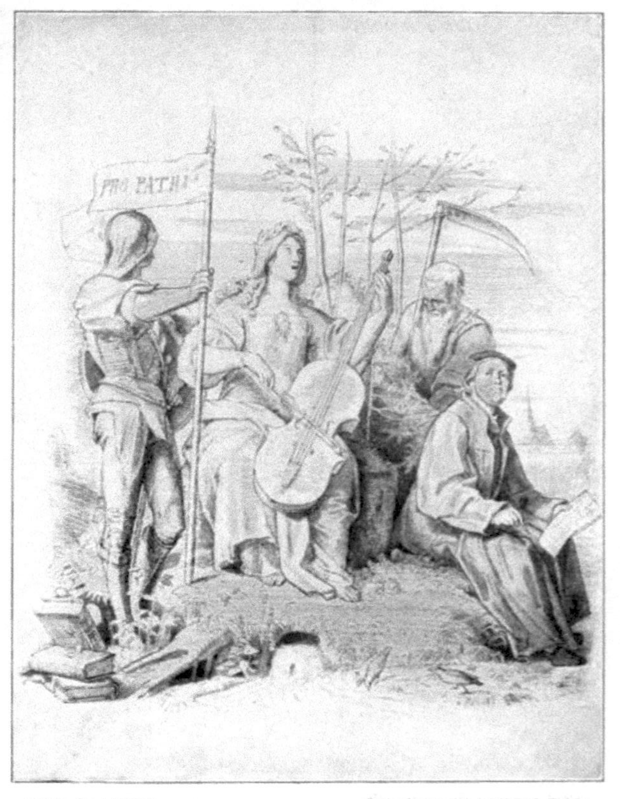
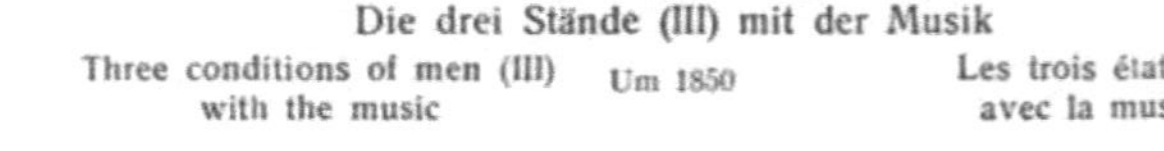

* Metz, Paul Rethel      Bleistift mit Tusche H. 0,46, B. 0,36

Die drei Stände (III) mit der Musik

Three conditions of men (III)      Um 1850      Les trois états (III)
with the music      avec la musique

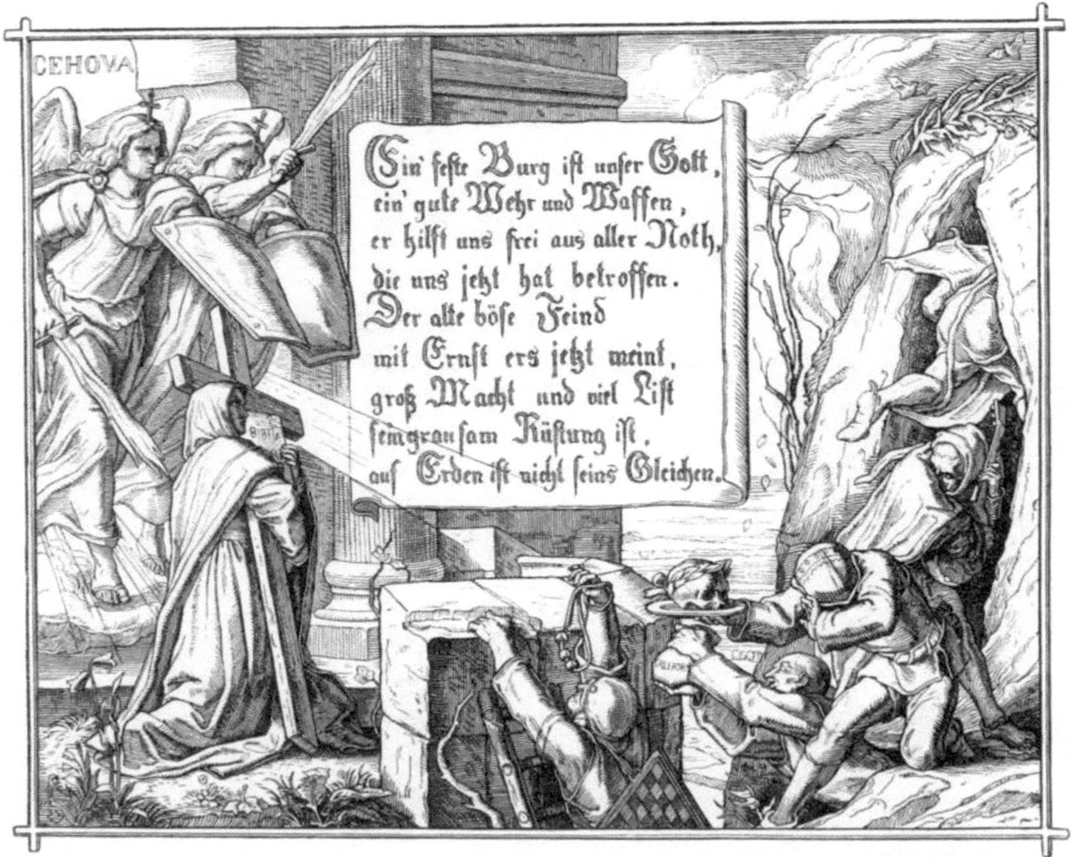

*Das Lutherlied 1

The hymn of Luther 1            Um 1850            Le cantique de Luther 1

Holzschnitt, H. 0,26, B. 0,31

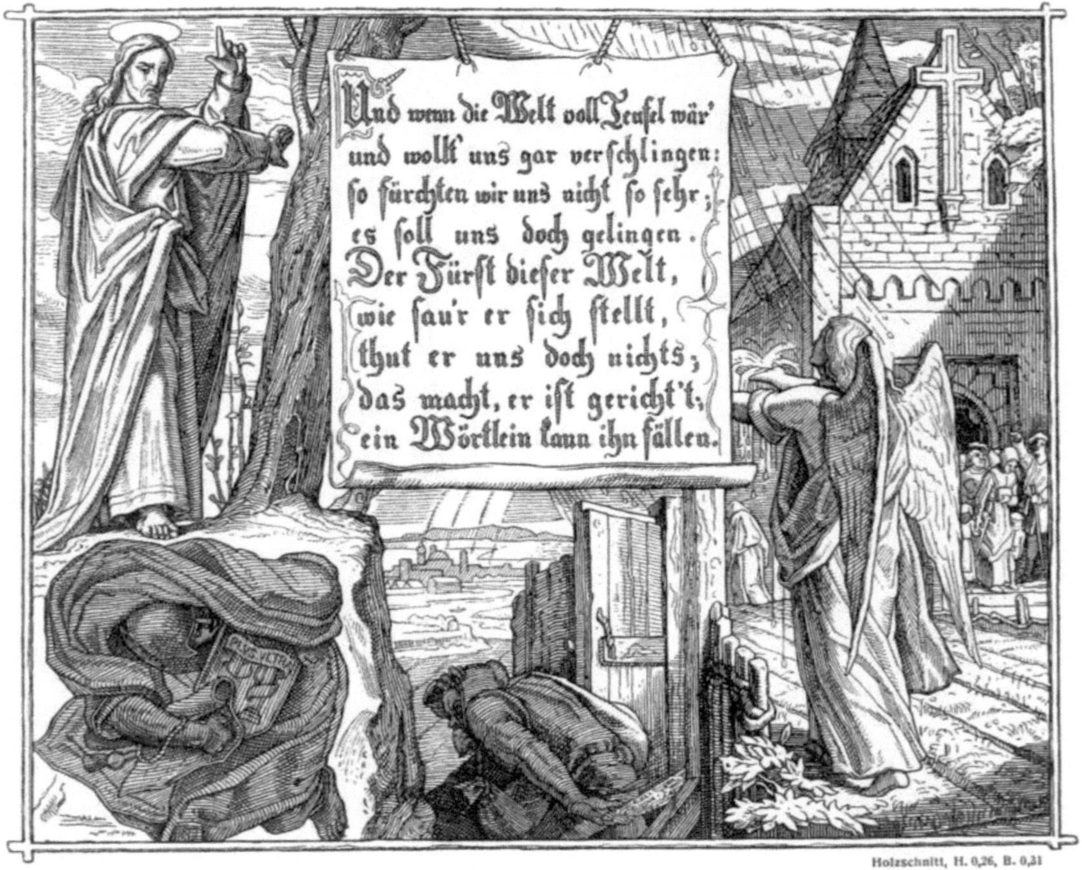

Holzschnitt, H. 0,26, B. 0,31

Das Lutherlied II
Um 1850

The hymn of Luther II

Le cantique de Luther II

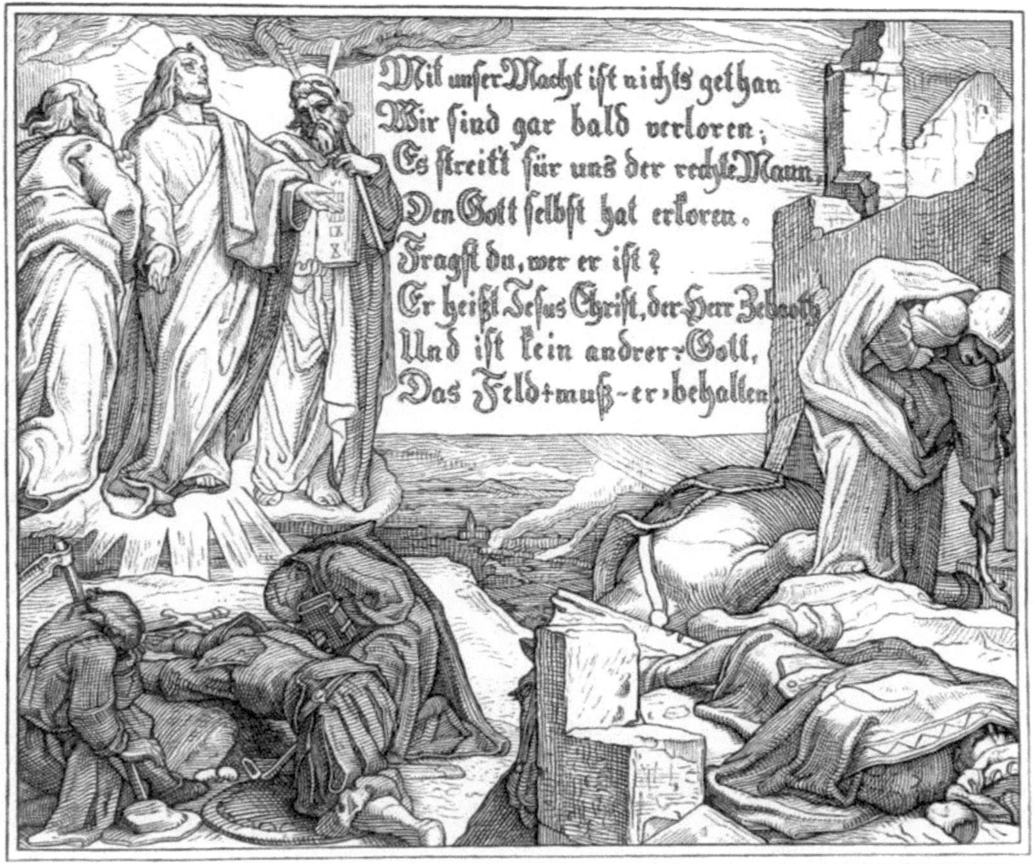

Holzschnitt, H. 0,26, B. 0,31

**Das Lutherlied III**

Um 1850

The hymn of Luther III

Le cantique de Luther III

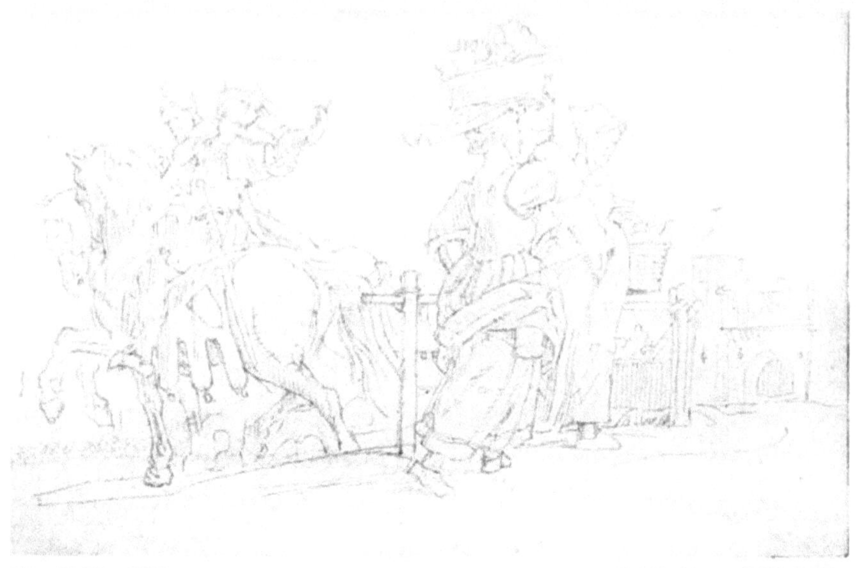



„Am Morgen"

„In the morning"          Um 1850          „Au matin"

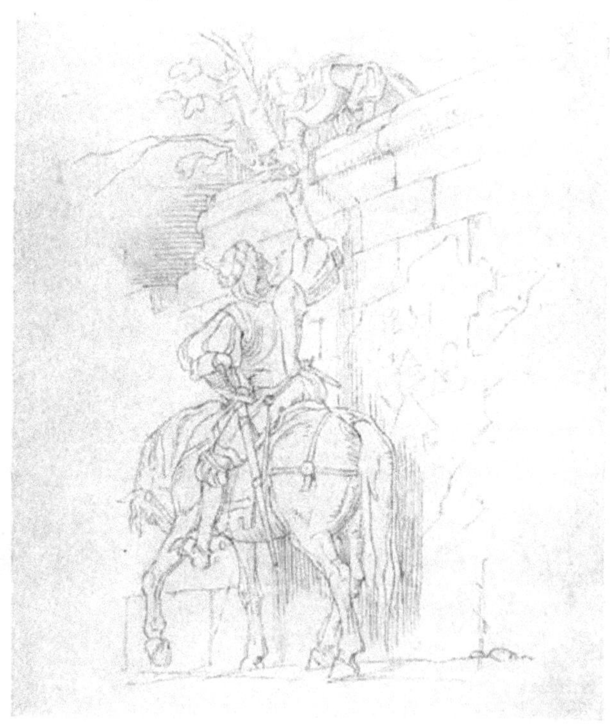



Abschied

Parting          1851          Les adieux

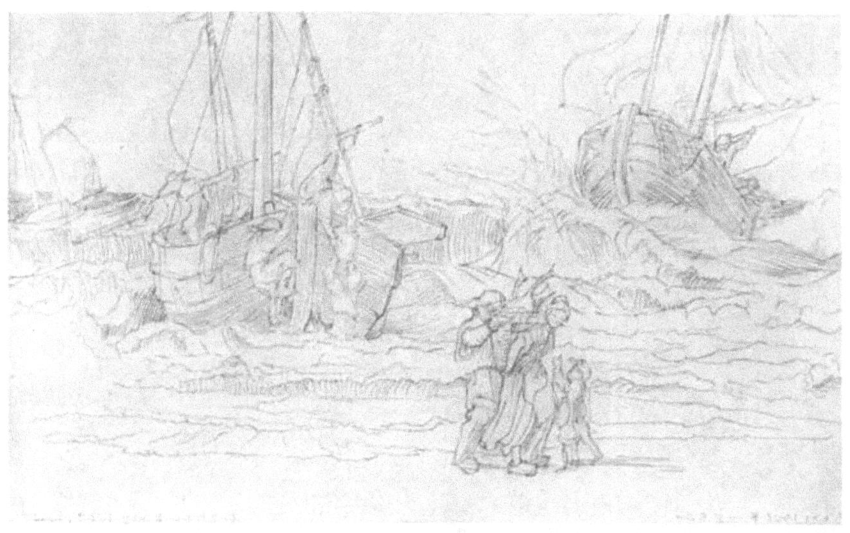



Am Seestrand

Coast scene  1851  Au bord du lac

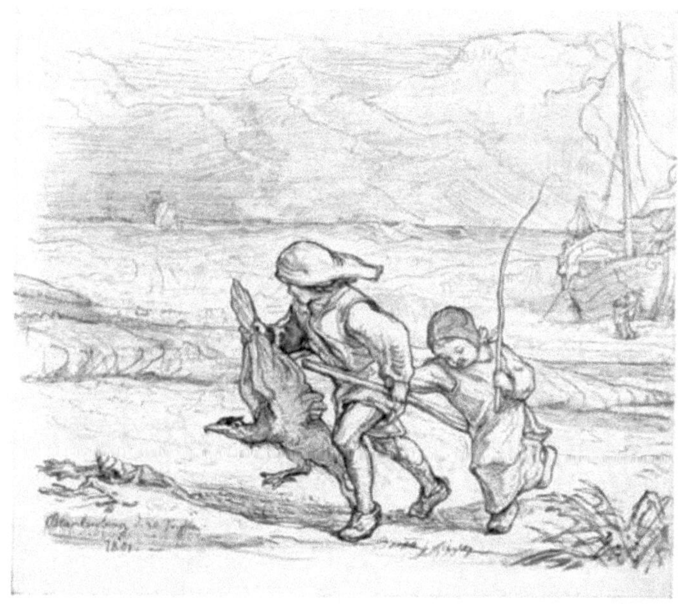



Am Seestrand (Kinder mit Vogel)

Coast scene (Children with a bird)  1851  Au bord du lac (Enfants avec oiseau)

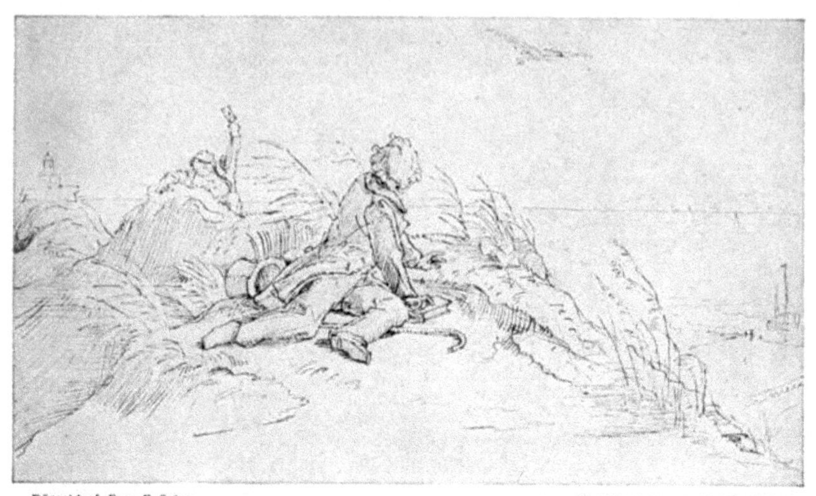



Der Künstler in den Dünen von Blankenberghe
The artist in the dunes of Blankenberghe   1851   L'artiste dans les dunes de Blankenberghe

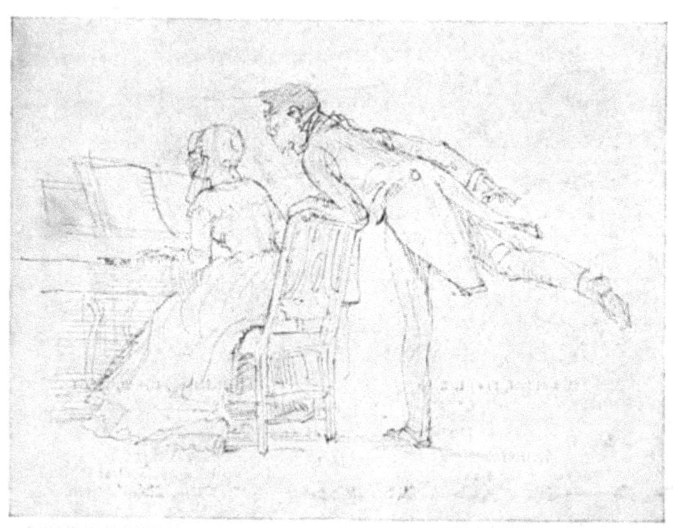



Karikatur
Caricature   Um 1850   Caricature

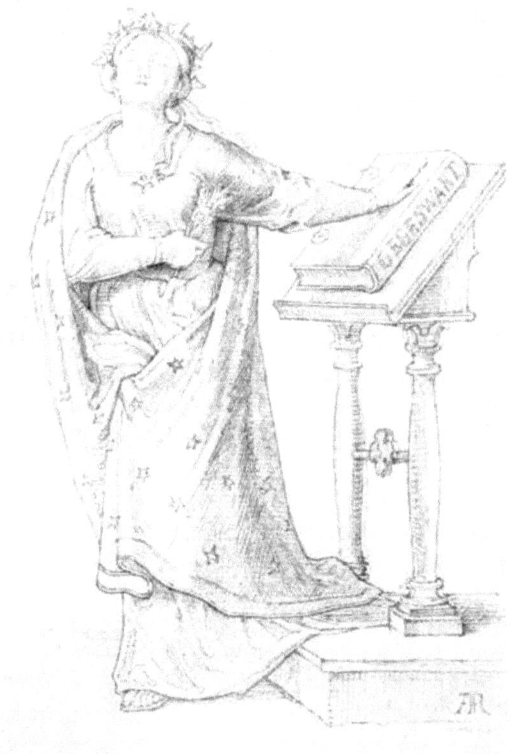



* Düsseldorf, Frau E. Sohn                    Bleistiftzeichnung, H. 0,21, B. 0,14

„Erinnerung"
Modellzeichnung zu einer Bühnenfigur

Remembrance                    1851                    Souvenir
Drawing for a stage-figure                    Dessin de modèle d'actrice

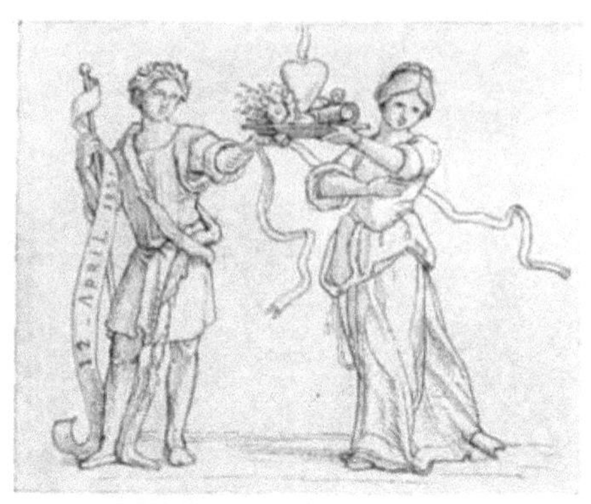

„Widmung"

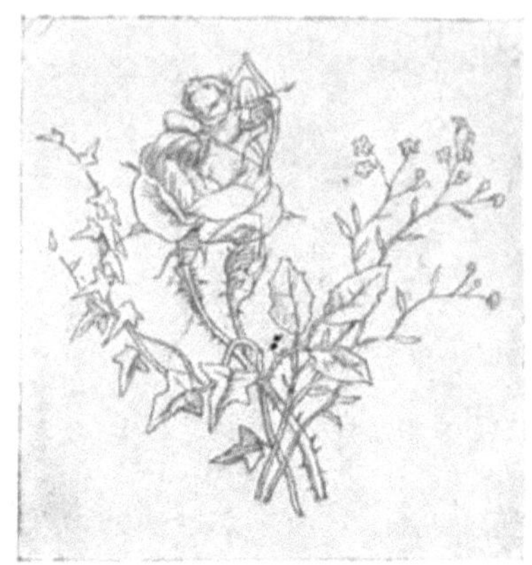

„Frühlingsstrauss"

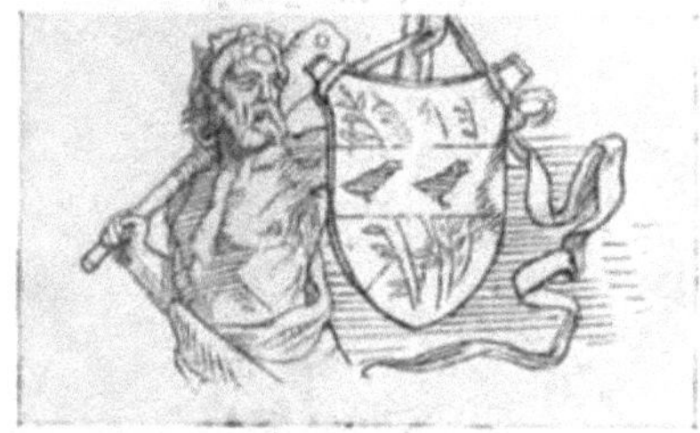

„Im Walde"

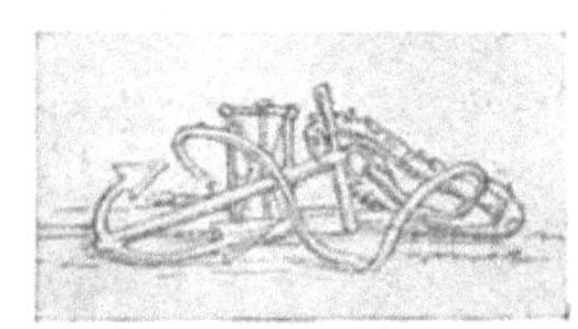

„Bald"

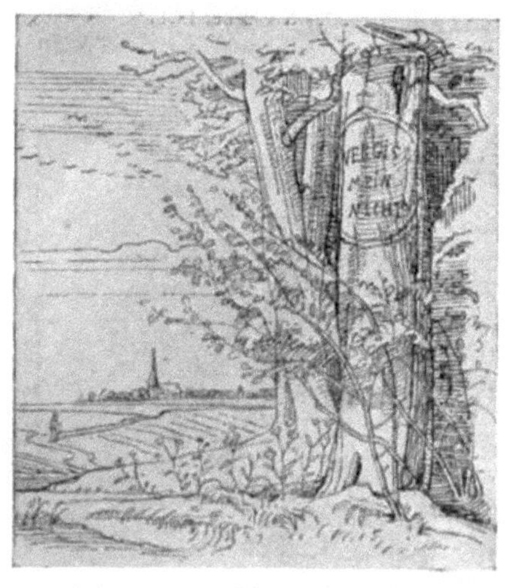

„Gruss"

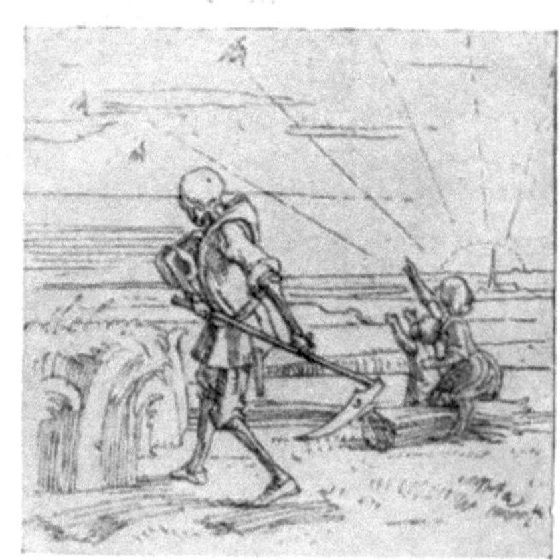

„Morgenrot und Tod"

Düsseldorf, Frau E. Sohn

Federzeichnungen, ziemlich Originalgrösse

Illustrationen zu handschriftlichen Gedichten von Rethels Braut

Illustrations for M. S. poems
by the betrothed of Rethel

1851

Illustrations de poésies manuscrites
de la fiancée de Rethel

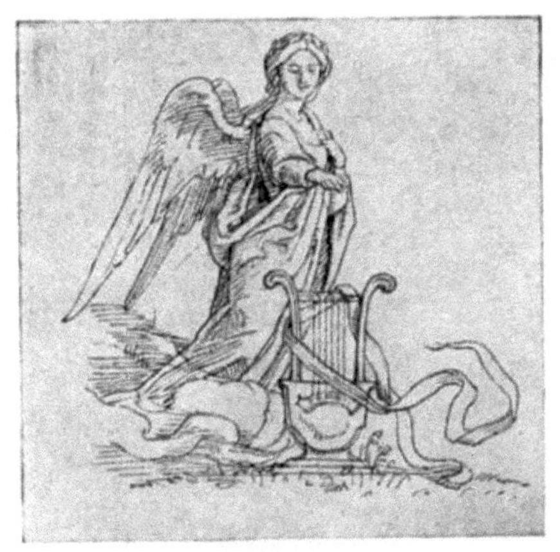

„Frühlingsengel"

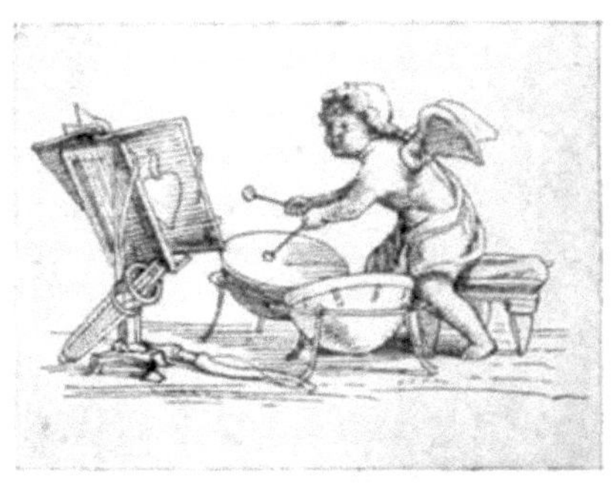

„Erste Begegnung"

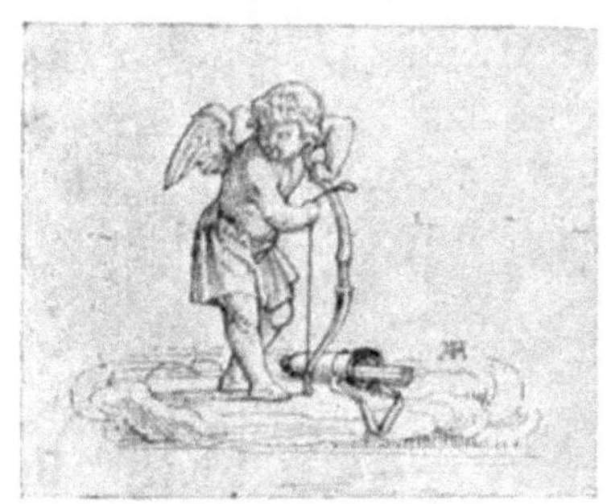

„Amor"

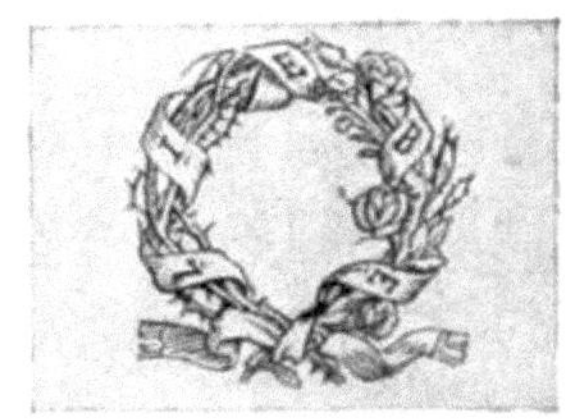

„Der Kranz der Liebe"

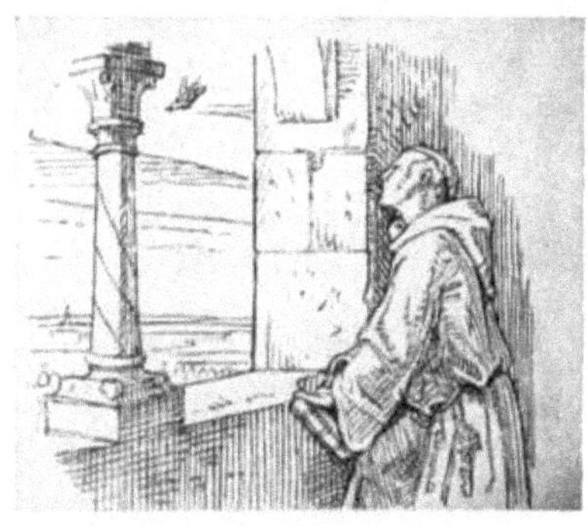

„Mönch"

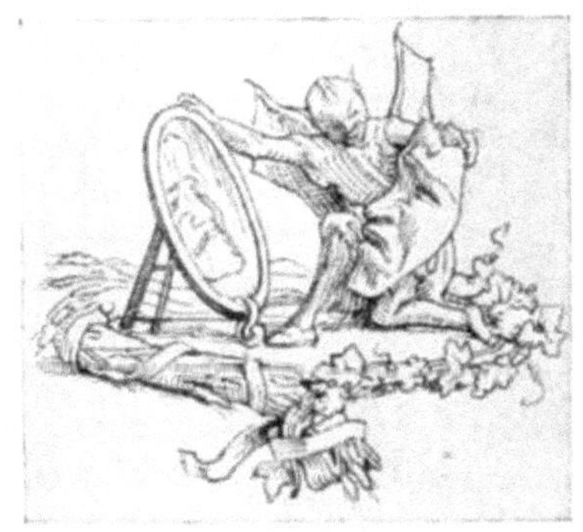

„Die Menschen"



Federzeichnungen, ziemlich Originalgrösse

Illustrationen zu handschriftlichen Gedichten von Rethels Braut

Illustrations for M. S. poems
by the betrothed of Rethel

1851

Illustrations de poésies manuscrites
de la fiancée de Rethel

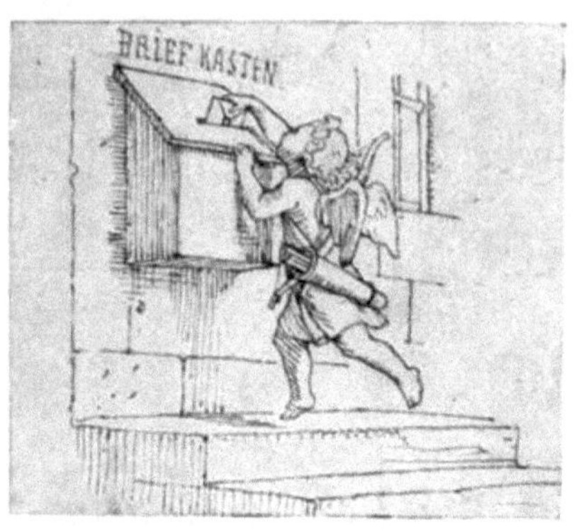

„Mein Herz"

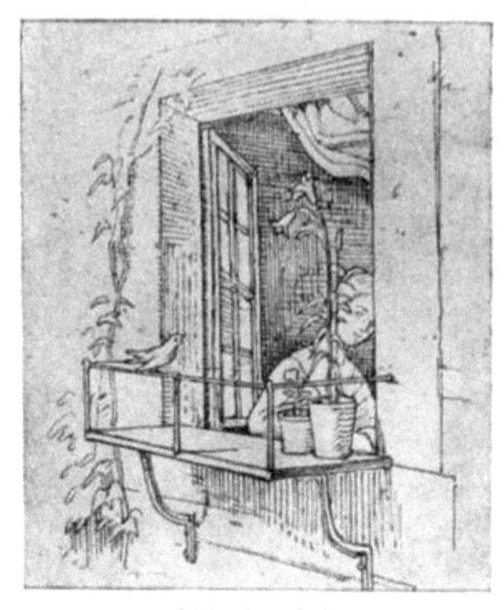

„Liebesbotschaft"

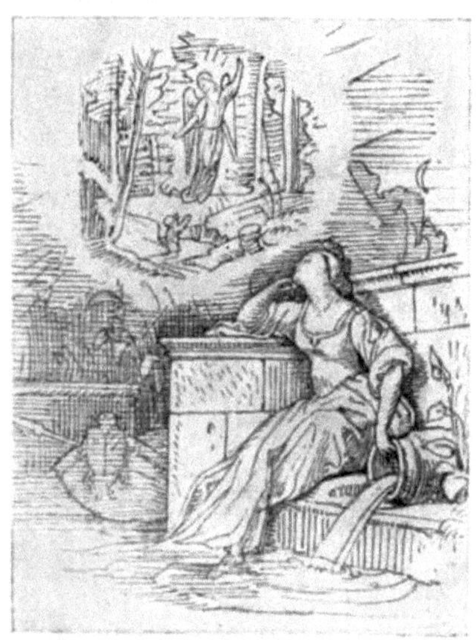

„Quelle"

Düsseldorf, Frau E. Sohn

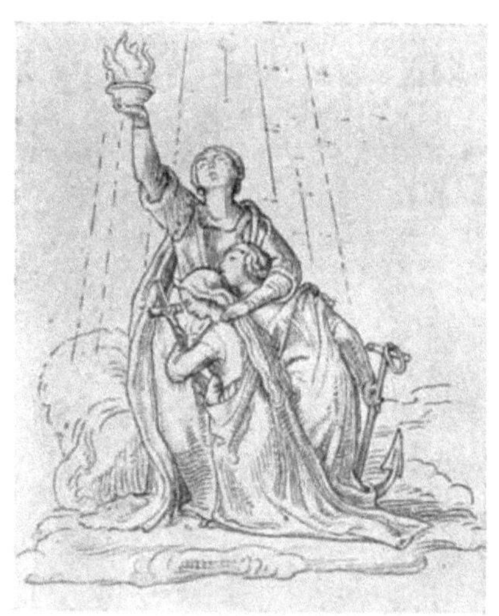

„Nun aber bleiben diese drei..."

Federzeichnungen, ziemlich Originalgrösse

Illustrationen zu handschriftlichen Gedichten von Rethels Braut

Illustrations for M. S. poems
by the betrothed of Rethel

1851

Illustrations de poésies manuscrites
de la fiancée de Rethel

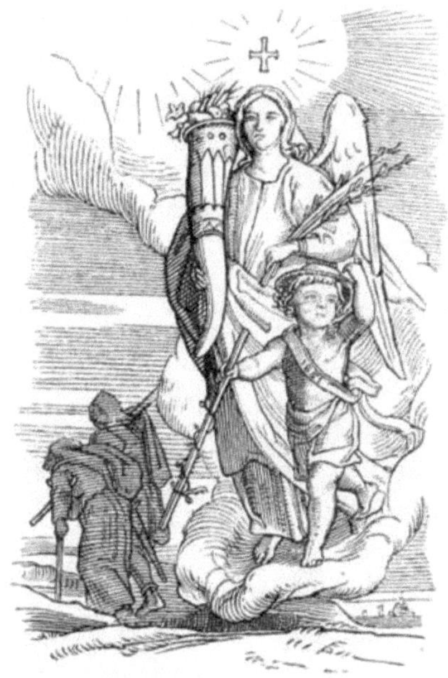

Das neue Jahr

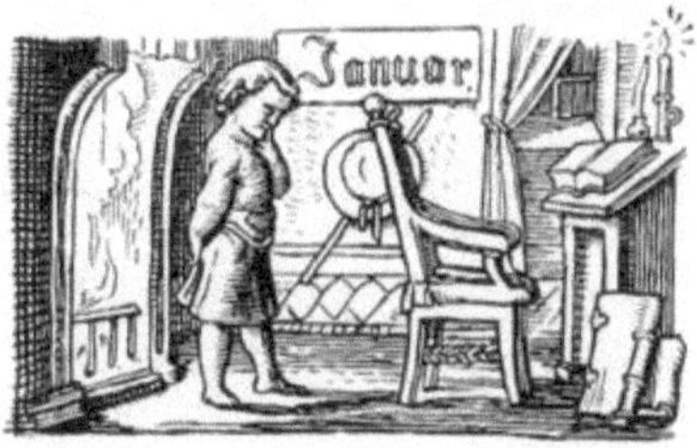

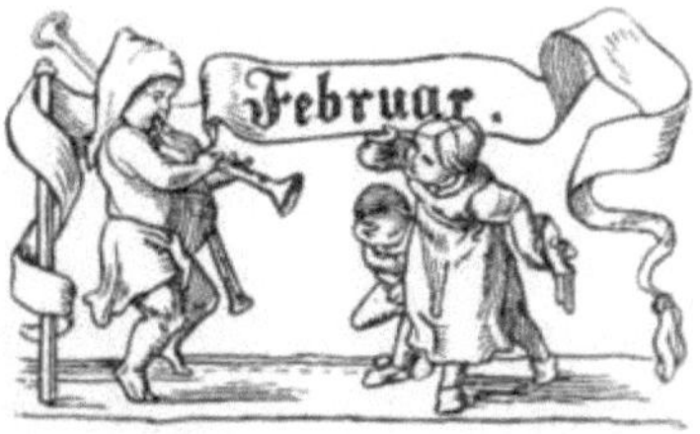

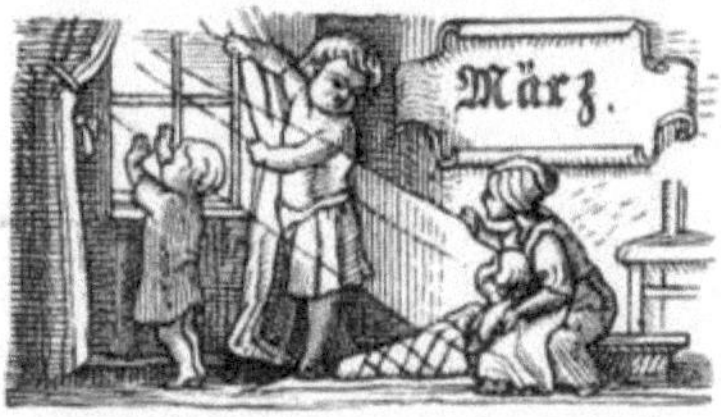

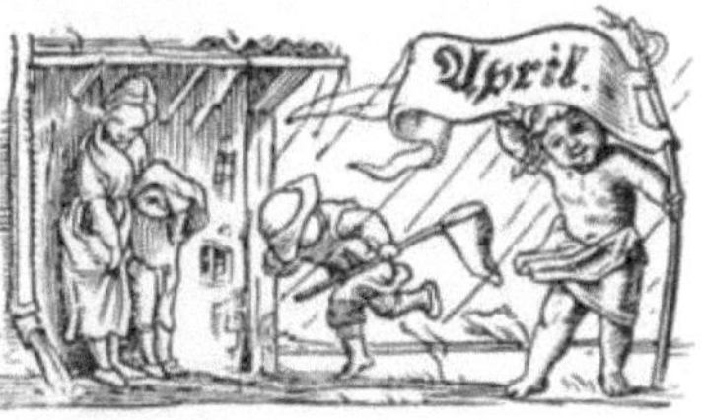

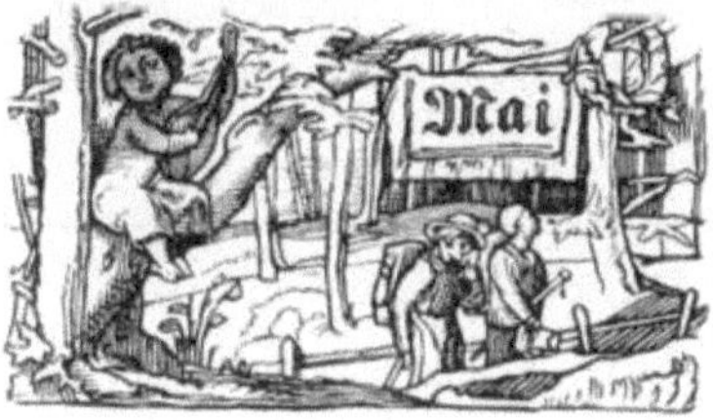

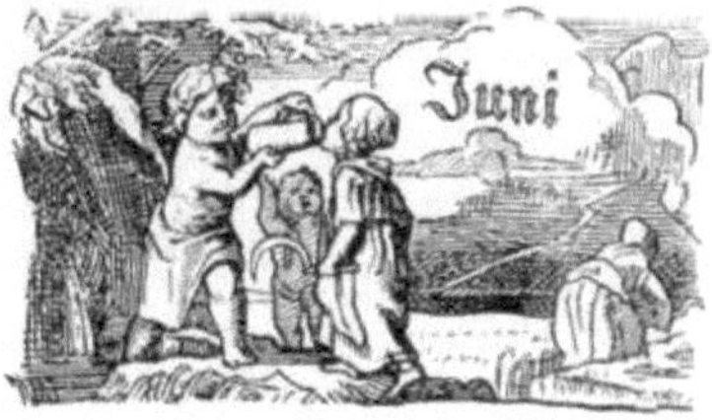

Holzschnitte, ziemlich natürliche Grösse

*Kalenderbilder für 1851

Drawings for the almanac 1851          1850          Tableaux pour le calendrier de 1851

163

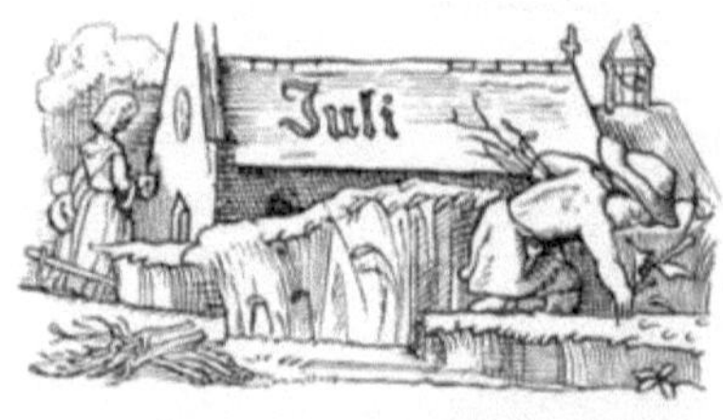


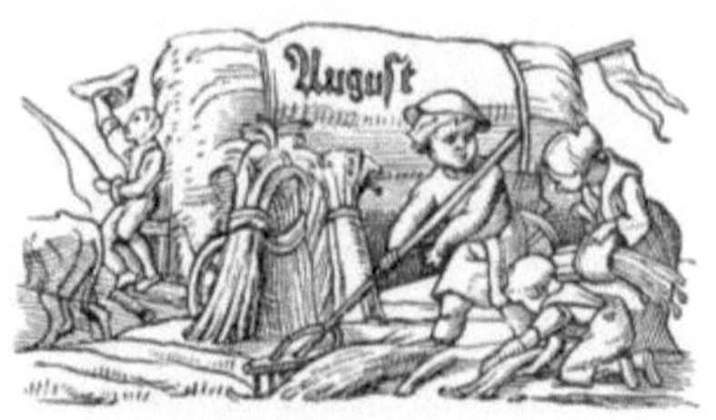


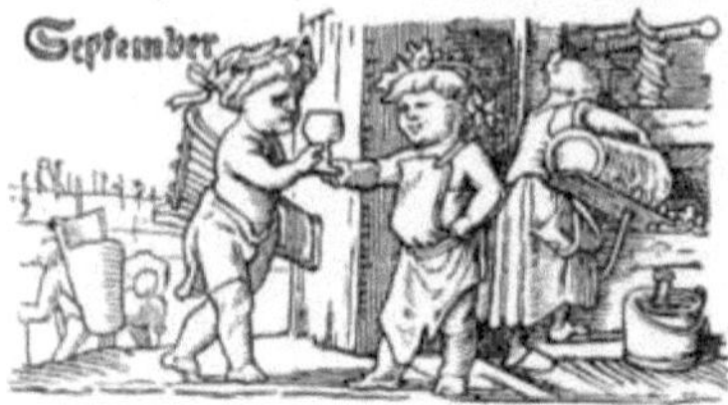


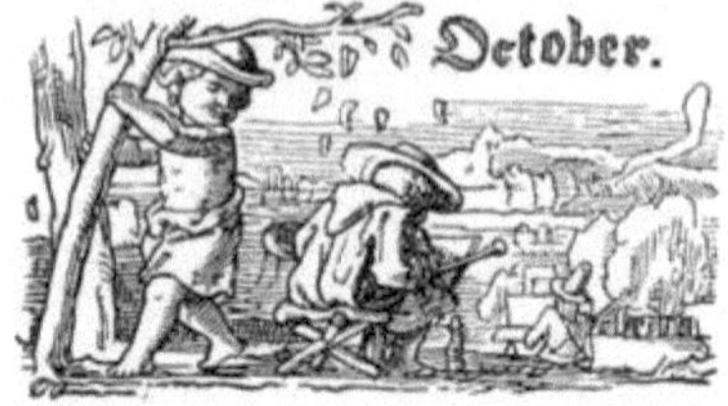


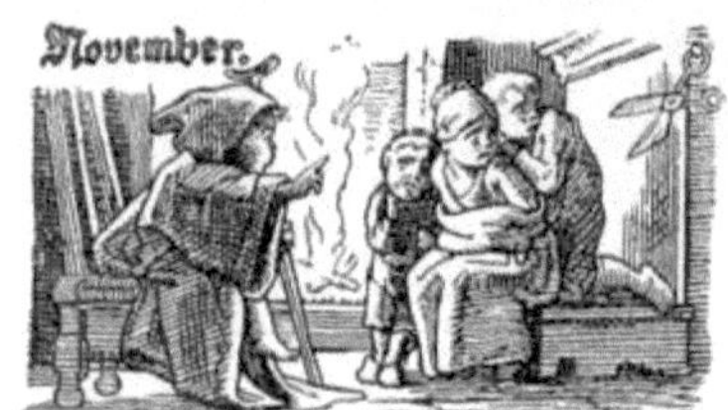


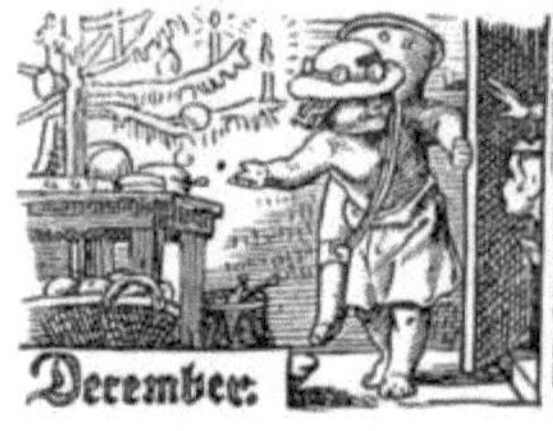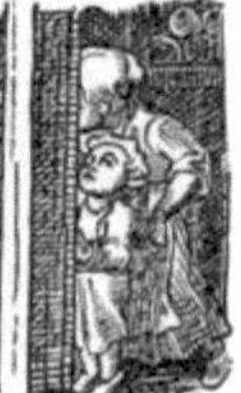


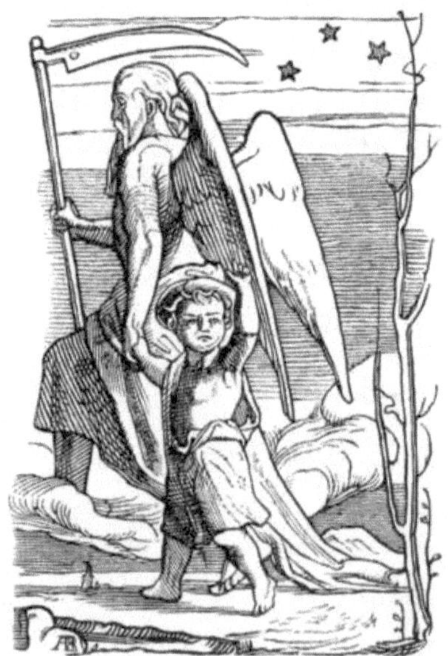

Das alte Jahr

Holzschnitte, ziemlich natürliche Grösse

Kalenderbilder für 1851

Drawings for the almanac 1851    1850    Tableaux pour le calendrier de 1851

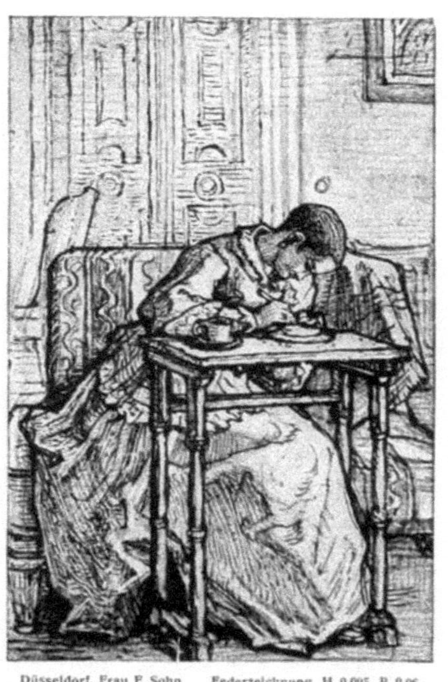



*Düsseldorf, Frau E. Sohn                Bleistiftzeichnung, H. 0,16, B. 0,20

Schlosser, einen Koffer öffnend, mit Selbstbildnis Rethels

Locksmith opening a trunk                1852                Serruriers ouvrant un coffre
With a portrait of the artist himself                                Avec portrait de l'artiste

Düsseldorf, Frau E. Sohn        Federzeichnung, H. 0,095, B. 0,06

Des Künstlers Frau in Rom
1852
The artist's wife in Rome   La femme de l'artiste à Rome

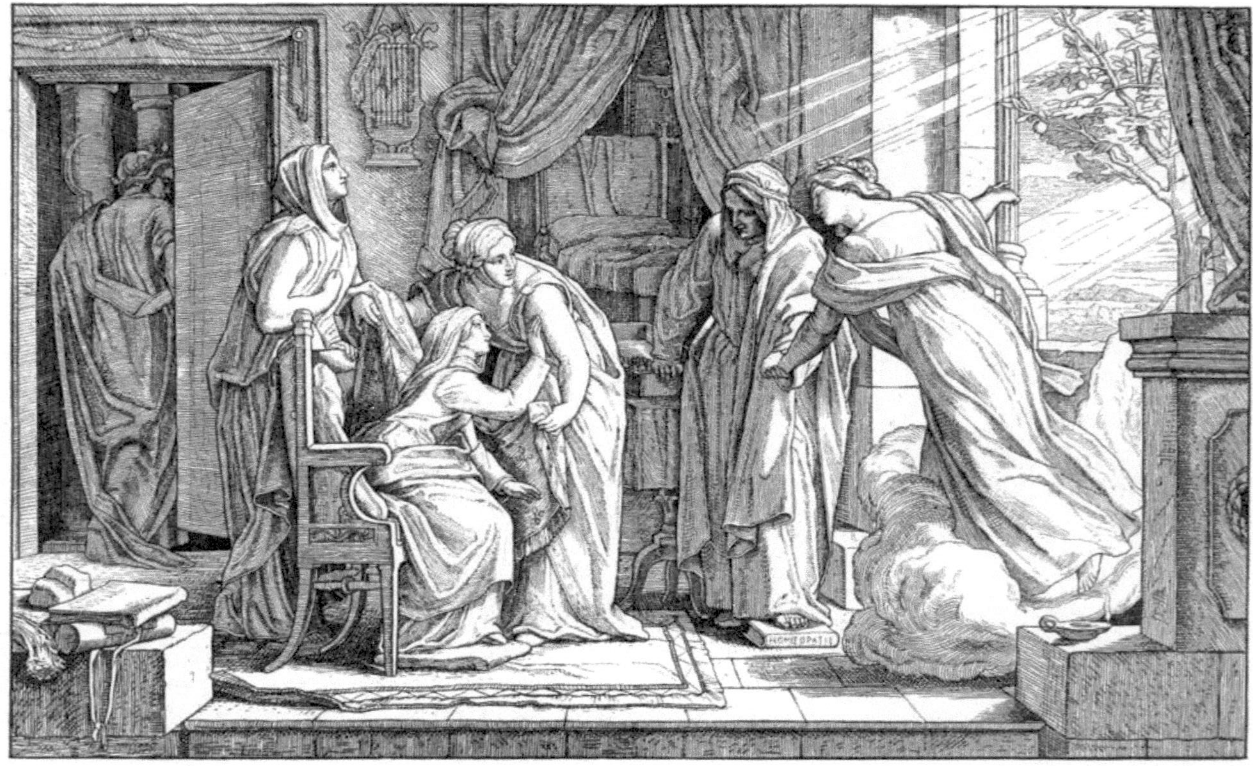

Holzschnitt, H. 0,29, B. 0,46

*Genesung

Convalescence     1852     Guérison

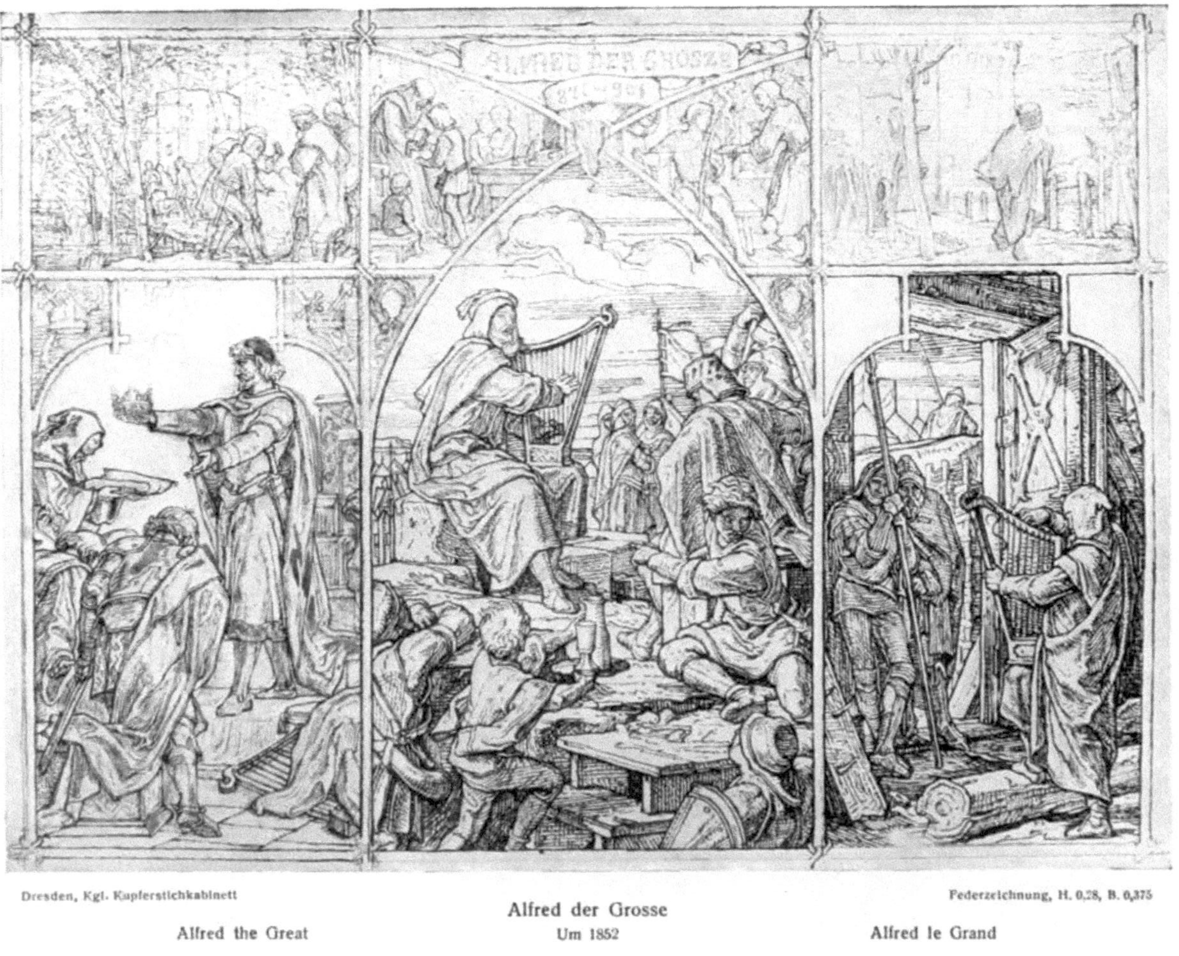


Dresden, Kgl. Kupferstichkabinett

Federzeichnung, H. 0,28, B. 0,375

Alfred der Grosse
Um 1852

Alfred the Great

Alfred le Grand

167

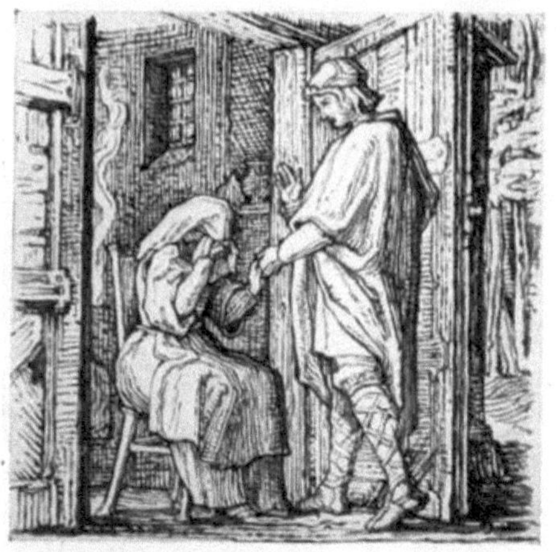 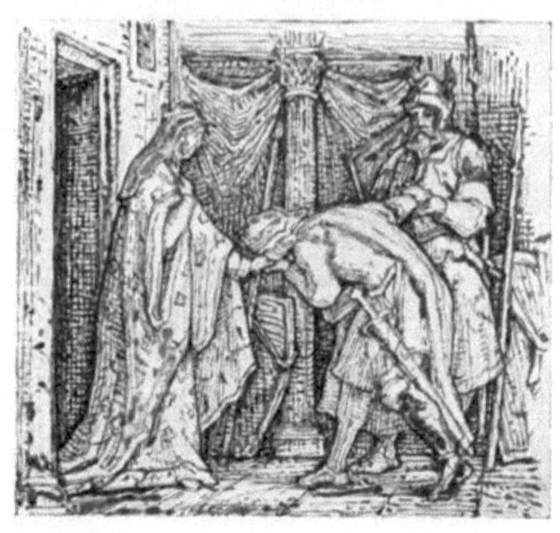

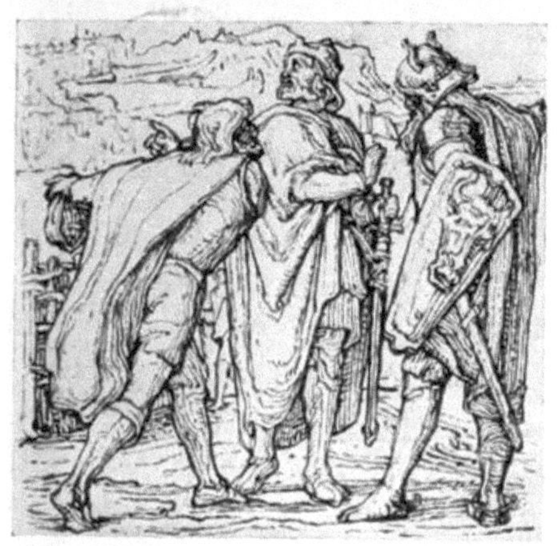 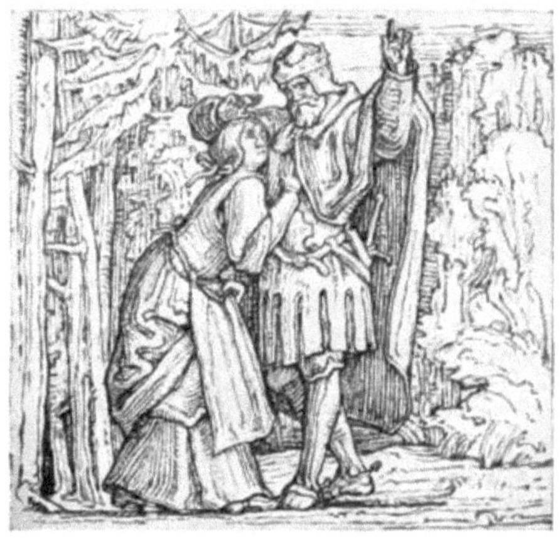

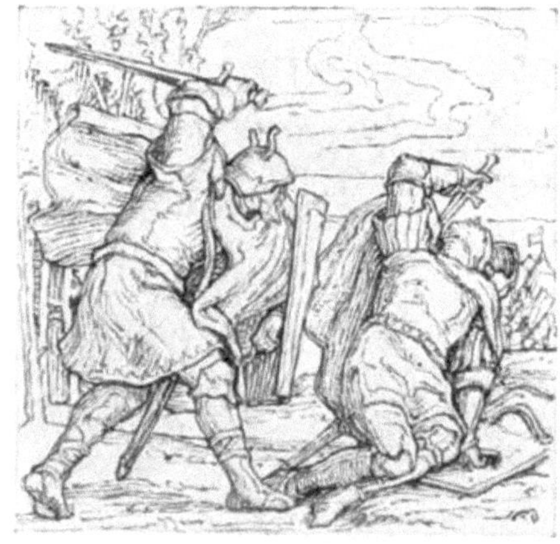



Illustrationen zu einem handschriftlichen Drama „Alfred der Große" von Rethels Frau
Illustrations for the M. S. drama      1852      Illustrations pour le drame manuscrit
„Alfred the Great" by Rethel's wife          „Alfred le Grand" par la femme de Rethel

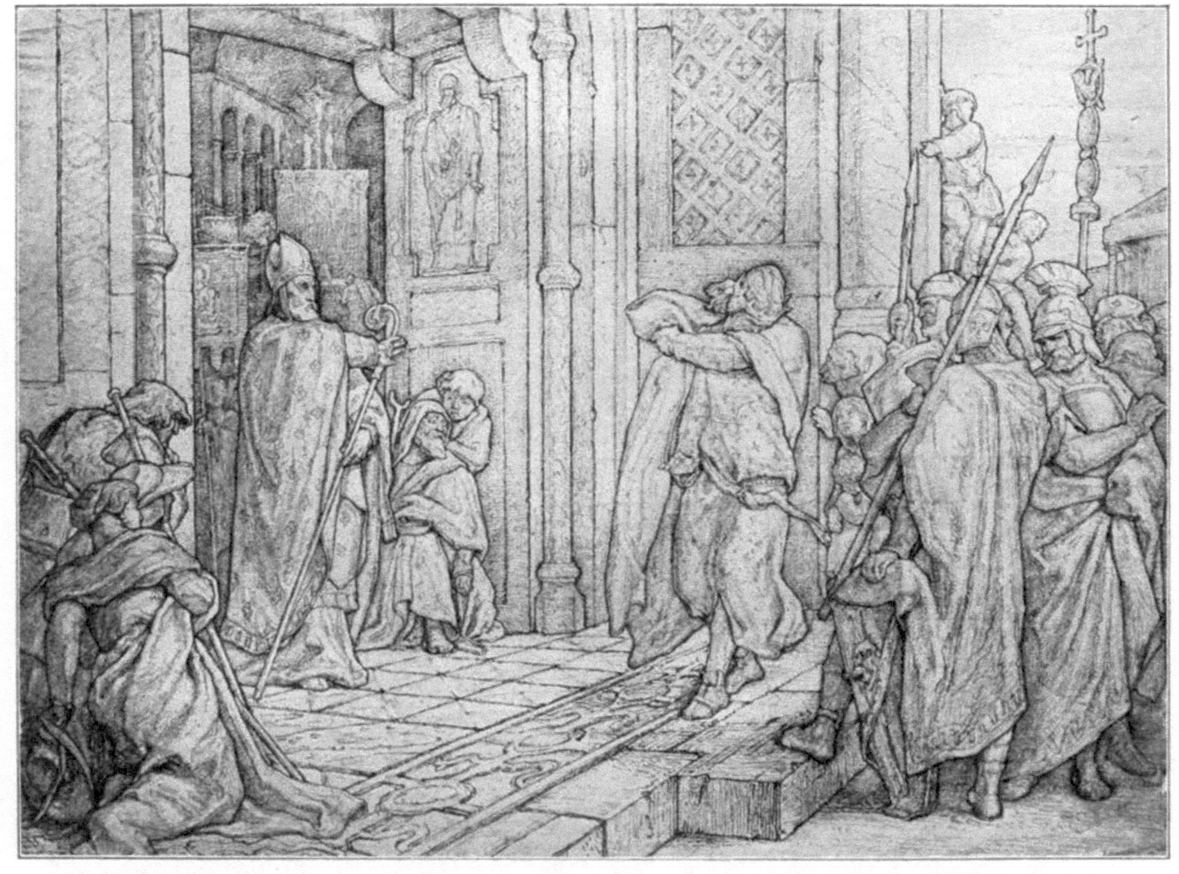



*Dresden, Kgl. Kupferstichkabinett

Bleistiftzeichnung, H. 0,438, B. 0,59

**Ambrosius verwehrt dem Kaiser Theodosius den Eintritt in die Kirche**

1839 und 1852

The Emperor Theodosius refused admission into the church by St. Ambrose

Saint Ambroise refuse à Théodose l'entrée de l'église

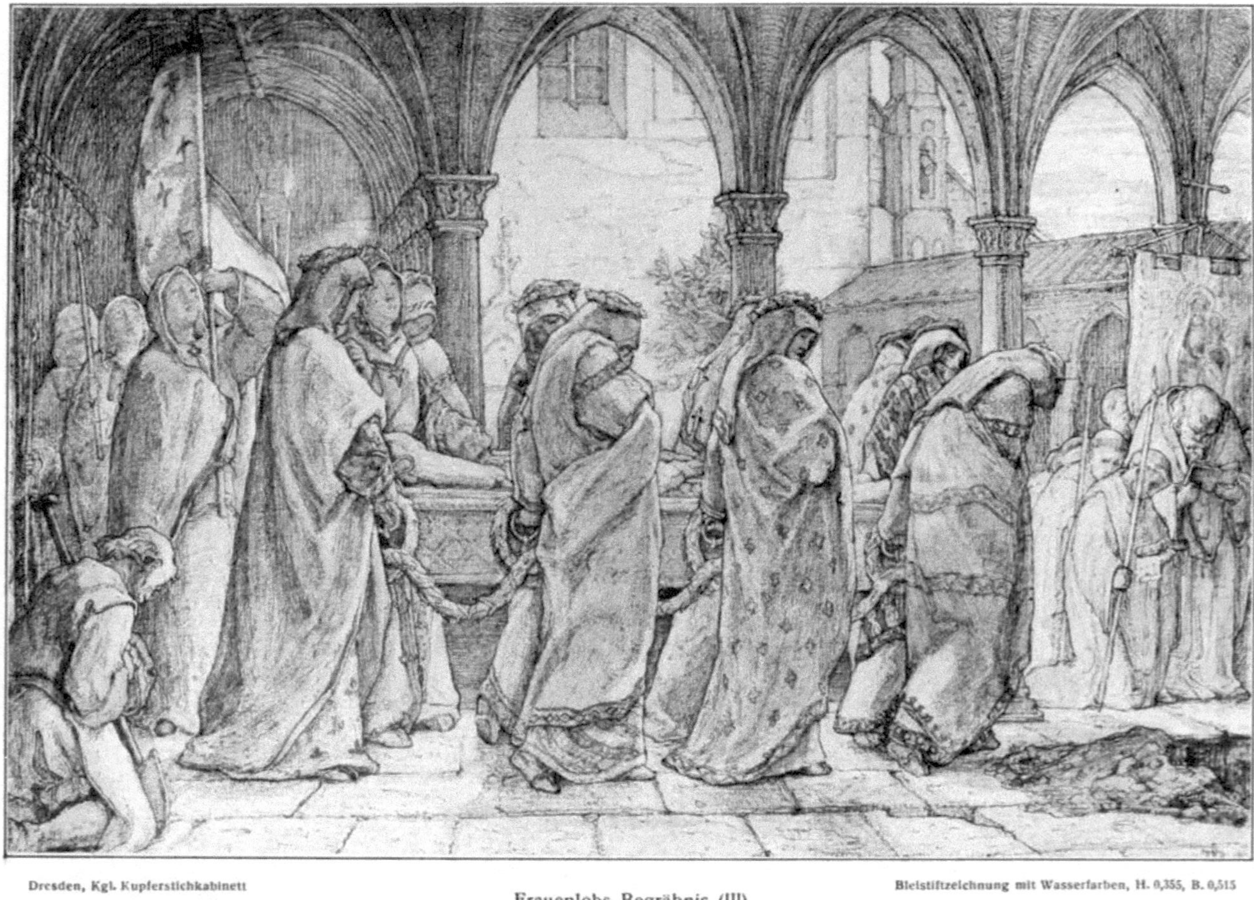



Dresden, Kgl. Kupferstichkabinett

Bleistiftzeichnung mit Wasserfarben, H. 0,355, B. 0,515

**Frauenlobs Begräbnis (III)**

1852

The burial of Frauenlob (III)

Les funérailles de Frauenlob (III)

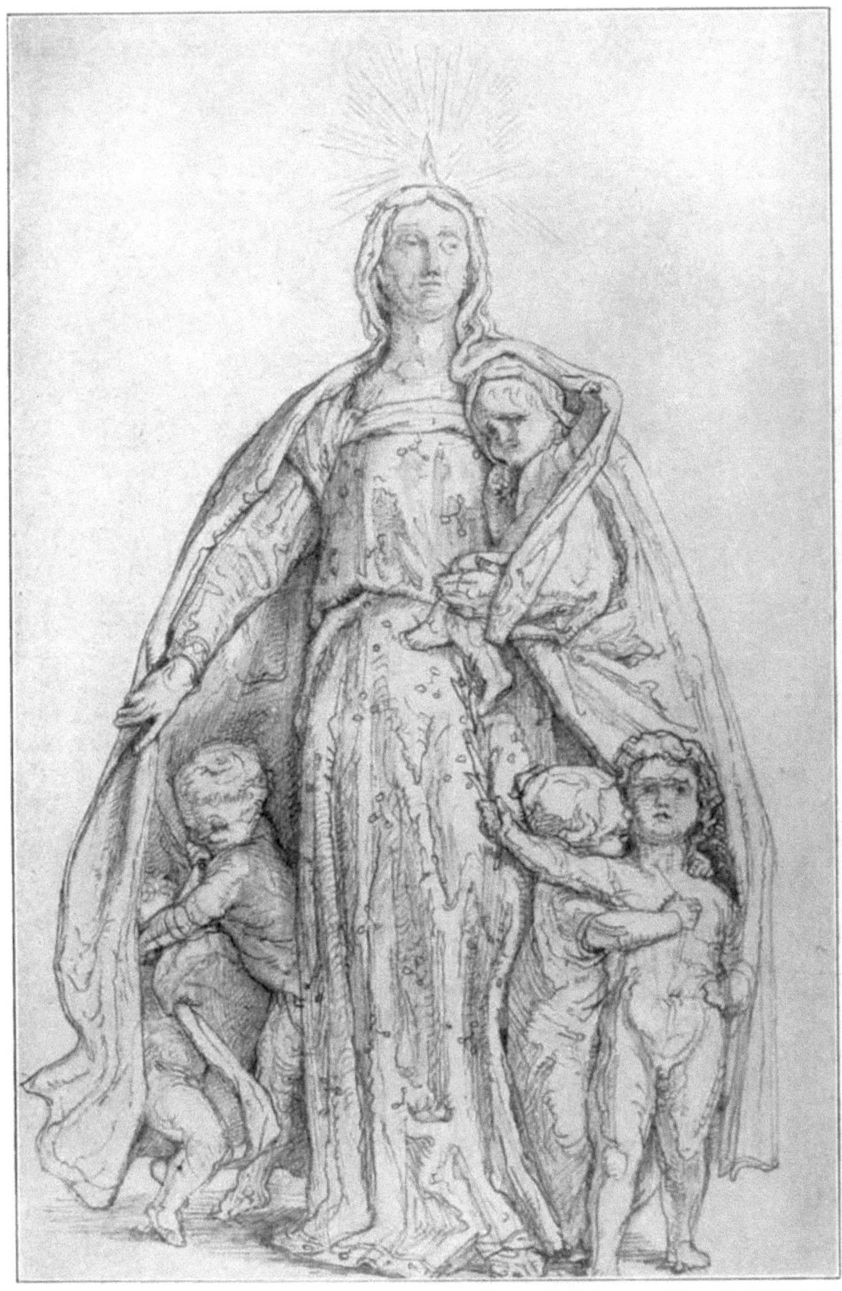



Komposition zur „Eroicasymphonie“

Composition for the „Eroica Symphony“    Um 1852    Composition sur la symphonie „Eroica“

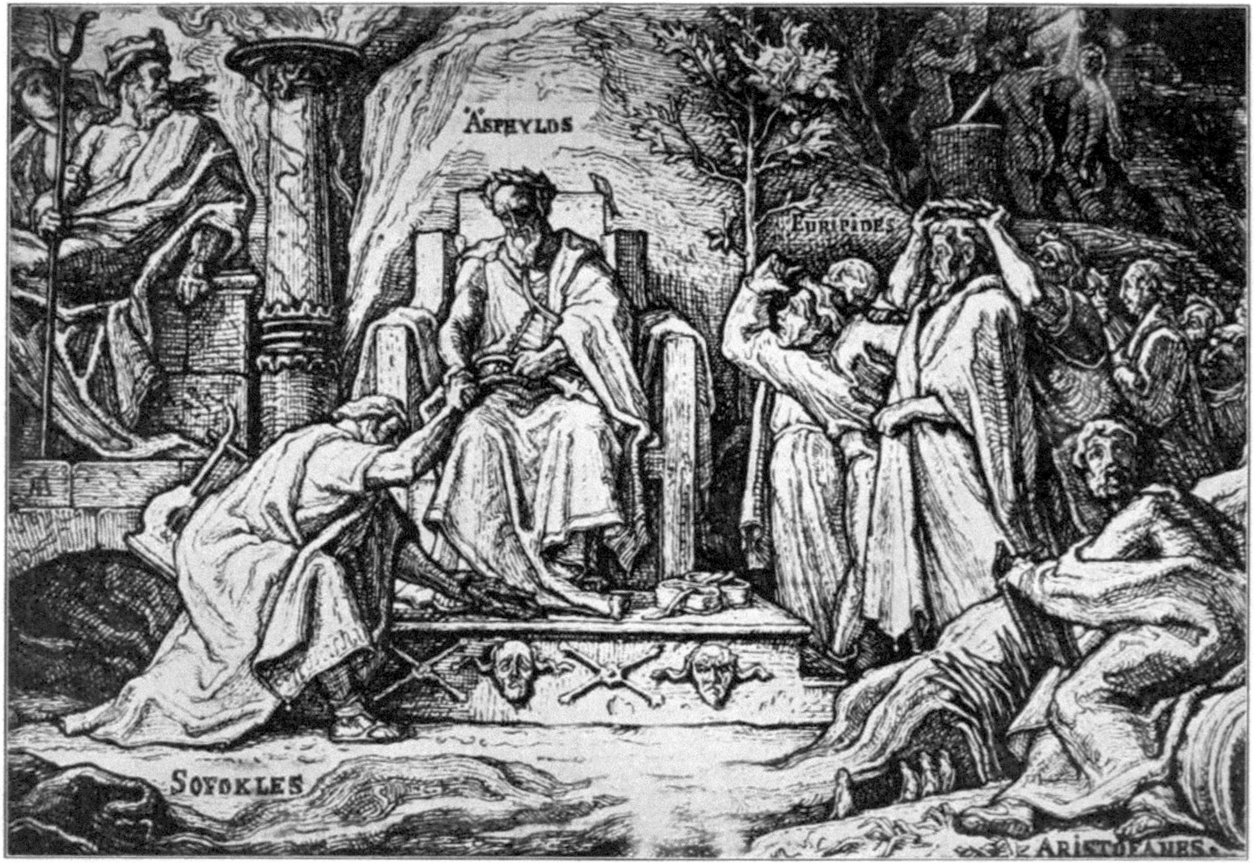

Berlin, Nationalgalerie

Federzeichnung auf Buchsbaumholz, H. 0,22, B. 0,33

Aristophanes' Frösche
Um 1852

The frogs of Aristophanes

Les grenouilles d'Aristophane

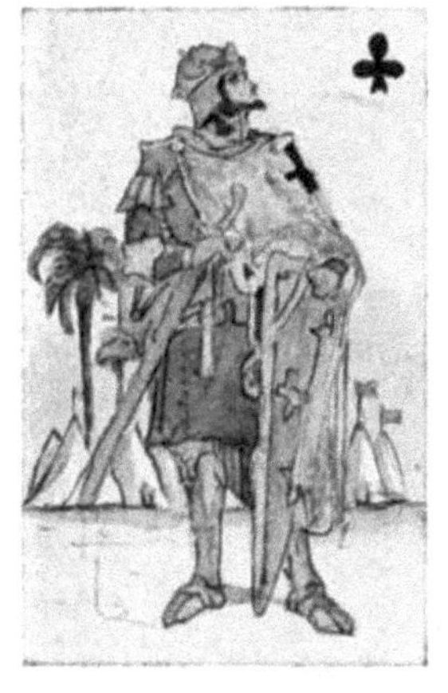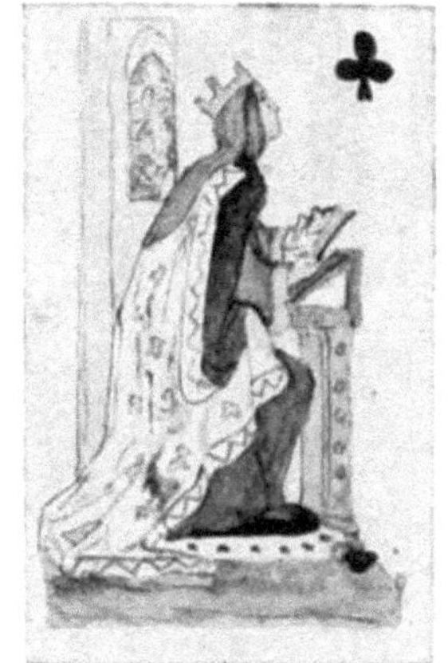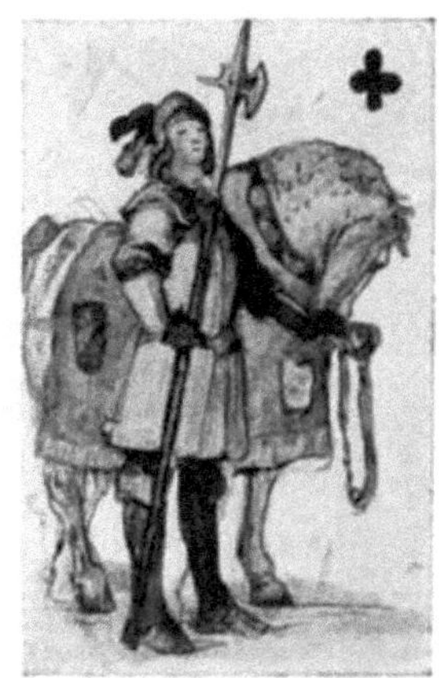

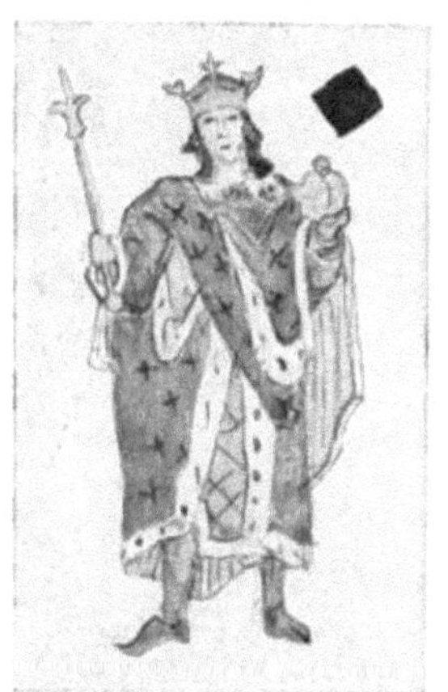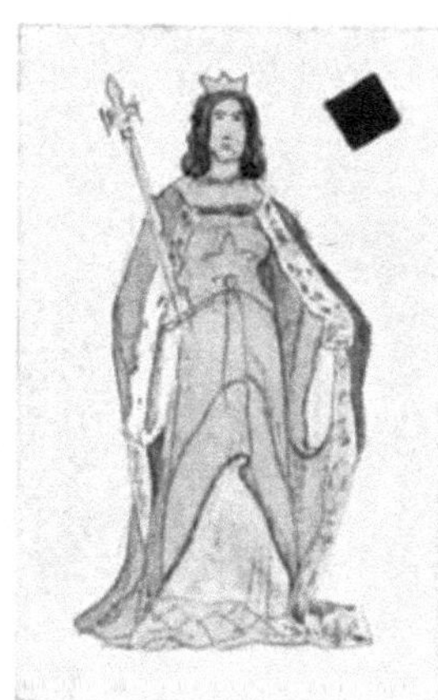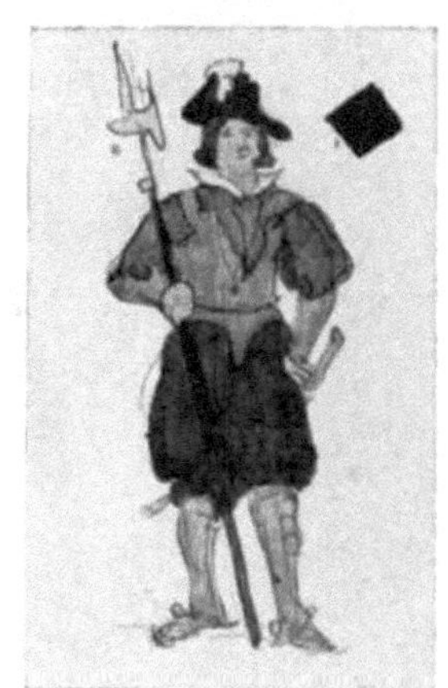





Spielkarten

1852

Cards     Cartes à jouer

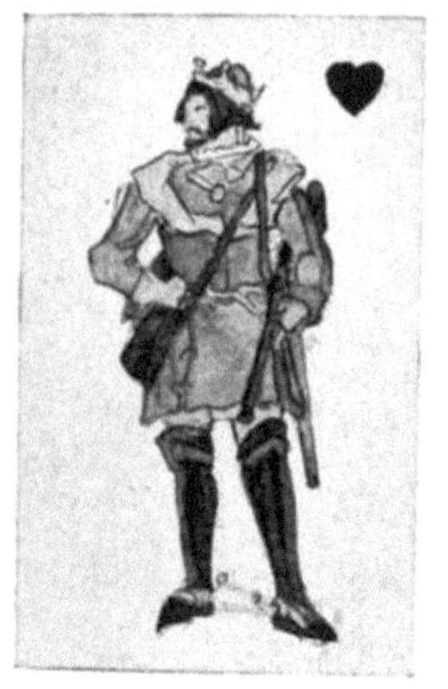 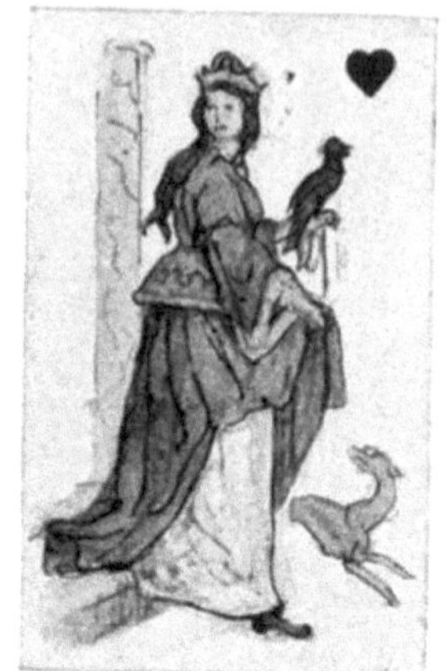 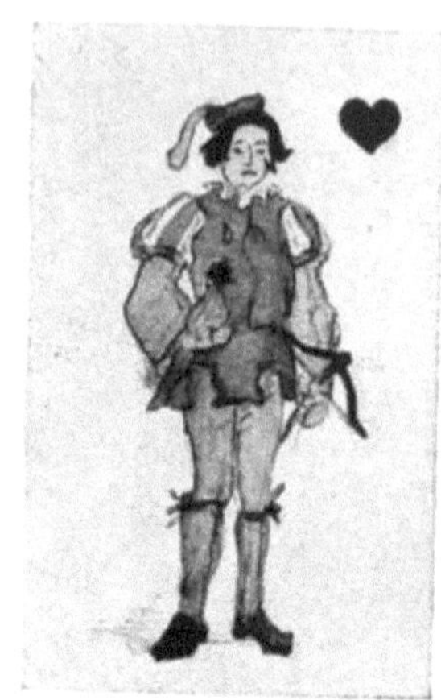

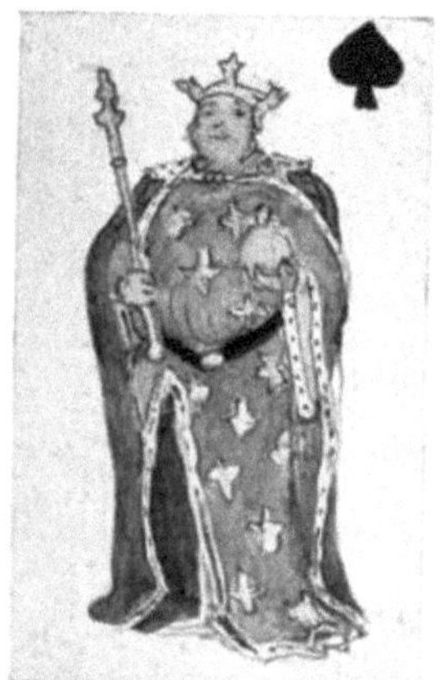 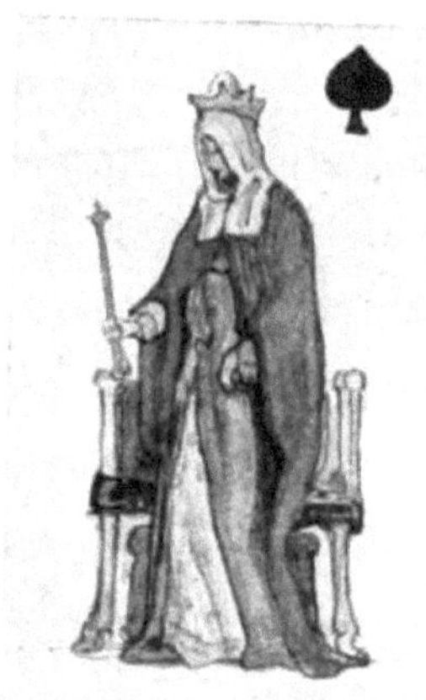 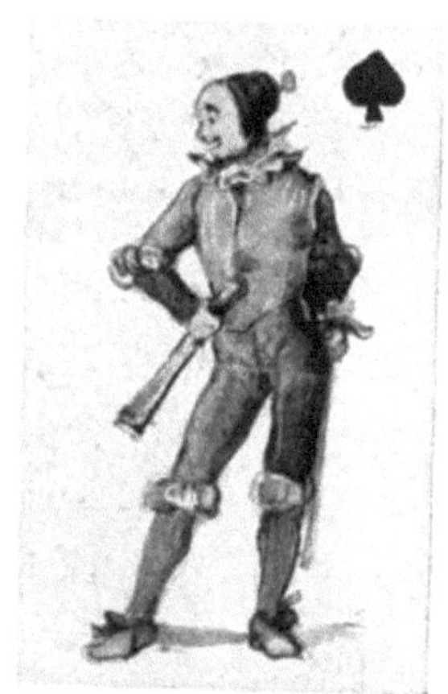

Düsseldorf, Frau E. Sohn

Aquarelle, Originalgrösse

Cards

Spielkarten

1852

Cartes à jouer

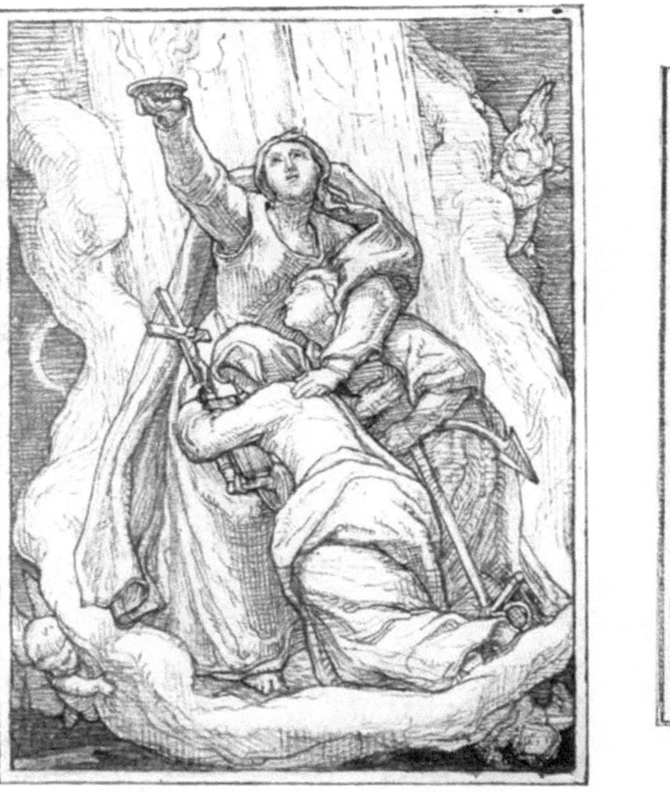

Düsseldorf, Frau E. Sohn    Bleistiftzeichnung, H. 0,14, B. 0,11

Glaube, Liebe, Hoffnung.    (Die Liebe die grösste)

Faith, hoppe, charity    1852—1853    Foi, amour, espérance
(But the greatest is charity)    (L'amour est le plus grand)

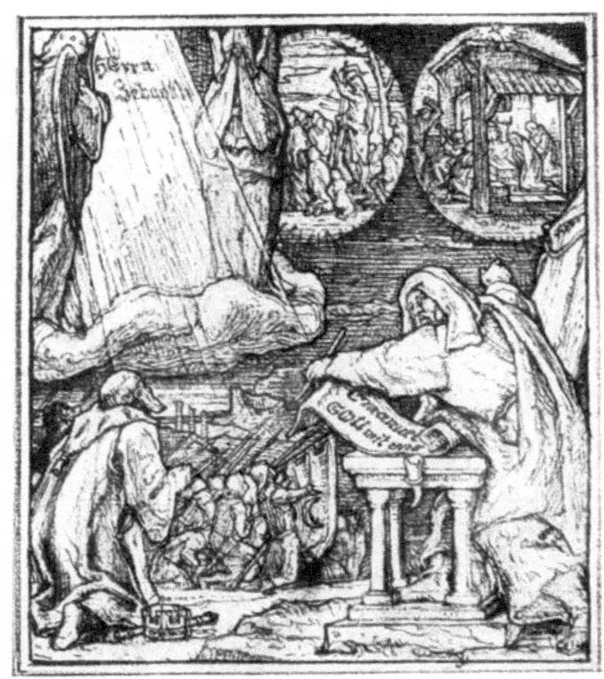

*Düsseldorf, Frau E. Sohn    Federzeichnung, H. 0,11, B. 0,10

Prophetie des Jesaias

The prophecy of Jesaiah    Um 1852    Prophétie d'Esaïe

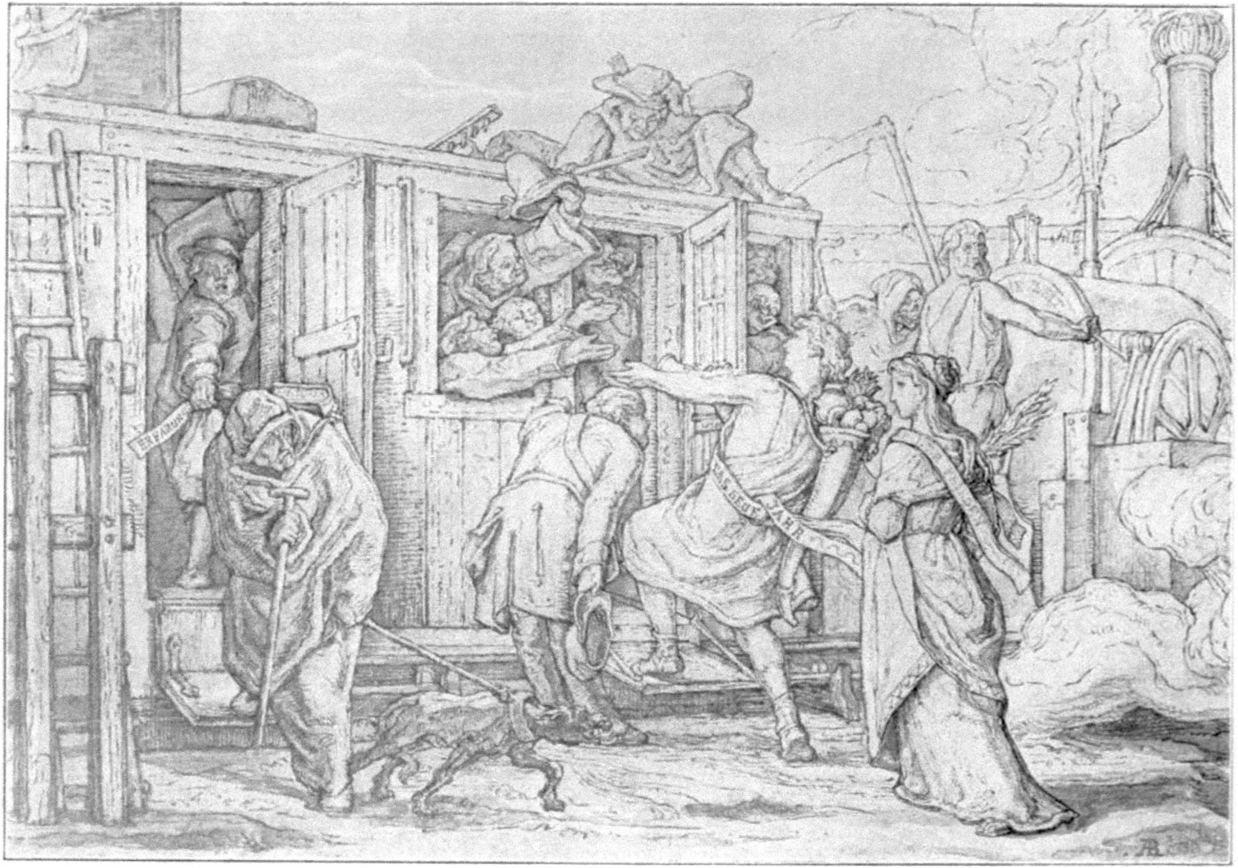

Dresden, Kgl. Kupferstichkabinett

Bleistiftzeichnung mit Tusche, Kreide und Sepia, H. 0,347, B. 0,487

Jahreswechsel 1852/53

1852/53

The change of the year

Le nouvel an

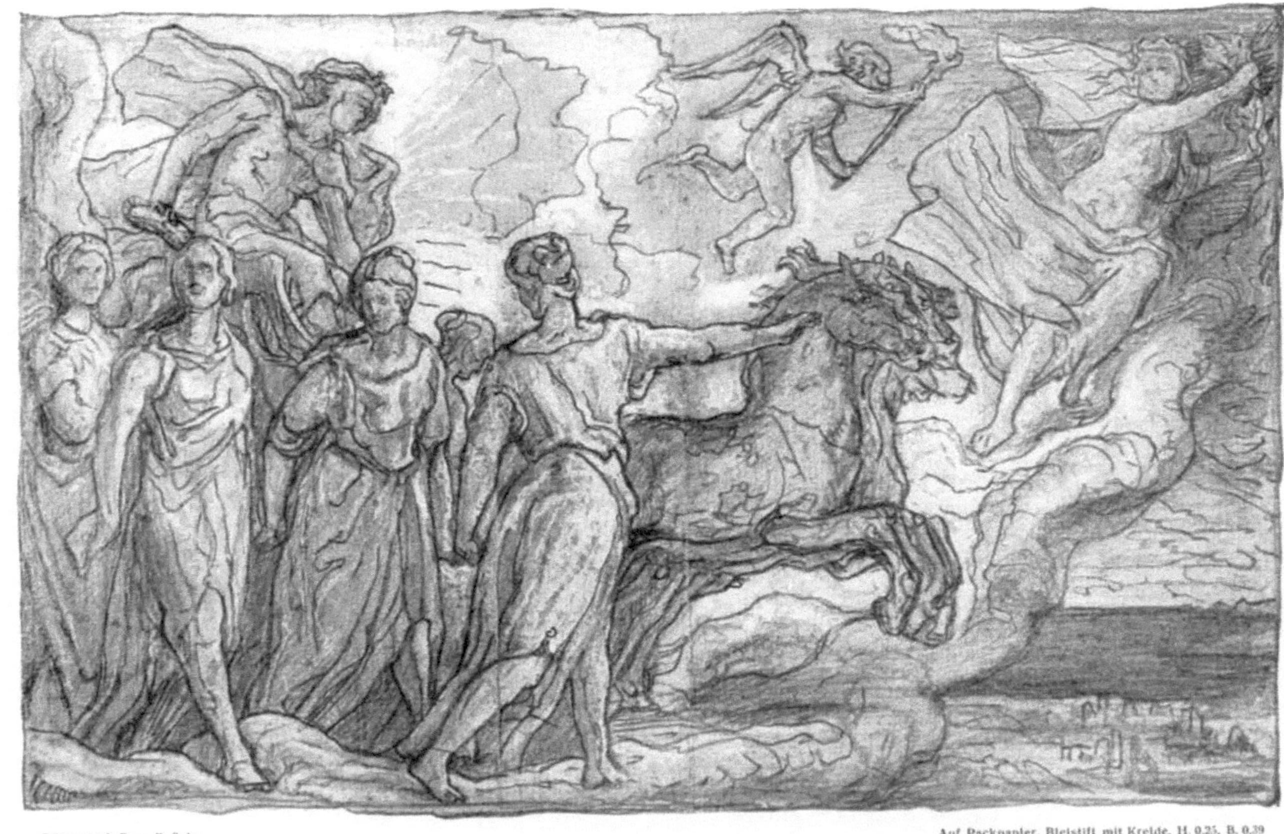

Düsseldorf, Frau E. Sohn

Auf Packpapier, Bleistift mit Kreide, H. 0,25, B. 0,39

Nach Guido Renis „Aurora"

After Guido Reni's „Aurora"        1853        Esquisse d'après le tableau „Aurore" du Guide

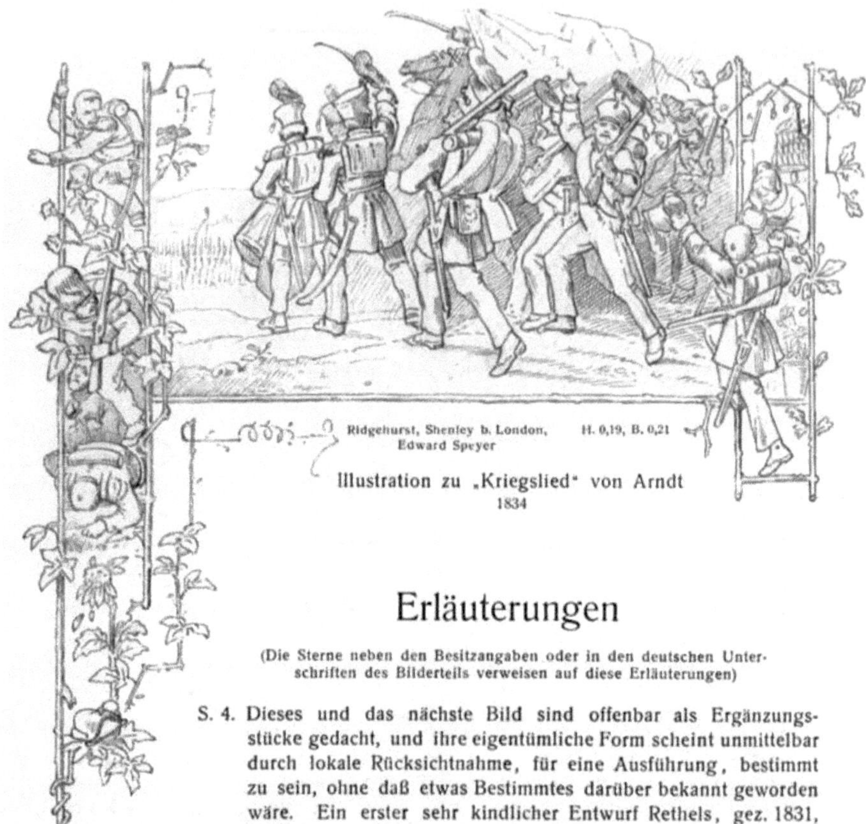



Illustration zu „Kriegslied" von Arndt
1834

# Erläuterungen

(Die Sterne neben den Besitzangaben oder in den deutschen Unterschriften des Bilderteils verweisen auf diese Erläuterungen)

S. 4. Dieses und das nächste Bild sind offenbar als Ergänzungs-
stücke gedacht, und ihre eigentümliche Form scheint unmittelbar
durch lokale Rücksichtnahme, für eine Ausführung, bestimmt
zu sein, ohne daß etwas Bestimmtes darüber bekannt geworden
wäre. Ein erster sehr kindlicher Entwurf Rethels, gez. 1831,
zeigt beide Themen, die Ermordung des Heiligen und den Streit der
Mörder, in einer Szene vereinigt; die Auflösung mag auf weisen Rat
des Lehrers erfolgt sein. Der kirchenbauende Bonifaz (V.) ist in einem Oelgemälde
der ehemaligen Spiegelschen Sammlung, jetzt Sammlung von Davier in Halberstadt,
ausgeführt worden; ich bilde den mäßigen Entwurf ab, weil er mir immerhin mehr
Leben zu haben scheint als das Original. Von dem in den vierziger Jahren auf-
tauchenden Bonifaz für Wiesbaden habe ich im Text bereits gesagt, daß ich mich
von der Echtheit nicht habe überzeugen können. Bonifaz V. ist schon seit 1833
projektiert, von welchem Jahre eine Tuschzeichnung datiert ist. Das Oelgemälde
entstand in der kurzen Zeit vom 5. November 1835 bis Frühjahr 1836.

S. 9. Der prächtige Entwurf wurde durch „Seemanns Wandbilder" popularisiert. Ein
kleiner Holzschnitt von K. Oertel findet sich in „Deutsche Jugend".

S. 11. Der Besitzer des Originales ist mir nicht bekannt geworden. Die Wiedergabe ist
gemacht nach einer Photographie der Berliner Photographischen Gesellschaft, welche
auf der Rethelausstellung von 1876 in Berlin anscheinend nach dem Originale an-
gefertigt wurde.

S. 13 rechts. Des Hieronymus Echtheit wird angezweifelt. Doch dürfte sie wohl erwiesen, zum
mindesten hochwahrscheinlich gemacht sein dadurch, daß in einem von Rethels früheren
Skizzenbüchern genau derselbe Löwe in einer Gruppe von Löwenstudien, dort als
„asiatischer Löwe" bezeichnet, vorkommt. Aus der grellen süßlichen Farbe darf man

nicht gegen Rethel schließen, denn in der frühen Düsseldorfer Schulzeit ist von einem
farbigen Stil noch keine Rede.

S. 13 links. Ich habe den Entwurf des Skizzenbuches (datiert 28. September 1834) hier abgebildet,
weil er sicherlich die erste Idee zu dem Blatte von 1839, „Rudolf von Habsburg geleitet
den Bischof Werner durch die Alpen“, ist und zeigt, wie lange Rethel unter Um-
ständen Ideen mit sich trug, ehe sie größere Gestalt annahmen.

S. 14 oben. Das Bildchen ist eine Karikatur auf die Gespensterangst und Demagogenfurcht der
Reaktionszeit. Ein Ochs hat geschrien: Die Fuhre geistlicher Herren jammert und
betet, die Schildwache reißt aus. Es ist eine Illustration zu dem Liede „Der Ochs“
von Fein, vertont für vierstimmigen Männerchor von Wilhelm Speyer, 1790—1878 (als
Komponist schrieb er sich Speier), der mit Rethel befreundet war. Zu derselben Gruppe
gehören „Verschanzung“ von Kopisch, „Kriegslied“ von Arndt, „Waldlust“ von Weis-
mann, „Zopf“ von Chamisso, alle von Speyer vertont. Die beiden ersten sind in diesem
Buche auch abgebildet. Die Lieder wurden bei Breitkopf & Härtel in Leipzig gegen
Ende der dreißiger Jahre verlegt und trugen auf den Titelblättern lithographische Re-
produktionen nach den Illustrationen Rethels.

S. 14 unten. Ist die Zeichnung eine Erinnerung an Rethels erste Reise in die Alpen, nach Tirol, 1835?
Dann muß er die Zeichnung später überfahren haben, denn sie zeigt den kräftigen,
mannhaften Strich der vierziger Jahre.

S. 15. Der „Rheinische Sagenkreis“ ist 1835 herausgegeben. Am 15. Dezember 1834 erscheint
in dem von Franz Kugler herausgegebenen „Museum“ eine empfehlende Besprechung,
wohl von Kuglers und Rethels gemeinsamem Freunde Robert Reinick veranlaßt. Der
Lithograph ist Dielmann. Die Originale, jetzt im Kgl. Kupferstichkabinett in Dresden, erschienen zuerst (zu 18 Stück) auf der Ausstellung der Berliner Nationalgalerie 1876,
wo sie in dieser Anzahl im „Nachlaß A. Rethels“, der 82 Nummern aufweisenden photographischen Mappe der Photographischen Gesellschaft Berlin, publiziert wurden. — Die
Ordnung der Abbildungen ist topographisch, rheinabwärts, vorgenommen. Weniger
bekannte Gegenstände dürften sein: Richard von Cornwallis auf Burg Gutenfels:
Richard sitzt auf der Burg gefangen, unbekannt; des armen Gefangenen nimmt sich eine
Ritterdame in Liebe an. Da ihr der fremde Ritter nicht zu schlecht war, ist diesem,
als er sich als König bekennen darf, die einfache Dame nicht zu gering, er heiratet
sie. — Die sieben Schwesternfelsen: bei sieben die Freier ausschlagenden Mädchen
versteint, weil sie Herzen von Stein haben, auch der Leib; noch heute bei niedrigem
Wasserstande ragen sie als gefährliche Klippen des rheinischen Devongebirges aus dem
Flußbette. — Die Lorelei, dargestellt nicht nach der populären Version, wie sie Heines
unsterbliches Gedicht gibt und

S. 27. Rethel selbst in den „Rheinsagen“ Reumonts sie illustriert, sondern getreuer den Volks-
überlieferungen. — Der Inhalt der Sage vom Ring der Fastrada ist: Karls Lieblingsfrau
Fastrada ist gestorben. Karl ist nicht von der Leiche, zum Schaden der Staatsgeschäfte,
wegzubringen. Der weise Bischof Turpin, unruhig, entdeckt unter der Zunge der Toten
einen magischen Ring. Er nimmt ihn und wirft ihn in die Teiche der Frankenburg
bei Aachen. Nun sind für Karl die Teiche das, was vorher die Leiche war. — Das
Werk „Rheinlandssagen, Geschichten und Legenden,“ von Alfred Reumont, mit acht
Stahlstichen und einem Titelkupfer, 1837 erschienen, ist nach dem Vorwort während
eines zeitweiligen Aufenthaltes des Staatsmannes und Historikers Reumont in Deutschland in den Jahren 1835 und 1836 entstanden. Danach ist die Datierung der drei
Rethelschen Beiträge vorgenommen. Der Auftrag mag durch landsmannschaftliche Beziehungen — Reumont stammte wie Rethel aus Aachen — veranlaßt sein. — Die Stecher
sind E. Rauch und X. Steifensand.

S. 28. Die Radierung entstammt dem Werk des Maler-Dichters Robert Reinick: Lieder eines
Malers mit Randzeichnungen seiner Freunde. Düsseldorf 1838. Ein launiger Brief
Reinicks an Kugler, veröffentlicht in „Aus Biedermeiertagen“, erzählt die Entstehung.
Frühjahr 1836 fällt ihm ein, seine Lieder herauszugeben. Die Freunde freuen sich und

versprechen, Radierungen beizutragen, dreißig eminente Kerls von Malern. Doch nicht
so schnell und begeistert gehalten wird das Versprechen wie gegeben. Mit den
Platten gehen sie elend um, jeder braucht für eine Radierung drei Stück, sie werfen
Holz und Pinsel darauf und zerkratzen sie durch Unvorsichtigkeit. Ein Zeichen jener
Kunstzeit und ihrer Vernachlässigung des Handwerklichen, daß Maler, die nie eine
Nadel in der Hand gehabt, sich sofort ans Radieren geben — eben dreißig eminente
Kerls von Malern!

S. 29. Vergleiche Erläuterungen zu S. 11.

S. 30, 31, 32. Max Schmid fragt in seinem Werk, ob Rethel wohl einen Stich nach Proudhons
Gerechtigkeit aus dem Louvre gekannt habe. Daß er richtig vermutet hat, beweist die
beigefügte Abbildung nach der ersten Idee. Wie Rethel die breite Komposition in die Höhe
baute, Wichtiges vom Nebensächlichen schied, Vorder- und Hintergründe trennte,
lehren die vier beigegebenen Abbildungen der Wandlungen der Idee. Das ansprechendste
für uns Menschen von heute ist die Justitia der Tuschzeichnung. Schmid nennt die
Nemesis von 1837 verschollen und bildet sie nach einem mäßigen Stich von Pommer
ab, dessen schlimmste Eigenschaft die eigenmächtige Verbreiterung ist, wodurch die
vertikale Wucht des Aufbaus in die Breite sich verflacht. Das Verhältnis des Original-
werkes ist Länge : Breite = 2 : 1, das des Stiches 3 : 2. Wie unsympathisch die
machtvolle Architektonik Rethels der schwächlich empfindenden Zeit war, beweist auch
das große Oelbild, das Kehren nach Rethels Justitia 1864 für den damaligen Schwur-
gerichtssaal des Oberlandesgerichts, jetzt Betsaal des Zuchthauses in Marienwerder in
Westpreußen malte. Es ist auch ungefähr im Verhältnis 3 : 2 (3 m : 1,90 m) umrahmt.
Eine in den „Dioskuren“ mitgeteilte Korrespondenz lobt Kehren, daß er das abnorme
Größenverhältnis der Rethelschen Komposition aufgehoben und in christlichem Sinne
der Liebe Lichtgedanken hineingelegt habe, während man sich vor Rethels heidnisch
gedachter kalten Rächerin der Tat eines Schauers nicht erwehren könne. Rethels Werk
sei schwarz und schrecklich — und in der preußischen Justiz sei nicht alles schwarz.
So ist denn das Kehrensche Bild licht in Rosa, Fadheit in Anmut, Justitia mit Bonbons.
Trotz aller Verstümmelung spricht Rethels Geist in dem Saale der alten Deutsch-
herrenburg noch machtvoll und bedeutend. — Auf der Deutschen Jahrhundertausstellung
1906 in Berlin, wo Rethel dürftig mit acht Stück (von denen noch das eine, „Christus
auf dem See“, unecht ist), darunter zwei Studien, auch qualitativ schwach vertreten
war, erschien eine, auch hier abgebildete, Justitia von Gustav Ritter, Aachen, welche
der Katalog (Dr. Jos. Kern hat die Taufe vorgenommen) als Rethel und Kehren bezeichnet. Auch ihr Maßverhältnis hält sich unter dem Mindestmaß von Rethels Originalen 2 : 1 mit 7 : 4. Ebenso ist die Justitia selbst ähnlich dem Marienwerder Bilde
auf die Figur des Mörders herabgedrückt, so daß die Vermutung von Jos. Kern
ansprechend ist. Eine Datierung dieses Werkes ist unmöglich. — Das Originalölbild,
das, 1837 ausgestellt, vom Frankfurter Kunstverein angekauft wurde, kam in die Hände
eines russischen Obersten von Reutern, der in Frankfurt als Maler lebte. Schon zu
seinen Lebzeiten hat Rethel es aus den Augen verloren. Als 1851 Braut und Schwiegereltern ihn in Aachen besuchen und unterwegs seine Werke kennen lernen wollen,
zweifelt er, die Nemesis in Frankfurt zu wissen; er nimmt Baden-Baden an. Ich fand
das Werk mit Hilfe von Meyendorffs in St. Petersburg — um gleich darauf in dem
neuen Buch über Frankfurter Kunst und Künstler dieselbe Entdeckung festzustellen,
so daß die Erkundung weniger mühevoll hätte sein können. — Von der Entstehung
berichten Müller und Schmid, daß die Idee beim Anhören einer Beethovenschen Sonate
empfangen sei. Ein Brief von Margarete Steifensand an Paul Gerhardt 1909 sagt:
„A. Rethel kam oft zu uns. Als er eines Abends bei uns war, bat er sich von meinem
Vater ein Stück Papier aus, um sich, wie er sagte, etwas aufzuzeichnen. Es entstand
eben die Bleistiftskizze Nemesis (S. 30), die er meinem Vater verehrte.“ Es ist anzunehmen,
daß man in der Musikerfamilie Steifensand die musikalische Empfängnis besonders bemerkt haben würde. Auch die von Müller und Schmid erzählte Anekdote, daß das

Werk einen schlimmen Richter, Demagogenriecher jener Tage, dem es durch die
Verlosung zugefallen, in Verzweiflung und Tod getrieben habe, klingt weniger schön,
aber desto wahrer in einer andern Version: Als das Bild einem berüchtigten Richter
zugelost worden sei und dieser kurz darauf vom Schlaganfall betroffen wurde, sah das
Volk darin eine Strafe des Himmels, unmittelbare Rache der Justitia.

S. 33. Daniel. Die Bleistiftskizze ist datiert 1835, das Frankfurter Oelbild 1838. Es besteht in
der Frankfurter Künstlergesellschaft eine Skizze nach dem Maler Pose als Studienkopf zum
Daniel, 1836. Eine abweichende Fassung des Themas, anscheinend noch aus Düsseldorf, befindet sich als Oelskizze im Aachener Städtischen Museum, abgebildet bei
Schmid.

S. 34. Preyer, Stillebenmaler aus Eschweiler bei Aachen, war ungewöhnlich klein. Er wird
als Zwerg und Baby karikiert.

S. 37. Zur Feier des Martinabends ziehen am Rhein am 10. November die Kinder in der Däm-
merung mit ausgehöhlten erleuchteten Kürbissen oder Laternen durch die Straßen, um-
ringen einen Passanten, der sich durch eine Gabe lösen muß, unter Absingung der Weise:

Sint Märten, Sint Marten,
Die Kalver han lang stärten,
Die Jungen kriegen Rabauen,
Die Mädchen welle mer hauen.

Nach Müller, der auch berichtet, daß Rethel die Zeichnung seiner Schwester, für die
er eine Schwäche hatte, schenkte.

S. 39 oben. Wollte Rethel sich in dem bescheidenen Werkchen einmal in der erfolgreichen und
gefeierten Weise des populärsten Düsseldorfer Malers, des Hildebrandt-Don-Quichote,
versuchen? Eine ähnliche Szene ist bezeichnet 1836.

S. 39 unten. Vergl. Erläuterungen zu S. 11.

S. 41. Ich bilde die (wahrscheinlich später anzusetzende) Variante der Salbung Davids ab,
weil dieselbe Szene ohne Architekturumrahmung schon bei Schmid bekanntgegeben ist.

S. 47. Für „Album deutscher Künstler in Originalradierungen", J. Buddeus, Düsseldorf, o. J.

S. 49 u. 50. Friedrich Pecht: „Um diese Zeit (....) 1839 entstanden auch die Kompositionen
zur Geschichte Rudolf von Habsburgs ..."

S. 51. Max Schmids Angabe, diese Bekehrung Sauli sei für die Illustration der 1850 erschienenen
Cottaschen Bilderbibel entworfen, ist unrichtig. Wenn man das Blatt mit den 1839
datierten vergleicht, muß man dieselbe Entstehungszeit annehmen. Bei Schmid liegt
eine Verwechslung vor; siehe Erläuterung zu S. 139.

S. 52. Das Jahr 1839, nicht von Rethels Hand bezeichnet noch überliefert, schlage ich mit
Rücksicht darauf, daß die vor dem Titel abgebildete Büste Rethels von v. Nordheim
diese Jahreszahl trägt, vor. Wahrscheinlich, daß sie einander dargestellt haben. Erst
von 1844 ab war Nordheim dauernd in Frankfurt.

S. 63. Rolandslied, für Robert Reinicks „Deutsche Dichtungen mit Randzeichnungen deutscher
Künstler", o. J. Weil Rethel sich sehr genau an den Wortlaut gehalten, sei die erste
Hälfte des Rolandsliedes nach Turpins Chronik von Fr. Schlegel mitgeteilt:

| | |
|---|---|
| Lied wird gesungen, | So in roten Wunden |
| Kampf dann begunnen, | Alles Leids gesunder, |
| Wohlauf ihr Gesellen, | Höret wie Roland all |
| Froh in Reihen zu stellen. | Fiel dort in Roncisvall. |
| Sonne hoch da leuchtet, | War er da verraten, |
| Wies' im Taue feuchtet, | Manchen Schlag doch tat er; |
| Einer läßt vor allen | Muß in Blute sinken, |
| Seine Stimm' wohl erschallen. | Ehrenkranz da findet. |
| Wie die weiß' und rote | Starb mit ihm Oliver, |
| Blüt' im Sturm zu Boden, | Hat er dess' hohe Ehr'. |
| Also blut't der Ritter | Alle seine Starken |
| In der Freunde Mitte. | Sah da fallen Karle. |

181

S. 64. Dieses Blatt erscheint unter abweichenden Namen: Kampf, Antike Schlacht, doch, glaube
ich, hat die Bedeutung Hermannschlacht die größte Wahrscheinlichkeit für sich.

S. 73. Weizsäcker und Dessoff sagen, daß das Bild 1840 vom Frankfurter Kunstverein bestellt
sei; doch ist der Entwurf bereits von 1839 datiert. Müller berichtet, daß Rethel, weil
die Geschichte im Frankfurter Saalhof sich abgespielt, die nahe Leonhardskirche als
Hintergrund gewählt habe. Das Bild war für den Römer bestimmt und hing in einem
Bürgermeisterzimmer, ehe es kürzlich ins Städelinstitut gebracht wurde.

S. 76. Die Unterschriften zum Karthagerzug mit den Hinweisen auf Livius sind von des
Meisters Hand. — Frau Marie Rethel in ihren „Erinnerungen": „Auf seinem Hannibal-
zuge hatte ihm immer die Gestalt des Hannibal nicht genügt. Während die fünf ersten
Blätter Episoden des gewaltigen Alpenüberganges darstellen, erscheint erst auf dem
letzten Blatte der Führer selbst, auf der Spitze eines Felsens stehend, von welchem er
herunterzeigt in die lachenden Gefilde Italiens. Wie er so, symbolisch, fast am Schlusse
erst auftritt, mußte auch seine Erscheinung gewaltiger wirken als die der andern
Helden, und weil das nicht der Fall war, hatte Rethel immer den Wunsch, dieselbe
noch zu ändern. Nun erhielt er aus Dresden, als neueste Erfindung, ein Stück Radier-
gummi, mit welchem man auch Farben vom Papier wegradieren konnte, und da hielt
es ihn nicht mehr — Hannibal sollte verändert werden. Vor allem fand ihn Rethel,
so wie er ihn dargestellt hatte, zu zahm und schön. „Einäugig ist er gewesen,"
erzählte er mir, „ein roher, gewalttätiger Mann — ich darf ihn nicht so schön
darstellen!" Er zeichnete auf Pauspapier die beiden Nebenfiguren durch und dann
in diese hinein den Hannibal, wie er ihn jetzt dachte (S. 83) — es wurde eine ganz
bedeutende Gestalt. Aber die Aenderung gelang ihm nicht: erstens ließ sich die
Farbe doch nicht ganz verlöschen — darum wollte er einiges der Gewänder stehen
lassen, dann aber die Gestalt drehen — aus der Vorder- eine Rückansicht machen,
und das ist ihm nicht gelungen (S. 81). Aus dem schönen, harmonisch ausgeführten
Werk fällt diese eine Gestalt nun traurig heraus — teils verwischt, teils überzeichnet,
und man weiß nicht, ob man sie von vorn oder vom Rücken sieht, hält man aber
die Pause daneben, so sieht man, daß der Künstler wohl gewußt, was er wollte, es
war ihm nur nicht gelungen, das Alte genügend auszulöschen und das Neue richtig
hineinzufügen."

Der Brief Kaulbachs lautet (nach Schmid): „Wertgeschätzter Herr Rethel! Nehmen
Sie meinen Dank für Ihre Güte, mir Ihre schönen Zeichnungen zur Ansicht geschickt
zu haben. Man sagt, und wohl mit Recht, die Wahl des Gegenstandes beurkunde
das Genie, und Sie haben allerdings eine beneidenswerte Wahl getroffen, auch
die Art und Weise, wie Sie das Ganze eingeleitet haben, hat mich sehr an-
gesprochen; aber da Sie mir Ihr Vertrauen schenken, fühle ich mich zu der Auf-
richtigkeit verpflichtet, Ihnen meine Meinung unverhohlen zu sagen, daß ich mit der
Auffassung des Gegenstandes nicht einverstanden bin, namentlich des Haupt-
helden, des kühnen, verschlagenen Hannibal. Er ist mir nicht scharf genug charakterisiert,
dieser einäugige Schakal; auch die Art und Weise, wie er eingeführt ist, befriedigt
mich nicht. In der höchsten Not sollte er tat- und hilfreich erscheinen in der Mitte
des Zuges, im Kampf mit Feinden und Elementen zeigt sich der Held und nicht nach
getaner Arbeit — kurz — nach dem zweiten Blatte habe ich eine Entwicklung der
gesamten Streitkräfte Hannibals mit einer glänzenden und ergreifenden Darstellung
erwartet. Das zweite Blatt mit dem Durchzug durch den Fluß hat mir besonders
wohlgefallen, Charakter und Bewegung der Karthager entsprechen dem Begriff eines
kühnen Vortrabes. Dagegen erscheinen die Alpenbewohner zu sehr wie ein herab-
gekommenes, nicht wie ein unentwickeltes Geschlecht. Auch spricht sich in dem
letzten Bilde kein allgemeiner Jubel aus (die zwei Trompeter tun es nicht allein) und
ist keine befriedigende freudige Auflösung der vorhergegangenen Schrecknisse. In
mündlicher Besprechung können wir besser unsre Ansichten darüber austauschen, und
da Sie mir Hoffnung machen, Sie hier bei uns zu sehen auf Ihrer Reise in das Ge-

lobte Land, so schließe ich mit aufrichtiger Hochachtung Ihr ergebener W. Kaulbach.“ Dieser freundlich-hochmütigen, akademisch-einfältigen Kritik gegenüber hat Rethel sich glücklicherweise steif verhalten mit Ausnahme der Figur des Hannibal auf dem letzten Blatte, die er 1852 mit dem Unglückserfolge wieder vornahm. Das ist um so merkwürdiger, als das Tagebuch Schnorrs unter dem 15. Februar 1850 bemerkt (die Stelle ist in den Dresdener Geschichtsblättern n i c h t gedruckt, sondern liegt mir handschriftlich in einer Abschrift von Franz Schnorr von Carolsfeld vor): „Rethel aus München zurückgekehrt ... die Kunstwerke der neueren Malerschule haben einen großen Eindruck auf ihn gemacht mit Ausnahme von Kaulbachs Arbeiten. Darin stimmen Rethel wie Ramberg überein, daß Kaulbach gänzlich im Kredit gesunken und wie als Mensch so auch als Künstler ein Gegenstand der Geringschätzung und der Abneigung geworden ist...“

S. 83. Wegen des ursächlichen Zusammenhanges dieses Blattes mit dem Hannibalzug, insbesondere mit Nr. VI dieses Werkes, ist einmal die in diesem Bande eingehaltene chronologische Anordnung durchbrochen worden.

S. 84 oben. Eine merkwürdige Aehnlichkeit mit Veits Figuren, insbesondere in dem von unten heraufgerichteten affektierten Blick der beiden Engel. Das Buch über Frankfurter Kunst nennt das Blatt, ohne nähere Gründe anzugeben, Entwurf zu einem Altarbild.

S. 84 unten. Max Schmid datiert die Heilung des Lahmen vom Jahre 1843, Weizsäcker und Dessoff in Frankfurter Kunst 1846. Das eine wie das andre stimmt nur halb. Ohne Frage war Rethel schon Januar 1844 bei dem Bilde, denn er erwähnt das Werk in einem Briefe dieser Zeit; danach scheint Schmid datiert zu haben. Eine erste Skizze ist von 1842 datiert. Dann ist es wahrscheinlich, daß er noch 1846 dabei war, denn erst Ende des Jahres wird das Bild in Berlin ausgestellt; in einem Briefe aus der Sammlung E. Steinbrecht, Aachen, an Franz Kugler vom September des Jahres 1846 drückt Rethel seine Freude über die günstigen Besprechungen seines Bildes in Berlin aus. Interessant, mit Rücksicht auf seine näher geschilderten Pläne, sich später in Berlin niederzulassen, ist folgende Stelle: „Dann ist es ferner mein entschiedener Wunsch, das Bild in Berlin zu lassen — sollte sich nun eine Aussicht (selbst eine sehr fernliegende) dazu finden, so soll es nicht an mir liegen, im Fall die Forderung für das Bild dasselbe zurückzuweisen geeignet wäre, ein gewünschtes Resultat zu verhindern, indem ich mich alsdann recht gerne bereit erklären würde, mein Honorar um ein nicht Unbedeutendes zu verringern.“ — Daß er sich von diesem Bilde in Berlin große Wirkungen versprach, wird auch dadurch bewiesen, daß er es zur Ausstellung sandte, obgleich der akademische Senat sein Gesuch um Uebernahme der Transportkosten abgelehnt hatte, wie aus einem Brief Kuglers an Rethel vom Juli 1846 hervorgeht (Besitzer Oberst Paul Rethel). Der Text sagt, warum hier das Aquarell abgebildet ist. Das Oelbild (H. 2,40 m, B. 2,66 m) befindet sich im Städtischen Museum zu Leipzig.

S. 85. Das Bild ist ein Teil der monumentalen Ergebenheitsadresse von Rethel, Ihlée und Ballenberger. Das Gegenstück, Frau Veit, ist von Ihlée, die gemeinsame Umrahmung von Ballenberger. Abgebildet ist das Ganze bei Martin Spahn: Philipp Veit.

S. 86 oben. Die Datierung ist unsicher; aus dem Stil ist sie nicht zu schließen. Das Werk mag vor die Reise nach Italien 1844 zu setzen sein, denn nachher hatte der Künstler die Hände voll zu tun wegen der Vorbereitungen zu den Aachener Fresken, aber erst, wenn Valentins Behauptung, daß Veit und Steinle porträtiert seien, richtig ist, nach 1839, denn da erst kam Steinle nach Frankfurt. Das Wahrscheinlichste dürfte die Datierung 1843 sein, denn die Szene scheint ein Symbol auf die ins Deutschordenskloster gezogenen Romantiker um Veit zu sein, also ein weiteres Ergebenheitszeugnis. Wie aber, wenn man Rethels Brief vom September 1838 heranzieht, worin er sagt, daß er nicht weniger als drei gekrönte Häupter unter seinem Pinsel habe, einen toten Gustav Adolf, einen halbverhungerten Maximilian und einen kränklichen Karl V. Mit dem kränklichen Karl soll etwa der monumentale, unheimliche Habsburger der Römerbilder gemeint sein (S. 74)? Zeitlich könnte die Vermutung stimmen, denn 1838 begann man mit der Ausstattung des Römersaales, und Karl V. ist 1839 datiert. Wichtig

ist, daß ein Karton zur Aufnahme Karls ins Kloster im Aachener Museum besteht, woraus
zu schließen ist, daß Rethel große Pläne mit dem Entwurfe hatte.

S. 86 unten.   Heinrich IV. (mit dem Rethel sich schon in zwei Entwürfen zu den Rheinsagen
beschäftigt hat), ist, mit dem päpstlichen Bann beladen, in Lüttich gestorben. Auf einer
Flußinsel bleibt sein Sarg fünf Jahre lang unbeerdigt stehen und erfährt nur Ehre von
einem Mönch (Heinrichs natürlichem Sohne?), bis er in die Kaisergruft nach Speier
überführt wird. Ich datiere das Werk nach dem Schillingsschen Skizzenbuch des Aachener
Städtischen Museums, denn er hat seinem Freunde Schillings bei Besuchen in Aachen
die Entwürfe, welche er gerade in Arbeit hatte, aus dem Gedächtnis skizziert.

S. 87. Es liegen drei Briefe Rethels an den Besteller der Zeichnung, Fräulein v. Gontard in
Frankfurt, aus den Jahren 1844 und 1846 vor; der von 1846 ersucht um die Erlaubnis,
die Zeichnung vom Rheinisch-Westfälischen Kunstverein, der sie als Nietenblatt stechen
lassen wollte, vervielfältigen lassen  zu dürfen. Das Blatt wurde von Keller gestochen
und ist weit bekannt geworden.

S. 93. Die bisher nicht veröffentlichte Erläuterungsschrift Rethels aus den Akten des
Städtischen Rathauses in Aachen lautet: Bericht des Malers Alfred Rethel über die eingereichten Kompositionen zur Ausschmückung des Kaisersaales in Aachen. — Die Geschichte Karls des Großen ist so reich und fruchtbar für künstlerische Darstellung,
daß, wenn auch nicht durch den Raum, wie dies bei dem Aachener Unternehmen der
Fall ist, Beschränkung geboten würde, doch schon die Masse des Stoffes erforderte,
das Wesentliche von dem Minderbedeutenden zu unterscheiden und Momente auf-
zusuchen, welche den Hauptinhalt der karolingischen Geschichte mit scharfen Zügen
bezeichnen; nach diesem Grundsatz mußten Szenen, welche der Sage oder einer
späteren Erfindung ihren Ursprung verdanken, aus meinen Kompositionen ausgeschlossen
bleiben. Daher konnte auch jene reizende Liebesgeschichte, obwohl sie, wenn man an
Eginhards Stelle Angilbert und an die Stelle der fingierten Emma Karls zweite Tochter
setzt, in der Hauptsache wahr ist, so sehr sie auch, von einer Seite wenigstens, das
Familienleben Karls trefflich charakterisieren würde, keinen Platz finden. Nur für die
zweite Komposition, die Schlacht bei Kordova 778, glaubte ich, weil die Quellen, die
ich bei Pertz, Monumenta Germaniae historica I. II. nachgesehen, nichts Näheres über
den Hergang berichten, von meiner Regel insoweit abweichen zu dürfen, als ich, nach
Turpins poetischer Bearbeitung (Friedrich Schlegels Werke, Bd. 8 S. 57) aus der
Sage das Faktum ergänzte. Da diese ganze Unternehmung Karls ein abenteuerlich-
romantisches Gepräge trägt und jene phantastischen, zauberischen Gestalten dem Islam
in seiner erobernden Epoche vorzüglich eignen, so verschwindet der Schein des Will-
kürlichen in meiner Aufstellung gleichsam von selbst und nimmt das Vorrecht künstlerischer Freiheit in der Behandlung für sich in Anspruch. Das Historisch-Bedeutsame
aber, welches mich bestimmt, gerade diesen Gegenstand unter die Hauptkompositionen
mit aufzunehmen, liegt für mich darin, daß die Zeit der Kreuzzüge sowie überhaupt
das ganze Mittelalter seine kirchlichen und staatlichen Verhältnisse, die Kaiser ihre
Prätensionen, die Päpste ihre an sie gemachten Schenkungen auf Karl zurückführten,
in diesem Heerzug gegen die Ungläubigen ein großartiges, ihren Glaubenseifer und
Heldenmut mächtig anfeuerndes Beispiel kaiserlicher Ritterlichkeit verehrten. Obwohl
sich nun die ausschließliche Wahl rein historischer Gegenstände für die Hauptkompositionen schon aus den angegebenen Gründen rechtfertigt, so macht die Oekonomie
des Raumes meiner Ansicht nach dieselben noch insofern wünschenswert, als man die
ganze volle Fläche der Wand zu einer einzigen Komposition benutzen und, was
Freskobildern immer zum Vorteil gereicht und in der ursprünglichen Bestimmung
dieser Art der Malerei liegt, die Dimension lebensgroß, womöglich die andern Figuren
überlebensgroß halten kann. Alle kleinlichen allegorischen Umgebungen, Arabesken
und Verzierungen, die nur zu oft das Bild zur Nebensache machen, der Malerei mehr
oder minder den Charakter einer Wandverzierung geben und den Totaleindruck stören,
sind dem historischen Stile fremd. Die Sagen und Anekdoten aus dem Leben des

Kaisers dürften dagegen in den Räumen über den Fenstern, wo sie den Blick nicht von dem Hauptgegenstande des Beschauers ablenken, eine bescheidene Stelle finden, wenn man nicht lieber in diesen Feldern die charakteristischen Bildnisse der Zeitgenossen Karls, z. B. des Eginhard, Anschelin, Rütteland, Turpin, Alkuin usw., anbringen will; dies scheint mir insofern zweckmäßig, als es die Einheit des Ganzen nicht durch die Verschiedenartigkeit der Gegenstände beeinträchtigt und den Totaleindruck nicht benimmt. Bei der Anordnung der Hauptkompositionen beginne ich absichtlich auf der rechten Seite des Haupteingangs und lasse die Szenen nach der Jahreszahl folgen, so daß diejenigen, welche für Aachen spezielles Interesse haben, die beiden Seitenwände füllen. Da nun, bei ziemlich bedeutender Höhe der Bilder, der obere Raum zu leer erscheint, so bin ich gesonnen, eine Einfassung wie die beiliegende zu der Taufe Wittekinds mit Bezug auf die Haupthandlung und in womöglich stets verschiedenem Charakter, doch durchaus als Nebensache behandelt, über jedem Bilde anzubringen. Doch gestehe ich gern, daß diesem Mißstande vielleicht auf eine noch zweckmäßigere Weise abgeholfen werden könnte. In bezug auf die Wahl der historischen Gegenstände ließ ich mich durch den Grundgedanken bestimmen, der sich in Karls Leben ausspricht und in seinen geschichtlichen, folgereichen Unternehmungen immer wiederkehrt: Durchdringung des Staates mit christlichen Prinzipien, Ausrottung und Umgestaltung der heidnischen Natur und Verhältnisse, bewerkstelligt durch Einführung des Christentums, als dessen Haupt der Papst gedacht wurde. Karl erscheint wie überall als der christliche Held, der Gegensatz gegen Heidentum und Mohammedanismus. Dieser Gedanke spricht sich zunächst in der Komposition, die den Zyklus eröffnet, in dem ersten Sieg Karls über die Sachsen bei Paderborn 772 aus. Durch diese Schlacht beginnt der junge Held seine Siegesbahn, die Irminsäule stürzt, dem Sachsenvolke eine Warnung, daß dem Wachsen des christgläubigen Helden selbst der Pfeiler des Weltalls nicht zu widerstehen vermag, den freien Kämpfern eine Weissagung künftigen Triumphes. Dem Islam, dem in Spanien das Kreuz zu erliegen droht, zieht Karl mit seinen Franken 778 entgegen, und die entscheidende Schlacht bei Corduba sichert dem Sieger die spanische Mark zu. Die Einzelheiten dieser zweiten Komposition, deren Aufnahme in den Zyklus ich oben zu rechtfertigen versucht habe, erklären sich hinreichend aus der angezogenen Schlegelschen Romanze. Unterdessen war die Wirkung von Karls Sieg nur vorübergehend. Das Volk benutzte des Zwingherrn Abwesenheit und erhob sich in Massen, um in verzweifeltem Kampfe seine nationale Selbständigkeit und den väterlichen Glauben zu verteidigen. Erst mit der Taufe ihrer Anführer Wittekind und Alboin, die sich nach vielen Aufforderungen zu Altiquai en Champagne bei Karl freiwillig einfinden, verliert der Widerstand der Sachsen seine Kraft, und der Sieg des Christentums, der sich 803 zu Selz vollendet, ist durch die heilige Handlung 775, den Inhalt der dritten Komposition, bedeutungsvoll vorbereitet. In der Ausführung war mir hier, weil die Quellen nichts Umständliches liefern, der freieste Spielraum gegönnt. Nicht allein unter den Heiden ausbreiten und begründen wollte Karl das Christentum, auch gegen feindliche Einflüsse aus seiner Mitte her sollte es bewahrt bleiben, und wenn gefährliche Ketzereien die Einheit der abendländischen Kirche bedrohten, so war sein Ansehen und seine Gegenwart kräftig genug, den Geist der Zwietracht zu beschwören und den kirchlichen Frieden wiederherzustellen. Dies war ganz besonders der Fall auf der Versammlung zu Frankfurt 794, der fünften, der Karl in Person beiwohnte. Von allen Seiten durch drängende Zeitereignisse bestürmt, Pippin an der Spitze einer Verschwörung, die Sachsen in den Waffen, die Sarazenen in des Languedoc reichsten Städten, erhält der Monarch die Klagebriefe seiner rechtgläubigen Bischöfe, voll der übertriebensten Schilderungen gefährlicher Ketzereien, die sich über das fränkische Reich zu verbreiten drohen. Karl wußte Rat. Die Sachsen zu beobachten schickt er einen Haufen an die nördliche Grenze, seinen Sohn Ludwig stellte er den Sarazenen entgegen und eilt selbst nach Frankfurt, wohin die Versammlung der Väter beschieden war. Baronius rechnet ihrer dreihundert. Die feierliche Sitzung wurde in Ermanglung einer geräumigen Kirche in dem kaiserlichen Palaste abgehalten. In dem Sacro syllabo Paulini, welche meiner Auffassung zugrunde lag, heißt es: „Multitudo antistitum, sacris obtemperando praeceptis in uno collegio congregrata convenit quadam die, residentibus cunctis in aulo sacri palatii, assistentibus in modum corona presbyteris, diaconibus cunctoque clero sub praesentia praedicti principis" usw. und an einer andern Stelle: „Praeter Paulinum patriarcham aquilejensem et legatos apostolicos adfuerunt Petrus Mediolanensis Archiep.: Italiae, Galliae, Gottiae, Aquitaniae, Gallciae Episcopi. Alcuin natione Brittanica et monachi Stimo, Rabanus, Georgius cum fratribus." Die Verhandlungen betrafen die adoptionischen Streitigkeiten und die infolge derselben veranlaßte Klage gegen Felix und Elipandus. Wichtiger waren die Beratungen über die Verehrung der Bilder. Als die erste Macht des Abendlandes war das fränkische Reich in den Bilderstreit gezogen worden. Die Geistesklarheit Karls entschied gegen jede Bilderverehrung, und eine unter seinem eignen Namen 790 verfaßte Schrift Libri carolini setzte den Grundsatz der alleinigen Verehrung Gottes im Geiste und in der Wahrheit den Beschlüssen der zweiten Nizäischen Synode entgegen. Dieselbe Ansicht wird hier auf dem Konzil zu Frankfurt in dem Momente, welchen unsre Komposition als den bedeutendsten auffaßt, mit offener Rüge einer Schrift Hadrians über die Bilderverehrung ausgesprochen. Der Kaiser bringt hier, auf die Stelle seines Buches Libri carolini II. c. 21 hindeutend, den Streit durch die Worte zur Ruhe: „Solus igitur deus colendus, solus adorandus, solus glorificandus est, de quo per Prophetam dicitur: exaltatum est nomen ejus solius. Ps. 148, 13." Dem Streben Karls, alle Völker des Abendlandes unter seiner Herrschaft zu vereinigen, wird durch den Krönungsakt am Christfest 800 erst die höhere Berechtigung und Weihe zuteil. Der Ausspruch der Kirche galt als Gottes Ausspruch, und was sie durch das Organ von St. Petrus' Nachfolger befahl, ward als Wille des Himmels betrachtet. Seinem guten Patron und Verteidiger verleiht der dankbare Leo III. durch seine Krönung eine Würde in der Vorstellung der Völker, durch welche Karls Gewalt über das Abendland geheiligt wurde. Die Handlung geschieht in der alten Basilika St. Peter, über deren Bau und Einrichtung ich Zeichnungen nach Guttensohn und Knopp eingesehen und, wo dieselben mangelhaft waren, aus Analogien der Architekturen dieser Zeit ergänzt habe. Der Kaiser erscheint nach Eginhards Bericht in der Kleidung eines römischen Patriziers. Die Blindheit des Papstes, welche in dem Bilde angedeutet ist, gründet sich auf genaue Aussage der Quellen, welche ich in den Anhängen der Bredowschen Ausgabe des Eginhard nachgesehen. Die Feinde in der Nähe und Ferne waren besiegt, und der Kaiser erfreut sich seit dem Jahre 800 einer Ruhe, die er dazu verwendet, seinen Staatshaushalt zu ordnen und seinen Schöpfungen durch zweckmäßige Einrichtungen und Gesetze Dauer und Festigkeit zu geben. Auch über sein Leben hinaus erstreckt sich seine Sorge für des Reiches Wohl. Darum ruft er, als er das Ende seiner Tage fühlte, im Herbst des Jahres 813 seinen einzigen ihm noch übriggebliebenen ehelichen Sohn Ludwig in das Hoflager nach Aachen, zugleich beschied er die Reichsversammlung nach diesem Ort. Es war die letzte, die er hielt, und eine der glänzendsten. Zuerst ließ er seinem Sohn als König der Franken huldigen, und dann fragte er die Anwesenden, ob sie es billigten, wenn er auch die römische Kaiserwürde auf seinen Sohn übertrüge. Die Versammlung gab ihre lebhafte Zustimmung zu erkennen, und der nächste Sonntag wurde zu dem feierlichen Akte anberaumt. An diesem Tage ging Karl im kaiserlichen Ornate in die Marienkirche; nachdem er mit seinem Sohne lang und inbrünstig gebetet hatte, ermahnte er ihn vor der Versammlung mit lauter und fester Stimme, den allmächtigen Gott zu lieben, seine Gebote zu halten, die Kirche zu beschützen, seine Geschwister und Verwandten milde zu behandeln. Ludwig versprach ihm, diesen Ermahnungen nachleben zu wollen. Darauf befahl ihm der Kaiser, die Krone sich selbst aufzusetzen. Dieser letzte Akt ist von mir für die bildliche Darstellung gewählt, weil er symbolisch die Begebenheit in einer bedeutungsvollen Handlung zusammenfaßt. Da über die Marienkirche keine

nähere Beschreibung vorhanden und Eginhard, selbst ein Bauverständiger, zwar mit
der größten Bewunderung von dem Dome redet und sowohl den Geschmack in der
Ausführung als die Folgerichtigkeit in der Ausschmückung desselben lobt, aber beides nicht
im einzelnen bestimmt, so verfuhr ich in bezug auf die Architektur auf dieselbe Art
wie bei der Basilica Petri. — Unter Karls Nachfolgern ist es keinem gelungen, dieses großen
Kaisers Herrlichkeit zu erneuern. In dem Drange schwerer Zeiten, welchen das Reich
unter den übrigen Karolingern fast erlag, sucht das niedergebeugte Nationalgefühl sich
durch liebevolle Betrachtung seiner großen Vergangenheit für den Jammer der Gegenwart
zu entschädigen und die ehrwürdige Gestalt des gewaltigen Karl bildet sich auf diese Weise
in der Volksvorstellung zu einem Ideal aus, dessen Verwirklichung Ziel und Streben
der kräftigsten Kaiser des Mittelalters wird. In hoher Begeisterung für die Tugenden
seines großen Ahnen pilgert Otto III. nach Aachen, läßt sich dessen Gruft öffnen und
stärkt sich durch inbrünstiges Gebet vor der mächtigen Leiche, zur kräftigen Nach-
eiferung in Gesinnungen und Taten. Diese Darstellung, welche gleichsam als eine
geschichtliche Apotheose betrachtet werden kann, nach welcher derselbe der dankbaren
Nachwelt ein Gegenstand andächtiger Verehrung geworden ist, schließt den Zyklus
meiner Kompositionen. Die Auffassung der siebenten und letzten beruht auf der
Darstellung Meyers Aachensche Geschichten ad annum 1000, pag. 126.

gez. Alfred Rethel.

Für die Richtigkeit der Abschrift Aachen, 31.8. 40. gez. G. Schwenger.

Daß diese Schrift mit ihrer nicht tadellosen, im Vergleich zu Rethels Briefstil
glänzenden Schreibart nicht Rethel zum Verfasser hat, ist klar. Die Kenntnis der Quellen
ist bei der Unbildung des Malers ausgeschlossen; auch verstand er kein Latein; ein
kleineres Moment mag sein, daß er in einem späteren Briefe die hier Kordova oder
Corduba genannte Stadt Kortovä̈e heißt. Freund Hechtel wird der Verfasser sein.
Aber sie ist Rethels Geist und Programm, obgleich das in ihr abgewickelte geschichtliche Thema durchaus nicht mit der künstlerischen Größe des Werkes zusammenfällt,
ja ihr geradezu widerstreitet, indem nur d i e Fresken eine Bedeutung haben, in denen
von Christentum und Kirchlichkeit nicht gehandelt wird. Man beachte auch, wie sehr
der Protestant Rethel sich im Hinblick auf Aachen einer katholischen Geschichts-
auffassung bemüht. — Der an einer Stelle genannte obere leere Raum entsteht durch
Einfügung der viereckigen Bilder dieses Entwurfes in die spitzbogigen Wandflächen.
Von der beigegebenen Einfassung hat sich meines Wissens nichts erhalten.

Mit Bezug auf die den Fresken drohende Uebermalung füge ich als Beispiel mehrerer
widersprechender öffentlicher Stimmen die der „Indépendance Belge“ vom 9. November
1858 an: „Tous les artistes allemands s'accordent maintenant à proclamer qu'Alfred Rethel
est le premier peintre d'histoire de leur nation. Tel n'est pas cependant l'avis des
habitants d'Aix-la-Chapelle. Ils ont poursuivi le peintre de leurs sarcasmes, parce que
la couleur terne de son œuvre leur déplaisait. Hélas! Alfred Rethel méconnu est depuis
trois ans atteint de ce mal affreux qui enleva Gérard de Nerval aux lettres françaises.
Mais ses fresques splendides subsistent et les bons bourgeois d'Aix-la-Chapelle viennent
de décider — profanation impie — qu'elles seront coloriées à nouveau!

S. 94. An der Gestalt der Entwürfe zu den Fresken sieht man, daß sie ursprünglich nicht als
Füllung der Spitzbogenfelder, sondern tafelmäßig in kleinerem Maßstabe gedacht waren.
Nur der Entwurf zum Besuche Ottos im Grabe zeigt, daß er von Anfang an für die
verbleibende Fläche über dem nordöstlichen Fenster bestimmt war. Wenn man.
nun noch beobachtet, daß die rechteckigen Entwürfe sich im Verhältnis 3:4 aus-
dehnen, der Entwurf zur Krönung Ludwigs aber im Verhältnis 7:8, weiter bedenkt,
daß Rethel nach der Erläuterungsschrift die beiden ortsgeschichtlichen Themen des
ersten Entwurfs, Ottos Grabbesuch und Ludwigs Krönung, an die Stirnseiten setzen
will und auf dem Fresko feststellt, daß in die Gewölbescheibe, welche die Krönung

Ludwigs trägt, die ursprüngliche Eingangstür einschneidet, das Bild in seinem abweichenden Größenverhältnis von Rethel also neben die Tür gedacht war, so erkennt man, daß meine Wiederherstellung der Freskenprojekte in der beigegebenen Planskizze richtig ist (S. XXVII).

S. 122. rechts. Das Blatt hieß bisher: Gedenkblatt auf den Dombau zu Aachen, und zwar nicht von Rethel getauft. Ich schlage obenstehende Benennung vor, und zwar aus folgenden Gründen: Das Blatt stellt den ruinösen Zustand des Münsters dar mit den durch Eisenstäbe statt durch Maßwerk geschlossenen Chorfenstern und ihrer rohen Brüstung, dem hölzernen notdürftigen Glockenstuhl, der vermauerten Halle der Annenkapelle und dem fehlenden Fialen- und Galerienschmuck, wie ihn ein Kupferstich von Joh. Poppel zeigt, den man in dem schönen Buch von Karl Faymonville, Der Dom zu Aachen, finden kann. Die Jahreszahl deutet auf die Gründung des Hohen Chores, 1353, hin (F. macht 1355 als Gründungsjahr wahrscheinlich). Die beigegebenen Szenen sollen zum Ansporn der Zeitgenossen die Opferwilligkeit der Väter schildern oder — die Kostüme sind nicht unzweideutig — ein Ideal der Gegenwart aufstellen. Wer reichlich gibt, den werden die Engel segnen, denn das Münster ist Sankt Marien geweiht, und Karl der Große im Grabe wird sich seiner freuen — Rethel stellt ihn nach seinem Fresko dar. Im Jahre 1847 war der Karlsverein zur Restauration des Aachener Münsters gegründet worden. Zeitungsartikel, Broschüren, ein hohes Protektorat u. dgl. sollten seine Ziele populär und werbekräftig machen; auch Künstlerhilfe war dazu willkommen: 1852 wurde eine Denkmünze durch J. Wiener geprägt, und Faymonville, der Rethels Blatt nicht zu kennen scheint, bildet eine noch mäßigere Leistung des Aachener Malers Kaspar Scheuren ab, ein Aquarellgemälde vom Jahre 1853. Es ist also wohl möglich, daß Rethel, der von 1847—1851 mit Unterbrechungen in Aachen malte, zur Unterstützung der Werbetätigkeit, vielleicht gar zu einem Wettbewerb mit Scheuren aufgefordert worden ist, in dem er von dem geringeren Scheuren geschlagen sein mag. Sicher ist, daß, wenn heutzutage ein Wettbewerb zur Erlangung eines solchen Werbeblattes oder künstlerischer Plakate, welche Bad- und Kaiserstadt Aachen rühmen sollen, ausgeschrieben würde, Rethel mit seinem Domblatt oder gar dem Entwurf:

S. 122. links. Karl und die Aachener Quelle, sang- und klanglos unterliegen würde. Ob das letztere als Werbeplakat für das Bad wie ersteres für das Münster gedacht ist, steht nicht fest; doch muß es wohl in irgendeines Auftrag gemacht sein, denn Rethels Stimmung war in jenen Jahren Aachen so feindlich, daß er sich nicht mehr als unerläßlich mit der Stadt beschäftigt haben wird. Ein Blatt, das dagegen aus innerer Notwendigkeit, der Beschäftigung seiner Gedanken mit seinem Helden Karl entsprungen sein mag, ist die Zeichnung von

S. 123. Karl, im Unmut über den Luxus und die Verweichlichung seiner modischen Hofleute, reitet auf der Saujagd mit ihnen durch dick und dünn, damit der Schick ihrer Kleider zerfetzt, ihre Seele aber von weibischer Putzsucht geheilt werde.

S. 124. Eine italienische Ausgabe des Totentanzes heißt: Una Ridda di Morti, Allegoria di A. Rethel, o. J. Die Verse Robert Reinicks lauten:

1. Blatt:

| | |
|---|---|
| „Freiheit, Gleichheit und Brüdersinn, | Gerechtigkeit gebunden ist, |
| Du alte Zeit, fahr hin, fahr hin!" | Das Schwert stahl ihr die schlaue List, |
| Solch Schrei durchdringt der Völker Rund. | Die Lüge nahm die Wag' ihr fort, |
| Da tut sich auf der Erde Grund, | Sie bieten's dem Gesellen dort. |
| Es steigt herauf ein Sensenmann, | Den Hut reicht ihm die Eitelkeit, |
| Der merkt, sein Erntetag bricht an, | Die Tollheit hält ihr Roß bereit, |
| Und wie er steigt ans Licht hervor, | Die Blutgier bringt die Sense her, |
| Drängt sich um ihn ein Weiberchor, | Das ist des Schnitters beste Wehr. |
| Sein Rüstzeug bringen sie heran, | Ihr Menschen, ja, nun kommt der Mann, |
| Daß er sein Werk beginnen kann. | Der frei und gleich euch machen kann. |

2. Blatt:

Der Morgen schaut vom Himmelszelt
So klar wie sonst auf Stadt und Feld,
Da trabt mit wilder Hast heran
Der Freund des Volks, der Sensenmann;
Zur Stadt lenkt seinen Gaul er hin,

Schon ahnt er reiche Ernte drin.
Die Hahnenfeder auf dem Hut
Glüht in der Sonne rot wie Blut,
Die Sense blitzt wie Wetterschein,
Es stöhnt der Gaul, die Raben schrein.

3. Blatt:

Er ist am Ziel. — Sieh, gleich am Tor
Die Schenk' und mancher Gast davor;
Beim Branntwein frecher Lieder Klang
Und wüst Gelächter, Spiel und Zank.
Er tritt heran mit schlauem Blick
Und ruft: „Aufs Wohl der Republik!
Was gilt noch eine Krone viel?
Nicht mehr als wie ein Pfeifenstiel.

Zum Spaß will ich's beweisen euch,
Gebt acht!" Er holt die Wage gleich,
Hält sie am Zünglein statt am Ring,
Sie merken's nicht, sie freut das Ding.
Sie schrein: „Das ist der rechte Mann!
Dem folgen wir, der führt uns an."
Du blindes Weib, was schleichst du fort?
Siehst mehr du als die andern dort?

4. Blatt:

„Freiheit, Gleichheit und Brüdersinn!"
Der Schrei wälzt durch die Stadt sich hin.
„Zum Rathaus!" Horch, der Steinwurf saust.
„Hoch, Republik!" Die Flamme braust.
„Zum Markt, zum Markt. Da steht er schon,
Der Held der Revolution!
Hört ihn!" Stumm alles wie ein Grab,

Er aber reicht das Schwert herab
Und hält es allem Volk bereit,
Die List nahm's der Gerechtigkeit.
Er schreit: „Du Volk, dies Schwert ist dein,
Wer sonst kann richten? Du allein!
Durch dich spricht Gott, durch dich allein!"
„Blut, Blut!" viel tausend Kehlen schrein.

5. Blatt:

„Zur Barrikade! Pflaster auf!"
Da steht der Bau und obendrauf
Er, den zum Führer sie ernannt,
Die blut'ge Fahn' in fester Hand.
Kartätschen pfeifen, hei, das kracht,
Sie stürzen rings, er aber lacht.

„Jetzt lös' ich mein Versprechen euch,
Ihr alle wollt mir werden gleich!"
Er hebt sein Wams, und wie sie's schaun,
Da faßt ihr Herz ein eisig Graun,
Ihr Blut strömt, wie die Fahne rot,
Der sie geführt, es war der Tod.

6. Blatt:

Der sie geführt, es war der Tod,
Er hat gehalten, was er bot,
Die ihm gefolgt, sie liegen bleich
Als Brüder alle, frei und gleich.

Seht hin, die Maske tat er fort,
Als Sieger hoch zu Rosse dort
Zieht, der Verwesung Hohn im Blick,
Der Held der roten Republik.

Müller und Schmid verwechseln, was die Benennung angeht, die beiden Ausgaben des Totentanzes. Die erste heißt: „Auch ein Totentanz", die zweite, „Volksausgabe", auf einem Blatt: „Ein Totentanz aus dem Jahre 1848". — Im Dresdener Kupferstichkabinett finden sich auf der Rückseite der Originalzeichnungen einige erste Entwürfe, welche ein gewisses Wachsen auch bei diesem schnellgeborenen, festgebauten Werke zeigen: Blatt I — der Tod steht in der Mitte der Szene und ist aus einem mit einem Stein geschlossenen Grabe hervorgestiegen. Rechts vorn die Eitelkeit, von links her wird ihm die Sense, von hinten her aus dem Haufen das Schwert angeboten, den Hut setzt er sich selbst auf. Die Ausführung weist also größere Einheitlichkeit auf. Zum Entwurf des im übrigen unverändert gebliebenen Blattes II waren ein Rabe und einige Kröten im Straßengraben mehr aufgeboten. Den Tod als Volksredner hat er zuerst auf einen Holzkasten gestellt, das Schwert beim Griffe fassend und auf sich zuhaltend, als ob er darüber spräche und seine Macht erklärte, während der Tod in der Aus-

189

führung es mitsamt der Blutgerechtigkeit dem Volke hingibt. Von der Terrasse stürzt
man ein Schilderhaus hinab. So weit in Zug geraten, scheint er das Werk ohne Aenderungen zum Schluß gebracht zu haben. — Auf dem 3. Blatte möchte man die ahnungs-
volle Alte missen, ebenso wie auf dem 2. Blatte des Karthagerzuges.

S. 132. Ein Engel verweist den Genius des Streites aus dem Hause, hält den des Friedens zurück.

S. 133. Die Bedeutung ist nicht klar, das Blatt ist nicht wichtig; doch ist es ein interessanter
Ausdruck politischen Fühlens bei Rethel und wegen des Totentanzes von Wert. Es
fand sich ohne Benennung in seinem Nachlaß und ist bis jetzt als „Komposition mit
Schlange" bezeichnet. Ich schlage obige Bezeichnung vor. Auf einem durch Künstler-
symbole als Musensitz bezeichneten Stuhle sitzt die Kunst und wehrt sich dagegen,
vom Bürger Michel hinter ihr, von der Hexe Demagogie vor ihr in den politischen
Kampf hineingezogen zu werden, dessen Inhalt durch Bürgerin Germania mit der
Kaiserkrone und dem schlafenden Siegfried (?), dessen gefährliche Form durch die
Schlange angedeutet ist.

S. 135. Der Bericht Heinrich Heines in der „Augsburger Allgemeinen Zeitung" lautet: „Ihre
(der Cholera) Ankunft war den 29. März offiziell bekanntgemacht worden, und da
dieses der Tag der Mi-carême und das Wetter sonnig und lieblich war, so tummelten
sich die Pariser um so lustiger auf den Boulevards, wo man sogar Masken erblickte,
die in karikierter Mißfarbigkeit und Ungestalt die Furcht vor der Cholera und die
Krankheit selbst verspotteten. Desselben Abends waren die Redouten besuchter als
jemals; übermütiges Gelächter überjauchzte fast die lauteste Musik; man erhitzte sich
beim Chahut, einem nicht sehr zweideutigen Tanze; man schluckte dabei allerlei Eis
und sonstiges kaltes Getränk — als plötzlich der lustigste der Harlekine eine allzu große
Kühle in den Beinen verspürte und die Maske abnahm, und zu aller Welt Verwunderung ein veilchenblaues Gesicht zum Vorschein kam. Man merkte bald, daß solches
kein Spaß sei, und das Gelächter verstummte, und mehrere Wagen voller Menschen
fuhr man von der Redoute gleich nach dem Hotel Dieu, dem Zentralhospitale, wo sie,
in ihren abenteuerlichen Maskenkleidern anlangend, gleich verschieden. Da man in
der ersten Bestürzung an Ansteckung glaubte und die älteren Gäste des Hotel Dieu
ein gräßliches Angstgeschrei erhoben, so sind jene Toten, wie man sagt, so schnell
beerdigt worden, daß man ihnen nicht einmal die buntscheckigen Narrenkleider auszog,
und lustig, wie sie gelebt haben, liegen sie auch im Grabe." — Von der Choleraplage
1831 hat Rethel schon auf der Illustration zu „Verschanzung" vom Jahre 1834 einmal
flüchtig erzählt (S. 202). — Für den Holzschnitt hat Rethel einige ganz unbedeutende Aenderungen vorgenommen. Der Holzschneider ist Steinbrecher; der Holzschnitt vom Jahre
1851. Der Erwürger mit seinem Gegenstück Der Freund sind vom Kunstwart neuerdings als Blatt 5 und 6 seiner Meisterbilder, mustergültig in Ausführung und Billigkeit,
herausgegeben worden, bestimmt, wahre Volksblätter und Heiligenbilder für jede Tage-
löhnerstube zu werden. Zum Tod als Freund S. 136 gebe ich auch die erste Fassung

S. 137. links. Sie zeigt insbesondere, wieviel freier und luftiger die Stimmung in der Turm-
stube geworden ist, das zweite Fenster und die Tür zur Galerie stehen weit geöffnet,
das Licht flutet ungehindert durch den erhabenen Söller, als das Leben erlöst von
dannen ging. Auch die Kirche hat sich bescheiden vor dem Balkone zurückgezogen,
statt ihrer dehnt sich draußen weite, friedliche Landschaft aus. Durch die Fialen und
die Wasserspeier ist die Szene einige Stockwerke höher verlegt. Daß Rethel nur schritt-
weise den kirchlichen Einfluß auf die Szene zugunsten des rein menschlichen ver-
mindert hat, kann man auch noch in der Abbildung der ersten Fassung erkennen, wo
neben dem bescheidenen Dachreiter zwei Türme mit rheinisch-romanischen Rhomben-
hauben wegradiert sind.

S. 137. rechts. Die Zeichnung trägt die Bemerkung: Gezeichnet in meiner Gegenwart.
(Dr. Sträter, der das Original dem Museum schenkte). Wie in ganz wenigen Strichen,
in einer stenographischen Zeichnung möchte man sagen, die Persönlichkeit vorgestellt
wird, charakterisiert die zeichnerische Methode der besten Zeit Rethels.

S. 138. Die Datierung ist sehr unsicher. Der überzeugenden Kraft, mit der die Wirkung des
Wunders auf Saulus und den Begleiter zur Rechten erzählt wird, steht die Unbeholfen-
heit der Gebärden zur Linken entgegen, wonach man sie bis zur Düsseldorfer Zeit
zurückdatieren könnte. Daß das Blatt echt ist, beweist, abgesehen von der inneren
echt Rethelschen Wucht, mit der ein Wunder in der Art eines Naturereignisses, hier
etwa eines Blitzschlages, erzählt wird, die Uebereinstimmung mit dem folgenden Blatt,

S. 139. wo auch die berittenen Begleiter unter ihren Fahnen und Waffen, ähnlich dem berühmten Sarazenen aus der spanischen Schlacht, sich aus entsetzlicher Furcht verkriechen
möchten. Mit diesem Blatt, das für die Cottabibel als Holzschnitt erschien, verwechselt
Max Schmid die Bekehrung Sauls (I) von 1839.

S. 140. Auf diesem Blatt bemerke man die Aehnlichkeit der Saulusfigur mit Gestalten aus den
Fresken des Quattrocento (auch Blatt 2 des Karthagerzuges bietet dafür Beispiele),
sowie die Naturechtheit der Szene: Stephanus wird mit Pfundsteinen auf den Kopf wirklich totgeschlagen, in vielen klassischen Darstellungen nur mit Steinen beworfen, welche
im schlimmsten Falle rotblaue Beulen erzeugen.

S. 141. Paulus und Barnabas wird in Lystra wie Göttern geopfert. Das Blatt weist eine un-
erlaubt starke Aehnlichkeit mit Raffaels Tapete im Vatikan auf: Ein erster Entwurf zu
dieser Szene (Dresden, Kupferstichkabinett) zeigt in der Mitte des Bildes den Altar,
von hinten her wird ein großer Stier herangeführt, links stehen die Apostel, rechts das
Volk; keine Architektur, auch keine räumliche Aufteilung der Szene wie in der Ausführung, wo Tier, Altar und Nebensachen nach hinten gerückt sind.

S. 142. 143. Die drei Holzschnitte auf den beiden Seiten (auch die Zeichnung Der barmherzige
Samariter?) entstanden mit einem Holzschnitt nach Saulus-Paulus (III) S. 139 für Cottas
Bilderbibel. Genaueres über die Beteiligung Rethels an der Cottaschen Bilderbibel
und den geplanten Umfang seiner Arbeiten ist nicht bekannt. In den Tagebüchern
von Schnorr v. Carolsfeld wird einmal eine Geldsendung erwähnt, welche Rethel 1850
von dem ihm bekannten Buchhändler Oldenbourg in München, welcher die Herausgabe
der Cottaschen Bilderbibel besorgte, erhielt.

S. 145. Eine Szene aus den Kämpfen Karls von Anjou und der letzten Hohenstaufen in Süd-
italien. Statt wie die andern Streiter die Waffen zu übergeben, stürzt sich der Fahnenträger, das Banner um seinen Leib geschlungen, in den Fluß.

S. 146. Auch in diesem Falle scheint Rethel wie bei der Illustration der Nibelungen nur aus Ver-
legenheit des Auftraggebers zur Mitarbeit gekommen zu sein. Das Tagebuch von Schnorr
berichtet, der König habe ihn beauftragt, bei Schraudolph eine Zeichnung zum Dante-
Album zu bestellen. (Schraudolph scheint verhindert gewesen zu sein) und Schnorr
wird ermächtigt, nach seinem Ermessen Schwind oder Rethel die Zeichnung zu übertragen, er entscheidet sich für Schwind! Wie Rethel schließlich doch zur Mitarbeit gekommen ist, sagt das Tagebuch nicht. Unmöglich ist auch nicht, daß es sich um eine
andre Zeichnung handelt, denn das Thema wird nicht genannt.

S. 148—150. Die Datierung der drei Blätter ist nicht sicher. Sie entstanden als Arbeiten für
einen Kompositionsverein, der Ueberlieferung der nazarenischen Romantiker, dem Rethel
aber sowohl in Frankfurt wie in Dresden angehörte. Da Rethel 1844 in einem Brief
aus Frankfurt von dem Kompositionsverein sagt: „Die Aufgabe besteht allemal in einer
allgemeinen Handlung, z. B. ein Akt der Demut", und die drei Entwürfe „Verwunderung", „Faulheit", „Kraft" allgemeine Themata sind, so könnte man sie in die Frankfurter Zeit, d. i. vor 1847, setzen. Unbedingt aber gehört die Darstellung der „Kraft"
dem Stile nach der letzten Zeit des Künstlers an; in den übertuschten Blättern ist der
Stil nicht so unzweideutig.

S. 151. Seiner dichtenden Braut als Albumblatt. Auf die Haubenlerchen als Sinnbild der häus-
lichen Poesie machte Rethel aufmerksam. Der Ritter ist Ulrich von Hutten, der Land-
mann der bukolische Dichter Felsinger.

S. 152. links. Der Sänger Blondel, der durch sein Lied den gefangenen König erfreut, ist
eine Widmungsgabe an eine Sängerin, die später die Frau des Schauspielers Davison

wurde. Wo das Original heute ist, ist mir unbekannt. Die Wiedergabe ist gemacht
nach einer Photographie im Besitz von Frau E. Sohn, Düsseldorf.

S. 152 rechts. Mit der Musik soll seine musikalische Schwägerin, Frau Otto Rethel, geb.
Haldensleben, gemeint sein.

S. 153. Rethels im „Totentanz" bezeigtes Gegenwartsempfinden beweist die Aufschrift „Cali-
fornien" auf dem Beutel; wie bewußt die Bezeichnung ist, sieht man aus dem Entwurf,
auf welchem der Beutel 10 000 Taler enthält.

S. 156. Die Deutung ist nicht klar. Ist der junge Mann, der von dem Alten weggeführt wird,
ein Ausdruck seiner Liebessehnsucht, für welche die Schwiegereltern anfänglich kein
Verständnis zeigten? Hat die unbedeutende Darstellung der zwei Reiter im Aachener
Museum, welche, in der Idee von Schillings, von Schmid vor 1840 angesetzt wird, mit
dieser rätselhaften Zeichnung etwas zu tun, deren Stil unbedingt auf die Jahre vor 1850
hinweist?

S. 157. Die Szene beschreibt er auch mit Worten in einem Briefe: „... Die Sonne ging herr-
lich unter — die Fischer mit ihren festen Booten bedeckten zurückkehrend den ganzen
Horizont der See, und alsbald wurden in Körben von den Weibern die Resultate in
Empfang genommen ..." Blankenberghe, 12. September 1851.

S. 159. Zur Verlobungsfeier am 7. Februar 1851 wurden lebende Bilder eingeübt. Marie Grahl
sollte als „Erinnerung" selbstgedichtete Verse sprechen, Rethel entwarf ihr für Haltung
und Kostümierung die Zeichnung als Modellskizze.

S. 163, 164. Die Sammlung „Kalenderbilder" wurde als „Gedenkbuch" ohne Verfassernamen
und Jahr gedruckt. (Dresden kgl. Kupferstichkabinett.)

S. 165. Am Vorabend der Abreise nach Italien entstanden.

S. 166. Das Blatt ist ein Beispiel für Rethels allegorische Neigungen gegen Ende seiner Tätig-
keit. Auf dem Entwurf sind die Frauengestalten als febris, cura, salus usw. bezeichnet.

S. 169. Die Jahreszahl 1839 steht im erwähnten Schillingsschen Skizzenbuch mit einer Skizze
der Szene.

S. 175. Das Thema ist so unklar, daß man bereits auf Begriffsverwirrung schließen könnte.
Dem Stil nach gehört es der allerletzten Zeit an.

S. 177. Einer der letzten Gänge in Rom war auf den Quirinal zur Villa Rospigliosi. Frau
Rethel erzählt: „... es ist mir besonders erinnerlich geblieben um des tiefen Eindrucks
willen, den dies Kunstwerk auf Rethel machte: gar nicht trennen konnte er sich von
der herrlichen Gestalt! Zu Hause angekommen, suchte er gleich nach einem Blatt
Papier, und weil dies schon eingepackt war, ergriff er seine in einen groben grauen
Bogen eingeschlagenen Pinsel, wickelte sie aus, und ungeachtet einiger Oelflecken
skizzierte er aus dem Gedächtnis das ganze Bild ..." Ich bilde es stilistischer Gründe
wegen ab: selten ist Rethels phantastisch-klare Strichart der letzten Jahre besser zu
sehen.

# Die wichtigste Literatur

C. Gurlitt, Die deutsche Kunst des XIX. Jahrhunderts. Berlin 1907. — Reber, Geschichte der neueren deutschen Kunst. 1876 und 1884. — R. Muther, Geschichte der Malerei. Leipzig 1909. — A. Rosenberg, Geschichte der modernen Kunst. Leipzig 1887 und 1889. — Berliner Kunstblatt, 1828, 1829. — Museum, Blätter für bildende Kunst. Berlin 1833—37. — Centralblatt der deutschen Kunstvereine 1839, 1840. — Korrespondenz-blätter und Verhandlungen des Kunstvereins für die Rheinlande und Westfalen. 18. Verwaltungsjahr. Düsseldorf 1847. — Dioskuren, Zeitschrift für Kunst, Kunstindustrie und künstlerisches Leben. Berlin 1856—65. — Nachrichten über das Städelsche Kunstinstitut... 1836, 1849, 1879. — Velhagen & Klasings Monatshefte. 12. Jahrgang 1897/98, Heft 10 und 11. — Oecher Platt, Mundartliche Zeitschrift. III. Jahrgang Heft 7. Aachen 1910. — Aachener Kunstblätter, Heft 2 und 3. Aachen 1908. — Kunst und Künstler, Jahrgang 8, Heft 8. 1910 Berlin, Bruno Cassirer. — Deutsches Kunstblatt, Organ der Kunstvereine. 1850—58. — Von Bötticher, Malerwerke des XIX. Jahrhunderts. Dresden 1898. — L. Richter, Lebenserinnerungen eines deutschen Malers. — Dresdener Geschichtsblätter 1895 (Tagebuchauszüge von J. Schnorr von Carolsfeld). — L. v. Donop, Katalog der Handzeichnungen ... der K. National-Galerie. Berlin 1902. — Die neuere Kunst im Königl. Kupferstichkabinett (Berlin). Berlin 1909. — E. Förster, Peter Cornelius. Berlin 1874. — Friedrich Overbeck. Nach seinen Briefen .... herausgegeben von Franz Binder. Freiburg i. Br. 1886. — Martin Spahn, Philipp Veit. Velhagen & Klasings Künstlermonographien. — F. W. Hackländer, Der Roman meines Lebens. Stuttgart 1879. — F. Schaarschmidt, Zur Geschichte der Düsseldorfer Kunst im XIX. Jahrhundert. Düsseldorf 1902. — W. Müller v. Königswinter, Düsseldorfer Künstler. Leipzig 1854. — H. Püttmann, Die Düsseldorfer Malerschule. 1839. — A. Fahne, Die Düsseldorfer Malerschule in den Jahren 1834, 1835, 1836. Düsseldorf 1837. — A. Fahne, Meine Schrift „Die Düsseldorfer Malerschule" und ihre Gegner. Düsseldorf 1837. — J. J. Scotti, Die Düsseldorfer Malerschule oder auch Kunstakademie in den Jahren 1834, 1835 und 1836 und auch vorher und nachher. Düsseldorf 1837. — J. J. Scotti, Der Kunstschule zu Düsseldorf Leistungen in den Jahren 1837 und 1838. Düsseldorf 1838. — F. v. Uechtritz, Blicke in das Düsseldorfer Kunst- und Künstlerleben. 2 Bände. 1839 und 1840. — C. Immermann, Memorabilien. Düsseldorfer Anfänge, Maskengespräche. 1840. — W. Schadow, Ueber den Einfluß des Christentums auf die bildende Kunst... Düsseldorf 1842. — J. Hübner, Schadow und seine Schule. Festrede. Bonn 1869. — Das Publikum gegenüber der Düsseldorfer Akademie und dem Kunstverein... Düsseldorf 1841. — J. Allgeyer, Anselm Feuerbach. Berlin 1904. — H. Weizsäcker und A. Dessoff, Kunst und Künstler in Frankfurt a. M. im XIX. Jahrhundert. Frankfurt (1907). — C. P. Bock, Das Rathaus zu Aachen. Schutzschrift für die unverletzte Erhaltung des deutschen Krönungssaales. Aachen 1843. — Fr. Oe(beke), Ueber die Wiederherstellung des Kaisersaales... Aachen (1842). — (Dr. Debey.) Die Erneuerung des Rathaussaales zu Aachen. Aachen (1847). — Stadt-Aachener Zeitung, 1847. — Künstlerische Wege und Ziele des Malers J. Schnorr v. Carolsfeld. Leipzig 1909. — Wolfg. Kirchbach in seiner Zeit. Herausgegeben von seiner Witwe L. Becker und Karl v. Levetzow. München 1910. — Herm. Hettner, Kleine Schriften. Braunschweig 1884. — F. Th. Vischer, Altes und Neues. 3. Heft. Stuttgart 1882. — Friedr. Pecht, Deutsche Künstler des XIX. Jahrhunderts. Nördlingen 1879. — Aus Biedermeiertagen. Briefe Robert Reinicks und seiner Freunde. Bielefeld und Leipzig 1910. — W. Müller v. Königswinter, Alfred Rethel. Leipzig 1861. — Veit Valentin, Alfred Rethel, eine Charakteristik. Berlin 1892. — Max Schmid, Rethel. Velhagen & Klasings Künstlermonographien. Bielefeld und Leipzig 1898. — Münchener Kunsttechnische Blätter. 1909, 1910.

# Chronologisches Verzeichnis der Werke


Seite

Um 1832 Karl Martell in der Schlacht bei Tours (Dresden, Kgl. Kupferstichkabinett) . . . . . . . . 1

um 1832 Rudolf von Habsburg im Kampfe gegen die Raubritter in der Schweiz (Düsseldorf, Frau E. Sohn) . . . . . . . . . . 2

um 1832 Ludwig das Kind empfängt die Krone (Dresden, Kgl. Kupferstichkabinett) . . . . . . . . 2

um 1832 Heinrich der Finkler (I) [Erste Idee im Skizzenbuch] (Düsseldorf, Frau E. Sohn) . . . . 11

um 1833 Bonifaz (I) [Bonifaz verwehrt den Seinen den Kampf] (Dresden, Kgl. Kupferstichkabinett) 4

um 1833 Bonifaz (II) [Der Streit der Mörder um die Kleinodien] (Dresden, Kgl. Kupferstichkabinett) 5

1833 Bonifaz (III) (Berlin, Nationalgalerie) . . . . . . . . . 6

um 1834 Tod Adolfs von Nassau durch Ueberfall (Dresden, Kgl. Kupferstichkabinett) . . . . . . . 3

1835 Bonifaz (IV) (Aachen, Städtisches Museum) . . . . . . 7

1833/36 Bonifaz (V) (Dresden, Kgl. Kupferstichkabinett) . . . . . 8

1834 Gebet vor der Schlacht bei Sempach (Dresden, Kgl. Kupferstichkabinett) . . . . . . 9

um 1834 Tod Arnolds von Winkelried (Dresden, Kgl. Kupferstichkabinett) . . . . . . . . 10

vor 1834 Heinrich der Finkler (II) . . . 11

um 1834 Die Kreuzfahrer erblicken Jerusalem (Dresden, Kgl. Kupferstichkabinett) . . . . . . 12

1834 Rudolf von Habsburg geleitet den Bischof (I) [Erste Idee] (Düsseldorf, Frau E. Sohn) . . 13

1834 Illustration zu dem Liede „Der Ochs" von Fein (Ridgehurst, Shenley bei London, Eduard Speyer) . . . . . . . . 14

1834 Entwürfe für 11 Lithographien zu „Rheinischer Sagenkreis" von A. v. Stolterfoth, Frankfurt, bei Hügel 1835 (Dresden, Kgl. Kupferstichkabinett) . . . 15—25

vor 1835 Hieronymus in der Höhle (Aachen, Städt. Museum) . . 13

1835? Tiroler, in Kähnen fahrend (Frankfurt a. M. Bildhauer K. Rumpf) . . . . . . . . 14

1835 Moses erschlägt den Aegypter 29

vor 1836 Don Quichote (Metz, Paul Rethel) 39

vor 1836 Karikatur des Düsseldorfer Malers Preyer als Baby (Aachen, Städtisches Museum) . . . 34

vor 1836 Kampfszene (Frankfurt a. M., Bildhauer K. Rumpf) . . . . 37

vor 1836 Rethels Mutter, Oelbild (Düsseldorf, Frau E. Sohn) . . . . 35

1836 Titel zu Rheinlandssagen von A. Reumont . . . . . . . 26

um 1836 Loreley, Illustration zu Reumont: Rheinlandssagen . . . 27

um 1836 Der Ring der Fastrada, Illustration zu Reumont: Rheinlandssagen . . . . . . . . . 27

1836 Das weiße Reh, Originalradierung . . . . . . . . . . 28

um 1836 Justitia [erste Idee] (Düsseldorf, Frau E. Sohn) . . . . . . 30

1836 Justitia (Dresden, Kgl. Kupferstichkabinett) . . . . . . . 30

um 1836 Daniel in der Löwengrube (Ridgehurst, Shenley bei London, Edward Speyer) . . . . . . 32

1836/37 Nemesis (St. Petersburg, Baron von Reutern) . . . . . . . 31

Seite

1836/37 Nemesis (Aachen, Gustav Ritter) 32
um 1836 Drei Stände (I) (Dresden, Kgl.
Kupferstichkabinett) . . . . 32
1835/38 Daniel in der Löwengrube
(Frankfurt, Städelsches Institut) 33
1836/38 Der heilige Martin mit dem
Bettler (Hamburg, Kunsthalle) 36
um 1836 Martin mit der Rheinischen Feier
des Martinsabends (Frankfurt
a. M., Dr. F. L. May) . . . . 37
1836 Kaiser Max an der Martinswand
(Frankfurt a. M., Frau v. Koch
St. George) . . . . . . . 38
um 1836 Schwedische Krieger erkennen
das Roß ihres Königs . . . 39
1835/38 Auffindung der Leiche Gustav
Adolfs (Stuttgart, Museum) . . 40
1838 Hiob und seine Freunde (Dresden, Kgl. Kupferstichkabinett) . 41
1839 David gesalbt (Düsseldorf, Frau
E. Sohn) . . . . . . . , . 41
1839 David und Goliath (Düsseldorf,
Frau E. Sohn) . . . . . . 42
1839 David beschützt das Lamm
(Düsseldorf, Frau E. Sohn) . . 42
1839 Tod Absaloms (Dresden, Kgl.
Kupferstichkabinett) . . . . 43
1839 David im Zelte des schlafenden
Saul (Dresden, Kgl. Kupferstichkabinett) . . . . . . . 43
um 1839 Moses vor dem feurigen Busch
(Düsseldorf, Frau E. Sohn) . . 44
1839 Moses' Zorn (Dresden, Kgl.
Kupferstichkabinett) . . . . 45
1839 Bileam und die redende Eselin
(Dresden, Kgl. Kupferstichkabinett) . . . . . . . . 47
1839 Jakob erblickt den blutigen Rock
seines Sohnes Joseph (Radierung) 47
1839 Die Schlacht von Merseburg
(Dresden, Kgl. Kupferstichkabinett) . . . . . . . . 48
um 1839 Rudolf von Habsburg, Basel
belagernd, empfängt das Anerbieten der Kaiserkrone (Dresden,
Kgl. Kupferstichkabinett) . . 49
um 1839 Rudolf von Habsburg geleitet
den Bischof Werner (II) (Dresden, Kgl. Kupferstichkabinett) . 50
um 1839 Staufenkaiser auf der Romfahrt
(Dresden, Kgl. Kupferstichkabinett) . . . . . . . . 51

Seite

um 1839 Saulus-Paulus (I) (Düsseldorf,
Frau E. Sohn) . . . . . . 51
1839 (?) Bildhauer von Nordheim (Frankfurt a. M., Dr. F. L. May) . . 52
1839 Selbstbildnis (Aachen, Städtisches Museum) . . . . . . 52
um 1840 Josua führt die Bundeslade durch
den Jordan (Dresden, Kgl.
Kupferstichkabinett) . . . . 46
1840 Ottos I. Versöhnung mit seinem
Bruder Heinrich (Frankfurt a. M.,
Städelsches Institut) . . . . 73
1840 Holzschnitte zum Nibelungenlied . . . . . . . . . 53—62
um 1840 Hermannschlacht (Dresden, Kgl.
Kupferstichkabinett) . . . . 64
1840 Frauenlobs Tod (II) (Frankfurt
a. M., Fräulein Maria Speltz) . 65
1841 Rolandlied, Radierung (nach
Turpins Chronik) . . . . . 63
um 1841 Tod Rolands (Karlsruhe, Frau Just) 64
1841/44 Umschlagzeichnungen und 24
Illustrationen zu Rottecks Weltgeschichte . . . . . . 66—72
1839/43 Vier Monumentalbilder (Kaiser-
bildnisse) im Römer zu Frankfurt a. M. . . . . . . . 74, 75
1842/44 Der Karthagerzug über die Alpen
(Dresden, Kgl. Kupferstichkabinett) . . . . . . . . . 76—82
1843 Die Geburt Christi (Frankfurt
a. M., Städelsches Institut) . . 84
1843/46 Petrus und Johannes heilen den
Lahmen (Berlin, Nationalgalerie) 84
um 1843 Karls V. Aufnahme ins Kloster
St. Just (Metz, Paul Rethel) . 86
1844 Der Maler Philipp Veit (Mainz,
Geschwister Settegast) . . . 85
1844 Mönch, am Sarge des exkommunizierten Heinrich IV. betend
(Düsseldorf, Frau E. Sohn) . . 86
1844 Auffischung der Leiche Barbarossas aus dem Kalykadnos
(Dresden, Kgl. Kupferstichkabinett) . . . . . . . . . 87
um 1845 Karton z. „Auferstehung Christi"
(Berlin, Nationalgalerie) . . . 88
um 1845 Oelstudien zur „Auferstehung"
(Aachen, Städtisches Museum) 89
vor 1847(?) Erster Entwurf zum „Tod
als Diener" (Düsseldorf, Frau
E. Sohn) . . . . . . . 133


195

1847 Der Tod als Feind (Erwürger) (Dresden, Kgl. Kupferstichkabinett) . . . . . . . . . . 135

vor 1848 Auffischung der Leiche des heiligen Sebastian aus der Cloaca maxima (Dresden, Kgl. Kupferstichkabinett) . . . . . . . 90

vor 1848 St. Anna (Düsseldorf, Frau E. Sohn) 91

vor 1848 Triptychon, Jünger zu Emmaus (Düsseldorf, Frau E. Sohn) . . 91

um 1848 Der Schutzengel, Fresko (Frankfurt a. M., Städelsches Institut) 92

um 1848 Der Tod als Diener (Dresden, Kgl. Kupferstichkabinett) . . 134

1848 Straßenkampfszene (Aachen, Städtisches Museum) . . . . 131

1849 Christus am Oelberg (Dresden, Kgl. Kupferstichkabinett). . . 144

1849 Auch ein Totentanz, sechs Holzschnitte . . . . . . . 124 – 129

1849 Ein Totentanz aus dem Jahre 1848, Holzschnitt . . . . . 130

1840—62 **Karlsfresken im Rathaussaal zu Aachen:**

Besuch Ottos III. im Grabe Karls . . . . . . . . . 93
  Entwurf zu „Ottos III. Besuch in der Gruft Karls des Großen" (Dresden, Kgl. Kupferstichkabinett) . . . 94
  Entwurf zum Kopfe des toten Karl (Dresden, Kgl. Kupferstichkabinett) . . . . . . 95

Der Sturz der Irmensäule 96
  Entwurf zum „Sturz der Irmensäule" (Dresden, Kgl. Kupferstichkabinett) . . . 97
  Landschaftsstudie z. „Sturz der Irmensäule" (Aachen, Städtisches Museum) . . . 97
  Oelstudie zum „Sturz der Irmensäule" (Aachen, Städtisches Museum) . . . . . 98
  Oelstudien zum „Sturz der Irmensäule" (Aachen, Städtisches Museum) . . . . . 99
  Oelstudien zum „Sturz der Irmensäule" (Aachen, Städtisches Museum) . . . . 100

Die Schlacht bei Cordova . . . . . . . 102 – 104
  Entwurf zur „Schlacht bei Cordova" (Dresden, Kgl. Kupferstichkabinett) . . . 101
  Skizze aus dem Gedächtnis zur „Schlacht bei Cordova" (Aachen, Städt. Museum) . 101
  Oelstudien zur „Schlacht bei Cordova" (Aachen, Städtisches Museum) . . . . . 105
  Oelstudien zur „Schlacht bei Cordova" (Aachen, Städtisches Museum) . . . . . 106
  Oelstudie zur „Schlacht bei Cordova" (Aachen, Städtisches Museum) . . . . . 107

Der Einzug in Pavia 109, 110
  Entwurf zum „Einzug in Pavia" (Dresden, Kgl. Kupferstichkabinett) . . . . . . 108

Die Taufe Wittekinds
  Oelskizze zur Taufe Wittekinds (Düsseldorf, Frau E. Sohn) . . . . . . . 112
  Ministrant, Studie zu Wittekinds Taufe (Düsseldorf, Frau E. Sohn) . . . . . 111
  Entwurf zur „Taufe Wittekinds" (Dresden, Kgl. Kupferstichkabinett) . . . . . 113

Die Krönung Karls in Rom. Fresko nach Rethel von Kehren . . . . . . . 114
  Entwurf zur „Krönung Karls in Rom" (Dresden, Kgl. Kupferstichkabinett) . . . 115

Die Erbauung der Münsterkirche. Fresko nach Rethel von Kehren . . 116
  Entwurf zum „Bau der Münsterkirche in Aachen" (Dresden, Kgl. Kupferstichkabinett) . . . . . . 117

Die Krönung Ludwigs 119
  Entwurf zur „Krönung Ludwigs des Frommen" (Dresden, Kgl. Kupferstichkabinett) . 118

Entwurf zur „Synode von Frankfurt" (Dresden, Kgl. Kupferstichkabinett) . . 120

Entwurf zu „Karl der Große in der Reichsversammlung zu Aachen empfängt die Gesandten Harun al

Raschids" (Dresden, Kgl.
Kupferstichkabinett) . . . 121
1849/50 Kampf der Künste und Wissenschaften (Düsseldorf, Frau E.
Sohn) . . . . . . . . 151
1849/50 Die drei Stände (II) mit der
Poesie (Düsseldorf, Frau E. Sohn) 151
1849/50 Der Sänger Blondel . . . . 152
vor 1850 Darstellung der „Faulheit" (Dresden, Kgl. Kupferstichkabinett) 149
vor 1850 Darstellung der „Verwunderung": Heinrich der Finkler (III)
(Dresden, Kgl. Kupferstichkabinett) . . . . . . . 148
vor 1850 Saulus - Paulus (II) (Aachen,
Städtisches Museum) . . . 138
1849/50 Manfreds Begräbnis (Dresden,
Kupferstichsammlung Friedrich
August II.) . . . . . . 146
1849/50 Variante zu Manfreds Begräbnis
(Dresden, Kgl. Kupferstichkabinett) . . . . . . . 147
um 1850 Die drei Stände (III) mit der
Musik (Metz, Paul Rethel) . . 152
um 1850 Das Lutherlied, 3 Holzschnitte
153—155
um 1850 „Am Morgen" (Düsseldorf, Frau
E. Sohn) . . . . . . . 156
um 1850 Fahnenträger (Dresden, Kgl.
Kupferstichkabinett) . . . 145
um 1850 Saulus - Paulus (III) (Dresden,
Kgl. Kupferstichkabinett) . . 139
um 1850 Saulus-Paulus (IV): Steinigung
des Stephanus durch Saulus
(Dresden, Kgl. Kupferstichkabinett) . . . . . . . 140
um 1850 Saulus-Paulus (V): Das Opfer
zu Lystra (Dresden, Kgl. Kupferstichkabinett) . . . . . . 141
um 1850 Saulus-Paulus (VI): Paulus bekehrt den Kerkermeister. Holzschnitt . . . . . . . . 142
um 1850 „Die Füchse haben Gruben ..."
Holzschnitt . . . . . . 142
um 1850 Die Hochzeit zu Kana. Holzschnitt . . . . . . . . 143
um 1850 Der barmherzige Samariter
(Frankfurt a. M., Städelsches
Institut) . . . . . . . 143
um 1850 Karikatur (Düsseldorf, Frau E.
Sohn) . . . . . . . . 158
um 1850 Künstlers politisches Bekennt-

nis 1848/49 (Düsseldorf, Frau
E. Sohn) . . . . . . . 133
um 1850 Zur Erinnerung (an 1849) (Dresden, Kgl. Kupferstichkabinett) 132
um 1850 Karl der Große und die Hofherren auf der Saujagd (Düsseldorf, Frau E. Sohn) . . . . 123
um 1850 Werbeblatt für die Wiederherstellung des Aachener Münsters
(Düsseldorf, Frau E. Sohn) . . 122
um 1850 General Radowitz (Aachen,
Städtisches Museum) . . . . 137
nach 1850 Darstellung der „Kraft" (Dresden, Kgl. Kupferstichkabinett) 150
1851 Kaiser Karl und die Aachener
Quelle (Heidelberg, Frau
Voelcker) . . . . . . . 122
1851 Der Tod als Freund (erste
Fassung) (Dresden, Kgl. Kupferstichkabinett) . . . . . . 137
1851 Der Tod als Freund. Holzschnitt 136
1851 Abschied (Düsseldorf, Frau E.
Sohn) . . . . . . . . 156
1851 Am Seestrand (Düsseldorf, Frau
E. Sohn) . . . . . . . 157
1851 Am Seestrand (Kinder mit Vogel)
(Karlsruhe, Frau K. Just) . . 157
1851 Der Künstler in den Dünen von
Blankenberghe (Düsseldorf, Frau
E. Sohn) . . . . . . . 158
1851 „Erinnerung" (Düsseldorf, Frau
E. Sohn) . . . . . . . 159
1851 Illustrationen zu handschriftlichen Gedichten von Rethels
Braut (Düsseldorf, Frau E.
Sohn) . . . . . . . 160—162
1850 Kalenderbilder für 1851. Holzschnitte . . . . . 163, 164
1852 Schlosser, einen Koffer öffnend,
mit Selbstbildnis Rethels (Düsseldorf, Frau E. Sohn) . . . 165
1852 Des Künstlers Frau in Rom
(Düsseldorf, Frau E. Sohn) . . 165
1852 Genesung. Holzschnitt . . . 166
um 1852 Alfred der Große (Dresden, Kgl.
Kupferstichkabinett) . . . . 167
1852 Illustrationen zu einem handschriftlichen Drama: „Alfred der
Große" von Rethels Frau . . 168
1852 Spätere Fassung der Hannibalgestalt im Karthagerzug über die
Alpen (Düsseldorf, Frau E. Sohn) 83

Seite

1839 und 1852 Ambrosius verwehrt dem Kaiser Theodosius den Eintritt in die Kirche (Dresden, Kgl. Kupferstichkabinett) . . . . . 169

1852 Frauenlobs Begräbnis (III) (Dresden, Kgl. Kupferstichkabinett) . 170

um 1852 Komposition zur „Eroicasymphonie" (Düsseldorf, Frau E. Sohn) . . . . . . . . . 171

um 1852 Aristophanes' Frösche (Berlin, Nationalgalerie) . . . . . . 172

Seite

1852 Spielkarten, Aquarelle (Düsseldorf, Frau E. Sohn) . . . 173, 174

1852/53 Glaube, Liebe, Hoffnung (Düsseldorf, Frau E. Sohn) . . . 175

um 1852 Prophetie des Jesaias (Düsseldorf, Frau E. Sohn) . . . . 175

1852/53 Jahreswechsel (Dresden, Kgl. Kupferstichkabinett) . . . . 176

1853 Nach Guido Renis „Aurora" (Düsseldorf, Frau E. Sohn) . . 177


Von einem nach den Aufbewahrungsorten geordneten Register der Werke Rethels wurde im Gegensatz zu dem bei anderen Bänden der „Klassiker der Kunst in Gesamtausgaben" befolgten Prinzip abgesehen, da sich die Hauptzahl der Werke des Meisters auf ganz wenige Besitzer verteilt.

# Systematisches Verzeichnis der Gemälde

I. Biblische Bilder: A. Altes Testament, B. Neues Testament — II. Legende und Sage — III. Geschichte — IV. Allegorien — V. Bildnisse — VI. Verschiedenes


Seite

### I. Biblische Bilder

#### A. Altes Testament

Jakob erblickt den blutigen Rock seines Sohnes Joseph (Radierung) . . . 47
Moses erschlägt den Aegypter . . . . 29
Moses vor dem feurigen Busch (Düsseldorf, Frau E. Sohn) . . . . . . 44
Moses' Zorn (Dresden, Kgl. Kupferstichkabinett) . . . . . . . . . 45
Josua führt die Bundeslade durch den Jordan (Dresden, Kgl. Kupferstichkabinett) . . . . . . . . . 46
Daniel in der Löwengrube (Ridgehurst, Shenley bei London, Edward Speyer) 32
Daniel in der Löwengrube (Frankfurt, Städelsches Institut) . . . . . . 33
David im Zelte des schlafenden Saul (Dresden, Kgl. Kupferstichkabinett) . 43
David beschützt das Lamm (Düsseldorf, Frau E. Sohn) . . . . . . . . 42
David und Goliath (Düsseldorf, Frau E. Sohn) . . . . . . . . . . 42
David gesalbt (Düsseldorf, Frau E. Sohn) 41
Bileam und die redende Eselin (Dresden, Kgl. Kupferstichkabinett) . . . . 47
Tod Absaloms (Dresden, Kgl. Kupferstichkabinett) . . . . . . . . . 43
Prophetie des Jesaias (Düsseldorf, Frau E. Sohn) . . . . . . . . . . 175
Hiob und seine Freunde (Dresden, Kgl. Kupferstichkabinett) . . . . . . 41

#### B. Neues Testament

Die Geburt Christi (Frankfurt a. M., Städelsches Institut) . . . . . . . 84
Die Hochzeit zu Kana (Holzschnitt) . . 143
Der barmherzige Samariter (Frankfurt a. M., Städelsches Institut) . . . . . . 143
„Die Füchse haben Gruben . . .“ (Holzschnitt) . . . . . . . . . . . 142
Christus am Oelberg (Dresden, Kgl. Kupferstichkabinett) . . . . . · . . 144

Karton zur „Auferstehung Christi“ (Berlin, Nationalgalerie) . . . . . . . . 88
Oelstudien zur „Auferstehung“ (Aachen, Städtisches Museum) . . . . . . 89
Triptychon: Jünger zu Emmaus (Düsseldorf, Frau E. Sohn) . . . . . . 91
Saulus-Paulus [I] (Düsseldorf, Frau E. Sohn) 51
Saulus-Paulus [II] (Aachen, Städtisches Museum) . . . . . . . . . 138
Saulus-Paulus [III] (Dresden, Kgl. Kupferstichkabinett) . . . . . . . . 139
Saulus-Paulus [IV]: Steinigung des Stephanus durch Saulus (Dresden, Kgl. Kupferstichkabinett) . . . . . . 140
Saulus-Paulus [V]: Das Opfer zu Lystra (Dresden, Kgl. Kupferstichkabinett) . 141
Saulus-Paulus [VI]: Paulus bekehrt den Kerkermeister (Holzschnitt) . . . 142
Petrus und Johannes heilen den Lahmen (Berlin, Nationalgalerie) . . . . . 84

### II. Legende und Sage

Ambrosius verwehrt dem Kaiser Theodosius den Eintritt in die Kirche (Dresden, Kgl. Kupferstichkabinett) 169
St. Anna (Düsseldorf, Frau E. Sohn) . . 91
Bonifaz (I) [Bonifaz verwehrt den Seinen den Kampf] (Dresden, Kgl. Kupferstichkabinett) . . . . . . . . 4
Bonifaz (II) [Der Streit der Mörder um die Kleinodien] (Dresden, Kgl. Kupferstichkabinett) . . . . . . . . 5
Bonifaz (III) (Berlin, Nationalgalerie) . . 6
Bonifaz (IV) (Aachen, Städtisches Museum) 7
Bonifaz (V) (Dresden, Kgl. Kupferstichkabinett) . . . . . . . . . 8
Hieronymus in der Höhle (Aachen, Städt. Museum) . . . . . . . . . 13
Der heilige Martin mit dem Bettler (Hamburg, Kunsthalle) . . . . . . . 36
Martin mit der Rheinischen Feier des Martinsabends (Frankfurt a. M., Dr. F. L. May) . . . . . . . . . 37

Seite

Auffischung der Leiche des heiligen Sebastian aus der Cloaca maxima (Dresden, Kgl. Kupferstichkabinett) . . 90
Holzschnitte zum Nibelungenlied . . 53—62
Rolandlied, Radierung (nach Turpins Chronik) . . . . . . . . . . 63
Tod Rolands (Karlsruhe, Frau Just) . . 64
Frauenlobs Tod (Frankfurt a. M., Fräulein Maria Speltz). . . . . . . . . 65
Frauenlobs Begräbnis (Dresden, Kgl. Kupferstichkabinett) . . . . . . 170
Variante zu Manfreds Begräbnis (Dresden, Kgl. Kupferstichkabinett) . . 147
Manfreds Begräbnis (Dresden, Kupferstichsammlung Friedrich August II.) 146
Der Sänger Blondel . . . . . . . . 152
Entwürfe für 11 Lithographien zu: „Rheinischer Sagenkreis" von A. v. Stolterfoth, Frankfurt, bei Hügel 1835 (Dresden, Kgl. Kupferstichkabinett) 15—25
Titel zu Rheinlandssagen von A. Reumont 26
Loreley, Illustration zu Reumont: Rheinlandssagen . . . . . . . . . 27
Der Ring der Fastrada, Illustration zu Reumont: Rheinlandssagen . . . . . 27

### III. Geschichte

Der Karthagerzug über die Alpen (Dresden, Kgl. Kupferstichkabinett) . 76—82
Spätere Fassung der Hannibalgestalt im Karthagerzug über die Alpen (Düsseldorf, Frau E. Sohn) . . . . . . 83
Hermannschlacht (Dresden, Kgl. Kupferstichkabinett) . . . . . . . . 64
Karl Martell in der Schlacht bei Tours (Dresden, Kgl. Kupferstichkabinett) . 1
Bilder aus dem Leben Karls des Großen (Fresken im Rathaussaale zu Aachen) 93—121
Karl der Große und die Hofherren auf der Saujagd (Düsseldorf, Frau E. Sohn) 123
Ludwig das Kind empfängt die Krone (Dresden, Kgl. Kupferstichkabinett) . 2
Heinrich der Finkler (I) [Erste Idee im Skizzenbuch] (Düsseldorf, Frau E. Sohn) . . . . . . . . . . 11
Heinrich der Finkler (II) . . . . . . . 11
Ottos I. Versöhnung mit seinem Bruder Heinrich (Frankfurt a. M., Städelsches Institut) . . . . . . . . . . 73
Mönch, am Sarge des exkommunizierten Heinrich IV. betend (Düsseldorf, Frau E. Sohn) . . . . . . . . . . 86

Seite

Staufenkaiser auf der Romfahrt (Dresden, Kgl. Kupferstichkabinett) . . . . 51
Die Kreuzfahrer erblicken Jerusalem (Dresden, Kgl. Kupferstichkabinett) . 12
Auffischung der Leiche Barbarossas aus dem Kalykadnos (Dresden, Kgl. Kupferstichkabinett) . . . . . . 87
Rudolf von Habsburg im Kampfe gegen die Raubritter in der Schweiz (Düsseldorf, Frau E. Sohn) . . . . . . 2
Rudolf von Habsburg geleitet den Bischof (I) [Erste Idee] (Düsseldorf, Frau E. Sohn) . . . . . . . . . 13
Rudolf von Habsburg geleitet den Bischof Werner (II) (Dresden, Kgl. Kupferstichkabinett) . . . . . . . . 50
Rudolf von Habsburg, Basel belagernd, empfängt das Anerbieten der Kaiserkrone (Dresden, Kgl. Kupferstichkabinett) . . . . . . . . . 49
Tod Adolfs von Nassau durch Ueberfall (Dresden, Kgl. Kupferstichkabinett) . 3
Tod Arnolds von Winkelried (Dresden, Kgl. Kupferstichkabinett) . . . . 10
Gebet vor der Schlacht bei Sempach (Dresden, Kgl. Kupferstichkabinett) . 9
Kaiser Max an der Martinswand (Frankfurt a. M., Frau v. Koch St. George) 38
Karls V. Aufnahme ins Kloster St. Just (Metz, Paul Rethel) . . . . . . 86
Die Schlacht von Merseburg (Dresden, Kgl. Kupferstichkabinett) . . . . 48
Auffindung der Leiche Gustav Adolfs (Stuttgart, Museum) . . . . . . 40
Schwedische Krieger erkennen das Roß ihres Königs . . . . . . . . . 39
Umschlagzeichnungen und 24 Illustrationen zu Rottecks Weltgeschichte 66—72

### IV. Allegorien

Justitia [erste Idee] (Düsseldorf, Frau E. Sohn) . . . . . . . . . . 30
Justitia (Dresden, Kgl. Kupferstichkabinett) 30
Nemesis (St. Petersburg, Baron von Reutern) . . . . . . . . . . 31
Nemesis (Aachen, Gustav Ritter) . . . 32
Drei Stände [I] (Dresden, Kgl. Kupferstichkabinett) . . . . . . . . 32
Die drei Stände (II) mit der Poesie (Düsseldorf, Frau E. Sohn) . . . . . . 151
Die drei Stände (III) mit der Musik (Metz, Paul Rethel) . . . . . . . . . 152

Der Schutzengel (Frankfurt a. M., Städel-
    sches Institut) . . . . . . . . 92
Werbeblatt für die Wiederherstellung des
    Aachener Münsters (Düsseldorf, Frau
    E. Sohn) . . . . . . . . . 122
Kaiser Karl und die Aachener Quelle
    (Heidelberg, Frau Voelcker) . . . 122
Auch ein Totentanz (6 Holzschnitte) 124—129
Ein Totentanz aus dem Jahre 1848 (Holz-
    schnitt) . . . . . . . . . . 130
Erster Entwurf zum „Tod als Diener"
    (Düsseldorf, Frau E. Sohn) . . . 133
Der Tod als Diener (Dresden, Kgl. Kupfer-
    stichkabinett) . . . . . . . 134
Der Tod als Feind [Erwürger] (Dresden,
    Kgl. Kupferstichkabinett) . . . . 135
Der Tod als Freund (Holzschnitt) . . . 136
Der Tod als Freund [erste Fassung]
    (Dresden, Kgl. Kupferstichkabinett) . 137
Darstellung der „Verwunderung" (Dresden,
    Kgl. Kupferstichkabinett) . . . . 148
Darstellung der „Faulheit" (Dresden, Kgl.
    Kupferstichkabinett) . . . . . . 149
Darstellung der „Kraft" (Dresden, Kgl.
    Kupferstichkabinett) . . . . . . 150
Kampf der Künste und Wissenschaften
    (Düsseldorf, Frau E. Sohn) . . . . 151
„Erinnerung" (Düsseldorf, Frau E. Sohn) 159
Kalenderbilder für 1851 (Holzschnitte) 163, 164
Genesung (Holzschnitt) . . . . . . 166
Komposition zur „Eroicasymphonie"
    (Düsseldorf, Frau E. Sohn) . . . 171
Glaube, Liebe, Hoffnung (Düsseldorf, Frau
    E. Sohn) . . . . . . . . . 175
Jahreswechsel (Dresden, Kgl. Kupfer-
    stichkabinett) . . . . . . . . 176

V. Bildnisse

Selbstbildnis (Aachen, Städtisches Mu-
    seum) . . . . . . . . . . 52
Des Künstlers Frau in Rom (Düsseldorf,
    Frau E. Sohn) . . . . . . . . 165
Rethels Mutter (Düsseldorf, Frau E. Sohn) 35
Karl V. (Frankfurt a. M., Römer) . . . 74
Maximilian II. (Frankfurt a. M., Römer) . 75
Maximilian I. (Frankfurt a. M., Römer) . 75
Philipp von Schwaben (Frankfurt a. M.,
    Römer) . . . . . . . . . . 74
Bildhauer von Nordheim (Frankfurt a. M.,
    Dr. F. L. May) . . . . . . . 52

General Radowitz (Aachen, Städtisches
    Museum) . . . . . . . . . 137
Der Maler Philipp Veit (Mainz, Ge-
    schwister Settegast) . . . . . 85

VI. Verschiedenes

Illustration zu dem Liede „Der Ochs"
    von Fein (Ridgehurst, Shenley bei
    London, Edward Speyer) . . . . 14
Tiroler, in Kähnen fahrend (Frankfurt a. M.,
    Bildhauer K. Rumpf) . . . . . . 14
Das weiße Reh (Originalradierung) . . 28
Karikatur des Düsseldorfer Malers Preyer
    als Baby (Aachen, Städtisches Museum) 34
Kampfszene (Frankfurt a. M., Bildhauer
    K. Rumpf) . . . . . . . . . 37
Don Quichote (Metz, Paul Rethel) . . 39
Straßenkampfszene (Aachen, Städtisches
    Museum) . . . . . . . . . 131
Zur Erinnerung [an 1849] (Dresden, Kgl.
    Kupferstichkabinett) . . . . . . 132
Künstlers politisches Bekenntnis zu 1848/49
    (Düsseldorf, Frau E. Sohn) . . . . 133
Fahnenträger (Dresden, Kgl. Kupferstich-
    kabinett) . . . . . . . . . 145
„Am Morgen" (Düsseldorf, Frau E. Sohn) 156
Das Lutherlied (3 Holzschnitte) . 153—155
Abschied (Düsseldorf, Frau E. Sohn) . 156
Am Seestrand (Düsseldorf, Frau E. Sohn) 157
Am Seestrand [Kinder mit Vogel] (Karls-
    ruhe, Frau K. Just) . . . . . . 157
Karikatur (Düsseldorf, Frau E. Sohn) . 158
Der Künstler in den Dünen von Blanken-
    berghe (Düsseldorf, Frau E. Sohn) . 158
Illustrationen zu handschriftlichen Ge-
    dichten von Rethels Braut (Düssel-
    dorf, Frau E. Sohn) . . . . 161, 162
Schlosser, einen Koffer öffnend, mit
    Selbstbildnis Rethels (Düsseldorf,
    Frau E. Sohn) . . . . . . . 165
Alfred der Große (Dresden, Kgl. Kupfer-
    stichkabinett) . . . . . . . . 167
Illustrationen zu einem handschriftlichen
    Drama: „Alfred der Große", von
    Rethels Frau . . . . . . . . 168
Aristophanes' Frösche (Berlin, National-
    galerie) . . . . . . . . . . 172
Spielkarten (Düsseldorf, Frau E. Sohn) 173, 174
Nach Guido Renis „Aurora" (Düsseldorf,
    Frau E. Sohn) . . . . . . . . 177

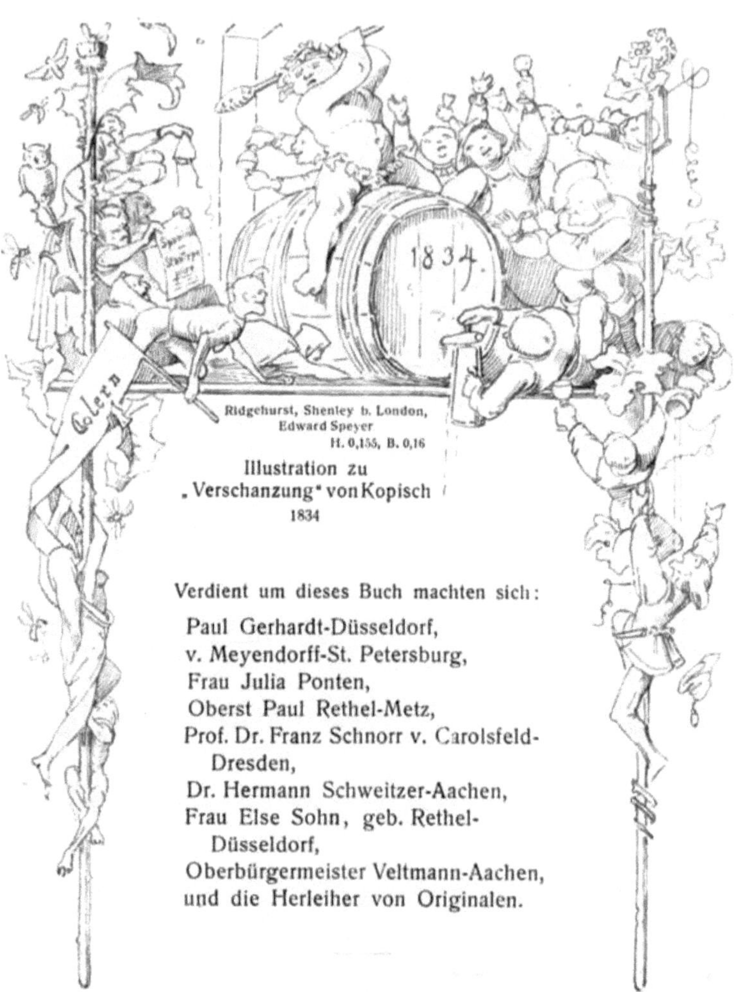


Ridgehurst, Shenley b. London,
Edward Speyer
H. 0,155, B. 0,16
Illustration zu
„Verschanzung“ von Kopisch
1834

Verdient um dieses Buch machten sich:

Paul Gerhardt-Düsseldorf,
v. Meyendorff-St. Petersburg,
Frau Julia Ponten,
Oberst Paul Rethel-Metz,
Prof. Dr. Franz Schnorr v. Carolsfeld-
   Dresden,
Dr. Hermann Schweitzer-Aachen,
Frau Else Sohn, geb. Rethel-
   Düsseldorf,
Oberbürgermeister Veltmann-Aachen,
und die Herleiher von Originalen.